UTB **2969**

Eine Arbeitsgemeinschaft der Verlage

Beltz Verlag Weinheim · Basel
Böhlau Verlag Köln · Weimar · Wien
Verlag Barbara Budrich Opladen · Farmington Hills
facultas.wuv Wien
Wilhelm Fink München
A. Francke Verlag Tübingen und Basel
Haupt Verlag Bern · Stuttgart · Wien
Julius Klinkhardt Verlagsbuchhandlung Bad Heilbrunn
Lucius & Lucius Verlagsgesellschaft Stuttgart
Mohr Siebeck Tübingen
C. F. Müller Verlag Heidelberg
Orell Füssli Verlag Zürich
Verlag Recht und Wirtschaft Frankfurt am Main
Ernst Reinhardt Verlag München · Basel
Ferdinand Schöningh Paderborn · München · Wien · Zürich
Eugen Ulmer Verlag Stuttgart
UVK Verlagsgesellschaft Konstanz
Vandenhoeck & Ruprecht Göttingen
vdf Hochschulverlag AG an der ETH Zürich

Jürg Schneider
Christoph Minnig
Markus Freiburghaus

Strategische Führung von Nonprofit-Organisationen

Haupt Verlag
Bern · Stuttgart · Wien

Jürg Schneider, Prof. Dr. rer. pol., lehrt an der Fachhochschule Nordwestschweiz (FHNW) strategisches Management und Nonprofit Management. Er studierte Soziologie, Volkswirtschaftslehre und Betriebswirtschaft an der Universität Bern, war in der Entwicklungszusammenarbeit, in der Maschinenindustrie und im Tourismus tätig und leitete verschiedene Unternehmen im NPO-Bereich. Er beschäftigt sich insbesondere mit Fragen der strategischen Führung und Corporate Governance in NPO sowie mit Internationalisierungsfragen der tertiären Bildung. Er ist Co-Leiter des Masterstudiengangs Nonprofit Management der FHNW.

Christoph Minnig, Prof. Dr. rer. pol., studierte Volkswirtschaftslehre an der Universität Freiburg i. Ue. und forschte bis 1995 am Center for Organizational Research und am Center for European Studies der Stanford University. An der Fachhochschule Nordwestschweiz beschäftigt er sich insbesondere mit Fragen der Organisationsentwicklung in NPO und leitet mit Jürg Schneider den Masterstudiengang Nonprofit Management.

Markus Freiburghaus, Prof. Dr. oec., studierte Betriebswirtschaftslehre in St. Gallen und war nach Assistentenjahren an der HSG bei einer Consultingfirma in Basel und als Mitglied der Geschäftsleitung einer Treuhandfirma tätig. Er ist seit 1996 an der Fachhochschule Nordwestschweiz (FHNW) mit Schwerpunkt Rechnungswesen und Controlling tätig, doziert in verschiedenen Masterstudiengängen, u. a. im Masterstudiengang Nonprofit Management, und leitet an der Hochschule für Wirtschaft der FHNW den Bereich Ausbildung.

1. Auflage: 2007

Bibliografische Information der Deutschen Nationalbibliothek

Die Deutsche Nationalbibliothek verzeichnet diese Publikation in der Deutschen Nationalbibliografie; detaillierte bibliografische Daten sind im Internet über http://dnb.d-nb.de abrufbar.

ISBN 978-3-8252-2969-6

Alle Rechte vorbehalten
Copyright © 2007 by Haupt Berne
Jede Art der Vervielfältigung ohne Genehmigung des Verlages ist unzulässig
Satz: Die Werkstatt, Göttingen
Printed in Germany

www.haupt.ch

Inhalt

Vorwort 9

1. Teil: NPO und strategische Führung 11
1. Einleitung 11
2. Die NPO 15
   2.1 Begriff, Besonderheiten und Bedeutung der NPO 15
   2.2 Typologien der NPO 24
   2.3 Ist die Abgrenzung zwischen NPO und staatlichen Organisationen sinnvoll? 31
3. Die Entwicklung des strategischen Managements 33
   3.1 Führung, Management und strategische Führung 33
   3.2 Zum Verständnis der strategischen Führung 37
4. Der Nutzen strategischen Managements für NPO 41
   4.1 Gründe für strategisches Management in NPO 42
   4.2 Ziele und Wirkungen des strategischen Managements 46

2. Teil: Der strategische Prozess 49
5. Die Elemente des strategischen Prozesses und seine Initiierung ... 49
   5.1 Strategie als Planungsprozess? 49
   5.2 Die Elemente des strategischen Planungsprozesses 55
6. Analyse der strategischen Ausgangslage und der bisherigen Strategie ... 61
   6.1 Die strategische Ausgangslage 61
   6.2 Die bisherige Strategie 63
   6.3 Die bisherigen Aktivitäts- und Geschäftsfelder der Organisation ... 64
7. Die strategische Analyse der Umwelt 82
   7.1 Analyse der Referenzumwelt 83
   7.2 Analyse der Beziehungsumwelt – Die Stakeholder-Analyse ... 101
8. Unternehmensanalyse: Die eigene Organisation und die Mitbewerber ... 116
   8.1 Die Auswahl der Mitbewerber 117
   8.2 Was wird verglichen? 122
   8.3 Die Wertkettenanalyse 125
   8.4 Die Ressourcen – Arten von Ressourcen 131
   8.5 Fähigkeiten, Kompetenzen und Kernkompetenzen 133
   8.6 Die Kultur der Organisation 137
   8.7 Zusammenfassende Beurteilung 146
9. Strategische Synthese und Diagnose 149
   9.1 Die Produkt-Markt-Matrix von Ansoff 150
   9.2 Die Stärken-Schwächen/Chancen-Gefahren-Beurteilung und die SWOT-Matrix ... 153
   9.3 Das Portfolio 158

10. Strategische Entscheide – Die Entwicklung von Strategieinhalten 164
    10.1 Vision, Mission und Leitbild 165
    10.2 Aussagen zum Portfolio 172
    10.3 Marktstrategie, Wettbewerbs- und Kooperationspolitik 173
    10.4 Die Positionierungs- und Differenzierungsstrategie 177
    10.5 Die Kooperationspolitik 182
    10.6 Die Ressourcenpolitik und der Auf- und Ausbau von Fähigkeiten 187
    10.7 Die Gruppenlogik, Strukturen der Führungsorganisation und Führungsrichtlinien 191
    10.8 Strategisches Controlling als Teil des Leitbilds 195
    10.9 Strategien für Spezialsituationen: Das Krisenmanagement 196

3. Teil: Die Strategien umsetzen – Changemanagement 205

11. Strategisches Management und Changemanagement 206
    11.1 Ein erneuerter und erweiterter Begriff der Organisation 208
    11.2 Lernende Organisation 209
    11.3 Von der lernenden Einzelorganisation zu gemeinsam lernenden Organisationen .. 210
    11.4 Organisatorische Felder als Rahmen interorganisatorischer Lernprozesse 211
    11.5 Beziehungsmanagement – ein möglicher Ansatz, organisatorische Felder zu verstehen und zu gestalten 213
    11.6 Interaktion unter den Leistungserbringenden als Erweiterung des Beziehungsmanagementansatzes 218
    11.7 Die Netzwerkidee als zukünftige Herausforderung im Nonprofit-Bereich 221
    11.8 Fazit bezüglich der Strategiearbeit 224

12. Changemanagement und die lernende Organisation 226
    12.1 Der Prozesscharakter des strategischen Managements und des Changemanagements 227
    12.2 Changemanagement als Lernprozess 229
    12.3 Changemanagement als emotionale Herausforderung 238
    12.4 Die Veränderungsfähigkeit des Systems ausloten und entwickeln 244
    12.5 Gestaltung von Veränderungsprozessen als komplexe Herausforderungen 247
    12.6 Fazit 252

13. Instrumente und Methoden des Changemanagements 253
    13.1 Open Space Technology 257
    13.2 Zukunftskonferenz oder Future Search 259
    13.3 Real time strategic change conference (RTSC-Konferenz) 262
    13.4 Appreciative Inquiry (AI) 265
    13.5 Was geschieht nach der Großen Gruppe? 267
    13.6 Großgruppen – Ein Fazit 268

4. Teil: Auf Kurs? – Strategisches Controlling 269

14. Strategisches Controlling in Nonprofit-Organisationen 269
    14.1 Was ist Controlling und was ist es nicht? 269
    14.2 Grundlagen des strategischen Controllings 270

Inhalt

14.3	Ziele	272
14.4	Zielwert und Indikator	277
14.5	Qualitätsmerkmale von Indikatoren: Korrelation	280
14.6	Exklusivität des Wirkungszusammenhangs	281
14.7	Zeitstruktur des Wirkungszusammenhangs	282
14.8	Die Kosten der Messung	284
14.9	Periodenbezogene und ständige Ziele	284
14.10	Ziele bilden: Ein Fazit	286

15. Ein Schlusswort 288

Anmerkungen 293

Abbildungsverzeichnis 303

Literaturverzeichnis 305

Stichwortverzeichnis 313

Vorwort

Nicht gewinnorientierte Organisationen (NPO) erfüllen in der heutigen Gesellschaft in entwickelten und weniger entwickelten Ländern eine wesentliche Aufgabe. Die Bedeutung der NPO nimmt in der Zukunft sogar zu. Es erhöhen sich aber auch die Ansprüche an die Führung solcher Organisationen, das *Management* von NPO in einer komplexen und dynamischen Umwelt wird zunehmend zum Thema. Dieses Lehrbuch konzentriert sich auf einen (wichtigen) Aspekt des Führens, die *strategische* Führung von NPO. Seit bald vier Jahrzehnten wird Strategie an Managementschulen gelehrt, doch die Strategie-Literatur im Nonprofit-Bereich ist spärlich.

An der Fachhochschule Nordwestschweiz sind die Autoren seit 1997 für ein Nachdiplomstudium zuständig, das Studierende mit modernem Managementdenken für Nonprofit-Organisationen (NPO) konfrontiert. Strategische Führung spielt in diesem erfolgreichen Lehrgang, der unterdessen zu einem *Master of Advanced Studies*-Studiengang ausgebaut wurde, eine bedeutende Rolle und verknüpft die Teilbereiche der anderen Lehrfächer zu einem Ganzen. Erfahrungen aus dem Unterricht und aus der Berufs- und Beratungspraxis der Autoren wurden mit dem neuesten Wissen der Strategielehre deshalb nun in einem Lehrbuch zusammengefasst, das sich speziell mit der Strategie von NPO beschäftigt. Für NPO ist das strategische Denken in der Zukunft wohl unverzichtbar, wenn man solche Organisationen und ganze Netzwerke effektiv und effizient führen will.

Das Lehrbuch ist auf Studierende in NPO- und Public-Management-Studiengängen ausgerichtet. Wir denken dabei sowohl an Studierende in Masterstudiengängen als auch an Studierende, die Majors und Minors mit NPO-Inhalten belegen. Zusätzlich ist das Buch für die Management-Praxis geeignet.

Das Lehrbuch stellt einerseits klassische, andererseits neueste Strategielehre dar und überträgt sie auf die spezifischen Besonderheiten im NPO-Kontext. Es geht neue Wege, indem die klassische Planungslehre des strategischen Managements und Controllings mit der Change- und Lerntheorie der Organisationsentwicklung verbunden wird. Es bietet eine fundierte Übersicht über wesentliche Modelle, Konzepte und Instrumente und soll eine kritische Reflexion fördern, damit Führung und Management nicht allzu vereinfachend und rezepthaft verstanden werden. Lösungsvorschläge für strategische Fragen werden mit Hinweis auf ihre Relativität unterbreitet. In diesem Sinne hoffen wir, dass das Buch für die Führung von NPO, diesen unverzichtbaren Trägern unserer Gesellschaft, einen Beitrag leisten kann.

Vielen Partnern aus der NPO-Praxis und Studierenden unserer Hochschule sei gedankt für wertvolle Hinweise, Durchsicht ihrer Fälle, für unzählige wertvolle Diskussionen. Frau Nadja Portmann, Recherswil, möchten wir für die Gestaltung der Tabellen und Grafiken danken, Frau Eva Meret Neuenschwander, Niederscherli, für die wesentliche Verbesserung des Textes. Felix Strebel von der Fachhochschule Nordwestschweiz half uns bei unseren Schwierigkeiten mit Textprogrammen, und die Hochschule für Wirtschaft unterstützte das Projekt auch materiell. Wir möchten auch unserem Verlag, Haupt AG in Bern, Stuttgart und Wien für das Interesse, Wohlwollen und die grosse Unterstützung danken, speziell Herrn Matthias Haupt und Herrn Manuel Bachmann.

Olten, 17. September 2007

Jürg Schneider
Christoph Minnig
Markus Freiburghaus

1. Teil: NPO und strategische Führung

1. Einleitung

Lange war die Verbindung von Nonprofit-Organisationen (NPO) mit dem Begriff des Managements tabu. Dies mag einerseits daran gelegen haben, dass man auf der Seite der Verantwortlichen in solchen Organisationen mit dem Managementbegriff etwas Artfremdes verband: Management wurde mit der Wertewelt der Wirtschaft verbunden und gehörte deshalb ideologisch nicht unbedingt zum Vokabular derjenigen, die humanitäre, soziale oder andere Organisationen führten. In der Wirtschaftswelt und an Wirtschaftsschulen wurden andererseits solche Organisationen entweder gar nicht wahrgenommen oder als nicht ganz ernst zu nehmende Randerscheinung einer Welt klassifiziert, die grundsätzlich von der Wirtschaft geprägt ist und deshalb entsprechenden Kriterien zu genügen hat: Effektivitäts- und Effizienzdenken wurden aus dieser Sicht nicht als etwas empfunden, das sich auch auf nicht gewinnorientierte Organisationen übertragen lässt. Diese Trennung zwischen einer Management- und einer NPO-Welt begann sich in den siebziger Jahren des letzten Jahrhunderts langsam aufzulösen. Management-Lehrer in den USA wie die berühmten Peter Drucker und Philipp Kotler[1] zeigten beispielhaft auf, dass ihre Denkweise sich durchaus auch auf nicht gewinnorientierte Unternehmen wie die eigene Universität übertragen lässt. Die *John Hopkins University* in Baltimore initiierte grundlegende empirische Forschung auf internationaler Ebene, die *Peter Drucker Foundation* liefert wertvolle angewandte Forschung und Lehrmaterialien. In Europa waren es Hochschulinstitute wie das *VMI* in Freiburg i. Ü. oder in Österreich die entsprechenden Institute an der *Johannes Kepler Universität* in *Linz* und an der *Wirtschaftsuniversität* in *Wien*, in Deutschland das *ifpol* an der Universität in *Münster* und das demselben Team nahe stehende Zentrum für Nonprofit-Management oder später z. B. *der Lehrstuhl für Public und Nonprofit Management* in *Potsdam*, die sich dem Management von Verbänden und sozialen Organisationen zuwandten. Seither hat sich eine ganze Reihe von Instituten und Hochschulen mit betriebswirtschaftlichen Fragen der NPO und des öffentlichen Bereichs beschäftigt, auch Fachhochschulen entwickelten eine ganze Reihe von praxisnahen Angeboten und Beratungsdienstleistungen. Gegen Ende des 20. Jh. begann sich die Kultur in der Branche zu wandeln: Wurde das Führen von NPO vorher wohl noch am ehesten mit Begriffen wie Miliz oder Freiwilligenarbeit verbunden, so begann man nun vermehrt, die Professionalisierung des NPO-Managements zu fordern. Wenn in den 90er Jahren die Weiterbildung in einem NPO-Managementprogramm nach unserer Erfahrung noch meist aus einer persönlichen inneren Motivation heraus erfolgte, so lässt sich heute feststellen, dass eine Managementausbildung zunehmend als *conditio sine qua non* für Führungspersonen in NPO gesehen wird. Wenn der Begriff des Managements auch für NPO salonfähig geworden ist, so besteht im Bereich des strategischen Managements von NPO u. E. noch ein erheblicher Nachholbedarf. Die Strategielehre wurde lange als etwas betrachtet, das primär für Kader in Armeen oder in großen, international tätigen Unternehmen mit diversifizierten Geschäftsbereichen nützlich sein kann. Dass auch eine Einfrau-Unternehmerin, ein Schützenverein, eine öffentliche Fachstelle strategische Probleme mit strategischen Methoden lösen kann, ist ein neueres Thema der Fachliteratur.

Zielsetzung des Lehrbuchs

Zielsetzung dieses NPO-Lehrbuchs ist, die Probleme der strategischen Führung in NPO darzustellen und Instrumente anzubieten und zu diskutieren, mit denen man sinnvolle strategische Entscheide fällen kann. Ziel ist es aufzuzeigen, wer innerhalb und allenfalls außerhalb der Organisation in die strategische Entscheidungsfindung mit einbezogen wird und wie man die Organisationen *fit* machen kann für neue Herausforderungen und neue Aktivitäten. Ziel dieses Buchs ist es aufzuzeigen, dass gerade in NPO strategische Orientierung oft nicht auf der Ebene der einzelnen Organisation, sondern eher im *Netzwerk* miteinander verbundener Organisationen zu geschehen hat. Ziel des Buchs ist ferner aufzuzeigen, dass Strategie auch *messbar* gemacht werden muss und Messung notwendig und möglich ist.

Dieses NPO-Lehrbuch will ganz bewusst den Brückenschlag zwischen zwei Gebieten erleichtern, die fachlich oft zu sehr getrennt sind: Da ist einerseits die faktenorientierte, sich stark auf Analyse stützende *Planungslehre* der Strategie und des strategischen Controllings, welche als Resultat eine „richtige" weil situationsgerechte Strategie verspricht und auch messen will. Da ist andererseits die eher von der Psychologie, Soziologie und Organisationslehre herkommende *Change*literatur, die sich damit beschäftigt, wie man Organisationen „strategiefähig" macht und wie man Strategielösungen entwickelt, die dann auch umsetzbar sind. Das Lehrbuch betrachtet Strategie aus beiden Perspektiven und will sie damit verbinden: Es will einerseits aufzeigen, dass „gute" Strategien nur gut sind, wenn sie von internen und externen *Beziehungsgruppen* mitgetragen werden, und es will auch aufzeigen, dass Strategien, die im Team entwickelt werden, einer gewissen *Faktenorientierung* bedürfen, d. h. nicht aus der Luft

NPO und strategische Führung

gegriffen sein sollten. Ein Lehrbuch will lesbar sein und trotzdem theoretisch gut abgestützt. Eine grundsätzlich kritische Grundhaltung gegenüber Lösungsvorschlägen ist gewollt. Instrumente und Tools sollen nicht rezeptartig vermittelt werden, sondern als fallweise mehr oder weniger geeignete Angebote zur Lösung strategischer Fragestellungen.

Um was geht es beim strategischen Management?
Eine Gruppe von Studierenden in einer größeren Stadt gründet eine Genossenschaft, um einen Fahrradkurierdienst aufzubauen. Dazu benötigen sie einen Businessplan. Dieser Businessplan ist ein typisches Beispiel strategisch ausgerichteter Planung.

Ein seit siebzig Jahren im Bereiche der Jugendliteratur tätiger Verein muss die Ausgaben Jahr um Jahr den schrumpfenden Einnahmen anpassen. Vorstand und Geschäftsführung möchten deshalb mit den Mitgliedern eine grundsätzliche Neubesinnung bezüglich ihrer Aktivitäten in die Wege leiten. Eine typische Situation strategischer Neuorientierung.

Eine Verwaltungsabteilung des Bundes mit Aus- und Weiterbildungsauftrag für nachhaltige Entwicklung soll als private Stiftung verselbständigt werden, ihre Bildungs- und Beratungsdienstleistungen auf dem Markt anbieten und Kunden gewinnen. Dies bedarf einer klaren strategischen Ausrichtung.

Eine Gefängnisverwaltung erhält im Rahmen eines neuen Leistungsauftrags die Aufgabe, neben öffentlichen Mitteln vermehrt Eigenmittel zu beschaffen. Zu diesem Zweck sollen sie neue Aktivitäten entwickeln. Ein strategischer Marketingplan ist notwendig.

Eine Pflegedienstorganisation, der bis jetzt ein fester Auftrag mehrerer Gemeinden sicher war, sieht sich angesichts einer Veränderung der Rechtslage plötzlich in einer Situation, in welcher der seit langem garantierte Auftrag über Nacht in Frage gestellt ist. Dieser Pflegedienst muss strategische Hausaufgaben erledigen.

Eine kleine, sehr erfolgreiche Organisation der medizinischen Grundversorgung in einem südostasiatischen Land stellt schrumpfende Spendengelder in seinen traditionellen Spendermärkten fest und führt dies auf das Auftreten aggressiver Mitbewerber zurück, die international Spendengelder akquirieren. Die Organisation will eine neue Fundraisingkampagne entwickeln. Sie muss strategisch ausgerichtet sein.

All das sind Beispiele, in denen nicht gewinnorientierte Organisationen und die dafür Verantwortlichen sich mit einer neuen Situation konfrontiert sehen und auf die Herausforderungen mit geeigneten Mitteln reagieren müssen. Das Handwerk, das sich mit dieser Thematik beschäftigt, heißt „strategisches Management" oder „strategische Führung".

Der Inhalt im Überblick
Operative Effizienzverbesserungen gehören zum Geschäft des Managements in NPO. Effizienzverbesserungen allein sind jedoch nicht genügend. Es braucht zusätzlich auch eine Analyse der strategischen Situation und daraus heraus die Entwicklung und Umsetzung strategischer Maßnahmen. Die Herausforderungen, die von NPO in der Zukunft zu bewältigen sind, haben sich grundlegend verändert. Die Umwelt, in der Unternehmen und nicht gewinnorientierte Organisationen agieren, hat sich grundlegend verändert. Die Organisationen sind einem konstanten Anpassungsdruck ausgesetzt. Auch in der NPO-Branche wird der Wettbewerb zunehmend spürbar. Öffentliche und private Auftraggeber verlassen sich nicht mehr auf lange etablierte, bewährte Geschäftsbeziehungen zu den von ihnen unterstützten Organisationen. Sie vergeben Aufträge aufgrund von Kosten-Nutzen-Überlegungen und weil es der einen Organisation besser gelingt als einer anderen, sich gegenüber den Auftraggebern als geeigneten Leistungserbringer zu präsentieren.

Teil 1 beschäftigt sich mit Grundlagen und will festlegen und darstellen, was NPO sind (Kap. 2). In Kapitel 3 werden die Begriffe *Führen, Management, strategische Führung* und *strategisches Management* diskutiert. Kapitel 4 diskutiert detaillierter die Herausforderungen an das Management von NPO und was die Lehre des strategischen Managements anbietet.

In *Teil 2* entwickeln wir ein einfaches Modell des *strategischen Planungsprozesses*, von der *strategischen Analyse* zur *Synthese* und *Diagnose* bis zur *Entwicklung eines Leitbilds* und der Beschreibung von *strategischen Handlungsanleitungen*. Nach dem einleitenden Kapitel 5 beschreibt Kapitel 6 die wichtigsten Elemente, die man zur Beurteilung der strategischen *Ausgangslage* in Betracht ziehen sollte. Dann wird in Kapitel 7 ein Inventar wichtiger Instrumente vorgestellt und kritisch diskutiert, das man zur *Beurteilung der Umwelt* heranziehen kann. In Kapitel 8 stellen wir Werkzeuge zur *Analyse der eigenen Organisation* im Vergleich mit Mitbewerbern vor. In Kapitel 9 stehen Methoden im Zentrum, welche die Daten der Analyse *synthetisch verdichten* und zu einer *Diagnose* führen sollen. In Kapitel 10 werden schliesslich die alternativen strategischen Möglichkeiten diskutiert, die sich einer NPO bieten, und es folgen Empfehlungen für die Gestaltung von *strategischen Leitbildern* und Richtlinien.

Teil 3 beschäftigt sich mit der Verbindung von Strategie und Changemanagement. Kap. 11 präsentiert Modelle organisationeller Entwicklung und befasst sich mit organisationellem Lernen, es beleuchtet klassische und neuere Methoden des strategischen Lernens in Teams und Organisationen sowie die sich daraus ergebenden Auswirkungen auf Strukturen und Prozesse. Kapitel 12 beschäftigt sich mit der Verbindung von Changemanagement und Strategie. Kapitel 13 diskutiert schließlich eine Reihe von praktischen Methoden des Changemanagements, speziell Methoden mit großen Gruppen.

Teil 4 beschäftigt sich in Kap. 14 mit dem *strategischen Controlling*: Wie müssen Vision, Mission und Ziele der Strategie gestaltet werden, damit man überhaupt erfassen kann, ob man auf dem richtigen Weg ist? Wie gestaltet man strategisches Controlling und was ist der Unterschied von strategischem Controlling und strategischer Führung? Das kurze Schlusskapitel 15 rundet unser Lehrbuch ab, kehrt an den Ausgangspunkt zurück und schließt die Lücke zur *Corporate Governance*-Debatte.

Fallbeispiele und *Kontrollfragen* sowie *Illustrationen* erleichtern den Bezug zwischen Theorie und Praxis.

2. Die NPO

2.1 Begriff, Besonderheiten und Bedeutung der NPO

Lester M. Salamon und Helmut K. Anheier charakterisieren NPO, die sie neben Wirtschaft und Staat als *Dritten Sektor* bezeichnen, als *große soziale Innovation des späten 20. Jahrhunderts*. Diese Innovation folgt ihres Erachtens der Etablierung der *repräsentativen Demokratie* im 18. Jh. und der *Bürokratie* im 19. Jh.[1]. Trotz dieser Bedeutung der NPO tut man sich mit einer Definition schwer: Warum hat sich der nicht gerade elegante Begriff *Nonprofit-Organisation* oder *NPO* eingebürgert? Wenn man einen Elefanten als „Nicht-Pferd" definieren würde, so bemerkt Tomas Wolf treffend, würde jedermann diese Definition als ungenügend bezeichnen[2]. Der Negativbegriff *Nonprofit/NPO* hat sich durchgesetzt, obschon vielfach versucht wurde, das Wort durch treffendere, bessere Begriffe zu ersetzen[3]. Es liegt wohl daran, dass andere Ausdrücke ähnliche Schwachstellen aufweisen und sich der Terminus *Nonprofit* zusammen mit dem Kürzel NPO ganz einfach des Vorteils erfreut, dass man ihn frühzeitig verwendet hat und er sowohl in der Wissenschaft wie im Alltagsgebrauch ziemlich genau als das verstanden wird, was beschrieben werden soll: Eine NPO ist ein Unternehmen, das als höchste Priorität nicht *wirtschaftliche* Ziele, sondern *andere Zwecke* anstrebt.

Der Begriff NPO
Der Begriff *NPO,* wie auch der Begriff des *Dritten Sektors*, der alle nicht gewinnorientierten Organisationen umfasst, will suggerieren, dass diese Organisationen Gemeinsamkeiten aufweisen. So gehen z. B. bestimmte theoretische Modelle davon aus, dass es eine gemeinsame Genese der NPO gibt. Die sog. „Versagens-Theorie" geht vom Verständnis aus, dass NPO dann entstehen, wenn Wirtschaft oder Staat versagen. Ohne detailliert auf diese Theorie einzugehen, ist zu bemerken, dass die „Versagens-Theorie" ungenügend ist, um das Phänomen *NPO* zu erklären[4].

In der Realität der heutigen Gesellschaft lassen sich NPO weder sauber von öffentlichen Institutionen unterscheiden und abgrenzen (wie es z. B. der ähnliche Begriff *NGO – Nongovernmental Organisations* – suggeriert), noch gelingt eine praktisch relevante, eindeutige Abgrenzung der NPO zu den sog. *For-Profit-Organisationen* (wie wirtschaftliche Unternehmen oft genannt werden). Empirikern fällt bei der Untersuchung der NPO v. a. auf, dass die Vielfalt der NPO frappierend ist und nicht ihre Gemeinsamkeiten: Da gibt es NPO, die finanziell zu 100 % vom Staat abhängig sind, sie hängen am Subventionstropf oder arbeiten im Leistungsauftrag eines oder mehrerer öffentlicher Auftraggeber. Dieser Auftraggeber sitzt im Vorstand und hat einschneidende Entscheidungsgewalt sowohl auf strategischer wie auf operativer Ebene. Im Gegensatz dazu gibt es viele NPO, bei denen es offensichtlich schwer ist zu erkennen, ob es sich um wirtschaftliche Unternehmen oder um eine NPO handelt: Sie sind im knallharten Wettbewerb mit anderen Organisationen auf dem Kundenmarkt (z. B. gewisse Schulen oder Heime) oder sie ringen mit anderen Organisationen um Spendengelder. Ihr Erfolg ist abhängig davon, dass sie ihren Handlungsspielraum geschickt und professionell nutzen.

Man könnte aufgrund dieser Vielfalt berechtigterweise fragen, ob es überhaupt sinnvoll ist, die NPO als gemeinsame Schnittmenge im Rahmen gemeinsamer Theorie und Lehre zu behandeln. Zwischen einem als lokale Feuerwehr organisierten Verein und einer international aktiven, hochprofessionellen, mit erheblichen personellen und finanziellen Mitteln ausgestatteten Dienstleistungsorganisation wie dem Roten Kreuz oder dem WWF existieren Welten. Eine kleine Stiftung lässt sich nur schwerlich mit der internationalen Pfadfinderbewegung vergleichen. Trotzdem gibt es auch Argumente für eine gemeinsame *NPO-Theorie* und diese Argumente rechtfertigen u. E. eine spezielle Behandlung der Thematik des Managements von NPO hinreichend.

Besonderheiten von NPO

Zwar könnte das Prädikat *Nonprofit* suggerieren, dass solche Organisationen weder Profite machen, noch machen dürfen, können oder sollen. Dies ist aber eine falsche Interpretation des Begriffs. Der Begriff *Nonprofit* greift haarscharf neben die Substanz dessen, was allgemein als wichtigstes Merkmal solcher Organisationen beschrieben wird: Substanziell für die NPO ist nicht die Negation des wirtschaftlichen Antriebs. Auch NPO wollen wirtschaftlich *erfolgreich, effektiv* und *effizient* sein. Auch NPO können Reinerträge erwirtschaften und sollten in der Lage sein, Reserven zu bilden, um diese in den Betrieb zu reinvestieren.

Die Mission

Die Substanz des Antriebs einer NPO liegt nicht in der Erwirtschaftung von Erträgen, sondern in ihrer *Mission*. Man nennt NPO deshalb auch *missionsgetriebene Unternehmen* und will damit andeuten, dass sie im Kern auf Interessen ausgerichtet sein müssen, die nicht wirtschaftlicher Art sind. Ihre Daseinsberechtigung und ihr Selbstverständnis sind sozialer, ökologischer, ethischer, religiöser Natur (wenn man die sog. *Eigenleistungs-NPO* einmal ausklammert). Aus dieser *Wertorientierung* der NPO, bei der andere Werte als nur wirtschaftliche geschaffen werden sollen, leitet man Besonderheiten ab, die das Management von NPO auszeichnen und die eine spezielle Theorie des Nonprofit-Managements verlangt und rechtfertigt. Nun geht auch die allgemeine Betriebswirtschaftslehre davon aus, dass Unternehmen neben einer Ausrichtung auf wirtschaftliche Ziele andere Interessen zu berücksichtigen haben. Das *Stakeholder-Modell* versucht zu eruieren, welche Bezugsgruppen welche Interessen anmelden und wie man diesen Interessen entgegenkommen kann[5]. Die *Balanced Scorecard* von Kaplan und Norton ist ein Ansatz, bei dem man versucht, neben der Perspektive des finanziellen Erfolgs auch andere Perspektiven wie die Kundenperspektive, die Prozessperspektive und die Perspektive des Lernens und Wachsens in Vision und Strategie eines Unternehmens einzubringen[6]. Kern der Daseinsberechtigung eines For-Profit-Unternehmens ist aber immer der mehr oder weniger nachhaltige wirtschaftliche Erfolg, die nachhaltige Behauptung des Unternehmens im Wettbewerb mit anderen Unternehmen, die sich darin ausdrückt, dass der Wert des Unternehmens steigt. For-Profit-Unternehmen verhalten sich in diesem Sinne utilitaristisch: Was ihnen nützt und ihren Wert steigert, wird angestrebt. NPO könnten durchaus in dem Sinne „selbstzerstörerisch" agieren, dass sie effektiv und effizient die Mission erfüllen und dass man der Organisation gar nicht mehr bedarf: Eine Organisation, die den Tabakkonsum so gut bekämpft, dass niemand mehr raucht, hat die bestmögliche Effektivität und Effizienz bei der Verfolgung ihrer Mission erreicht, aber sich selbst überflüssig gemacht. In ähnlichem Sinne stellt man fest, dass NPO bezüglich ihres Kooperations- und Wettbewerbsverhaltens anders agieren als *For-Profit-Unternehmen*: Letztere kooperieren dann mit anderen, wenn es allen Kooperationspartnern einen positiven Nutzen bringt und kein Partner auf Kosten anderer profitiert, d. h. wenn unterschiedliche Ressourcen und Kompetenzen synergetische Effekte erlauben oder wenn durch die Kooperation positive externe Effekte entstehen, die durch alle genutzt werden können, ohne dass jemand als Trittbrettfahrer davon profitiert. NPO arbeiten jedoch z. T. auch zusammen, wenn die Kooperation ihnen als Organisation wenig bringt oder sogar schadet, jedoch der „gemeinsamen Sache", d. h. für die höhere Mission, von Nutzen ist[7].

Dienstleistungscharakter der Produkte
Eine genauere Kenntnis der NPO und ihrer Führungsprobleme zeigt auf, dass sie sich gar nicht von wirtschaftlichen Unternehmen im Generellen unterscheiden, sondern nur von denjenigen Wirtschaftsunternehmen, die in den Theoriebüchern meist als Beispiele herangezogen werden: den Sachgüter produzierenden Unternehmen der klassischen Konsumgüter- und Investitionsgüterindustrie. Die betriebswirtschaftliche Literatur ist voller Modelle, die an Beispielen aus Produktionsbetrieben dargestellt werden. Die betriebswirtschaftliche Lehre entstand mit der Industrialisierung und will Antworten geben auf Probleme, die bei der Produkton und Vermarktung von Sachgütern entstanden. Die Wertschöpfung der modernen Wirtschaft entsteht jedoch heute zu zwei Dritteln in Organisationen, die Dienstleistungen erstellen und vermarkten, die Lehrbücher haben sich dieser Tatsache kaum angepasst. Eine Betriebswirtschafts- oder Führungslehre der NPO muss eine Lehre der Dienstleistungsorganisationen sein, denn NPO schaffen fast ausnahmslos Werte in Form von Dienstleistungen. Die Theorie muss sich primär auf Modelle stützen, die der NPO-Bereich mit der Dienstleistungswirtschaft teilt.

Modelle in der Betriebswirtschaftslehre – ein Beispiel
Ein typisches Beispiel für ein in der Sachgüterproduktion gewonnenes Modell ist die *Wertkette* von Michael Porter. Dieses Modell, das die Unternehmensana-

lyse grundlegend verändert hat, wird in praktisch allen Lehrbüchern immer am klassischen linearen Prozess einer Wertkette dargestellt, wie sie in sachgüterproduzierenden Unternehmen auftreten. Dass dieses Modell bei Dienstleistungen und speziell bei NPO zu adaptieren ist, werden wir später darstellen[8].

Verbundproduktion, Netzwerkstrukturen und Beziehungsmanagement
NPO *„produzieren"* sehr oft *im Verbund*, als *Netzwerk* ein ganzes Dienstleistungsbündel. Die klassische BWL geht meist vom Modell einer Unternehmung aus, die, auf sich allein gestellt, ein bestimmtes Sachgut oder eine Palette von Sachgütern konzipiert, konstruiert, produziert und vermarktet. Dieser Prozess wird allenfalls unter Einbezug von Zulieferern und Vertriebspartnern dargestellt, wobei die Bedeutung dieser Zusammenarbeit im wertschaffenden Prozess meist kaum detailliert beschrieben wird. Bei NPO trifft man dagegen in der Mehrheit der Fälle auf eine Realität, die ganz anders aussieht. Die Altenvorsorge in einer Gemeinde wird nicht von einem einzigen Anbieter „produziert", sondern von einer ganzen Reihe von „Teilproduzenten": Dienstleistungsorganisationen arbeiten mehr oder weniger eng zusammen. Jede Organisation erfüllt eine ganz bestimmte Rolle im Gesamtprozess. Keine Organisation kann sich im Rahmen dieses „Produktionsprozesses" als autonom verstehen. Die klassische BWL verstand „Management" oder „Führung" meist als Akt, in dem Unternehmer und Manager relativ selbständig auf dem Markt Bedürfnisse eruieren und autonom mit der Entwicklung, Produktion und Vermarktung von Produkten auf diese Bedürfnisse antworten. Erst in neuerer Zeit ist mit Begriffen wie *virtuelle Unternehmung*, *Supply Chain Management* und *Destinationen Management* (in der Tourismuswirtschaft) so etwas wie eine moderne Theorie des vernetzten, interdependenten, prozessorientierten Wirtschaftens entstanden. In diesem Verbund sind die Gestaltung gemeinsamer Beziehungen, das *Beziehungsmanagement* und die Erarbeitung einer gemeinsamen Strategie aller am Prozess beteiligten Partner wesentlich geworden. Dieser Ansatz der Theorie entspricht der Realität der NPO, die fast regelmäßig in vernetzten Verbundwirtschaften ihr Dienstleistungsangebot planen und „produzieren". Besonders im dritten Teil versuchen wir dieser Tatsache gerecht zu werden, indem wir aufzeigen, wie Strategien oft gerade in diesen Verbünden zusammen mit Kooperationspartnern erarbeitet werden müssen und dass nicht jede NPO ihre eigene Strategie unabhängig von den Partnern entwickeln kann[9].

Ehrenamtliche Vorstands- und freiwillige Basisarbeit
Eine Besonderheit der Führung von NPO findet in modernen Wirtschaftsunternehmen noch kaum Vergleichbares: die *Freiwilligenarbeit*. Während Wirt-

schaftsunternehmen ihre Produktions- und Absatzprozesse auf der Grundlage von Mitarbeitenden aufbauen, die man in einem speziellen Vertrag, dem Arbeitsvertrag, rel. fest als professionelle Mitarbeiter an sich bindet und über die man aus dieser vertraglichen Bindung heraus in gewisser Weise als *Human Resource* verfügen kann, sind NPO oft weitgehend auf die Mithilfe sogenannter *Freiwilliger* oder *Milizer* angewiesen. Ihre Dienste werden freiwillig und weitgehend ohne materielle Entschädigung, und damit auch nicht im Rahmen einer festen arbeitsrechtlichen Bindung mit Rechten und Pflichten für Arbeitgeber und Arbeitnehmer geleistet. In aller Regel arbeiten Freiwillige und *Ehrenamtliche* nicht Vollzeit, sondern nur eine beschränkte Anzahl von Stunden und Tagen für die Organisation. Wenn Freiwillige und Ehrenamtliche weitgehend auf materielle Abgeltung ihrer Arbeit verzichten, so heißt dies jedoch nicht, dass sie auf Mitsprache bei der Gestaltung der strategischen und operativen Ausrichtung der Organisation verzichten. Insbesondere in Mitgliederorganisationen ist im Gegenteil mit einem regen Interesse der beteiligten Freiwilligen zu rechnen, wie die Zukunft der Organisation zu gestalten ist. Dieses Interesse kann durchaus im Sinne eines Rechts auf Mitsprache und Mitbestimmung verstanden werden (und evtl. statutarisch auch so festgelegt sein, insbesondere wenn die Freiwilligen oder Ehrenamtlichen zugleich juristisch Mitglieder der NPO sind). Manager, die NPO wie Unternehmen führen wollen und nicht auf die spezifischen Interessen der Freiwilligen achten, erleben deshalb im Alltag der NPO-Realität immer wieder Überraschungen. Die „Humanressource Freiwillige" ist nicht nur eine ganz bedeutende Stärke der NPO, die sich gegenüber nicht gewinnorientierten und staatlichen Organisationen ausspielen lässt, sondern führt sowohl auf rechtlicher wie kultureller Ebene zu ganz spezifischen Führungsproblemen, auf die wir hier nicht näher eingehen, die aber in weiteren Kapiteln des Buches immer wieder ein Thema sein werden. Diese Themen sind nicht nur an der Basis, sondern meist auch an der Spitze der Organisation relevant. In den Vorständen der NPO entscheiden nicht professionelle, sondern ehrenamtliche *Milizvorstände*. Auch auf diese Besonderheit wird im weiteren Verlauf des Buchs eingegangen. Der Vollständigkeit halber sei abschließend erwähnt, dass unter dem Stichwort *Organizational Citizenship* die Diskussion über Freiwilligkeit neuestens auch in Wirtschaftsunternehmen geführt wird. Wir sind allerdings überzeugt, dass die Bedeutung der Freiwilligenarbeit hier niemals diejenige in NPO erreichen wird.

Praxisbeispiel – Parteienarbeit
Geradezu als Musterbeispiel kann hier (aus leicht verständlichen Gründen) die Mitbestimmung der Mitglieder in politischen Parteien aufgeführt werden. Die

Parteien in Deutschland, Österreich und in der Schweiz sind meistens föderal strukturiert und besitzen Mitbestimmungsstrukturen, die als Abbild des politischen Prozesses der öffentlichen Instanzen gestaltet sind (z. B. Orts- sowie Landesverbände und nationale Parteitage). Neben diesen Mitbestimmungsstrukturen existieren meist viele zusätzliche Möglichkeiten, sich themen-, zielgruppen- oder projektorientiert in den politischen Prozess einzubringen, so existieren z. B. in der SPD verschiedene themen- oder berufszentrierte Arbeitsgemeinschaften (Arbeitsgemeinschaft sozialdemokratischer Juristinnen und Juristen, Arbeitsgemeinschaft für Bildung, AG60 plus für Seniorinnen und Senioren in der SPD, Projekt alex für Jugendaktionen in Berlin) (www.berlin.spd.de, Stand 12.08.07). Doch auch andere NPO, z. B. solche, die öffentliche und gemeinwirtschaftliche Dienstleistungen im Bereiche der Vorsorge erbringen, oder NPO, die neben Servicedienstleistungen politische, willensbildende Lobbyarbeit machen, zeigen oft eine recht nahe am politischen Willensbildungsprozess entlang gestaltete interne Organisation. Dies gilt z. B. für Wirtschafts- und Handelskammern, ebenso für Automobil- und Verkehrsclubs oder für gemeinwirtschaftlich tätige Organisation wie das Rote Kreuz (vgl. z. B. www.drk.de) oder in der Schweiz z. B. für die Pro Senectute (www.pro-senectute.ch). Diese Organisations- und Willensbildungsstrukturen sind teilweise über Jahrzehnte hinweg historisch gewachsen und allein schon deshalb nicht mit einem Federstrich in eine divisionale oder Matrix-Geschäftsstruktur überführbar. Überreste typischer NPO-Strukturen finden sich übrigens auch nach wie vor bei Unternehmen, welche längst nicht mehr dem NPO-Bereich zugeordnet werden können, so ist die Raiffeisenbank in Österreich nach wie vor eine Gruppe aus ca. 570 selbständigen Lokalbanken (vgl. www.raiffeisen.at) oder beim größten Detailhändler der Schweiz, der Migros, kennt man nach wie vor 10 regionale Teilgenossenschaften und das Instrument der *Urabstimmung* (Grundsatzabstimmungen aller Genossenschafter, vgl. www.migros.ch).

Das Dreieck Leistungsbezüger, Leistungserbringer und Leistungsermöglicher
Eine weitere Spezialität des NPO-Managements trifft nicht auf alle NPO in gleichem Maße zu, ist jedoch in vielen NPO als Kernproblem der Führung zu verstehen: Der Austauschprozess funktioniert nicht auf der Grundlage des klassischen Marktmodells, bei dem für ein Bedürfnis eine Problemlösung in Form eines Produkts angeboten wird, für das Kunden bereit sind, einen angemessenen Preis zu bezahlen. Viele NPO finden sich in der viel komplexeren Situation, bei der nicht die Abnehmer des Gutes den Preis bezahlen, es besteht ein Dreiecksverhältnis aus *Leistungsbezüger, Leistungsermöglicher* (oder -Finanzierer) und *Leistungserbringer.* Die *unsichtbare Hand* des Marktes, die im Marktmodell auto-

matisch dafür sorgt, dass ein Ausgleich von Angebot und Nachfrage über den Preismechanismus stattfindet, funktioniert in dieser Dreiecks- oder teilweise sogar Vieleckssituation nur bedingt. Natürlich werden Spender einer Hilfsorganisation mit der Zeit ihr Vertrauen verlieren, wenn diese nicht mehr für gute Hilfeleistungen steht. Doch im Unterschied zum *reinen Marktmodell*, wo vollkommene Transparenz herrscht, oder zu praktischen Marktsituationen, wo die Kunden zumindest am eigenen Leibe erleben, ob eine Leistung ihren Bedürfnissen entspricht, herrscht bei solchen für viele NPO typischen Situationen weder Transparenz noch Übereinstimmung zwischen Klient und Finanzierer, was denn die gute und richtige Leistung sei.

Praxisbeispiel: Gefängnis
Ein Gefängnis erbringt eine wichtige soziale Dienstleistung, indem es für die Gesellschaft eine gewisse Sicherheit bringt, dass die Insassen zumindest während des Absitzens ihrer Strafe nicht weitere Straftaten in der Gesellschaft begehen können und indem es den Insassen – zumindest theoretisch – die Möglichkeit der Resozialisierung und entsprechende Programme anbietet. Nun agiert das Gefängnis nicht nach dem klassischen Marktmodell, indem der Kunde die konsumierte Leistung bezahlt und damit ein „automatischer" Mechanismus zwischen Angebot und Nachfrage entsteht. Der „Leistungsermöglicher" Staat gibt einen Auftrag, und der „Leistungserbringer" Gefängnis erbringt die geforderte Leistung, die der „Leistungsbezüger" Insasse konsumiert. Ähnliche Dreiecksverhältnisse existieren bei Schulen, wo Eltern, Studierende, Staat und Wirtschaft (als Abnehmer des „Produkts" Studienabgänger) durchaus unterschiedliche Vorstellungen haben, wie eine gute Schule zu funktionieren hat. Auch Hilfswerke, die von Spendern finanziert werden und z. B. damit Brunnen graben, sind im Widerstreit der Interessen zwischen Leistungsermöglicher und Leistungsbezüger[10].

Koproduktion von Dienstleistungsanbietern und Kunden/Klienten
Ein weiteres Merkmal, das für das Verständnis des NPO-Managements von grundlegender Bedeutung ist, teilen NPO mit vielen Dienstleistungsorganisationen der Wirtschaft: Ihre Dienste werden nicht unabhängig vom Kunden in einer Produktionsstätte gefertigt und anschließend auf den hoffentlich aufnahmebereiten Markt gebracht, die Dienstleistung entsteht im Beisein und oft unter *Mitwirkung* der Kunden oder Klienten. Während der Kunde oder die Kundin im Coiffeurstuhl meist nur seinen oder ihren Kopf hinhalten muss und sich auf ein anregendes oder langweiliges Gespräch einlässt, ist bei der Erstellung von NPO-Gütern die Mitwirkung der Kunden und Klienten oft ein Schlüsselfaktor des Erfolgs.

Praxisbeispiel Hochschule
Es ist schon fast banal, wenn man Hochschulen als Beispiel dafür heranzieht, dass das Produkt Aus- und Weiterbildung ohne lernwillige und lernfähige Studierende nicht funktionieren kann, doch dasselbe gilt auch für die meisten anderen Dienstleistungen einer Hochschule: Ihre Beratungsmandate sind zum Scheitern verurteilt, wenn die Aufträge nicht in enger Zusammenarbeit mit den Klienten erarbeitet werden und wenn die Klienten die Empfehlungen nicht umsetzen Die Informationsaufgabe der Hochschulen, vielleicht unangenehme Erkenntnisse aus der Wissenschaft dem Publikum und der Politik zu kommunizieren, ist ebenfalls zum Scheitern verurteilt, wenn sich diese nach dem Prinzip mi-zaru, kika-zaru, iwa-zaru verhalten (jap. für nicht sehen, nicht hören, nicht sprechen, zaru steht für „Nicht" aber auch für „Affe", daher das berühmte Sinnbild). Das grundlegende Verständnis, dass NPO wie Hochschulen zusammen mit ihren Klienten Koproduktion betreiben, ist für die Führung solcher Organisationen von grundlegender Bedeutung und verpflichtet nicht *nur* die Klienten, wie man es aus einem falschen Hierarchieverständnis manchmal seinen Studierenden klarzumachen versucht.

Spezielle Rechts- und Organisationsformen
Der Gesetzgeber hat für die nicht gewinnorientierten Organisationen spezielle Rechtsformen geschaffen. Die öffentlich-rechtlichen Formen dabei einmal ausgeklammert (siehe dazu Kap. 2.2), stehen in Deutschland dafür z. B. der Verein, die Stiftung, die gemeinnützige GmbH zur Verfügung, in Österreich neben dem Verein, der Stiftung und der Genossenschaft auch die gemeinnützige AG und die gemeinnützige GmbH. In der Schweiz stehen das Rechtskleid des Vereins, der Stiftung und der Genossenschaft zur Verfügung. Diese Vielfalt der Rechtsformen bringt sowohl spezifische Besonderheiten für das Management der Organisationen mit sich, sind doch sowohl die Kultur wie auch die Organisation und die damit verbundenen Entscheidstrukturen in einer Stiftung oder in einem Verein ganz anders geartet, als dies normalerweise in der Managementliteratur für Unternehmungen (z. B. im Rechtskleid der Aktiengesellschaft) angenommen wird. Ein Verein wird sich anders finanzieren müssen als eine börsenkotierte Aktiengesellschaft, auch wenn sein Bedürfnis für Risikokapital (z. B. für Investitionen in Fußballspieler oder in Technologieentwicklung für eine umweltgerechte Mobilität) ähnlich angelegt ist wie bei einer Aktiengesellschaft, die neue Märkte erschließen will und dafür Kapital braucht. Organisatorisch haben zudem viele NPO (gerade die großen nationalen Verbände mit lokaler Basis) viel eher eine politisch basisdemokratische und föderalistische Struktur als eine zentralistische Form mit klaren Kompetenzen der Organisationsspitze.

Bedeutung der NPO
Ein besonderes Augenmerk auf diese Art von Organisationen rechtfertigt sich schließlich, weil NPO bezüglich ihrer Anzahl und Wirkung in der Gesellschaft von Bedeutung sind, auch wenn sie in den Theoriebüchern lange stiefmütterlich behandelt wurden. Dank den vom John Hopkins Comparative Nonprofit Sector Project seit 1990 erhobenen Zahlen hat man erstmals empirische Gewissheit: NPO sind sowohl von der Wertschöpfung her, vom Anteil am Bruttosozialprodukt, das sie der Gesellschaft zur Verfügung stellen, wie auch vom Beschäftigungseffekt her gesehen von großer Bedeutung. Je entwickelter eine Gesellschaft und Wirtschaft ist, umso bedeutender ist der „dritte Sektor", d. h. die Nonprofit-Szene. Laut den neuesten vorliegenden Zahlen des Projekts wurden in 35 Ländern Ausgaben dieses Sektors gemessen, die durchschnittlich 5,1% des BIP betragen. Fast jede 20. Beschäftigte in den 35 Staaten arbeitet in einer NPO und jede 8. angestellte Person im Dienstleistungssektor. Die Bedeutung der NPO im Vergleich mit den anderen zwei Sektoren Staat und Wirtschaft nimmt zu, die NPO sind bedeutender als andere Branchen wie die Transport- oder Nahrungsmittelindustrie. Noch beeindruckender sind die Zahlen, wenn man nicht nur die Bedeutung der von Profis geschaffenen Werte misst, sondern die von Freiwilligen geleisteten Arbeitsstunden und die dadurch geschaffenen Dienste mit einbezieht: Zu den von Profis im Rahmen ihrer Anstellung geleisteten Arbeitsstunden kommen noch ca. 50% von Freiwilligen erbrachte Arbeitsleistungen hinzu, von der Arbeitsleistung her gemessen ist damit der NPO-Bereich mit 7 bis 8% der Gesamtleistung in entwickelten Staaten einer der größten produktiven Bereiche der Gesellschaft[11].

2.2 Typologien der NPO

Im Vorkapitel wurde festgestellt, dass die Vielfalt der NPO vielleicht fast typischer ist als ihre Gemeinsamkeiten. Aus diesem Grunde erscheint es sinnvoll, die wichtigsten Arten der NPO kurz zu beleuchten. Dabei ist vorerst zu klären, ob mit dem Begriff *NPO* nur privatrechtlich organisierte Organisationen gemeint sind oder auch öffentlich-rechtliche Organisationen.

Abgrenzung zwischen NPO und öffentlichen Organisationen
In den meisten Studien zu NPO wird ein klarer Trennstrich zwischen den eigentlichen NPO und öffentlich-rechtlichen Institutionen gemacht. Dies ist durchaus sinnvoll, eine empirische Erfassung des Sektors ist nur möglich, wenn man den Untersuchungsgegenstand klar definiert. Da produktive Aktivitäten, die durch öffentlich-rechtliche Institutionen geleistet werden, in offiziellen Statistiken und

Forschungsprojekten meist bereits als Aktivität des Staates erfasst und gemessen werden, im Unterschied zu den Aktivitäten der privaten Unternehmen, betraf das schwarze Loch der früher kaum beachteten Aktivitäten nur jenen Bereich, der sich außerhalb der Unternehmungen und des Staates abspielte, eben im privaten NPO-Sektor. Für empirische Zwecke wird deshalb dieser Bereich nun als eigener „dritter" Bereich neben Staat und Unternehmen erfasst. Dass diese Unterscheidung aus betriebswirtschaftlicher Sicht weniger sinnvoll ist, wird weiter unten noch näher diskutiert[12].

Wenden wir uns nunmehr den verschiedenen in der Literatur beschriebenen Typologien der NPO zu: In der Lehre werden eine ganze Reihe von Typologien aufgeführt, so bedient sich Horak eines morphologischen Kastens, um die verschiedenen NPO zu beschreiben[13].

Morphologischer Kasten

Die morphologische Methode ist eine systematische Strukturanalyse, die hilft, Ordnung und neue Kombinationen zu finden. Horak hat diese Methode verwendet, um die Vielfalt von NPO darzustellen und zu strukturieren. Sein morphologischer Kasten ist deshalb nützlich, um z. B. die eigene Organisation zu charakterisieren oder um eine Gruppe von NPO gemäß verschiedenen Merkmalen zu beschreiben.

Merkmale								
Größe	klein		mittel			groß		
Rechtsform*	Verein	Stiftungsanstalt		Genossenschaft		öffentl.-rechtl. Körperschaft		
Steuern	Ertagssteuern				sonstige Steuern			
	begünstigt		nicht begünstigt		begünstigt		nicht begünstigt	
Trägerschaft	staatlich				privat			
Leistung	Individual-Gut		meritorisches Gut		Kollektiv-Gut		öffentliches Gut	
Mitarbeiter	hauptamtlich		ehrenamtlich			gemischt		
Finanzierung	Anteil	Kredit	Preis	Gebühren	Beiträge	Zuschüsse Spenden	Kapitalerträge	Steuern Sponsoring
Adressaten	Mitglieder		Dritte			Allgemeinheit		
Organisation	hierarchisch		oligarchisch			demokratisch		
Ziele	Formalziel				Sachziel			

Abbildung 1: Morphologischer Kasten der NPO (nach Horak, in Badelt, 2007: 91)

Die ICNPO-Klassifikation

Eine andere brauchbare Typologie wird in der bereits weiter vorne kurz vorgestellten Studie des John Hopkins Comparative Nonprofit Sector Project der John Hopkins University in Baltimore koordinierten empirischen Untersuchung CNP benutzt, welche die verschiedenen NPO nach dem primären Tätigkeitsfeld klassifiziert und empirisch beschreibt[14]. Die CNP-Studie unterscheidet folgende NPO:

Untergruppen ICNPO*	In % der Gesamtbeschäftigung im NPO-Sektor
Kultur- und Freizeitorganisationen	19
Bildung & Forschung	23
Gesundheitswesen	14
Soziale Dienste	19
Umwelt- und Naturschutz	02
Wohnungswesen & Beschäftigung	08
Bürger- und Verbraucherinteressen	04
Stiftungs- und Spendenwesen	01
Internationale Aktivitäten	01
Wirtschafts- und Berufsverbände	07
Andere NPO	02

* ICNPO = International Classification of Non-Profit-Organizations

Abbildung 2: NPO-Gruppen in der CNP-Klassifikation (Quelle: Salomon u. a. 2003: 23)

Die ICNPO-Klassifikation hat sich unterdessen international etabliert und wird überall, auch von offiziellen Stellen, als Klassifikationssystem benutzt.

Freiburger Typologie

Auch im vom Verbandsmanagement Institut (VMI) an der Universität Freiburg i. Ü. entwickelten sog. Freiburger-Modell findet man so etwas wie eine Typologie der NPO, die man beispielhaft verwenden kann, um darzustellen, welche Arten von NPO man in der Realität findet[15].

NPO und strategische Führung

Typen Merkmale	Mitgliedschaftlich		Nicht mitgliedschaftlich	
Zweck	Selbsthilfe-NPO		Drittleistungs-NPO	
Rechtsform	Kammer	Verband	«Karitativer» Verein	Stiftung	Gemeinnützige GmbH
Mitgliedschaft, Mitwirkung	Pflicht, Wahl	Beitritt, Wahl		Berufung/ Kooptation	Beteiligung (Kapital-)
Identitätsprinzip	Träger ist Kunde (Nutznießer)		Träger ist nicht gleich Kunde (Nutznießer)	
Leistungsadressaten	Dienstleistungen an und für Mitglieder		Leistungen an und für Dritte	
Beeinflussung	Interessenvertretung nach außen			

Abbildung 3: Typologie der NPO im Freiburger-Modell (Quelle: P. Schwarz u. a., 2005: 25)

Während sich die ICNPO-Klassifikation damit begnügt, die NPO nach ihrem wichtigsten Tätigkeitsfeld zu charakterisieren, lässt sich mit der Morphologie von Horak jede NPO möglichst genau nach einer ganzen Reihe von Kriterien beschreiben. Das Freiburger-Modell versucht, eine bestimmte Anzahl von Strukturtypen zu charakterisieren. Daraus lassen sich Hypothesen ableiten, wie Strukturtypen sich verhalten und funktionieren.

NPO und Gesellschaftsmodelle

Salomon und Anheier ergänzen diese Typologisierungsversuche durch eine andere Sichtweise. Sie stellen nicht die Organisationen dar, sondern die Gesellschaften, in denen diese Organisationen agieren. Sie klassieren Gesellschaften nach dem Ausmaß der staatlichen Sozialausgaben und nach der Bedeutung des NPO-Sektors. Daraus bilden sie vier Gesellschaftstypen[16]:

Institutionelles Modell		
Staatliche Sozialausgaben	Einfluss des NPO-Sektors	
	gering	groß
niedrig	etatistisch Japan	liberal USA, UK
hoch	sozialdemokratisch Schweden, Italien	korporatistisch Deutschland, Frankreich

Abbildung 4: Test des institutionellen Modells des NPO-Sektors nach Salomon und Anheier (1997 [2])

Die Entstehung und Entwicklung von NPO lässt sich i. E. aus der Geschichte der einzelnen Länder erklären, die völlig unterschiedliche Interdependenzen zwischen der Institution Staat und den NPO herausbildeten. Diese Gesellschaften lassen sich in vier grundsätzlich unterschiedliche Typen einordnen: Im *liberalen* Modell sind staatliche Eingriffe beschränkt. Die NPO konnten sich deshalb wie in den USA und Großbritannien frei entfalten. Im *sozialdemokratischen* Modell musste der Staat durch sein starkes Engagement den NPO-Sektor eher zurückdrängen. Im *korporatistischen* Modell wurde der durch traditionelle Institutionen (Adel, Monarchie, Zünfte, Kirche) aufgebaute soziale Schutz durch kooperative Zusammenarbeit staatlicher Systeme mit diesen Institutionen (und ihren NPO) verstärkt. Die Zusammenarbeit des staatlichen Schulsystems mit den katholischen Schulen in Frankreich ist ein typisches Beispiel dieses korporatistischen Modells. Im *etatistischen* Modell lässt der Staat traditionell einen Einfluss von Eliten außerhalb des Staates nur in sehr beschränktem Ausmaße zu, weshalb sich die NPO auch dann nur schwach entwickeln, wenn der Staat sich für gemeinnützige Aufgaben wenig engagiert. Die empirische Verifizierung des Modells ist u. E. fraglich, denn gerade die CNP-Zahlen lassen vermuten, dass zwischen staatlichem Engagement und der Rolle der NPO nicht unbedingt ein konkurrierendes Verhältnis bestehen muss. In den skandinavischen Ländern, die einen starken Staat besitzen, hat sich der NPO-Sektor bestens entwickelt. Auch wenn die von den Autoren als „institutioneller Ansatz" gekennzeichnete These noch der Verifizierung oder Differenzierung bedarf, so zeigt sie, dass sich Funktion und Mission von NPO nicht aus sich selbst heraus erklären lassen: NPO sind ein „integraler Bestandteil der übergreifenden gesellschaftlichen Infrastruktur". Die Sichtweise von Salomon und Anheier kann damit eher als Versuch verstanden werden, „als Brücke (zu dienen, Anm. d. Autors) zwischen der eleganten Schlichtheit ökonomischer Modelle, die jedoch viele Anomalien unerklärt lassen, und dem Detailreichtum der traditionellen historisch-vergleichenden Forschung, die Generalisierungen auf allgemeine Muster hin kaum zulässt"[17].

Verhaltenstypisierung der NPO

Wir möchten aus unserer Sicht noch zusätzlich zu den oben erwähnten Charakterisierungen eine grobe Typisierung nach dem *Verhalten* der Organisationen vorschlagen. Dieses Verhalten erklärt sich u. E. sowohl aus der Interdependenz der „Branche" mit dem Staat und anderen gesellschaftlichen Institutionen (inkl. der Wirtschaft, die im Institutionenmodell von Salamon und Anheier nicht berücksichtigt ist) wie auch aus der ganz individuellen Realität einer einzelnen NPO, ihrer Vergangenheit, Mission, Kultur und Organisation. Aus der Beratungspraxis heraus lassen sich vielleicht vier Typen herauskristallisieren, die bezüglich ihres strategischen Verhaltens ganz unterschiedlich agieren und deshalb einer näheren Betrachtungsweise bedürfen:

Typ A: Ist eine NPO, die sich bezüglich ihrer Strategie, Organisation und Kultur am ehesten am klassischen Marktmodell orientiert. Sie hat eine rel. hohe Autonomie, sich ihre Ziele selbst zu setzen. Sie besitzt Freiheitsgrade bei der Beschaffung von Mitteln und bei der Wahl von Einsatzfeldern (Märkten) und Positionierungsmöglichkeiten. Die Organisation hat einen hohen Professionalisierungsgrad und eine rel. klare Entscheidhierarchie (NPO-Unternehmen).

Bsp.: Ein als Stiftung konstituiertes Aus- und Weiterbildungsinstitut mit Stiftungsrat und professionellem Schulmanagement

Typ B: Ist eine typischerweise stark von Mitgliedern beeinflusste Organisation, bei der Organisationsstruktur, Entscheidungsmechanismen, Strategien und Kultur stark durch diese Mitglieder und ihre Interessen und Werthaltungen geprägt sind. Diese Organisationen produzieren einerseits oft als „Selbsthilfeorganisationen" (für die Mitglieder oder Genossenschaften) bzw. bestimmen die strategische Positionierung stark auf Grundlage ihrer Werthaltungen und Ideologien. Bei nationalen und internationalen Organisationen sind oft föderalistische Strukturen erkennbar, welche die strategische Entscheidungsbildung wesentlich prägen und innerhalb deren Gefäße auch „Richtungskämpfe" ausgefochten werden. Es existiert ein hoher interner Beeinflussungsgrad (Mitglieder-NPO).

Bsp.: Parteien, Gewerkschaften und Arbeitgeberverbände, Wirtschaftskammern, Gewerbeverbände, aber auch Automobil- und Verkehrsclubs und z. T. auch Sportvereine und -verbände

Typ C: Ist eine NPO, die (oft historisch bedingt) in einer Prozesskette verschiedener Organisationen eine ganz bestimmte Funktion übernimmt, wobei der Erfolg der Leistungserbringung wesentlich mit dem Gesamterfolg der ganzen Leistungsprozesskette zusammenhängt. Solche NPO können, trotz formal-institutioneller oder vertraglicher Autonomie, ihr Verhalten deshalb nur in enger Abstimmung mit anderen Leistungsträgern und den allfälligen Auftraggebern oder Leistungsermöglichern definieren, es existiert ein hoher externer Beeinflussungsgrad (Prozessketten-NPO oder Netzwerk-NPO).

Bsp.: Organisationen der Altersvorsorge und -pflege, Marketingorganisationen für Branchen und Destinationen (Tourismusverbände, Stadtmarketing), NPO im Gesamtverkehrsverbund, Energieversorger

Typ D: Ist eine NPO, die bedingt durch ihre Mission, Entstehungsgeschichte oder auch juristische Form (z. B. bei Stiftungen mit sehr eng definiertem Stiftungszweck) entweder abhängig ist vom Auftraggeber (und Finanzierer) bzw. eine sehr enge Interpretation des Leistungsauftrags (bzw. der Mission) vornehmen muss und deshalb auf strategischer Ebene wenig Interpretationsspielraum für ihr Verhalten hat. Das Selbstverständnis der Funktionsträger in diesen Organisationen entwickelt sich auch dementsprechend, d. h. man interpretiert den Auftrag so, wie er immer gegeben war (auch wenn dies obsolet wird). Das Risiko solcher Organisationen, in einer sich rasch wandelnden Umwelt „auftragslos" zu werden, ist rel. hoch. Typisch sind solche Organisationen bei privatisierten ehemaligen Verwaltungseinheiten (semi-autonome NPO).

Bsp.: Von staatl. Mitteln abhängige Organisationen der Entwicklungszusammenarbeit, Bildungs- und Forschungsinstitutionen im Gebiete der öffentlich-rechtlich reglementierten Forschungs- und Bildungspolitik, in eine Quasi-Selbständigkeit entlassene ehemalige Amtstellen, etc.

Selbstverständlich kann eine konkrete NPO nicht unbedingt nur einem der vier Typen zugeordnet werden, es gibt Mischformen zwischen A und C, insbesondere auch zwischen C und D, andere Mischformen sind denkbar. Während sich NPO des Typs A strategisch vielleicht am ehesten wie Wirtschaftsunternehmen verhalten und entwickeln (können) und ihre Mission autonom verstehen – wir nennen sie deshalb auch NPO-Unternehmen –, wird eine Mitglieder-NPO den Strategieentwicklungsprozess ganz anders, meist viel politischer verstehen, als Resultat eines Aushandlungsprozesses von im Widerstreit stehenden, unterschiedlichen Interessen. NPO der Typen C und D wiederum müssen ihre Strategien eher auf einen Kontext mit einer höheren Mission ausrichten (sie müssen gesetzliche Vorschriften umsetzen, sich einem höheren, früher fixierten Stifterwillen verpflichtet fühlen, oder sie müssen sich als Teil eines Netzwerks zur Umsetzung übergeordneter Interessen interpretieren). Dieses (notwendige) Selbstverständnis kann jedoch auch gefährlich sein, wenn es im engen Sinne, als unveränderlich und fix verstanden wird. Wir empfehlen, die Optiken zu wechseln, die Sichtweise zu verändern, um Aspekte der verschiedenen Handlungstypen nicht zu vernachlässigen. Wir werden deshalb in diesem Buch zunächst eine Strategielehre vorstellen, die eher dem klassischen Modell des unabhängigen Unternehmens entspricht, in welchem Unternehmer und Manager rel. autonom Vision und Strategie auf Umweltchancen und Kompetenzen der Organisation ausrichten. Gemäß diesem Ansatz gibt es eine „richtige Strategie", nämlich eine Strategie, die aus Umwelt- und Unternehmensanalyse heraus als erfolgversprechend verstanden wird. In Teil drei wechseln wir bewusst die Optik und werden strategisches Management stärker aus einer Beziehungsperspektive betrachten, aus einer Perspektive des Widerstreits von Interessen und des gemeinsamen Lernens und Sichentwickelns. Beide Ansätze gemeinsam, das ist unsere Hypothese, ergeben am ehesten eine situationsgerechte und zugleich durchsetzungsfähige Strategie.

2.3 Ist die Abgrenzung zwischen NPO und staatlichen Organisationen sinnvoll?

Wenn wir mit den beschriebenen Charakterisierungen und Typologien insgesamt ein zwar summarisches, aber doch recht griffiges Bild dessen geben konnten, was man unter NPO versteht, so haben wir die eingangs erwähnte Frage nur teilweise beantwortet, ob man *öffentliche Organisationen* auch als NPO betrachten kann. Die Literatur zum Thema ist dürftig. Eine klare Meinung wird im Rahmen der mehrmals erwähnten Studien der John Hopkins Universität vertreten: Hier werden strikt nur privatrechtliche Organisationen berücksichtigt. Dass auch diese klare Abgrenzung Vergleichbarkeitsprobleme bewirken kann, sei am Beispiel der kirchlichen Organisationen angedeutet: Während in einigen Staaten Kirchen ein öffentlich-rechtliches Rechtskleid besitzen und deshalb logischerweise als öffentliche Institution zu erfassen wären, wird in anderen Ländern eine strikte Trennung von Kirche und Staat praktiziert, und alle kirchlichen Organisationen wären demnach als NPO zu charakterisieren[18]. Solche Abgrenzungen existieren auch dadurch, dass sich bestimmte Forschungsinstitute und Beratungsunternehmen mit ihren Dienstleistungen entweder auf NPO oder dann eher auf öffentlich-rechtliche Organisationen konzentrieren. So beschäftigt sich das Institut für Öffentliche Dienstleistungen und Tourismus der Universität St. Gallen v. a. mit wirkungsorientierter Führung von öffentlichen Organisationen, während das Institut VMI in Freiburg i. Ü. sich auf private Verbände und NPO konzentriert. Das NPO-Institut an der Wirtschaftsuniversität Wien deklariert zwar sein Interesse als bezogen auf NPO, die Forschungsprojekte zeigen jedoch durchaus ein übergreifendes Interesse an Projekten im öffentlichen Bereich (www.npo.or.at/forschung/laufende.htm). Andere Institute durchbrechen die Trennung ganz bewusst, so beschäftigt sich das Institut für Politikwissenschaft in Münster sowohl mit der Governance ganzer Wohlfahrtssysteme, wie man daneben auch die „Zivilgesellschaft" der privaten NPO im Blickwinkel hat (http://egora.uni-muenster.de/pol/forschen/zivil.shtml). Auch der Lehrstuhl in Potsdam wird neuerdings mit dem Schwerpunkt „Public und

Nonprofit Management" umschrieben (vgl. www.uni-potsdam.de/u/ls_puma; Stand 22.08.07), und die Schmalenbach Gesellschaft für Betriebswirtschaft e. V. kennt einen Arbeitskreis für Public und Nonprofit Management[19].

Wie schon erwähnt, drängt sich für empirische Zwecke eine Abgrenzung zwischen staatlichen und privaten Organisationen auf, man würde sonst Doppelzählungen in Kauf nehmen müssen. Abgrenzungsprobleme wie das oben beschriebene sind in diesem Rahmen aufgrund von internationalen „Sprachregelungen" pragmatisch zu lösen.

Juristisch ist eine eindeutige Zuordnung ohne weiteres vorzunehmen, rechtlich ist eine Organisation entweder dem öffentlichen oder privaten Recht zuzuordnen. Gemischte Lösungen gibt es jedoch sowohl aus Sicht der Finanzierung (gemischtwirtschaftliche Organisationen mit Finanzierung aus öffentlichen und privaten Quellen) wie auch aus organisatorischer Sicht (Vorstandsregelungen, z. B. mit genauer Definition der Delegationsmacht der öffentlichen Hand).

Schwieriger wird eine klare Abgrenzung aus soziologischer oder betriebswirtschaftlicher Perspektive. Aus der Optik einer *managementorientierten Betriebswirtschaftlehre* kann man berechtigterweise die Frage stellen, welchen Sinn eine strikte Abgrenzung zwischen öffentlich-rechtlichen Institutionen und NPO hat. Unsere These ist, dass betriebswirtschaftliche Methoden und Instrumente sich für beide Arten von Organisationen eignen und deshalb eine Trennung sich nicht aufdrängt. Diese Argumentation wird dadurch unterstützt, dass gerade in der heutigen Zeit eine reine Zustandsbetrachtung betriebswirtschaftlich sinnlos ist: Organisationen sind nicht als Zustand zu betrachten, sondern als prozesshaft zu verstehende Gebilde. Sie befinden sich *auf dem Wege von einem Zustand zu einem nächsten vorübergehenden Zustand.* Was gestern eine typische öffentliche Verwaltungsstelle war, ist morgen vergleichbar mit einer NPO: Eine Verwaltungsabteilung wird zum selbständigen nationalen Institut mit öffentlichem Leistungsauftrag, das aber neben diesem Auftrag auch Dienstleistungen für Dritte akquiriert (in Konkurrenz zu anderen Instituten im EU-Markt). Viele Institutionen verändern im Zuge dieser Veränderungs- und Anpassungsprozesse ihr Rechtskleid. Organisationen stehen zudem in einem Abhängigkeitsverhältnis zu ihrer Umwelt und den daraus folgenden Anforderungen. Im selben Umfeld (d. h. in denselben Märkten und Branchen) tummeln sich heute oft Organisationen aus dem Public-, Nonprofit- und Forprofit-Bereich. Die Vermutung liegt nahe, dass sie ähnliche betriebswirtschaftliche Probleme haben und sich deshalb auch ähnliche Lösungsmöglichkeiten anbieten. Die relevante Frage heißt deshalb u. E.: Inwiefern kann die BWL, Führungs- und Managementlehre für NPO und öffentliche Institutionen hilfreich sein? Solange diese Organisationen ein Mindestmaß an Autonomie in der Wahl ihrer (selbsterteilten oder von Dritten akquirierten) Aufträge und damit in der Gestaltung ihrer strategischen Ausrichtung besitzen, kann die Lehre der strategischen Führung oder des strategischen Managements beigezogen werden. Wenn es dagegen in Organisationen nur darum geht, wie man rechtlich genau beschriebene Vorschriften möglichst effizient umsetzt, mag die Lehre des operativen Managements von einer gewissen Relevanz sein, die Strategielehre dagegen nicht. Dasselbe gilt für eine Stiftung mit abschließend enger Definition des Stiftungszwecks. Auch hier existiert wenig Spielraum für strategische Erwägungen, durchaus jedoch für operative Optimierung.

Aus unserer Erfahrung besitzen viele öffentliche und private NPO (wir verwenden jetzt ganz bewusst diese Begrifflichkeit) sehr viel mehr strategischen Spielraum, als sie selber vermuten. Die psychologische Barriere des Verharrens im tradierten Auftrag, der Glaube, man könne nicht über den Schatten der bisherigen Mission und Strategie springen, ist oft stärker als die objektiven Grenzen, die den Menschen in diesen Organisationen gesetzt werden. Strategisches Management ist v. a. auch eine Denkschule, in der man lernt, über den Schatten zu springen.

3. Die Entwicklung des Strategischen Managements

3.1 Führung, Management und strategische Führung

Die Begriffe *Führen, Führung, Management* und *Managen* sind zentrale Begriffe einer handlungsorientierten Betriebswirtschaftslehre, wurden aber schon lange vor dem Beginn der modernen Betriebswirtschaftslehre verwendet. **Führen** ist gemäß dem Grimm'schen Wörterbuch verwandt mit Fuoran (voran), ein Führer ist „einer der ein lebendes wesen oder lebende wesen dadurch, dass er dabei ist und die Richtung bestimmt, sich fort- oder von einem orte zu einem andern bewegen macht", ... „der einen bey der hand hat", ... „einer der durch mitsein eine Richtung oder Linie einhalten und in dieser fortkommen macht"[1].

Der **Management**begriff wird im 19. Jh. in England für die Rolle des Betriebsleiters verwendet, aber bereits früher auch, um verwandte Aktivitäten zu umschreiben: „To manage a toll, a machine or weapon" (im Sinne von Handhabung, handhaben können), „I'll manage to come on Friday", um anzudeuten, dass man eine schwierige Aufgabe in den Griff kriegt, die nicht leicht zu erledigen ist[2].

Synonyme Begriffe?
Managen und Führen werden meist synonym verwendet, obschon der Begriff *Managen* und *Management* im engeren Sinne rollenspezifisch mit Managern verbunden werden kann, mit Einzelpersonen oder einer Personengruppe – *die Manager* –, die im Auftrage der Eigentümer (oder bei einer NPO im Auftrage der Mitglieder oder Genossenschafter) die Unternehmung oder die Organisation führt. Man geht davon aus, dass das finanzielle Risiko nicht von den Managern getragen wird. Die Begriffe *Führer, führen, Führung* dagegen können ohne weiteres auch auf Leitende bezogen werden, die zugleich *Unternehmer* sind, d. h. die Eigentümer der Organisation sind. In NPO könnte man zu diesen Personen auch Gründer von NPO zählen, die diese NPO maßgeblich initiiert, aufgebaut haben und sehr oft in echt unternehmerischem Sinne in die Zukunft führen. Damit ist angetönt, dass begrifflich zwischen *Managen* und *unternehmerisch Führen* (engl. *Entrepreneurship*) ein Unterschied gemacht werden kann. Der Unterschied wurde in der Theorie lange Zeit kaum beachtet. In der neueren Zeit ist mit dem *principal-agency*-Ansatz und der *Corporate Governance*-Diskussion dieser Unterschied wieder hervorgehoben worden: Man wurde sich bewusst, dass Manager nicht immer das intendieren und tun, was für die *Prinzipale* (die Eigentümer und Mitglieder) das Richtige ist, die Manager besitzen durchaus Eigeninteressen. Mit dem *Corporate Governance*-Ansatz versucht man, den Interessengegensatz zwischen Management und Prinzipalen zu überbrücken. Zum Teil erreicht man genau das Gegenteil: Viele *Corporate Governance*-Maßnahmen haben dazu geführt, dass Manager (kriminelle) Energie aufwenden, um die *Corporate Governance*-Regulierungen in ihrem Sinne zu beeinflussen[3].

Menschenführung und Führung von Organisationen
Wenn die Begriffe *Führung* und *Führen* von uns als Oberbegriffe verstanden werden, die sowohl die Führungstätigkeit von Managern wie Firmeninhabern, oder -gründern umfassen, so muss – bevor wir den Inhalt des Führens näher erläutern – auf eine zweite begriffliche Differenz hingewiesen werden, die der Begriff der Führung auszeichnet. Gewisse Führungslehren verstehen das Führen primär im Sinne von *Menschenführung.* Diese Theorie konzentriert sich darauf, Aspekte in den Vordergrund der Diskussion zu stellen, die beim Führen einzelner Menschen, ganzer Gruppen von Menschen oder von ganzen Belegschaften in Unternehmungen von Belang sind. Nun ist die Menschenführung selbstverständlich

ein zentraler Aspekt jeder Führungstätigkeit. Die *Human Relations*-Bewegung hat im Nachgang der Hawthorne-Experimente hier einen Paradigmenwechsel ausgelöst: Sieht das *Scientific Management* den Menschen als eine Art Maschine, so wurde mit den genannten Experimenten die Welt der Motivation, der Einstellungen und Erwartungen, Interessen, Fähigkeiten und Fertigkeiten der arbeitenden Menschen entdeckt, und mit dem Einbezug soziologischer Erkenntnisse wurden das Team und die Unternehmenskultur zur Basis vieler Lehren über das Führen[4].

Als typische Lehren und Führungstheorien dieser Schulen können (ohne vollständig zu sein) bezeichnet werden[5]:

- Die *Motivationsschulen* von Maslow, Alderfer, Hertzberg, Mc Clelland bis hin zu moderneren Ansätzen der sog. Erwartungs- und „Equity"-Theorien. Im Zusammenhang damit auch die Modelle der Zufriedenheitsforschung.
- Die *Führungsstillehren*, die sich als zentrales Thema mit der Frage beschäftigen, welcher Führungsstil zu Führungserfolg führt. Dazu gehören ausgehend von Mc Gregors Grundtheorien X und Y eindimensionale Führungsansätze, aber später auch mehrdimensionale wie die Gridtheorie von Blake und Mouton und darauf aufbauend der situativ-entwicklungsorientierte Ansatz von Hersey & Blanchard.
- Die sog. *Führungstechniken* von MbE (Management by Exception), MbD, (Management by Delegation-Harzberger Ansatz) bis zum bekannten MbO (Management by Objectives).

In diesem Lehrbuch gehen wir von einem erweiterten Führungsbegriff aus, der die Menschenführung zwar einbezieht, Führung jedoch als *Führung eines ganzen Systems* versteht: das System Unternehmung bzw. das System NPO wird geführt. Führung wird hier wieder das, was die uralte Definition der Gebrüder Grimm in ihrem deutschen Wörterbuch umschreibt, „mitsein und eine richtung oder linie einhalten…"[6], d.h. Führung wird zur *Steuerung* einer Organisation in einer komplexen, oft chaotischen Umwelt. Steuern heißt, dass man der Organisation eine Richtung vorgibt und Maßnahmen ergreift, die der Organisation das Ansteuern der anvisierten Zielrichtung erlaubt.

Strategische Führung

Diese Begrifflichkeit führt direkt zum Begriff der *strategischen Führung* oder zum Synonym *strategisches Management:* Das Wort *Strategie* geht auf die griechischen Wörter *Heer* (stratos) und *Führer* (agos) zurück und wurde auch bis in das 20. Jh. nur im Kontext der Kriegs- oder Heerführung benutzt, meist in Verbindung mit dem ergänzenden Begriff der *Taktik*[7]. Die Verwendung des Strategiebegriffs wird im allg. auf die Harvard Business School zurückgeführt, die bereits 1911 einen Abschlusskurs mit dem Namen *Business Policy* anbot, der die Gesamtsicht der Unternehmenssituation und die Gesamtführung der Unternehmen zum Thema hatte[8]. In den 60er Jahren des 20. Jh. entwickelte sich die Strategielehre dann mehr und mehr zu einem eigenständigen Gebiet, das zuerst meist mit den Begriffen *Unternehmenspolitik* oder *langfristige Unternehmensplanung* bezeichnet wurde, da man annahm, dass die Quintessenz der Lehre eine Planungsmethode und das Resultat der Strategie ein möglichst langfristiger Plan sei.

Die Entwicklung der Strategielehre
Während man sich in den 60er und 70er Jahren v. a. damit beschäftigte, Planungsmethoden zu entwickeln, und in der Praxis in großen Unternehmen umfangreiche Stabsabteilungen aufgebaut wurden, die sich mit diesen immer komplexer werdenden Plänen beschäftigten, führte die Ernüchterung über die erzielten Resultate bald zu einem Umdenken: Die von den besagten Stäben erarbeiteten Pläne wurden von der Linie nur mit Widerstand oder gar nicht umgesetzt, und die Rahmendaten, die als Voraussetzung der Pläne angenommen wurden, erwiesen sich bald als nicht mehr gültig. Die Pläne wurden zur Makulatur. In der Schweiz z. B. wurde nicht nur auf Unternehmensebene geplant, sondern auch auf staatlicher Ebene: Die Gesamtenergiekonzeption und die Gesamtverkehrskonzeption waren mit riesigem Planungsaufwand erarbeitete, langfristige Gesamtplanungen mit verschiedenen Szenarien: Der riesige Papieraufwand produzierte sehr wenig realisierbare Resultate, dafür hohe Kosten.

In den 70er und in den 80er Jahren des vergangenen Jahrhunderts wandte sich die strategische Forschung neuen Themen zu, so der Frage, wie Strategien entstehen (*Prozessforschung*), welche Strategien denn überhaupt erfolgreich sind (*inhaltliche Forschung*, vorerst v. a. M. A. Porter, später auch die sog. Ressourcenorientierte oder Fähigkeiten- und Wissens-orientierten Schulen). Diese Sichtweisen erlaubten, Theorien und Modelle empirisch zu überprüfen, was z. B. mit den PIMS-Untersuchungen als Basis der sog. *market-based View* geschah[9]. Neben Strategieforschung an Hochschulen wurden seit den 60er Jahren Beratungsunternehmen wie *Mc Kinsey* oder die *Boston Consulting Group* wichtig, die eigene, anwendungsorientierte Modelle, Checklisten, Matrizen (wie z. B. das BCG-Portfolio oder die 7-S von McKinsey) in den Werkzeugkasten der Unternehmensstrategen einbrachten. An europäischen Hochschulen entstanden als Weiterentwicklung der *Führungstechniken* oder *Management bys* und als Grundlage für das Managementverständnis systemisch angelegte *Gesamtmodelle* der Unternehmung in ihrer Umwelt, so das von Ulrich in St. Gallen initiierte *St. Galler Management-Modell* oder das später darauf basierende, speziell für NPO adaptierte *Freiburger-Modell*[10]. Im Zusammenhang mit der *Prozessforschung* wurden zudem seit den 80er Jahren wichtige Theorien und Modelle entwickelt, die sich mit der Veränderung der Organisation beschäftigen und aufzeigen, wie Organisationen fähig werden, sich einer rasch wandelnden Umwelt anzupassen und Innovationsprozesse bewusst zu initiieren und zu ermöglichen[11].

3.2 Zum Verständnis der strategischen Führung

Was charakterisiert nun strategische Führung oder mit anderen Worten: Was ist strategische Führung, was will strategische Führung und was bringt der Ansatz wirklich, was vielleicht nicht? Für welche Organisationen ist dieser Ansatz sinnvoll, eignet er sich auch für NPO? Mit welchen Fragen beschäftigt sich strategisches Management in Theorie und Praxis und wer spielt welche Rolle beim strategischen Management?

Historisch wurden strategische Führung und strategisches Management wie oben beschrieben meist v. a. als Planungsprozess verstanden, wobei man strategische Führung als Langfristplanung auf oberster Unternehmensebene verstand. Strategische Führung gemäß diesem Verständnis ist[12]:
– von grundlegendem Charakter (befasst sich nicht mit dem Detail, sondern mit dem Grundsätzlichen, den *Leitplanken* des Geplanten[13])
– umfassend (umfasst die ganze Firma und – mit Teilplänen – alle Funktionen der Organisation)
– proaktiv (nicht nur reagierend)
– langfristig (5 bis 15 Jahre)
– rational (ein Plan, der auf Fakten basiert und auf der Grundlage möglichst rationaler Entscheide zur „richtigen" Strategievariante unter mehreren möglichen führt)
– sowohl Ziele wie Maßnahmen umfassend
– Aufgabe des obersten Managements und seiner Stäbe

Die wichtigste Frage eines solchen Strategieverständnisses ist, *wie* man einen solchen Plan erarbeitet, wie man zu einer Strategie kommt. Strategielehre fragt nach dem Prozess der Strategieplanung, kaum nach den Inhalten oder nach der Umsetzungsfähigkeit einmal erarbeiteter Strategien (diese sind aus dieser Sicht

„objektiv richtig", müssen also umgesetzt werden). Dieses Verständnis der Strategie entspricht am ehesten dem, was Henry Mintzberg in seinen 5 P der Strategie als *Plan* bezeichnete:

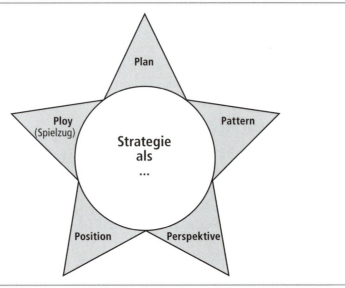

Abbildung 5: Die 5 P der Strategie (nach Mintzberg, 1999)

Führung und Management wurden in der frühen Phase der strategischen Lehre als mehr oder weniger objektiv planbare Aktivität verstanden, bei der allenfalls der Mensch mit seinen unwägbaren Persönlichkeitscharakteristika eine Rolle spielt, die man zu berücksichtigen hat. Das Umfeld, in dem die Pläne realisiert werden, spielt nur eine mittelbare Rolle oder ist zumindest weitgehend prognostizierbar.

Wie die Interpretation der vier anderen P von Mintzberg aufzeigt, hat sich das Strategieverständnis seit den 60er Jahren des 20. Jh. weiterentwickelt. Zwar sind die oben beschriebenen Elemente, die das frühere Verständnis von Strategie bestimmten, nicht vollständig verdrängt geworden. Noch immer betrachtet man aus heutiger Sicht Strategie als grundlegend, noch immer ist sie im Allg. proaktiv angelegt, noch immer ist sie auf nachhaltige Wirkung ausgerichtet und noch immer besitzt eine Strategie sowohl Zielcharakter wie auch Richtlinien, die festlegen, mit welchen Maßnahmen man die Ziele erreichen will. Diese Umschreibung der Strategie ist aber ungenügend. Wichtig für das heutige Strategieverständnis ist die Aussage Gälweilers, dass Strategien als sog. *Vorsteuergrößen* zu verstehen sind[14]: Strategien schaffen Voraussetzungen, unter denen man operativ handelt. Strategische Aktion ist nicht auf den kurzfristigen Erfolg ausgerichtet, sondern auf die *langfristige Handlungsfähigkeit* der Organisation im Hinblick auf strategische Ziele. Aus dieser Sicht lassen sich drei Felder identifizieren, in denen sich strategische Entscheide abspielen:

1. Strategien zeigen die Mission und Vision einer Organisation auf, d. h. den *Daseinszweck* der Organisation (wofür gibt es uns?), die Werthaltungen, die man als wichtig erachtet, und die Intention, das *hohe Ziel*, das man erreichen möchte und für das es sich lohnt, sich anzustrengen.
2. Strategische Entscheide und Handlungen können die Ressourcen, Kompetenzen und das Wissen der Firma nachhaltig verbessern, die *Schlagkraft* der Organisation erhöhen (Ressourcenpotentiale). Zu diesen Potentialen gehört die finanzielle Schlagkraft der Organisation. Dies ist jedoch nicht der einzige Parameter, es gehören auch andere Potentiale dazu, insbesondere die menschlichen Ressourcen (Human Resources), aber auch logistische und andere Fähigkeiten und Wissen, bei NPO z. B. oft auch die Fähigkeit, in Netzwerken zu kooperieren.
3. Strategische Entscheide und Handlungen können das *Potential* der Organisation *in relevanten Märkten* und bei anderen *Stakeholdern* verbessern oder halten. Strategien können darauf ausgerichtet sein, die Stellung der Organisation in potentiell interessanten Märkten zu entwickeln oder zu verbessern (z. B. im Sinne der klareren Positionierung). Sie können die *Beziehungen* zu den Partnern beeinflussen und in diesen Märkten optimieren. Sie können erreichen, dass ein ausgewogenes Portfolio von eher riskanten, aber dafür viel versprechenden Aktivitätsbereichen mit sicheren, dafür vielleicht etwas weniger zukunftsträchtigen Aktivitäten gemischt wird.

Strategische Entscheide und Handlungen sind insgesamt *konsistente*, einer gemeinsamen Doktrin folgende Entscheide, gewisse Aktivitäten zu verfolgen und mit den notwendigen Mitteln zu unterstützen und andere Aktivitäten zu unterlassen (*Investitions-* und *Desinvestitionsentscheide*).

Wie entstehen Strategien?

Wie entstehen solche Strategien und wer entwickelt sie? Natürlich werden auch heute Strategieplanungen v. a. als Aufgabe des obersten Kaders bezeichnet und von diesem – gegebenenfalls unter Mitwirkung von Stäben – *aus der Retorte* entwickelt. Mintzberg und andere haben darauf hingewiesen, dass solche strategische Entscheide und Handlungen nicht immer geplant bzw. *intendiert* sind, sondern in der Wirklichkeit sehr oft aus der konkreten Situation heraus als *emergente Strategien* sich aus ungeplanten Einzelhandlungen ergeben, die vom obersten Management zumindest zugelassen wurden, und deshalb die Fähigkeit hatten zu zeigen, dass sie erfolgreich sind[15]. Gemäß Quinn agiert das Topmanagement bei diesem *logischer Inkrementalismus* genannten Strategieprozess v. a. als Katalysator, der eine Kultur und Organisation schafft, in *der strategische Initiativen* entstehen können. Solche strategischen Initiativen werden durchaus nicht immer *von oben* initiiert, sie entstehen auch an der Basis, in einzelnen Bereichen oder Projekten, und es ist Aufgabe des Managements, die Bildung von strategischen Initiativen durch den Aufbau eines vertrauenswürdigen Klimas in der Außen- und Innenwelt zu unterstützen[16]. Abschließend ist in einer langfristig akzeptablen Form zu entscheiden, welche strategischen Initiativen weiterverfolgt werden und welche nicht.

Wenn in diesem Sinne Strategie in der Praxis nur selten dem Idealtypus eines von A bis Z geplanten Prozesses von Entscheidungen und darauf folgenden, die Entscheide realisierenden Handlungen entspricht, so will dies nicht heißen, dass Strategie dem Zufall überlassen wird. Der Einsatz von Theorien und Modellen der Managementlehre wird notwendig, um einzelnen Entscheiden das zu geben, was wir oben als Konsistenz bezeichnet haben oder was Mintzberg als *Pattern* bezeichnet, als *Muster* von Entscheiden und Handlungen, die in eine klar und klarer werdende sichtbare Richtung weisen. Spätestens nachdem die Strategie umgesetzt wurde (ex post also), besser noch jedoch während des Entscheidprozesses, sollte das, was sich hinter der Strategie verbirgt, anhand theoretischer Modelle diskutierbar, kritisierbar werden, d. h. darauf hin überprüfbar sein, warum es erfolgreich oder weniger erfolgreich sein wird oder war.

Lässt sich Strategie lernen?
Eine interessante Frage in Verbindung mit der Entstehung von Strategien ist, ob sich konkrete strategische Vorgehensweisen auf eine andere Organisation übertragen lassen, d. h. ob Strategie sich lernen lässt. Seit die Harvard Business School mit der Fallmethode ihren Unterricht zu gestalten begann, geht die Management-Lehre davon aus, dass dies möglich ist, bzw. dass sich aus typischen Erfolgs- und Misserfolgsgeschichten modellhaft diskutieren und abwägen lässt, wie sich ähnliches oder alternatives Verhalten in einer mehr oder weniger vergleichbaren Situation auswirken wird. Dieses Lernen aus Fällen, zumindest die Übertragung von pfannenfertigen *Lehren* aus exemplarischen, meist mit Erfolgen endenden Fallbeispielen auf die eigene Wirklichkeit, wird in der neuesten Literatur, insbesondere von Henry Mintzberg kritisiert: Er stellt fest, dass die dargestellten Situa-

tionselemente in den Fällen meist so stark simplifizierend reduziert sind, dass sich nicht aus dem Fall herauslesen lässt, was man in einer durch ganz andere Situationselemente gekennzeichneten anderen Situation und in einer anderen Unternehmung tun sollte. Managementausbildung wird durch eine Ausbildung *am Fall* zur simplen Rezeptlehre, die den Studierenden den – falschen – Eindruck gibt, es lasse sich alles rel. einfach steuern. Zudem kritisiert Mintzberg die seines Erachtens falsche Wissenschaftlichkeit der Managementschulen. Wir teilen seine Auffassung weitgehend: Einfache Rezepte, *How to do*-Handbücher, die simple Übernahme von pfannenfertigen Normportfolios, auf wenige Alternativstrategien reduzierte Strategieentscheide, z. B. aus einer Vierfeldermatrix, oder *generische Strategien* ohne Differenzierung verführen, dazu, Management als einfaches Handwerk zu betrachten, das man mit ebenso einfachen Techniken oder Handlungsanweisungen lernen und einüben kann[17]. Trotzdem gibt es für das Lernen am Objekt *Unternehmung* mit Fallbeispielen wohl keinen Ersatz, und zum Lernen am Objekt braucht es die Turnstangen betriebswirtschaftlicher Modelle. Mit der notwendigen Vorsicht angewandt, werden insbesondere Studierende mit Praxiserfahrung fähig werden, konzept- und systemorientiert zu denken und die notwendigen Differenzierungen und Adaptierungen an die ganz spezifische Situation ihrer eigenen Organisation und ihrer Umwelt vorzunehmen, genau so, wie in den Armeen auch der Sandkasten als Ersatz für die reale Situation herhalten muss, um strategische Kriegsspiele durchzuexerzieren. Auch wir werden in diesem Lehrbuch deshalb nicht auf das Lernen mit Fällen verzichten. Wir werden uns einiger Fälle bedienen, die helfen, die Theorie und Praxis miteinander zu verbinden. Wir werden uns mehr oder weniger gut abgesicherter Hypothesen und Modelle bedienen, mit welchen der Gesamtprozess und einzelne Teile des strategischen Entscheidens und Handelns bewusst gemacht werden und damit Reflexion und Kritik möglich werden.

4. Der Nutzen strategischen Managements für NPO

Wenn wir Strategie in diesem Sinne als eine Reihe von Entscheiden und Handlungen bezeichnen, die im Sinne von Vorsteuergrößen die Fähigkeit der Organisation verbessern sollen, sich zukünftigen Herausforderungen zu stellen, basierend auf Ressourcen, Kompetenzen und einer Stellung in der Umwelt, die ihr erlaubt, das zu realisieren, was man als Mission erkennt oder definiert hat, warum ist dann Strategie im heutigen Organisationsalltag so wichtig geworden, dass sie zu einem Kernthema einer betriebswirtschaftlichen Ausbildung gehört? Gilt diese Bedeutung auch für den Führungsprozess in NPO?

4.1 Gründe für strategisches Management in NPO

Generell lässt sich sagen, dass sich das Umfeld, in dem Führungspersönlichkeiten heute ihre Organisationen zu lenken haben, in den letzten dreißig Jahren grundlegend verändert hat und sie deshalb ganz neuen Anforderungen gegenüberstehen. Dies gilt ganz speziell auch für NPO: Viele NPO sind gewachsen, international aktiv, operieren mit bedeutenden Budgets und müssen ebenso bedeutende Investitionen riskieren. Führungskräfte tragen eine große Verantwortung für Menschen und Sachen und sind zunehmendem Druck der Außenwelt ausgesetzt. In Anlehnung an R. Lombriser / P. Abplanalp, Kotter und Bryson lassen sich folgende Punkte aufführen[1].

- *Neue Probleme und Herausforderungen verlangen nach (neuen) Strategien*
Die zusammenwachsende Welt (Globalisierung) und die schwindenden Grenzen sowie das Wachsen der Weltbevölkerung, Konflikte, Naturereignisse vor der Haustüre, aber auch geografisch weit entfernte Katastrophen, Veränderungen unserer natürlichen Umwelt und Lebenswelt verlangen ganz neue Lösungsansätze und Verhaltensweisen. Eine ständig zunehmende Zahl von Menschen hat Ansprüche an das Leben und seine Qualität, denen man nicht mit alten Rezepten genügen kann und für die es neuer Antworten bedarf.

- *Komplexität verlangt nach Strategie*
Die Komplexität, in der wir uns befinden, nimmt zu. Vorerst befinden sich unsere Organisationen in einem Umfeld, das zunehmend komplexer wird (externe Komplexität): Veränderungen in Politik, Wirtschaft, Gesellschaft und Technologie beeinflussen sich gegenseitig. Die prognostizierten Zukunften sind nicht auf der Grundlage einfacher Folge-Wirkungsmodelle zu begreifen. Gesellschaft und Wirtschaft müssen als mindestens so komplexes, chaotisches System verstanden werden, wie es Meteorologen mit Klima und Wetter darstellen und simulieren. Malik verweist zu Recht darauf, dass man komplexe Wirklichkeiten nur mit komplexen Modellen einigermaßen begreifen kann. Neben der externen Komplexität nimmt die Komplexität der *inneren Wirklichkeit* einer NPO als Abbild der externen Realität an Komplexität ständig zu. Komplexe Wirklichkeiten haben eine Fülle von externen und internen Einflussfaktoren und die Wirkungsprozesse sind mit Dynamiken ganz unterschiedlicher Priorität versehen. Solche komplexen Zusammenhänge versucht strategisches Management zu verstehen, zu simulieren und daraus Prognosen, Wirkungsmechanismen und Handlungsvorschläge abzuleiten. Im Gegensatz zu dieser steigenden Komplexität in unserem Umfeld sind die meisten unserer Institution für viel einfachere

Bedingungen geschaffen worden und haben sich in der Vergangenheit nur beschränkt den Veränderungen angepasst[2].

- *Heterogene Stakeholder und der zunehmende Individualismus verlangen nach Strategie*
Die Heterogenität der Beschäftigten, der Klienten und der Bürgerschaft wird stetig weiter anwachsen. Die Gesellschaft als Ganzes und konkrete Teilbereiche werden bunter, unsere Gesellschaft wird heterogen und hybrid zugleich, die Interessen ihrer Mitglieder verändern sich schnell und werden schwer verständlich. Jede Gruppe entwickelt eigene Interessen, Ideen und Bedürfnisse, auf die es angepasste Angebote der Dienstleistungsanbieter geben muss. Der Individualismus wird noch zunehmen. Teile der Gesellschaft entwickeln Ablehnung gegenüber öffentlichen und sozialen Anliegen. Selbstverantwortung wird von gewissen Kreisen stärker ins Zentrum der Diskussion und der Handlung gerückt werden. Gleichzeitig setzen sich Bürger vermehrt auch privat für öffentliche Probleme ein und unterstützen neue Lösungen.

- *Diskontinuität verlangt nach Strategie*
Wenn man noch in den sechziger Jahren des vergangenen Jahrhunderts im Allgemeinen von so etwas wie einem Trend ausgehen konnte (oder sich zumindest der Illusion hingab, es gebe so etwas), so ist die Zeit relativer Kontinuität seit spätestens dem ersten Erdölschock in den siebziger Jahren vorbei. In der Welt der börsenkotierten Unternehmen ist die Diskontinuität so groß geworden, dass man als Geschäftsführer von einem Tag zum anderen den Launen spekulierender Gambler ausgesetzt ist. In solchen Unternehmen könnte man sogar bezweifeln, ob ressourcen- oder marktbasierte strategische Leitlinien sinnvoll sind, oder ob es nicht eher spieltheoretischer Handlungsmodelle bedarf. Auch in NPO ist Diskontinuität ein Thema. Alte Handlungsprämissen werden über Nacht ungültig, sichere Beziehungen (zu Ermöglichern oder Klienten) werden in Frage gestellt, Regeln, die lange galten, werden durch neue Abmachungen, Richtlinien, Vorschriften ersetzt. Kunden und Klienten ändern Bedürfnisse und Verhalten grundlegend, Lieferanten verschwinden, Financiers entziehen der Organisation ihr Wohlwollen. Statt das zu tun, was man immer tat, sich primär auf Erfahrung zu stützen, muss man sich damit beschäftigen, was man in der Zukunft tun könnte. Doch auch diese Zukunft lässt sich nicht mit einer einfachen Trendextrapolation prognostizieren. Extrapolationen der Vergangenheit sind die unwahrscheinlichste Form der Zukunft. Trendbrüche sind die Regel, was gestern als erfolgreiches Geschäftsmodell galt, wird morgen durch eine neue Technologie zu kaltem Kaffee. Unternehmerisches Handeln ist vermehrt ein Handeln mit Risiko, ein

Handeln, bei welchem man nicht eingeschliffene Routinen noch ein wenig effizienter und schlanker gestalten kann. Die Diskontinuität verlangt nach Infragestellung dessen, was man bisher getan hat. Es sind mögliche Handlungsvarianten zu evaluieren, die sich aus Szenarien entwickeln, wie Zukunft aussehen könnte.

- *Der Technologiewandel verlangt nach Strategie*
Entwicklungen in der Informationstechnologie, der Telekommunikation, der Logistik, den *Life Sciences* und anderen Disziplinen verändern heute auch das Umfeld, in welchem NPO, z. B. im Gesundheitswesen, in den sozialen Diensten aber z. B. auch in der Kultur oder Bildung operieren. Die Bedürfnisse der Klienten und die Möglichkeiten der Anbieter von Dienstleistungen wandeln sich rapide, man denke nur z. B. an die Informationstechnologien, die im Bildungsbereich völlig neue Möglichkeiten und damit auch Chancen und Gefahren geschaffen haben.

- *Zunehmender Wettbewerbs- und Privatisierungsdruck verlangen nach Strategie*
Wenn man bis in die achtziger Jahre davon ausgehen konnte, dass der staatliche Auftrag mehr oder weniger sicher war, dass die Spenderin der letzten zehn Jahre ihren Beitrag auch im neuen Jahr überweist, dass die Senioren der Region ins regionale Altersheim ziehen, so vergibt die öffentliche Hand heute Aufträge nach einem ausgeschriebenen Wettbewerb oder versucht verschiedene Anbieter per Benchmarking-Prozess miteinander zu vergleichen. Wettbewerb findet nicht nur innerhalb einer Branche, sondern zwischen öffentlichen Organisationen, NPO und Wirtschaftsunternehmen statt, die alle denselben Auftrag erfüllen möchten. Spenderinnen sehen zur Prime Time in TV-Spots internationale Organisationen, die um Spenden-Euro oder -Franken buhlen. Pensionäre kriegen Angebote alternativer Wohnformen oder von privaten Heimen, die mit den traditionellen Angeboten im Wettbewerb stehen. Milizhelfer machen nicht mehr nur im Dorfverein mit, sondern haben ungezählte andere Angebote, um ihre Freizeit sinnvoll zu gestalten. Meistens ist eine Organisation mit ihrem Angebot nicht allein, eine ganze Reihe von Mitbewerbern versuchen für ihr Anliegen ebenfalls Finanzierer und Klienten zu finden. Wo der Wettbewerb noch nicht funktioniert, warten Mitbewerber trotzdem schon: Vermehrt spielt sich der Wettbewerb unter NPO in internationalem Rahmen ab, ein gewisses Auftragsvolumen verlangt gemäß EU-Richtlinien die öffentliche Ausschreibung. Die öffentliche Hand entdeckt mehr und mehr den Wettbewerb. Sie lagert Aufträge an im Markt stehende Organisationen aus und privatisiert Abteilungen, die bisher Teil der Verwaltung waren, um sie so dem Wettbewerb auszusetzen und damit zu einer effizienteren Betriebsführung zu veranlassen.

Die Auftraggeber verlangen Strategie
NPO hatten in der Vergangenheit meistens ihre angestammten Methoden, wie man Geld beschafft oder neue Projekte finanziert. Die einen hatten langfristige Beziehungen zu öffentlichen Auftraggebern und konnten aus dieser Beziehung heraus rel. sichere Quellen zur Finanzierung ihres Alltagsgeschäfts anzapfen. Zumindest die Möglichkeit der Anstoßfinanzierung neuer Aktivitäten war oft rel. einfach. Der öffentliche Sektor wird in seinem Wachstum beschnitten werden. Er wird *weniger rudern und mehr steuern.* Dies eröffnet neue Möglichkeiten, erhöht jedoch den Druck: Um Aufträge bewerben sich NPO und Wirtschaftsunternehmen gleichzeitig. Die Budgets der öffentlichen Hand werden im Vergleich mit dem privaten Sektor geringer anwachsen, auch wenn *kollektive Bedürfnisse* ungeachtet dieser Tatsache weiter anwachsen werden.

Diejenigen NPO, die weniger vom Staat abhängig waren, hatten ein stabiles auf Vertrauen basierendes Netzwerk in der Welt der Wirtschaft, der Stiftungen und privaten Geldgeber aufgebaut. Diese Finanzierungsquellen sind heute nicht knapper geworden, doch aus der guten Beziehung lässt sich weniger selbstverständlich als früher eine positive Antwort auf Finanzierungsanfragen ableiten. Routineaktivitäten müssen überdacht, begründet, im Rahmen von Kosten-Leistungs-Plänen auf Wirkung begründet werden. Für neue Projekte hat sich wie in der Wirtschaft ein *Businessplan* als Basis des Finanzierungsgesuchs eingebürgert. Neben den bisherigen Anwärtern für Projektgeld tauchen neue Mitbewerber auf, die ihre öffentlichen Aufträge verloren haben oder die aus anderen Gründen die privaten Geldgeber mit ihren Projekten umschwärmen.

Die Produktivität, die Innovationskraft und die Kooperationsbereitschaft müssen in der Zukunft in allen drei Sektoren ansteigen. Dies vor allem, wenn man von den gesellschaftlichen Problemen nicht erdrückt werden will, von Problemen, welche ohnehin nicht mehr von einem einzigen Sektor oder aber von einer einzelnen Organisation gelöst werden können.

Der wachsende Druck zur Interaktion und Zusammenarbeit zwischen Institutionen verlangt nach Strategien
NPO werden zunehmend nicht nur hohe Leistungen innerhalb ihres institutionellen Rahmens zu erbringen haben, sondern werden den *institutionellen Übergängen* ein deutlich größeres Gewicht beizumessen haben. Kunden, Klienten, Auftraggeber werden nicht mehr bereit sein zu akzeptieren, dass jede Organisation für sich allein operiert, sondern sie werden verlangen, dass gemeinsame

Strategien und Prozesse entwickelt werden. Interinstitutionelle Strategien werden zunehmend gefordert werden.

Die Branchenkultur und der Professionalisierungsdruck verlangen nach Strategie
In den siebziger Jahren des vergangenen Jahrhunderts war es geradezu verpönt, wenn NPO sich zu sehr mit wirtschaftlichen Kriterien massen, wenn Vertreter der Branche in Verruf kamen, *zu wirtschaftsnah* zu sein, wenn Probleme der NPO mit dem Methodenarsenal der Betriebswirtschafter angegangen wurden. Auch hier hat ein weitgehender Wandel der gesellschaftlichen Werthaltungen und mit der Zeit auch der Einstellungen und Gepflogenheiten in der Branche NPO stattgefunden. Der Zusammenbruch des *sozialistischen Modells* mag das Seine dazu beigetragen haben, auch die zunehmende Auflösung der Grenzen zwischen den drei Bereichen Staat, NPO und Wirtschaft ist eine Ursache dieses Wandels. Die größere Mobilität der Kaderpersonen ist ein weiteres Argument, das dafür spricht, dass man heute kaum noch allzu stark einer Branchenideologie anhängt, die das Management in der Wirtschaft und in NPO grundsätzlich unterscheidet. Die Frage nach Effektivität und Effizienz in NPO und staatlichen Organisationen ist heute so selbstverständlich wie in Wirtschaftsunternehmen, Professionalität ist gefordert. Gesucht sind allenfalls unterschiedliche Kriterien zur Messung dieser Größen. Konzepte aus der Wirtschaft sind in NPO salonfähig geworden, und strategisches Management ist ein Kernstück aus dem Werkzeugkasten der Wirtschaftsfachleute. Interdependenzen zwischen Wirtschaft und NPO sind kaum zu vermeiden: Im Zusammenhang mit Skandalen um Wirtschaftsmanager wurden von der Presse auch Vorstände und Geschäftsführer von NPO unter die Lupe genommen, und es wurden z. T. ähnliche Probleme und Verhaltensweisen sichtbar wie in der Wirtschaftswelt. Da staatliche Organisationen zunehmend dem Wettbewerb unterstellt wurden, stellte sich plötzlich auch die Frage nach der Attraktivität der Toppositionen in diesen ehemals (oder immer noch) staatlichen Betrieben und damit die Frage nach der Vergleichbarkeit der Entschädigungen. Veränderungen in der Umwelt, in Gesellschaft und Kultur wirken sich nicht getrennt auf Wirtschaft, NPO und öffentliche Organisationen aus, die Bereiche beeinflussen sich gegenseitig.

4.2 Ziele und Wirkungen des strategischen Managements

Was will strategisches Management in einer so geschilderten Situation und was bewirkt der Einsatz von strategischem Management[3]?

Strategisches Management beabsichtigt primär, in die Handlungen der Mitglieder einer Organisation und auch eines ganzen Netzwerks von Organisationen *sinnstiftend* einzuwirken und rel. blinden Aktionismus durch Sinn und Richtung zu ersetzen.

Strategisches Management soll *Richtung angebend* wirken und dadurch die Handlungen aller Mitwirkenden koordinieren. Die Richtung muss dabei verstanden werden als gemeinsame Intention aus einer Reihe verschiedener zum Teil divergierender Interessen und Bedürfnisse.

Strategisches Management soll *anspornend und teambildend* wirken. Ein ehrgeiziges, aber mit grosser Anstrengung erreichbares Ziel für alle, die es gemeinsam anstreben, wirkt motivierend. Dies ist nur möglich, wenn sich Beteiligte regelmässig, offen und kritisch mit der eigenen Organisation, ihren Möglichkeiten und Grenzen, Opportunitäten, Handlungen und Wirkungen auseinandersetzen und die daraus gewonnenen Erkenntnisse mit wichtigen Interessengruppen diskutieren und daraus eine gemeinsame Vision entwickeln.

Strategisches Management soll *klärend* wirken, indem klar wird, was man tun will und was man nicht tun will, wo man seine Mittel, Ressourcen, seine Mühe investiert und wo nicht.

Strategisches Management soll *prüfend und hinterfragend* wirken, indem das, was man tut, und das, was man erreicht, sowie die Mittel, die man dazu benötigt, messbar gemacht werden, transparent mit Vergleichbarem verglichen werden, kontrolliert, evaluiert und in Frage gestellt werden.

Strategisches Management ist angehalten, *effektive Führungsstrukturen und Prozesse* zu ermöglichen, aufzubauen und zu unterhalten.

Strategisches Management soll *lernfördernd und flexibilisierend* wirken, indem Veränderung vorgesehen ist und zur Veränderung angeregt wird, indem der Zufall und Wandel nicht ausgeschlossen wird, sich bietende Gelegenheiten genutzt werden können und die Führung für wichtige Eventualitäten gewappnet ist.

Strategisches Management soll Vision und strategische Stossrichtungen dort ansetzen, wo sie sinnvollerweise dem Auftrag angemessen sind. Das heisst in vielen Fällen, dass strategisches Management auf *interinstitutioneller Ebene* anzusiedeln ist sowie dass Leistung und Wirkung *aus Sicht der Kunden, Klienten, Leistungsermöglicher* verstanden wird.

Damit hat strategisches Management insbesondere folgende Vorteile für das Management von Unternehmen, Organisationen und Netzwerken:

- Es deckt die bei NPO systemimmanenten *Zielkonflikte* zwischen Mission und Ökonomie auf und macht die Konfliktsituationen dadurch transparent.

- Es fördert die *Diskursfähigkeit und Objektivierung* von organisatorischen Entscheiden, es verhindert simple „Bauchentscheide" und Individualinteressen, die mit vorgeschobenen „Sachargumenten" objektiviert werden. Alle sprechen dieselbe Sprache und ziehen am selben Strick.

- Es *stellt die* wirklich *wichtigen Fragen* und hilft bei ihrer Beantwortung (was ist strategisch sinnvoll und weniger sinnvoll, was nützt der Mission und der Organisation nachhaltig)?

- Es klärt die *Verantwortlichkeitsfrage*: Wer ist verantwortlich, dass sinnvolle Maßnahmen wirklich eingeleitet werden und nicht nur auf dem Papier stehen?

2. Teil: Der strategische Prozess

5. Die Elemente des strategischen Prozesses und seine Initiierung

5.1 Strategie als Planungsprozess?

Nachdem wir im ersten Teil die Begriffe der NPO und des (strategischen) Managements und der Führung definiert und diskutiert haben, wollen wir kurz analysieren, wie es zu strategischen Handlungen kommt, wer sie initiiert, wer dafür verantwortlich ist, sie beeinflusst und realisiert. Anschließend wenden wir uns den Elementen eines strategischen Plans zu, führen eine ganze Reihe geeigneter Analyse- und Syntheseinstrumente ein und zeigen auf, wie diese Überlegungen schließlich in einen strategischen Plan, das sog. Leitbild, und seine Teilelemente münden. Zuletzt diskutieren wir den Zusammenhang zwischen diesen Planungselementen und der Umsetzung und dem Controlling. Wir verstehen in diesem zweiten Teil aus didaktischen Gründen Strategie ganz bewusst als *Plan*, um diese Perspektive dann im *dritten Teil* wieder eher in Frage zu stellen und zu fragen, wie strategische Inhalte als *gemeinsamer Denk- und Entwicklungsprozess* zu gewinnen sind und wie man dadurch die Umsetzbarkeit von Strategien fördert.

Das klassische Verständnis der Strategieentwicklung ging wie erläutert davon aus, dass Strategieentwicklung ein rationaler Planungsprozess ist, bei dem man, von einer relativ akribisch betriebenen Analyse vieler strategischer Daten ausgehend, einen rationalen Entscheid fällt. Der Analyse- und Syntheseprozess als rel. objektive Beurteilung der Situation ergibt also eine ebenso objektive beste Lösung, den strategischen Plan mit Leitbild und Strategien. Ist dieser strategische Plan einmal definiert, so geht es anschließend nur noch darum, ihn möglichst genau umzusetzen und die Resultate zu kontrollieren, um allfällige Anpassungen vorzunehmen. Logischerweise werden solche Strategien von *Strategiespezialisten* geplant, die mit den Analyse- und Syntheseinstrumenten vertraut und fähig sind, aus dieser Analyse und Synthese heraus die richtigen Entscheidungen, sprich Strategien, vorzuschlagen. Strategie wird folglich von *Stäben* geplant, die speziell für diese Arbeit ausgebildet sind, und sie wird entschieden von den *obersten Entscheidungspersonen* einer Organisation, die fähig sind, strategisch zu denken, und die für diese Entscheide auch die *Verantwortung tragen* und die *Realisierung durchsetzen*. Sowohl bei Wirtschaftsunternehmungen, NPO und öffentlichen Organisationen wird die klare Trennung zwischen strategischen und operativen Organen immer wieder angemahnt.

Die Empirie zeigt jedoch, dass diese Vorstellungen, wie Strategien entstehen, meist nicht der Realität entsprechen[1]. Selbstverständlich werden, z. B. im Rahmen einer strategischen Neuausrichtung einer Firma, z. B. im Rahmen eines sog. Reengineering-Prozesses, alle Elemente der Strategieentwicklung von A bis Z durchgespielt. Auch bei neu zu gründenden Organisationen oder größeren neuen Geschäftsprojekten wird oft nach allen Regeln der Kunst von A (Analyse) bis C (Controlling) vorgegangen, die Analyse ist Basis eines Plans, und anschließend wird der Plan umgesetzt. In vielen Fällen entstehen Strategien aber nicht nach diesem Schema. Diesen Fällen wollen wir nachgehen, bevor wir uns den Elementen der klassischen Strategieplanung zuwenden.

Probleme der klassischen Strategieplanungslehre
Die Arbeitsteilung zwischen strategischen und operativ umsetzenden Organen in einer Organisation führt zu Problemen, welche die strategische Planung nicht so rational machen, wie es auf dem Papier vorerst aussieht: Die planenden Stabspersonen und entscheidenden Topmanager sind in größeren Organisationen weit entfernt von der operativen Realität, in welcher die Strategien alltäglich umzusetzen sind. Strategische Pläne wirken oft realitätsfremd, abgehoben, blutleer oder schlicht nicht umsetzbar, weil wesentliche Elemente der Situation bei der Entwicklung des Plans fehlen oder weil die Parameter sich so verändert haben, dass der Plan zwar gut für die Generalversammlung, hübsch für die Homepage, aber nicht brauchbar für die Realität ist. Strategien, die ohne Einbezug derjenigen geplant werden, die sie umsetzen, werden oft von den operativ Mitarbeitenden abgelehnt. Diese kümmern sich nicht um die Pläne, negieren Kenntnis der Anweisungen, tun, was sie selbst für richtig halten, oder benutzen den Widerspruch zwischen strategischem Plan und operativer Wirklichkeit als Basis für Machtspiele.

Wie Strategien entstehen
In der realen Welt der Organisationen sind nicht nur die Stäbe und das oberste Management kreativ. Neben den drei klassischen sog. *präskriptiven* Wegen, wie Strategien entstehen, gibt es gemäß Mintzberg noch 7 andere *deskriptiv* beschreibbare Prozesse, wie Strategien entstehen:

Der strategische Prozess

Strategieschulen	
Denkschulen	Strategien als ...
Präskriptiv	
1. Design	Konzeptioneller Prozess
2. Planning	Formaler Prozess
3. Positioning	Analytischer Prozess
Deskriptiv	
4. Entrepreneurial	Visionärer Prozess
5. Cognitive	Mentaler Prozess
6. Learning	Emergenter Prozess
7. Power	Aushandlungsprozess
8. Cultural	Kollektiver Prozess
9. Environmental	Reaktiver Prozess (auf Umweltsituation)
10. Configuration	Transformationsprozess

Abbildung 6: Denkschulen der Strategiebildung nach Mintzberg (Quelle: Mintzberg, 2001: 10)

Neben den meist analytisch vorausgedachten und konzipierten Wegen der Strategiebildung beobachtet man den strategisch visionären *Bauchentscheid* der unternehmerischen Persönlichkeit, die diese oft auch dem Team *vorlebt*. Viele Strategien entstehen aus einem harten *Aushandlungsprozess* heraus und erlangen ihre Verbindlichkeit und Wirkung gerade aus dem *Konsens*charakter dieses Prozesses. Andere Strategien sind v. a. als Reaktion auf Umweltveränderungen zu verstehen – *durch Schaden wird man klug* –, und wieder andere Strategien haben sich als komplexe, langsam gewachsene *kollektive Entwicklungsprozesse* in einer ganz bestimmten Organisationskultur herauskristallisiert. Summa summarum entwickelt sich Strategie oft als *Mischform* verschiedener dieser Prozesse, es müssen also nicht Denkschulen sein, wie es Mintzberg vorschlägt, sondern eher Entwicklungsprozesse von Strategien, die sich vermischen.

Aufgabe: Beschreiben Sie typische Strategien aus Ihrer NPO-Praxis und ordnen Sie ihre Entstehungsgeschichte (soweit sie Ihnen bekannt ist oder zumindest vermutet werden kann) einen oder mehreren der oben erwähnten Prozesswege zu.
Haben Sie Hypothesen zur Häufigkeit verschiedener Strategiebildungsprozesse? Welche und auf welcher Basis?

Kluge Führungspersönlichkeiten lassen Kreativität als Nährboden dessen, was die Theorie *strategische Initiativen* nennt, ganz bewusst zu, bzw. fördern sie sogar. Je nachdem wird diese relative Toleranz gegenüber Initiativen der Mitarbeitenden bezeichnet als *induziertes strategisches Verhalten* (Initiative, die sich an einen strategischen Rahmen hält und innerhalb dieses Rahmens Initiativen entwickelt) bzw. sogar *autonomes strategisches Verhalten* (initiatives Verhalten, das außerhalb des strategischen Rahmens oder sogar gegen den strategischen Rahmen entwickelt wird). Dieser Prozess wird durch die oberste Führung *indirekt* gesteuert, durch Organisationsrichtlinien und administrative Prozeduren, die Genehmigungsverfahren vereinfachen oder komplizieren, durch die Kultur, die im Unternehmen solche Kreativität mehr oder weniger fördert bzw. verhindert. Management kann in einer besonders mit kreativen Ressourcen gesegneten Organisation (eine Hochschule sollte diesen Kriterien z. B. zum Teil genügen) sogar verzichten, selbst Strategien zu entwickeln, in der Hoffnung, *dass strategische Initiativen der Basis, sog. „grass root strategies"*, so am besten gedeihen. Insgesamt unterscheidet Mintzberg im Rahmen dieser Überlegungen die folgenden Strategiearten[2]:

- *Intended strategies:* beabsichtigte, meist geplante Strategien
- *Deliberate strategies*: beabsichtigte Strategien, die anschließend auch umgesetzt werden (realisierte Strategien)
- *Unrealized strategies*: beabsichtigte, aber aus verschiedenen Gründen nicht realisierte Strategien
- *Emergent strategies*: Handlungen, die sich mit der Zeit zu einem konsistenten Handlungsstrang verdichten, die aber ursprünglich gar nicht als Strategie geplant wurden (sich herausbildende Strategien)

Praxisbeispiel: Internationalisierung als *Emergent Strategy*
Eine Fachhochschule hat in den neunziger Jahren im Rahmen des Sokrates/Erasmus-Programms der EU begonnen, Studierenden die Möglichkeit des Austauschs zu geben. Der Erfolg stimuliert. Initiative Mitarbeiter der Hochschule bauen die Angebote sukzessive aus, die Schule erlangt nach und nach Vorreiterstatus in diesem Gebiet. Die Chance wird von der Hochschulleitung erkannt, und man gibt den Auftrag, eine alle Bereiche der Hochschulaktivität abdeckende (geplante) Internationalisierungsstrategie zu entwickeln.

Grundsätzlich kann es durchaus sinnvoll sein, wenn unterschiedliche strategische Initiativen miteinander in einem internen Wettbewerb stehen, die Situation und Perspektiven einer Organisation lassen sich gar nicht als *eine* objektive Wahrheit ermitteln. Die große Vielfalt der Daten und Ereignisse kann unterschiedlich interpretiert werden, da die Realität insgesamt widersprüchlich und je nach Standpunkt mehrdeutig interpretierbar ist. Eine wichtige Rolle in diesem Zusammenhang spielen die *Schulen* oder *Kulturen*, aus denen die Entscheidungspersonen stammen: Je nachdem, welche Schule die Managerinnen und Manager ausgebildet hat bzw. je nachdem, welche Managementkultur gerade

Mode ist, wird man die Situation anders beurteilen und daraus andere Strategiestränge favorisieren. So war in den 80er Jahren des 20. Jh. die *Diversifikations- und Expansionsstrategie* das Maß aller Dinge, es folgten das *Reengineering* und die *Rückbesinnung auf das Kerngeschäft* bzw. die Neudefinition des *Geschäftsmodells*. Insgesamt erstaunt es immer wieder, wie konform viele Manager handeln, dabei empfiehlt doch gerade die alte, klassische Positionierungsschule, man soll es *anders machen als die anderen* und nicht gleich wie die anderen[3]!

Geplante und kommunizierte Strategien und tatsächliche Strategien
Eine interessante Frage ist schließlich auch, ob Organisationen grundsätzlich Strategien besitzen oder ob es auch so etwas wie einen *strategielosen Zustand* gibt. Dieser Frage sind verschiedene Autoren nachgegangen[4]. Vorerst muss man in diesem Zusammenhang *das tatsächliche* strategische Verhalten vom *geplanten* und *kommunizierten* Verhalten unterscheiden.

Geplante und *kommunizierte* Strategien werden meistens in schriftlicher Form als solche bezeichnet, sie sind als *Leitbilder, strategische Planung, Unternehmenspolitik* den Kadermitarbeitern, evtl. auch anderen Mitarbeitenden und (teilweise) einem weiteren Publikum zugänglich. Diese Öffentlichkeit soll ermöglichen, dass man sich auf die Dokumente berufen kann, dass eine gewisse *Verbindlichkeit* erzielt wird. Problem der geplanten und kommunizierten Strategien ist, dass sie nicht immer in Handlung umgesetzt werden. Viele Organisationen haben schöne Leitsätze, die Wirklichkeit sieht anders aus. Auch kommunizierte Strategien verhindern nicht, dass in der Realität des Tagesgeschäfts ganz andere Regeln herrschen: Statt innovative Projekte zu fördern, wie es die Strategie verlangt, hält man an kaum noch vertretbaren alten Aktivitäten fest. Anstelle von klienten- oder kundenorientiertem Handeln folgt man strikten Vorschriften.

Tatsächliche Strategien sind Zielrichtungen und strategische Leitlinien, die zwar nicht *explizit* festgelegt sind, die aber *implizit* trotzdem von der Organisation verfolgt werden. Viele Gründerpersönlichkeiten und charismatische Führungspersonen verfolgen z. B. ganz klare Strategien, die organisationsintern und -extern wahrgenommen werden, die aber nie schriftlich festgelegt wurden. Viele Organisationen entwickeln Strategien, die auf *implizitem Wissen* beruhen und sich auf der Grundlage einer spezifischen Situation herausgebildet und in der Realität *bewährt* haben. Ob solche Strategien auch den Herausforderungen der Zukunft gewachsen sind oder ob sie eines Tages zur starren und sturen Routine werden, müsste im Rahmen eines kritischen Strategieevaluationsprozesses von Zeit zu Zeit hinterfragt werden, viele tatsächliche Strategien sind sehr lange sehr erfolgreich und werden an einem ganz bestimmten Tag durch Umweltveränderungen plötzlich zur erfolgshemmenden Routine.

Wir sind der Auffassung, dass es so etwas wie einen strategielosen Zustand gar nicht gibt. Unternehmen und Organisationen können sich v. a. durch eine rel. gute, klare, konsistente Strategie von Organisationen unterscheiden, denen Strategien mit solchen Qualitätsmerkmalen weitgehend fehlen. Strategielosigkeit wäre in diesem Sinne eher der Extremzustand eines Kontinuums zwischen fest gemauerter, klarer, eindeutiger Strategie und einem Zustand, in dem weder explizit noch implizit so etwas wie eine Vision und strategische Stossrichtungen wahrzunehmen sind. Wenn man Strategien im Sinne Gälweilers als *vorsteuernde* Entscheide oder Handlungen versteht, die prozessual spätere operative Entscheide und Handlungen beeinflussen, so kommen solche Entscheide oder Handlungen in allen Organisationen vor: Man kann *nicht nicht strategisch handeln,* um Paul Watzlawick zu interpretieren[5]. Ob vorsteuernde, in diesem Sinne strategische Entscheide fremdbestimmt sind, z. B. durch die *Macht des Faktischen*, z. B. durch die strategische Ausgangslage (siehe dazu Kap. 6), die angesichts der Situation gar kein anderes Verhalten zulässt als eine ganz bestimmte strategische Variante, oder ob solche strategischen Entscheide durch Gesetze fremdbestimmt sind, die man einhalten und umsetzen muss und um die man einfach nicht herumkommt, ist im Übrigen ein sehr wichtiges Kriterium *strategischer Autonomie*. Auch Organisationen, deren Strategie von anderen oder von den Umständen entschieden wird, handeln strategisch, der Unterschied ist nur, dass sie die Entscheide nicht selbständig fällen können. Auch Organisationen, die ein rel. unbedeutender Teil eines ganzen *Netzwerkes* sind, sind nicht strategielos, die Strategie wird aber nicht autonom in der Organisation, sondern als Gesamtstrategie des Netzwerks geplant und umgesetzt. Im Unterschied zu den oben erwähnten zwei Fällen besteht bei der *Netzwerk-Organisation* die Chance, dass die von ihnen umzusetzende Strategie unter ihrer aktiven Mitwirkung entstanden ist, sie können sich deshalb eher mit der Strategie identifizieren. Eine strategisch bedeutende Frage ist jedoch in all diesen Fällen die Frage, ob die fehlende oder nur teilweise vorhandene Autonomie wünschbar ist oder allzu sehr einschränkt. Dazu gehören logischerweise Überlegungen, wie man sich als Organisation von solchen Einschränkungen befreit bzw. ob und wie man den Autonomiegrad der Organisation erhöhen und damit strategischen Spielraum gewinnen kann.

5.2 Die Elemente des strategischen Planungsprozesses

Wir haben in 5.1 dargestellt, dass Strategien nicht immer geplant sind und dass strategische Planung nicht immer als Voraussetzung guter Strategien gesehen werden muss. Trotzdem entbindet dies diejenigen Personen, die sich mit Strategie befassen, nicht davon, sich mit Instrumenten der strategischen Planung zu beschäftigen. Die Kenntnis des Wörterbuchs und der Grammatik der strategischen Planung, die Kenntnis des Vokabulars, der Werkzeuge und Modelle der klassischen strategischen Planung sind vielmehr eine Voraussetzung, um strategisch zu denken, einen strategischen Diskurs zu führen, strategisch zu lernen. Genau so, wie ein guter Schachspieler die Regeln des Schachs und Modelle des Schachspiels beherrschen muss, will er oder sie es zu Meisterschaft in diesem Spiel bringen, so braucht auch eine Managerin, ein Vorstand die Instrumente und Modelle des strategischen Managements, um erfolgreich zu führen. Wir stellen deshalb in der Folge die klassischen Elemente dieser Lehre vor, wobei wir insbesondere auf spezielle Probleme ihrer Verwendung bei NPO eingehen werden und aufzeigen, wie diese Werkzeuge in der heutigen Strategielehre verwendet werden.

Die klassische Strategielehre ging immer von ähnlichen Denkprozessen aus: Kern ist, dass man zwei zeitlich getrennte Teilprozesse unterscheidet, die Umschreibung und *Formulierung* einer Strategie wird von deren operativen *Implementierung* getrennt. Dieses Modell wird veranschaulicht im klassischen Führungsrad, das Planung, Entscheidung, Anordnung und Kontrolle als getrennte Teilprozesse der Führung sieht:

Strategische Führung von Nonprofit-Organisationen

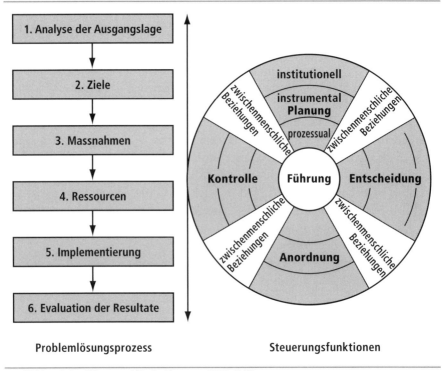

Abbildung 7: Das Führungsrad (Quelle: Thommen, 2000: 42 ff.)

Versteht man Strategie als derartigen Prozess, so ist es wichtig, dass man die Prämissen mitberücksichtigt, auf denen dieses Denkmodell aufbaut[6]:

- Das Denkmodell basiert auf der klassischen Entscheidungslehre. Gemäß dieser Lehre geht es beim Managen v. a. darum, die *richtigen Entscheidungen* zu fällen. Man geht davon aus, dass es so etwas wie mehr oder weniger objektiv richtige Lösungen gibt, und diese Lösungsvarianten basieren auf einer möglichst rationalen Einschätzung der Unternehmenssituation. Dass es in der Realität kaum eine *richtige* Beurteilung der Lage gibt, sondern höchstens eine wahrscheinlich richtige, und dass es je nach Betrachtungsmodell und -instrument verschiedene Blickwinkel gibt, verschiedene Konturen und Ausleuchtungen einer Szene, die man als *Situation der Unternehmung* bezeichnet, wird erst in der neueren Diskussion der strategischen Analyse berücksichtigt.

1. Für die klassische Entscheidungslehre sind Handlungen nur eine Umsetzung der Entscheidungen: Nachdem man die richtigen Entscheidungen getroffen

hat, geht es noch darum, diese Entscheidungen in Handlung umzusetzen, sie *durchzusetzen*. Diese Logik ist aus zwei Gründen problematisch: Erstens hängt die *Richtigkeit* einer Strategie auch davon ab, ob sie anschließend erfolgreich umgesetzt werden kann, d. h., beim *richtigen Entscheiden* sollte zumindest mitberücksichtigt werden, wie gut sich eine Strategie realisieren lässt. Sowohl Umsetzungs*qualität* als *-fähigkeit* hängen jedoch von der Art und Weise ab, *wie* die Entscheidung gefällt wurde. So ist es z. B. wesentlich, ob und wie diejenigen, die eine Strategie realisieren müssen, in den Strategiefindungsprozess integriert werden. Strategiefindung und -umsetzung können deshalb sequentiell nicht klar voneinander getrennt werden, sondern sind eng verwoben.

2. Strategische Entscheidungen und daraus folgende operative Umsetzungshandlungen sind zudem noch aus einem zweiten Grund kaum sauber zu trennen: In der Realität ist *Entscheiden* kaum je der erste Schritt und *Handeln* der darauf folgende, logische zweite Schritt. Oft läuft es empirisch gerade umgekehrt, eine Handlung erfolgt, ohne dass jemand rational entscheidet, die Handlung wird aber später mit Hilfe herangezogener *guter Gründe* legitimiert oder rationalisiert. Oder eine Handlung wird *zugelassen* und damit *legitimiert*, obschon sie nicht in eine bestehende, explizite Strategie passt, sie erweist sich als erfolgreich und wird später zur Basis einer *emergenten* Strategie.

Das Führungsrad impliziert bei allen Vorbehalten Teilprozesse der Problemlösung, die wir nun etwas detaillierter anschauen wollen:

1. *Teilprozess – Strategieanalyse und -synthese:* Ähnlich, wie Mediziner den Zustand einer Patientin oder eines Patienten analysieren und dann eine (synthetische) Diagnose wagen, erfolgt auch im so geplanten Strategieprozess vorerst eine eingehende Analyse der Unternehmenssituation, welche synthetisch verdichtet wird.
2. *Teilprozess – Strategieformulierung:* Das Modell geht davon aus, dass aus einer möglichst gut abgestützten Analyse und Synthese nun die richtige *Therapie* erfolgt. Man definiert strategische *Ziele* und Maßnahmen. Die klassische Strategielehre beschäftigt sich sowohl mit der *Struktur* und *Form* dieser Strategien wie insbesondere auch mit ihren *Inhalten*.
3. *Teilprozess: Strategieumsetzung:* Formulierte Strategien müssen umgesetzt werden. Die Diskussion dieses Teilprozesses beschäftigt sich folglich mit den Problemen der Umsetzung und gibt Lösungsansätze zur Umsetzung.

4. *Teilprozess – Strategiecontrolling:* Strategiecontrolling beschäftigt sich mit der Wirkungsmessung der strategisch angestrebten Zwecke und Ziele, im Sinne des zirkulär gedachten Führungsrades (siehe oben) jedoch auch mit der permanenten Überwachung der Strategien und ihrer Anpassung.

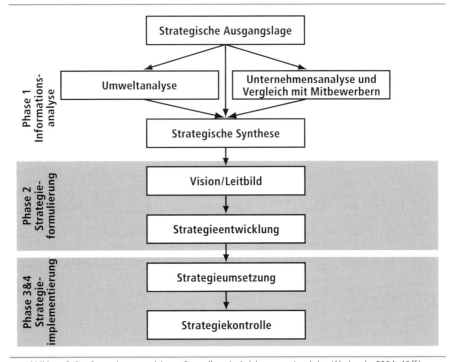

Abbildung 8: Der Strategieprozess (eigene Darstellung in Anlehnung an Lombriser/Abplanalp, 2004: 46 ff.)

Strategieanalyse und strategische Synthese

Mit der strategischen Analyse und Synthese werden einzelne Elemente untersucht, die über die momentane Situation eines Unternehmens und über mehr oder weniger wahrscheinliche Zukunftsentwicklungen orientieren. Diese Elemente sind entweder der Umwelt der Organisation oder der Organisation selbst zuzuordnen. Die vorgeschlagenen Vorgehensmodelle sind unterschiedlich: Während viele Autoren klassische Wege gehen und zuerst eine detaillierte Analyse der Situation vorschlagen, bevor man sich der möglichen Zukunft und damit der einzuschlagenden Strategie zuwendet, wird der Vorgehensprozess von anderen Autoren schlicht umgekehrt, es werden zuerst Zukunftsszenarien und Visionen entwickelt, und erst anschließend wird durch Analyse der Lage versucht, den entwickelten Visionen *Bodenhaftung* zu geben. Während die Varianten der ersten Art eher realitätsnah sind und somit im Verlaufe der Analyse gewährleistet werden muss, dass man später trotzdem das *Träumen in Visionen* nicht vergisst, ist bei den Vorgehensvarianten der zweiten Art v. a. sicherzustellen, dass die am Anfang entwickelten Szenarien und Visionen überhaupt etwas mit der Wirklichkeit der Organisation zu tun haben, für welche man strategische Arbeit leistet[7].

Die klassische Strategieliteratur geht davon aus, dass Strategiefindung ein Prozess ist, der eine Beurteilung der Situation voraussetzt: Der Stratege oder die Strategin versuchen, bevor sie sich mit möglichen Strategien beschäftigen, ein möglichst wahrheitsgetreues Bild der Einflussfaktoren zu erhalten, die den Handlungsspielraum der Organisation beeinflussen. Daraus werden Vorstellungen abgeleitet, wie man angesichts dieser Situation eine möglichst Erfolg versprechende Strategie entwickeln kann. Diese Situationsbeurteilung umfasst im Allgemeinen Teilschritte, die eher *analytisch* gewisse Teilaspekte der Situation genauer beleuchten. Im Allgemeinen schließt sich an diese Analyse dann ein weiterer Teilschritt an, der die zuvor gemachten Teilanalysen *synthetisiert,* zusammenfasst. Wie der Arzt bei der Untersuchung zuerst einzelne Teilaspekte des Zustands der Patientin oder des Patienten analysiert und dann den Gesundheitszustand in einer Diagnose zusammenfasst, so analysieren die Unternehmensstrategen vorerst die wichtigsten Teilaspekte der Unternehmenssituation, um diese dann mit Hilfe geeigneter Syntheseinstrumente zu einem Gesamtbild zusammenzufassen. Die Strategielehre hat allerdings viele dieser Instrumente nicht trennscharf in analytische und synthetische unterschieden, die eher synthetischen Instrumente werden im Gegenteil in der Literatur meist auch als *Analyse* bezeichnet. So heißt die bekannte Zusammenfassung der wichtigsten Stärken/Schwächen und Chancen/Gefahren (bei der man Merkmale der Umwelt und der Unternehmenssituation zusammenfassend darstellt) überall in der Literatur *SWOT-Analyse,* und auch die zusammenfassende Beurteilung der Geschäftsfelder, in denen eine Organisation tätig ist, wird als *Portfolio-Analyse* bezeichnet, obschon die Portfoliobetrachtung eigentlich eine typisch synthetische Betrachtung ist[8].

Ohne uns um diese Begrifflichkeit weiter zu kümmern, wenden wir uns nun den wichtigsten Instrumenten zu, wobei wir gleichzeitig ein schrittweises Vorgehen vorschlagen:

Strategische Ausgangslage

Als ersten Schritt nehmen wir eine Grobanalyse der wichtigsten Elemente der Ausgangslage vor, um einen ersten, noch recht generellen Eindruck zu erhalten, in welcher Situation sich die Organisation befindet.

Umweltanalyse
Als zweiter Schritt wird vorgeschlagen, sich eingehend mit der Umwelt der Organisation zu befassen. Dies ist eine für NPO besonders wichtige Aufgabe, leiden doch viele NPO darunter, dass man sich meist v. a. mit sich selbst und seinen Problemen beschäftigt und alles aus einer ausgeprägten *Innensicht* beurteilt. Die Umweltanalyse schärft den Blick für das, was außerhalb der Organisation vorgeht, und hilft aufzuzeigen, welche Veränderungen in der Organisation notwendig werden, um für die Zukunft gewappnet zu sein. Die Umweltanalyse erlaubt eine Beurteilung der *Chancen und Gefahren*, die sich für unsere Organisation und ihre Leistungen ergeben.

Vergleich der NPO mit den Mitbewerbern
Im dritten Schritt wird eine Beurteilung der *Wettbewerbsfähigkeit* der Organisation im Vergleich mit den wichtigsten Mitbewerbern vorgenommen. Dieser dritte Schritt ist eine Kombination von Umweltanalyse und Unternehmensanalyse, es werden geeignete Mitbewerber oder Benchmarking-Partner (Teil der Umwelt) mit unserer Organisation einem kritischen Vergleich unterzogen. Aus diesem Vergleich können anschließend *Stärken und Schwächen* abgeleitet werden.

Synthese: Trotz lauter Bäumen den Wald noch sehen
Die eher analytischen ersten drei Teilschritte können durch abschließende, eher synthetische Instrumente komplettiert werden, mit denen man eine Gesamtbeurteilung der Situation erhält und die auch die Verbindung zur *Therapie* eröffnen, d. h. aufzeigen, welche Handlungsalternativen mehr oder weniger sinnvoll sein können. Typische solche Instrumente sind, wie schon erwähnt, die *SWOT-Analyse* oder der daraus abzuleitende *Portfolioansatz*, aber auch die *Produkt-Markt-Matrix* von Ansoff[9].

Wer wird analysiert?
Abschließend sei darauf hingewiesen, dass diese Strategieschritte immer voraussetzen, dass man sich vorerst darauf geeinigt hat, *wer* Gegenstand der Betrachtung ist. In vielen Fällen wird der Hauptgegenstand der Betrachtung eine *einzelne Organisation* sein: Man analysiert die Umwelt dieser Organisation, man wählt Mitbewerber für den Vergleich mit der eigenen Organisation aus und man analysiert die Wertschöpfung in der eigenen Organisation. In anderen Fällen, wir werden dies insbesondere im Teil 3 stärker in den Mittelpunkt rücken, ist der Gegenstand der Analyse nicht eine einzelne Organisation, sondern *ein ganzes Netzwerk* von Organisationen, die gemeinsam ein Leistungspaket, z. B. für Pflegedienstleistungen, konzipieren und gestalten. In diesem zweiten Falle

Der strategische Prozess

ist es notwendig, dass man als Umwelt die Umwelt des ganzen Netzwerkes versteht, und man wird konsequenterweise auch den Leistungserstellungsprozess des Netzwerkes mit vergleichbaren Netzwerklösungen (oder evtl. mit einzelnen Gesamtdienstleistungsanbietern) zu vergleichen haben. Je nach Optik, die angelegt wird, werden die Analyseresultate nicht genau gleich ausfallen, und auch die aus der Analyse und Synthese resultierenden Lösungsvorschläge werden je nach unterschiedlicher Sichtweise differieren. Je nach Auswahl des Gegenstands werden voraussichtlich auch andere Personen und Personengruppen in den Strategieentwicklungsprozess miteinbezogen. Analysieren wir die Strategie unserer Organisation, so werden wir voraussichtlich v. a. interne Mitarbeitende und Führungspersonen konsultieren, analysieren wir dagegen ein ganzes Netzwerk, so öffnet sich wohl die Gruppe, die für die Entwicklung einer gemeinsamen Strategie gewonnen werden sollte (vgl. Teil 3).

6. Analyse der strategischen Ausgangslage und der bisherigen Strategie

Viele Autoren schlagen als ersten Analyseschritt eine erste Standortbestimmung vor, bei der die analysierenden Personen sich auf ein (vorläufiges) gemeinsames Problemverständnis, eine Lagebeschreibung und Beschreibung der bisher eingeschlagenen Strategie verständigen. Wir nennen diesen Schritt in Anlehnung an Lombriser/Abplanalp *Analyse der strategischen Ausgangslage*[1]. Bei der Analyse der strategischen Ausgangslage und Strategie werden drei Teilbereiche einer ersten grundlegenden Beurteilung unterzogen: Man beurteilt den momentanen Zustand der Organisation in ihrer Umwelt (Ausgangslage), man beurteilt ein erstes Mal die bestehende Strategie und beschreibt die bisherigen Aktivitäten.

6.1 Die Strategische Ausgangslage

Die finanzielle Ausgangslage
Wie ist die finanzielle Ausgangslage zu beurteilen (Rentabilität, Cash-flow, Umsatz-, Ertrags- und Kostensituation, Vermögenssituation, Liquidität)? Wie hat sich die finanzielle Situation in den letzten Jahren entwickelt, weist der Trend eher in eine besorgniserregende Richtung oder stimmt er hoffnungsfroh? Sind die Zahlen verlässlich oder sind sie eher mit Vorsicht zu betrachten (z. B. durch außerordentliche Ereignisse beeinflusst)? Es sei darauf hingewiesen, dass eine Beurteilung der finanziellen Ausgangslage eine Gesamtbeurteilung voraussetzt

und deshalb mehrere Jahre umfassen sollte, um eine einigermaßen verlässliche Beurteilungsbasis zu ergeben. NPO und öffentliche Organisationen verfügen oft über gut zugängliche Finanzzahlen, die Jahresberichte sind meist öffentlich verfügbar. Eine Beurteilung der finanziellen Situation scheitert deshalb nicht am Fehlen von Zahlen, problematischer ist dagegen oft die Qualität, da bestimmte Kosten gar nicht buchhalterisch erfasst sind, weil z. B. ein Sponsor oder eine öffentliche Stelle Infrastrukturen zur Verfügung stellt, die in der Buchhaltung gar nicht ausgewiesen sind oder weil in der Buchhaltung nur direkte Projektkosten ausgewiesen werden, andere Kosten, die von Dritten getragen werden, dagegen nicht. Daraus sollten nicht falsche Schlüsse für die Zukunft gezogen werden. Für die Beantwortung der Frage „wie geht es der Organisation finanziell im Moment?" sollten diese Mängel keine Bedeutung haben, für die Beurteilung der Zukunftsfähigkeit einer Organisation sind sie dagegen von Bedeutung.

Die Ausgangslage in den bestehenden Märkten
Nach der Beurteilung der gegenwärtigen finanziellen Situation der Organisation wendet man sich sinnvollerweise einer Beurteilung der gegenwärtigen Marktsituation zu: Wie gesättigt sind die *Leistungsabgabe-Märkte*, in denen die Organisation bisher tätig ist? Befindet man sich noch in der Wachstumsphase der Märkte und Dienstleistungen oder bereits in weitgehend gesättigten, evtl. sogar schrumpfenden Märkten? Wie sieht die *Demographie* aus und wie die Entwicklung von *Bedürfnissen und Werthaltungen*? Sind Expansionsmöglichkeiten in andere Märkte denkbar oder nicht? Welche *Marktstellung* besitzt die Organisation dort, wo sie bisher tätig ist? Ist man *quantitativ* (Marktanteil) oder *qualitativ* Marktführer oder nur unter *ferner liefen*? Ist die Marktstellung nur dadurch so stark, dass bisher marktfremde Mechanismen galten, oder ist die Marktstellung selbst errungen und deshalb nachhaltiger? Kennt man *Bekanntheits-* und *Imagewerte* der Organisation und ihrer Dienstleistungen? Wie ist das *Beziehungsnetz* der Organisation zu den Marktteilnehmern und Stakeholdern zu beurteilen? Eine möglichst kritische Beurteilung dieser Fragen ist in NPO deshalb besonders wichtig, weil viele NPO-Mitglieder und -Mitarbeiter die Marktsituation ihrer Organisation und ihrer Dienstleistungen intuitiv viel zu positiv einschätzen. Man ist von der eigenen Mission und der eigenen Arbeit so begeistert, dass man gar nicht merkt, dass außerhalb der Organisation z. B. der Bekanntheitsgrad der NPO und ihrer Dienstleistungen gar nicht so hoch ist, wie Mitglieder und Mitarbeitende der Organisation sich erhoffen. Gerade wenn man sich bei der Beurteilung solcher Fragen nicht auf empirische Daten stützen kann, ist es sinnvoll, neben einer Beurteilung aus *Innensicht* auch eine Abschätzung aus *Außensicht* z. B. durch Kunden oder sog. Nichtkunden vornehmen zu lassen.

Die bestehenden Ressourcen und Kompetenzen

Nach einer summarischen Bewertung der Marktsituation wendet man sich der eigenen Organisation zu und will auch hier eine erste Beurteilung vornehmen. Welches sind die wichtigsten Stärken und Schwächen in der *Ressourcenausstattung* der Organisation? Wie ist die Wettbewerbssituation auf den *Ressourcenmärkten* und welche Stellung besitzt die Organisation dort? Gibt es Schlüsselressourcen, auf die nur wir Zugriff haben? Wie ist insbesondere die Situation in den Finanzbeschaffungsmärkten zu beurteilen? Ist man einseitig abhängig, hat man verschiedene Finanzquellen und wie ist die Entwicklung der Quellenmärkte? Hat man Bonität? Welche besonderen *Fähigkeiten* und welches *Wissen* zeichnet die Organisation aus: Was kann man in der NPO besonders gut, was weniger gut? Gibt es sog. *Kernkompetenzen* und *-fähigkeiten*, die der Organisation einen nachhaltigen Wettbewerbsvorteil verschaffen? Wie sind *Kultur* und *Organisation* der Firma einzuschätzen, besitzt man hier Vorteile oder eher Nachteile gegenüber Mitbewerbern? Hat man dort, wo Ressourcen und Kompetenzen fehlen, vorgesorgt, indem man durch geeignete *Partnerschaften* und *Kooperationen* diese Mängel möglichst ausgleicht?

6.2 Die bisherige Strategie

Hat man sich ein Bild der wichtigsten strategischen Größen gemacht, wendet man sich der bisherigen Strategie der Organisation zu. Gibt es überhaupt eine *geplante*, explizite, in schriftlicher Form *kommunizierte* Strategie (z. B. in Form eines Leitbilds), und was ist ihr Inhalt? Lassen sich *Vision* und *Mission* der Organisation aus Statuten oder anderen Dokumenten eruieren, und ist die Art und Weise, wie man die Ziele der Organisation erreichen will (*strategische Stoßrichtung*), aus den vorliegenden Informationen ersichtlich? Stimmen die geplante Strategie und das *tatsächliche* strategische Verhalten überein, oder wird etwas ganz anderes getan als das, was die schriftlich fixierte Strategie verlangt oder verspricht? Kann man z. B. anhand des Ressourceneinsatzes beurteilen, ob die Organisation die Mittel dort einsetzt, wo es gemäß Strategieplanung unbedingt erforderlich wäre, oder werden die Mittel nach wie vor für Aktivitäten benutzt, von denen man sich eigentlich abwenden wollte?

Mandatanalyse als Instrument zur Review der bisherigen Strategie
Bryson (2004) schlägt als Instrument zur Analyse der bisherigen Strategie das Instrument der *Mandat-Analyse* vor, bei dem anhand bestehender Dokumente detailliert analysiert wird, wie verschiedene Auftraggeber, Mitglieder etc. die Mission und den Auftrag der NPO verstehen und interpretiert haben[2]. Zu diesen Dokumenten gehören z. B.:

- das Gründungsdokument der NPO (Stiftungsurkunde, ursprüngliche Statuten etc.)
- Protokolle mit Aussagen zur Arbeit und Rolle der Organisation
- Jahresberichte und Jubiläumsschriften
- Wahldokumente und -manifeste (z. B. bei politischen Organisationen)
- Gesetze und Verordnungen öffentlicher Auftraggeber und Aufsichtsorgane
- Selbstreglementationen und Branchenrichtlinien sowie Qualitätsstandards mit Verhaltensrichtlinien (z. B. sog. „Gütesiegel" und Akkreditierungsrichtlinien)

Aufgrund dieser Dokumente kann eine vertiefte, historisch basierte Einsicht in das Selbstverständnis der Organisation gewonnen werden, was bei einer NPO aus verständlichen Gründen eine Aufgabe von viel größerer Bedeutung ist als bei einer primär auf wirtschaftliche Ziele ausgerichteten Organisation. Man kann die Mandatsanalyse auch als Teil einer vertieften Stakeholder-Analyse verstehen, wenn Dokumente ganz unterschiedlicher Interessengruppen in die Analyse miteinbezogen werden[3]. Es ist selbstverständlich, dass diese Dokumente wenig aussagen über das effektive Verhalten der Organisation, sondern nur über das intendierte!

Gerade NPO tun sich zum Teil schwer mit Strategieveränderungen: Man hat in langen Strategie-Workshops vereinbart, neue Aktivitäten zu entwickeln und sich vom Althergebrachten zu lösen; eine Überprüfung zeigt aber auf, dass die neuen Horizonte keineswegs angesteuert werden, sondern dass man aus lauter Gewohnheit oder weil man sich gar nicht gerne von Althergebrachtem loslösen kann, nach wie vor dasselbe tut wie vor den aufwändigen Workshops.

6.3 Die bisherigen Aktivitäts- und Geschäftsfelder der Organisation

Die Analyse der strategischen Ausgangslage kann damit abgeschlossen werden, dass man eine Zusammenstellung der bisherigen Geschäftsaktivitäten vornimmt und sich überlegt, wie *homogen* bzw. *heterogen* die bisherigen Geschäftsaktivitäten sind, wie gut sie zusammenpassen und welche *Synergien* sich daraus ergeben bzw. *nicht* ergeben. Um diese Analyse vorzunehmen, hat die Lehre verschiedene Instrumente entwickelt, die wir im Folgenden kurz darstellen, kommentieren und auf die Verhältnisse in NPO anpassen:

Analyse der Aktivitätsfelder

Bei der Analyse der *Aktivitätsfelder* werden die bisherigen Aktivitäten der Organisation möglichst sinnvoll tabellarisch dargestellt. Die Darstellung kann dabei z. B. einerseits nach Leistungsbereichen oder Nutzen, andererseits nach verwendeten Verfahren und nach Abnehmergruppen aufgeteilt werden:

	Aktivitätsfelder				
	Forschung	Medizin	Pflege	Hotellerie	Ausbildung
Klienten					
Patienten					
Auszubildende					
Studierende (Uni)					
Life Science Industrie					
Wissenschafts-gemeinschaft					
Verfahren					
med. Verfahren					
.....					
.....					
.....					
Pflegeverfahren					
.....					
.....					
.....					
Hotellerie					
Unterkunft					
Verpflegung					
Entertainment					
Ausbildung					
On-the-job					
Vorlesung					
.....					
Forschung					
.....					
.....					
.....					

Abbildung 9: Aktivitätsfelderanalyse in einem Spital (eigene Darstellung, Auszug)

Die tabellarische Darstellung von Aktivitätsfeldern ist bei NPO wie bei den meisten Dienstleistungsbetrieben insofern nicht ganz einfach, als sich Dienstleistungen nicht so einfach klassieren lassen wie Sachgüter. Dienstleistungen sind sehr oft vom *Herstellungsprozess* her nicht so einfach abgrenzbar, wie das in der Sachgüterproduktion der Fall ist, sondern es handelt sich meist um *Verbundproduktion* oder *Koppelproduktion*[4]. So wird die Forschungstätigkeit in einem Spital oft eng mit der medizinischen Tätigkeit verbunden sein, und auch die Pflege lässt sich nicht ohne Willkür von der Medizin trennen. Trotzdem ist eine Analyse bei aller Vorsicht sinnvoll. Die Aufstellung gibt trotz aller Limiten eine Übersicht über das, was man tut (und auch über das, was man nicht tut oder was z. B. die Mitbewerber tun, wir aber nicht). Sie ist deshalb eine wichtige Voraussetzung für die später beschriebene *Konkurrenz-* oder *Mitbewerberanalyse* und zeigt die *Heterogenität* und *Komplexität* der Aktivitäten bzw. Synergien und Zusammenhänge bzw. Spannungsfelder zwischen den einzelnen Aktivitäten ein erstes Mal auf.

Analyse der strategischen Geschäftsfelder
Die *Analyse der strategischen Geschäftsfelder* (SGF) ist eine Weiterentwicklung der Aktivitätsfelderanalyse. Mit der strategischen Geschäftsfelderanalyse werden die Aktivitäten der Organisation in einer Art und Weise geordnet, bei der man die *Umwelt* in Segmente – SGF – unterteilt, die es erlauben, innerhalb des Geschäftsfelds eine *konsistente, einheitliche Strategie* zu entwickeln. Peter Drucker hat die Beantwortung der Frage *What Business are we in?* – *Was betreiben wir eigentlich für ein Geschäft?* – als eine der *Schlüsselfragen* der strategischen Analyse bezeichnet[5]. Die strategische Geschäftsfelderanalyse beantwortet diese Frage. Größere Organisationen und Unternehmen können angesichts der Vielschichtigkeit der Rahmenbedingungen, Gesetzmäßigkeiten, Marktgegebenheiten etc. gar nicht eine übergreifende, einheitliche, konsistente Strategie entwickeln, sondern müssen die Strategien (mit Ausnahme einer gemeinsamen Mission und Vision und einigen allgemein gültigen Leitsätzen) je nach Aktivität sehr spezifisch den Umweltbedingungen in den verschiedenen Segmenten anpassen. Es ist darum äußerst wichtig, dass das Management ein Verständnis dafür entwickelt, *in welchem Geschäft bzw. in welchen verschiedenen Geschäften* man sich befindet. Die Geschäftsfelderanalyse will Segmente aufspüren und *isolieren*, die sich durch eine unterschiedliche *Geschäftslogik* definieren. Jedes Geschäftsfeld besitzt seine eigenen Chancen und Risiken, seine eigenen Marktpotentiale und Mechanismen, und ein SGF benötigt spezifische Ressourcen und Kompetenzen, um es erfolgreich zu bearbeiten. Es ist deshalb sinnvoll, aufbauend auf der Geschäftsfelderanalyse, die Organisation in einem weiteren Schritt in *Strategische Geschäftseinheiten (SGE)* aufzuteilen, die selbständige Strategien, organisatorische Fähigkeiten für diese Geschäftsfelder entwickeln und umsetzen und deshalb rel. große *Autonomie* besitzen.

Die Segmentierung in Geschäftsfelder ist strategisch ein äußerst wichtiger Entscheid. Damit wird nämlich nicht nur festgelegt, in welchen Aktivitäten und Geschäften man sich bewegt bzw. wo man eben nicht aktiv werden will, es wird auch vorentschieden, in welcher Art und Weise die Firma *aufbauorganisatorisch*

Der strategische Prozess

gegliedert sein wird: Die SGE werden entlang der Geschäftsfelder definiert. Man sollte sich deshalb bei der Analyse der Geschäftsfelder genügend Zeit lassen und diese nicht oberflächlich festlegen[6].

Welche Methoden sind nun möglich, um die Geschäftsfelder zu definieren? Man unterscheidet die Inside-out-Segmentierung von der Outside-in-Segmentierung.

Die Inside-out-Methode
Bei der *Inside-out-Segmentierung* werden ausgehend von den bisherigen Aktivitäten die Aktivitätsfelder in einer Produkt-Markt-Matrix dargestellt, wobei auf der Achse der *Marktsegmente* sowohl eine geographische Segmentierung, eine Segmentierung nach Kundenbedürfnissen, Kundennutzen oder auch nach sozio-demographischen oder psychographischen Merkmalen denkbar wäre. Auf der Produkt-Achse der Matrix unterscheidet man nach *Produktgruppen*, nach *Problemlösungen,* evtl. aber auch nach technologischen Lösungen oder Kostenstrukturen.

Geschäftsfeldermatrix		Märkte	Senioren					Vor der Pensionierung					Dritte (Angehörige, Behörden etc.)				
			Bundesland/Kanton					Bundesland/Kanton					Bundesland/Kanton				
Dienstleistungen			A	B	C	...	X	A	B	C	...	X	A	B	C	...	X
Beratung																	
Finanz- + Steuerberatung			●	●	●	●	●	●	●	●	●	●					
Rechtsberatung			●	●	●	●	●	●	●	●	●	●	■	■	■	■	■
Mediz. Beratung			●	●	●	●	●	●	●	●	●	●	■	■	■	■	■
Dienstleistungsberatung													■	■	■	■	■
Hilfen zu Hause																	
Besucherdienst			X	X	X	X	X	X	X	X	X	X					
Persönliche Pflege			X	X	X	X	X	X	X	X	X	X					
Hilfsmittel			X	X	X	X	X	X	X	X	X	X					
Mahlzeiten			X	X	X	X	X	X	X	X	X	X					
Reinigung			X	X	X	X	X	X	X	X	X	X					
Transport																	
Persönlich			X	X	X	X	X	X	X	X	X	X					
Material/Umzug			X	X	X	X	X	X	X	X	X	X					
Bildung / Phys. Aktivitäten																	
Kurse			●	●	●	●	●	●	●	●	●	●	●	●	●	●	●
Sport			▲	▲	▲	▲	▲	▲	▲	▲	▲	▲					
Übrige Dienste																	
Freiwilligenplattform																	
Lobbying													Z	Z	Z	Z	Z

SGF 1	●	●	●
	●	●	●

SGF 2	X	X	X
	X	X	X

SGF 3	■	■	■

SGF 4	●	●	●

SGF 5	▲	▲	▲

SGF 6	Z	Z	Z

Abbildung 10: Darstellung der SGF mit der Inside-out-Methode (eigene Darstellung in Anlehnung an Lombriser/ Abplanalp, 2004: 74)

Wie die Abbildung zeigt, stellt man innerhalb der theoretisch möglichen Produkt/Marktkombinationen diejenigen dar, die von der Organisation bis anhin bearbeitet werden. Im Beispiel sind das 14 Produkt/Markt-Kombinationen. Sie werden nun zu drei relativ homogenen Geschäftsfeldern zusammengefasst, wie es der rechte Teil der Abbildung darstellt, wobei die Homogenität davon abhängt, ob es innerhalb des Geschäftsfeldes Gemeinsamkeiten und Interdependenzen im Ressourcen- und Kompetenzbereich gibt bzw. ob es andererseits auch Gemeinsamkeiten und Synergien bezüglich der Marktbearbeitung gibt. Wichtig ist, dass man nicht eine zu große Zahl von Geschäftsfeldern bildet, sondern rel. große Felder anstrebt, da ja der Zweck der Übung darin besteht, den SGE, die

die Geschäftsfelder bearbeiten, dann zu erlauben, möglichst selbständige Strategien pro Geschäftsfeld zu fahren. Zu viele Strategien nebeneinander in einer Organisation verkleinern jedoch die Konsistenz des Gesamtauftritts der Organisation. Es wird innen wie außen nicht mehr sichtbar und klar, was die Firma will und kommunizieren will. Wenige Geschäftsfelder haben zusätzlich den Vorteil, dass die Interdependenzen zwischen den Geschäftsfeldern noch überblickbar bleiben, bei vielen Geschäftsfeldern ist das nicht mehr machbar. Mögliche Konflikte und Möglichkeiten der Zusammenarbeit über die Geschäftsfeldergrenzen hinweg werden nicht mehr wahrgenommen, was der Gesamtwirkung der Strategien schadet.

Im Detailhandel hat sich aufbauend auf die Geschäftsfeldertheorie z. B. das sog. *Category-Management* durchgesetzt, d. h. man bildet Geschäftsfelder mit großer Homogenität auf Seite des *Kundennutzens*, es werden Produktgruppen gemeinsam vermarktet, die vom Kunden ausgehend von ähnlichen Lebenssituationen her nachgefragt werden. So wird der Kunde z. B. völlig unterschiedliche Produkte am selben Ort im Ladenlokal vorfinden, die er oder sie für dieselbe Lebenssituation benötigt, z. B. bei Nahrungsmitteln *alles zum Frühstück* oder bei Non-Food-Artikeln alle Produkte gemeinsam, die *etwas mit Ferien* zu tun haben. Die Inside-out-Methode besitzt den Vorteil, dass man in der Matrix in einfacher Art diejenigen Produkt/Markt-Kombinationen identifizieren kann, die man bereits anbietet, und ebenso einfach und logisch ist herauszufinden, was man noch nicht anbietet (und evtl. anbieten könnte).

Die Outside-in-Methode
Die *Outside-in-Methode* geht im Unterschied zur Inside-out-Methode nicht von den bestehenden Angeboten einer Organisation aus, sondern stellt drei Kriterien ins Zentrum der Betrachtung, nach denen Angebote grundsätzlich unterschieden werden können:
1. der *Kundennutzen* (customer function)
2. die *Kundengruppen* (customer groups, Segmente)
3. alternative *Problemlösungen* (alternative technologies, alternative Lösungswege, um dasselbe Bedürfnis, denselben Kundennutzen zu befriedigen)

Gemäß dieser Methode werden die Aktivitäten einer Organisation als Kombinationen von Kundengruppe, gestiftetem Nutzen und verwendeter Problemlösung verstanden, und diese Aktivitäten sind graphisch in einer dreidimensionalen Darstellung als *Dreieck* darstellbar (wir haben in der Abbildung nur ein mögliches strategisches Geschäftsfeld als Dreieck dargestellt):

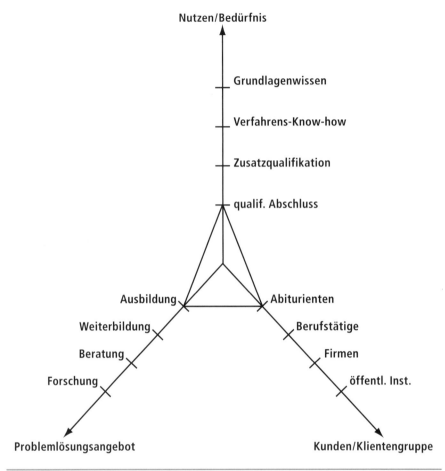

Abbildung 11: Darstellung der SGF mit der Outside-in-Methode (eigene Darstellung; Beispiel aus der tertiären Bildung)

Die Outside-in-Methode besitzt gegenüber der Inside-out-Methode einige Vor- und Nachteile, wobei sich grundsätzlich beide für ähnliche Zwecke eignen:

- Die Outside-in-Methode geht nicht von vorhandenen Strukturen und Aktivitäten aus, sondern von den Kunden/Klienten und ihren Bedürfnissen/Nutzen. Damit wird der *Außensicht*, der Kundensicht mehr Gewicht verliehen, man fixiert sich weniger auf das, was man bisher schon gemacht hat, und darauf, wie man es schon gemacht hat.

- Indem die dritte Dimension die Problemlösung herausstreicht, mit der man den Nutzen befriedigen kann, wird die Verbindung zu den Fähigkeiten und Kompetenzen der Firma hergestellt. Die Art der Problemlösung ist eng mit *Ressourcen und Kompetenzen* verknüpft, und die Outside-in-Methode erlaubt so, darüber nachzudenken, ob die vorhandenen Ressourcen und Fähigkeiten es allenfalls erlauben, neue Geschäftsfelder zu erschließen, an die man vielleicht bisher noch gar nicht gedacht hat. Die Outside-in-Methode ist deshalb vom Ansatz her *zukunftsorientiert.*
- Weil die Outside-in-Methode nicht von den bestehenden, eigenen Aktivitäten ausgeht, sondern grundsätzlich alle Aktivitäten betrachtet, unbesehen davon, ob sie durch uns oder durch Mitbewerber erbracht werden oder vielleicht in der Zukunft erst erbracht werden könnten, ist die Methode auch *konkurrenzorientiert,* d.h. der Wettbewerb unter den Aktivitäten wird bewusst in die Betrachtung mit einbezogen.
- Als Nachteil kann dem gegenüber eingebracht werden, dass die Darstellung der Outside-in-Methode an enge Grenzen stösst. Die Darstellung einzelner Aktivitätsfelder in einer zweidimensionalen Gitter stimmt mit der Wirklichkeit nicht überein, bei der Geschäftsfelder oft drei oder mehrdimensional sind.

Die oben erwähnten Vorteile der Methode sind jedoch nicht nur theoretischer Natur: Viele Organisationen sind in Schwierigkeiten geraten, weil sie in der Vergangenheit strategisch zu eng gedacht, zu eng fokussiert haben auf das, was man schon getan hat, auf die Kunden, die man schon hat, statt auf diejenigen, die man auch ansprechen könnte: Man konzentriert sich auf das, was unsere Organisation (und nicht die anderen) getan hat, und denkt kaum darüber hinaus. Lombriser/Abplanalp erwähnen das Beispiel der amerikanischen Eisenbahngesellschaften, die trotz massiv zunehmendem Bedarf nach Personen- und Frachttransport zum großen Teil Bankrott machten, weil sie ihr Geschäft zu eng auf das fokussierten, was sie schon immer getan hatten: Sie glaubten, im Eisenbahngeschäft zu sein, dabei waren sie in der Transport- und Logistikbranche[7]. Ähnliche Beispiele gibt es sowohl in der Wirtschaft wie im Nonprofit-Bereich zuhauf, wir erwähnen hier nur viele Firmen im Bereich der Fotografie oder Firmen, die bisher Nachrichten auf Papier transportierten (Post, Presse) und plötzlich feststellen mussten, dass Information ebenso gut ein digitales Geschäft sein kann.

In der Praxis erweist sich eine Verwendung der Methoden der strategischen Segmentierung auf NPO insofern als schwierig, als die Methoden ursprünglich für Sachgüter entwickelt wurden, für NPO nun aber auf Dienstleistungen übertragen werden müssen. Dies bedingt eine gewisse Flexibilität der Interpretation der Methoden und bedingt auch ein Verständnis des eigentlichen Sinns der strategischen Segmentierung: Dies sei am Beispiel einer sehr erfolgreichen Organisation aus dem Bereich ökologisch nachhaltiger Mobilität exemplarisch aufgezeigt:

Fallbeispiel Mobility Car Sharing: Das Design von Geschäftsfeldern
Mobility ist ein Musterbeispiel einer Organisation, der es gelungen ist, aus einer einfachen ökologischen Vision heraus ein technologisch, strategisch und von den Geschäftsprozessen her führendes Dienstleistungsangebot anzubieten. 1987 gründen in Stans (Kt. Obwalden) acht Personen die ATG AutoTeilet Genossenschaft. Sie teilen sich ein Auto. Einige Tage später wird in Zürich von 17 Personen die Genossenschaft ShareCom gegründet. Anfangsbestand ein Auto. Die Reservationen erfolgen über Eintragung auf einer Reservationsliste, die Abrechnung anhand des Bordbuches. Der Zündschlüssel der ATG-Autos befindet sich in einem Schlüsselkasten beim Standort, den die Mitglieder mit einem Universalschlüssel öffnen. Bei der ShareCom gibt es keinen Schlüsselkasten, der Autoschlüssel wird persönlich weitergegeben. Aus diesen Selbsthilfeorganisationen, die aus einer ökologisch und ökonomisch bedingten Motivation heraus die Idee des „Autoteilens" entwickeln, wird in 20 Jahren über mehrere Etappen ein weltweit beachtetes Unternehmen – nach wie vor im Kleid der Genossenschaft – mit im Sommer 2007 72 000 Nutzern von ca. 2000 Fahrzeugen an 1000 Standorten in der ganzen Schweiz.

1997 fusionieren die beiden Genossenschaften zur *Mobility Genossenschaft,* jetzt kommt so richtig Schwung in die Entwicklung. Das Potential an Car-Sharing-Nutzern in der Schweiz wird in zwei Marktstudien mit ca. 500 000 Personen beziffert und die Nutzer- und Mitgliederzahlen nehmen denn auch mit jedem Jahr sehr schnell zu. Eine weitere Studie zeigt die beträchtliche Umweltentlastung durch Carsharing auf, die 1998 und 2006 durch weitere Studien bestätigt wird: Während Car-Sharer drei Viertel ihrer Fahrleistungen mit den Verkehrsmitteln des Umweltverbundes zurücklegen und nur ein Viertel mit Autos, fährt die übrige Bevölkerung drei Viertel der gesamten Wege mit dem Auto. Technologisch ist die kleine Organisation Spitze, sie verfügt über ein cleveres Bordcomputer- und Reservationssystem. Bald buchen die meisten Kunden über Internet oder per Mobiltelefon im sog. ARS (Automatisches Reservationssystem) und kriegen am Monatsende bequem eine Abrechnung. Die notwendige (sichere) Eigenkapitalbasis für die Entwicklung der Organisation beschafft sich die Organisation durch engagierte Genossenschafter (rund die Hälfte der Kunden), die Anteilscheine zeichnen und der Genossenschaft damit ihre Verbundenheit und ihr Vertrauen zeigen. Neben privaten Genossenschaftern und Abonnenten wird die Organisation bald auch attraktiv für Geschäftskunden, KMU ersetzen ihre Geschäftsfahrzeuge durch Verträge mit Mobility, und für eine zunehmende Zahl von Organisationen – auch aus dem öffentlichen Bereich – ist diese Variante sowohl ökonomisch sinnvoll wie gut für die Ökobilanz. Eine äußerst clevere Kooperationspolitik nutzt das ausgezeichnete Image in der Öffentlichkeit und in den Medien und bringt Mobility unschätzbare Kooperationsverträge mit führenden öffentlichen Verkehrsträgern (Schweizerische Bundesbahnen, Zürcher Verkehrsverbund und mehr als ein Dutzend weitere Tarif- und Verkehrsverbundpartner), aber auch mit Verbänden wie dem führenden Automobilclub der Schweiz TCS (und seinem „grünen" Mitbewerber VCS), den Autovermietern Avis und Hertz, dem führenden Detailhändler Migros (Mobility-km zählen im Loyalitätsprogramm dieses Anbieters, der mit Mobility zusammen auch günstige Fahrten in Mobility-Fahrzeugen im gemeinsamen Mobility-M-Budget-Look unterstützt). Die Bearbeitung des Geschäftskundensegments führt immer mehr dazu, dass Mobility dort nicht nur sein klassisches Angebot anbietet, die Autos der Mobility zur Verfügung zu stellen, sondern Mobility übernimmt das Flottenmanagement gewisser Geschäftskunden. Die Idee wirkt so überzeugend und ist so erfolgreich, dass sich bald auch ausländische Interessenten melden, die Deutsche Bahn AG mit der Bahntochter DBRent führt ein ähnliches System an 600 Standorten in 66 Städten Deutschlands ein, und auch andere internationale Interessenten interessieren sich für die Idee, Mobility's Mobilität in cleverer Art zu betreiben.

Das Design von Geschäftsfeldern im Fall Mobility

Mobility wird uns als Fallbeispiel in diesem Buch noch das eine oder andere Mal interessieren. An dieser Stelle stellt sich die Frage, wie man die Aktivitäten von Mobility nach der Outside-in-Methode darstellen kann.

Wie wir weiter vorne festgestellt haben, ist es bei der SGF-Analyse sinnvoll, möglichst große Geschäftsfelder zu bestimmen, die zudem innerhalb des Geschäftsfeldes möglichst *homogen* sind. Eine *Segmentierung* der Kunden lässt sich wohl am ehesten vorerst in zwei sehr großen Teilsegmente vornehmen: Individualkunden und Geschäftskunden, denn diese unterscheiden sich sowohl von der Motivation, den Nutzenerwartungen, wie auch von der Verwendungsart, Verwendungszeit und ähnlichen Kriterien her erheblich. Eine weitere Verfeinerung der Kundentypologie, z. B. bei Geschäftskunden in private Unternehmen und öffentliche Institutionen und bei Individualkunden in Stadt- und Agglomerationsbewohner und in Bewohner ländlicher Gebiete (oder nach Alterskategorien) ist vorerst noch gar nicht sinnvoll und eher für Marketingzwecke geeignet.

Bei der Analyse der *Nutzendimension* (also der zweiten Dimension in unserem dreidimensionalen Bezugsrahmen) ergibt es sich rel. rasch, dass der grundsätzliche Nutzen, das grundsätzliche Bedürfnis aller Nutzer individuelle Mobilität ist (Personenmobilität und evtl. die Möglichkeit, eine reduzierte Menge an Fracht mitzutransportieren, z. B. die Einkäufe am Wochenende). Die Nutzendimension kann deshalb (im bisherigen Aktivitätsspektrum der Organisation) als ausgesprochen homogen bezeichnet werden.

Eine Betrachtung der *Problemlösung,* die die Organisation den Nutzern anbietet (also der dritten Dimension im Schema), ergibt aus Sicht des bisherigen Dienstleistungsangebots mindestens zwei Möglichkeiten:

1. Mobility bietet (allein, als individueller Anbieter) *Autozeit* an, d. h. die Nutzer können (wo immer sie es brauchen) über einen PW verfügen und diesen nach Gebrauch wieder den anderen Nutzern zur Verfügung stellen.
2. Mobility bietet aber auch (im Verbund mit öffentlichen Verkehrsträgern) eine Dienstleistung an, die man als *kombinierten Verkehr* umschreiben kann. Mobility braucht, um dieses Angebot machen zu können, die möglichst enge und optimale Zusammenarbeit mit dem öffentlichen Verkehr, d. h. z. B. möglichst viele Parkplätze an Bahnhöfen.

Neben diesen zwei Problemlösungen, die von Mobility und von ihr im Verbund mit dem öffentlichen Verkehr angeboten wird, stehen den privaten Nutzern und Geschäftskunden grundsätzlich noch andere Problemlösungen zur Verfügung, mit denen das Angebot von Mobility in einem (gewollten oder ungewollten) Konkurrenzverhältnis steht und mit denen sie ihr Mobilitätsbedürfnis ebenfalls abdecken können:

- Die Nutzer können ihr Mobilitätsbedürfnis dadurch befriedigen, dass sie sich nur des öffentlichen Verkehrs bedienen (Mobility als Organisation mit *grüner Mission* will den öffentlichen Verkehr zwar nicht konkurrenzieren, es besteht jedoch ein implizites Konkurrenzverhältnis: Falls Mobility im Vergleich zum öffentlichen Verkehr zu konkurrenzfähig wird, entsteht ein effektives Konkurrenzverhältnis; ÖV-Nutzer könnten vom öffentlichen Verkehr auf Mobility umsteigen).
- Die Nutzer können an Stelle des öffentlichen Verkehrs oder an Stelle eines Mobility-Autos auch ihr eigenes Auto benutzen. Der persönliche PW ist sicher der *Hauptkonkurrent* von Mobility. Mit ihm will Mobility konkurrieren, ihm will man Marktanteile abnehmen. Mit jedem Umsteiger von privaten PW auf Mobility entsteht ein ökologisch positiver Effekt und zugleich natürlich auch geschäftlicher Erfolg für die Mobility. Es wird deshalb Aufgabe der Marketingpolitik sein, sich im Vergleich mit dem privaten PW möglichst gut zu positionieren.
- Neben diesen zwei Alternativen zum Mobility-Angebot gibt es noch weitere Möglichkeiten für Nutzer, so für Geschäftskunden die Nutzung eines Fahrzeugs der Geschäftsflotte oder die Nutzung des privaten PW für geschäftliche Fahrten, aber für alle Kunden auch die Nutzung von Mietfahrzeugen wie Avis und Hertz. Zusätzlich können Personen natürlich auch per Moped, Fahrrad oder zu Fuß von A nach B gelangen.

Wie das Beispiel zeigt, ist die Outside-in-Segmentierung nur sinnvoll, wenn es gelingt, den Dimensionen auf den drei Achsen die richtige Interpretation zu geben. So ist insbesondere die Frage „was sind die möglichen Problemlösungen?" in sinnvoller Weise zu beantworten. Grundsätzlich gesehen, besteht nämlich zwischen dem Angebot von *Autozeit und kombiniertem Verkehr* für Mobility kein Unterschied in der *Produktion* der Leistung (und deshalb kann man wohl auch die beiden Geschäftsbereiche zu einem Geschäftsfeld zusammenfassen). Aus Sicht des Kunden besteht jedoch evtl. aus der Bedürfnislage heraus ein Unterschied, das *Geschäftsmodell*, das angeboten wird, ist je nach Motivationslage anders, für Kunden mit *ökologischem Gewissen* deutlich ökologischer, und dies ist für eine Organisation, die sich der ökologischen Nachhaltigkeit verpflichtet fühlt, nicht ohne Belang.

Die strategische Segmentierung wird nun erstens benutzt, um die bisherigen Aktivitäten der Organisation allenfalls in sinnvolle Geschäftseinheiten zu gliedern.

Auf den ersten Blick erscheint es so, dass Mobility in einem klar homogenen Geschäftsbereich tätig ist, man bietet Autozeit an und man bietet dies als einzelner Anbieter an möglichst vielen Standorten, möglichst nahe beim Kunden an, wie auch in Zusammenarbeit mit ÖV-Anbietern in Verbindung mit öffentlichem Personentransport als *erste und letzte Meile* zum öffentlichen Verkehr und vom öffentlichen Verkehr zum Wohnheim oder Arbeitsplatz.

Eintritt in Geschäftsfelder der Konkurrenz
Eine nähere Betrachtung der Situation kann nun aber durchaus dazu führen, dass man feststellt, dass es ein Geschäftsfeld gibt, in dem die Kunden und ihre Nutzenerwartungen ganz anders sind und für die es sich allenfalls lohnt, auch neue Problemlösungspakete zu entwickeln, die maßgeschneidert zu diesen Kunden passen: Das *Flottenmanagement* ist ein solches Geschäftsfeld. Die Organisation hat hervorragende Ressourcen und Kompetenzen in diesem Gebiet. Man kauft große Mengen von Fahrzeugen ein, evaluiert sorgfältig und weiß gute Konditionen auszuhandeln. Man weiß auch genau, wie die Wartung des Fahrzeugparks gemanagt wird, und man hat schließlich ein weltweit viel beachtetes NIT-gestütztes System entwickelt, wie eine solche Flotte möglichst effektiv eingesetzt werden kann. Diese Kompetenz kann eingesetzt werden, um neu in einem Geschäftsfeld aktiv zu werden, in dem man vorher nicht aktiv war. Dies bedingt unter Umständen, dass neue Kompetenzen erworben werden. So fehlte Mobility ursprünglich vielleicht die Kompetenz des „Verkaufs von Investitionsgütern". Diese Kompetenz ist aber notwendig, falls man mit Geschäftskunden

erfolgreich Abschlüsse tätigen will, und falls man die Kompetenz nicht besitzt, muss man sie irgendwie erwerben. Man wird dafür zusätzlich auch spezifische Ressourcen benötigen, z. B. spezielle Fahrzeuge für diese Kunden und spezielle Software zur Abrechnung mit diesen Kunden.

Eintritt in ganz neue Geschäftsaktivitäten
Die Verbindung der Geschäftsfelderanalyse mit einer Diskussion der damit verbundenen Ressourcen und Kompetenzen kann aber auch dazu führen, dass man sich bewusst wird, dass die Ressourcen und Kompetenzen, die man dazu nutzte, um in den bisherigen Aktivitäten erfolgreich zu sein, evtl. Ausgangspunkt sein könnten, um ganz neue Aktivitäten zu entwickeln: Die Betrachtung der Kompetenzen der kleinen Mobility-Genossenschaft ließ z. B. die Überlegung zu, dass es kompetenzbasiert zwei ganz neue Felder für Geschäftsaktivitäten geben könnte, an die man vorher ebenfalls nicht gedacht hatte:

1. Neben Mobility gibt es weltweit viele Organisationen, die etwas für die Umwelt tun möchten, eine nachhaltigere Mobilitätspolitik unterstützen möchten. Statt zu versuchen, als kleine schweizerische Organisation im Ausland aktiv zu werden, könnte Mobility ein neues Geschäftsfeld entwickeln, das auf dem internationalen Markt anderen NPO oder öffentlichen Institutionen und Initiatoren (Kundengruppe) Know-how (Nutzen) anbiete, indem man ein Beratungspaket und individuelle Beratungsdienstleistungen (Problemlösung) anbietet.
2. Da man technologisch eine Spitzenposition in der Entwicklung von Informatik- und Kommunikationstechnologie-basierten Logistiksystemen erreicht hat, könnte man leicht die Idee entwickeln, dass es auch für diese Geschäftsaktivität einen Markt gibt. Es ist der weltweite Markt von großen und kleinen Transportanbietern, die für ihre Logistiksysteme neue Lösungen brauchen. Völlig unterschiedliche Kunden als die bisherigen, völlig neue Bedürfnisse, die diese Kunden von den bisherigen unterscheiden, und völlig neue Ressourcen, die man zum erfolgreichen Einstieg in dieses Geschäft braucht (u. a. viel Risikokapital), lassen annehmen, dass man sich hier in einem völlig neuen strategischen Geschäftsfeld mit ganz eigenen Gesetzen, Marktchancen, aber auch Risiken befindet. Ob die Entwicklung einer kleinen, erfolgreichen NPO in die Richtung einer solchen Aktivität sinnvoll sei, soll hier nicht näher erörtert werden.

Quelle: www.mobility.ch. Auf dieser Homepage findet man eine Fülle von interessanten Informationen und Dokumenten zum näheren Studium des Falls.

Der strategische Prozess

Zusammenfassend kann Folgendes zur Aktivitäten- und Geschäftsfelderanalyse festgestellt werden:

- Wir erhalten einen Überblick über Heterogenität und Homogenität unseres Angebots.
- Wir erhalten ein (erstes) Verständnis für die Geschäftslogik(en), mit der (denen) wir es zu tun haben (in welchen Geschäften sind wir eigentlich tätig?).
- Wir erhalten eine Grundlage für eine sinnvolle organisatorische Strukturierung unserer Geschäftsaktivitäten (entlang der Geschäftsfelder, in sog. strategische Geschäftseinheiten).
- Wir erhalten gedankliche Grundlagen, um die Entwicklung unseres Geschäfts in neue Geschäftsaktivitäten zu reflektieren.

Mit der Aktivitätenanalyse und allenfalls einer Analyse der strategischen Geschäftsfelder schließt man die Analyse der Ausgangslage ab. Es ist nun möglich, einen ersten *Zwischenstopp* im Sinne einer ersten Synthese vorzunehmen. Dafür eignet sich z. B. eine provisorische *Stärken/Schwächen-, Chancen-Gefahren-*Betrachtung (vgl. Kap. 9). Es ist allerdings darauf zu achten, dass diese erste Synthese nicht im Sinne strategischer Voreingenommenheit das spätere Bild fälscht. Eine abschließende Beurteilung der Lage in einem so frühen Stadium birgt eine gewisse Gefahr: Eine allzu frühe Festlegung auf sichere Aussagen kann bewirken, dass man später im Analyseprozess trotz besserem Wissen fixiert ist, man ist nicht mehr in der Lage, früher gemachte Einschätzungen zu revidieren. Die Aussagen, die zu diesem Zeitpunkt der Analyse gemacht werden, sind deshalb als *vorläufige Wahrheiten* in einem iterativen Prozess zu verstehen, d. h., man revidiert sie falls notwendig in einer späteren Phase der Analyse[8].

Fehlende Informationen beschaffen

Die *Analyse der Ausgangslage* als erster Schritt ist andererseits sinnvoll, weil damit ein erster Gesamtüberblick erreicht wird, ohne dass man sich im Detail verliert. Es ist außerdem sinnvoll, zu sämtlichen Merkpunkten die wichtigsten eruierbaren Informationen zu sammeln und insbesondere auch zu notieren, wo wesentliche Informationen fehlen, was bei der Detailanalyse zusätzlich recherchiert werden muss, bzw. wo man nur vorläufige Aussagen (unter Vorbehalt) machen kann. Die folgenden Schritte behandeln ja einerseits die Umwelt der Organisation und anschließend eine Bewertung der Organisation und ihrer Dienstleistungen. Was immer man festgestellt hat, wird in den kommenden Schritten noch verfeinert, komplettiert, evtl. auch korrigiert. Die Grobanalyse der Ausgangslage ergibt ein erstes Bild, das zwar noch nicht alle Konturen aufweist, aber trotzdem eine grobe Beurteilung der Lage erlaubt. Zusätzlich zur Momentaufnahme des *Geschäftsgangs* sollte die Analyse der Ausgangslage also v. a. die berühmte Schlüsselfrage Peter Druckers beantworten helfen: *What Business are we in?* Die Literatur ist voll mit Beispielen, die aufzeigen, dass schon diese einfache Frage falsch beantwortet werden kann, wenn man sie zu undifferenziert angeht. Es sei noch einmal darauf hingewiesen, dass man die Frage eher aus Kunden- und Bedürfnissicht beantwortet als aus Produkte- oder Verfahrenssicht. Die Definitionsprobleme gelten auch für viele NPO, die Grenzen der Geschäftstätigkeit haben sich in den letzten Jahren dramatisch verändert, dies hat aber (noch) nicht zu den daraus resultierenden Konsequenzen bei Akteuren in diesen Branchen geführt. Die „Tiefenschärfe" des Gesamtbilds der Analyse ergibt sich erst, wenn die Umwelt- und Unternehmensanalyse die im ersten Schritt gemachten Feststellungen komplettieren.

Alternative Einstiegsmethoden in die Analyse
Abschließend sei erwähnt, dass in der Literatur auch andere Vorschläge vorliegen, wie der Auftakt einer strategischen Analyse zu gestalten ist. G. Probst, A. Maerz und Ch. Wiedemann (2005) schlagen ein alternatives Verfahren zur Beurteilung der Ausgangslage vor. Ihr als *SKU-Methode* bezeichnetes Vorgehen zur Identifikation der Ausgangslage versucht vorerst v. a. das Problem, das man strategisch lösen will, möglichst klar zu benennen und abzugrenzen[9]. Das strategische Problem einer Organisation ist je nach Situation ganz anders gelagert und muss zuerst verstanden werden. So geht es z. B. in einer ersten Situation darum, im Auftrag der Geschäftsleitung eine Gesamtbeurteilung auszuarbeiten und Vorschläge für neue Strategiealternativen vorzulegen. In einer zweiten Situation liegt evtl. nicht mehr vor als eine grobe Geschäftsidee, und es geht um die Beurteilung dieser Idee und Ausarbeitung eines Geschäftsplans. In einer dritten Situation steht eine Organisation, vielleicht aber auch nur ein Teil dieser Organisation in einer sich langsam entwickelnden, oder akut und plötzlich ausgebrochenen Krisensituation, und in einer vierten Situation geht es evtl. um die Beantwortung konkreter strategischer Fragen, z. B. darum, ob und mit wem man in der Zukunft zusammenarbeiten will, mit wem man z. B. fusionieren soll oder was für ein Netzwerk man gemeinsam mit Partnern entwickeln will. Probst et al. weisen darauf hin, dass solche strategischen Probleme aus verschiedener Perspektive meist ganz unterschiedlich interpretiert werden. Es geht deshalb bei der *Identifikation der Ausgangslage* 1. darum festzulegen, welche organisatorische Planungseinheit man überhaupt als Problemsystem definiert, was 2. die gemeinsame Vision für dieses System sein kann und 3., auf welche Erfolgspositionen man sich primär basiert.

Während wir in unserem ersten Schritt eher von einer mehr oder weniger objektiven Erfassung der wichtigsten Kenngrößen zur Beurteilung der Lage ausgehen, sehen Probst et al. die Ausgangslage eher als eine rel. subjektive, vom Standpunkt geprägte Sache: Es gilt im ersten Schritt in einem Diskurs eine gemeinsame Sichtweise zu entwickeln, was man als Problem betrachtet und abgrenzt und wie man die Lage angesichts dieses Problems beurteilt.

Es empfiehlt sich unter Umständen, die beiden Methoden zu kombinieren:
In einem ersten Schritt wird diskursiv im Team die Definition des Problems thematisiert:
- Um was geht es? Wie lässt sich die Problemsituation umschreiben und welche Aspekte gehören dazu, sind relevant bzw. nicht relevant?
- Zur Diskussion der Problemsituation eignen sich alle Instrumente der Umwelt-, Markt-, Organisationsanalyse (siehe Kap. 7). Es lohnt sich, die Problemsituation aus der Sicht verschiedener Stakeholder zu beleuchten (vgl. zur Stakeholderanalyse Kap. 7.2).
- Wie ist das handelnde System zu umschreiben und mit welchen Bezugsgruppen der Außen- und Innenwelt steht man folglich in welcher Beziehung? Ist das System die ganze Organisation oder Unternehmung, eine Abteilung oder eine Geschäftseinheit, ein strategisches Projekt oder evtl. ein Netzwerk mehrerer Organisationen? Es ist wesentlich, sich klar zu werden, welche organisatorische Perspektive man auswählt, eine „falsche" Perspektive kann dazu führen, dass man das Problem zu eng oder allenfalls zu weit und damit zu diffus beschreibt.
- Wie sind Mission und strategische Intention des einmal definierten Systems zu beurteilen? Hält die bisherige Strategie, die bisherige Mission und Intention einer kritischen Umweltanalyse noch stand oder sind sie (falls möglich) zu revidieren, zu adaptieren? Ist es allenfalls nicht die Mission und Intention, die in Frage zu stellen ist, sondern eher die bisherige strategische Stoßrichtung?

Es kann sinnvoll sein, diesen ersten Schritt in einem zweiten Schritt mit zusätzlichen Daten, Desk Research, Befragungen etc. abzusichern.

Fall zur Analyse der strategischen Ausgangslage:
SJW – Das Schweizerische Jugendschriftenwerk
1931 wurde das SJW von Vertretern ganz unterschiedlicher Institutionen mit dem Zweck gegründet, gegen die damals grassierende „Schundliteratur", die v. a. aus Deutschland in die Schweiz kam, anzutreten und den Kindern und Jugend-

lichen ein Angebot an guter Literatur zur Verfügung zu stellen. Der Schweizerische Schriftstellerverband (in dem sich viele Lehrer befanden) spendete das Anfangskapital und der Schweizerische Lehrerverein stellte ein zinsloses Darlehen zur Verfügung.

Das Erfolgsrezept war einfach, der Erfolg durchschlagend: Die Hefte des SJW-Verlags waren in allen Familien beliebte Lektüre, sie wurden zu sehr günstigen Preisen in hohen Auflagen produziert und über den Verkaufskanal der Lehrkräfte in die Schule gebracht, wo die Lehrer nur willig genug waren, das Anliegen zu unterstützen, indem sie einmal pro Jahr die neuen sehnlichst erwarteten Titel vorstellten und die Hefte dann an die Schülerinnen und Schüler verteilten. Das SJW wurde rasch eine Alternative zu Büchern und Heften, die aus dem Norden und Süden die Ideologie der dortigen Diktaturen propagierten, das SJW entwickelte sich zu einem wichtigen Instrument der *geistigen Landesverteidigung*. Die Familien der Kinder und Jugendlichen standen dem Unterfangen positiv gegenüber, das Anliegen war ohne Tadel, der Preis günstig (man wollte den Zugang zu guter Literatur allen Kreisen, auch sozial weniger gut gestellten zugänglich machen), und der Inhalt der Hefte im immer gleichen Format war unbedenklich und jederzeit empfehlenswert. So manche Eltern und Paten fanden deshalb das notwendige Fünffrankenstück und finanzierten den Kindern die heißbegehrten Titel. SJW gelang über Jahrzehnte das Kunststück, sich zu einem großen Teil über den Verkauf der Hefte selbst zu finanzieren, staatliche Beiträge und Drittfinanzierungen spielten traditionell bei dieser NPO eine rel. unbedeutende Rolle.

Ein wichtiges Anliegen der SJW-Macher war es, die kulturelle Vielfalt der Schweiz zu unterstützen und dafür zu sorgen, dass über die Sprachgrenzen hinaus auch Literatur aus den anderen Landesteilen zugänglich wurde. Man pflegte von Beginn weg die Mehrsprachigkeit, neben deutschsprachigen Titeln wurden immer auch Texte von Autoren aus dem französischsprachigen, italienischsprachigen und rätoromanischen Landesteil publiziert. Mit dem Erfolg erfüllte sich auch der dritte Zweck der Organisation: Man förderte einheimische Autoren und Illustratoren, viele Schweizer Schriftsteller haben ihre Laufbahn mit einem SJW-Heft begonnen.

Die Hefte waren überall präsent, alle Schweizer kannten SJW, über 2300 Titel sind unterdessen erschienen, häufig in Auflagen von 20 000 Exemplaren und mehr. Gegen 50 Millionen Hefte fanden junge Leser, jedes Jahr kommen nach wie vor 200 000 bis 300 000 Exemplare dazu. Dies, obschon sich die Situation des

SJW seither grundlegend verändert hat. Das Umfeld ist schwieriger geworden, man hat es mit einer anderen Jugend, mit anderen Familien zu tun, die Schule ist ein schwierigerer Partner geworden, viele junge Lehrkräfte interessierten sich eher für die neuen Informationstechnologien oder für spezifische Themen wie Entwicklungspolitik oder Gewaltprävention. Auch die Konkurrenzsituation hat sich grundlegend verändert, viele Verlage haben das heute lukrative Kinder- und Jugendsegment entdeckt und pflegen es entsprechend und mit ganz anderen Möglichkeiten, als SJW dies zu tun vermag. Im Gebiete der Autorenförderung wurde in den 75 Jahren seit der Gründung ebenfalls einiges getan, viele Autoren haben heute andere Möglichkeiten, um an die Öffentlichkeit zu gelangen, als ein SJW-Heft zu schreiben. Obschon man den Gürtel bei SJW in den letzten Jahren deshalb enger schnallen musste und sich den knapper werdenden finanziellen Ressourcen anpassen musste, ist man zuversichtlich. Im Jubiläumsjahr 2006 durfte das SJW die Aktiven der *Salzburger Stiftung* übernehmen, die jenseits der Grenze ganz ähnliche Zwecke verfolgte, ohne eigene Publikationen zu realisieren. Dies ermöglicht der neuen Geschäftsleitung einen finanziell wieder größeren Spielraum und damit die Möglichkeit, neue Projekte zu realisieren, nachdem man in den vergangenen Jahren das Programm eher reduzieren musste, um die finanzielle Gesundheit des Betriebs nicht zu gefährden.

Das SJW-Team arbeitet 2007 mit 270 Stellenprozenten, darin nicht enthalten sind beträchtliche Mehrleistungen durch freiwillige SJW-Mitarbeitende. Der neuen Verlagsleitung ist es ebenfalls gelungen, die privaten Spendenbeiträge zu erhöhen, womit man neue Projekte bewilligen konnte, ohne die Substanz des Stiftungsvermögens anzugreifen. Grund genug, zuversichtlich in die Zukunft zu blicken?

Der Fall beruht vollumfänglich auf öffentlich zugänglichen Quellen (www.sjw.ch), wurde jedoch von der Geschäftsführung des SJW auf sachliche Richtigkeit überprüft. Die Autoren danken der Verlagsleiterin, Frau Margrit Schmid, für die wertvollen Präzisierungen.

Fragen zum Fall
1. Erstellen Sie eine strukturierte Analyse der strategischen Ausgangslage mit allen Schritten inkl. strategische Segmentierung.
2. Diskutieren Sie insbesondere folgende Fragen:
    a. Was sind die wichtigsten Ergebnisse der strategischen Situation?
    b. Welche Informationen fehlen Ihnen insbesondere, um die Information abzurunden?

c. Was ist eigentlich Mission und Vision von SJW und was ist die Strategie dieser Organisation?
d. Beurteilen Sie Gültigkeit und Erfolg der bisherigen Strategie: Ist die Mission und Vision noch sinnvoll in der heutigen Zeit und was halten Sie von der eingeschlagenen Strategie?
3. Versuchen Sie eine vorläufige Synthese auf der Grundlage der Ihnen vorliegenden Informationen: Welche Zukunftsperspektive sehen Sie für SJW?

7. Die strategische Analyse der Umwelt

NPO sind mit ihrer auf eine vorhandene Mission ausgerichteten Optik oft so mit sich selbst beschäftigt, dass sie gar nicht wahrnehmen, dass sich die Außenwelt völlig verändert hat und dass die Lebensfähigkeit einer Organisation durch Anpassungsmaßnahmen an veränderte Umweltkonstellationen eigentlich dringend eine Infragestellung der bisherigen Ausrichtung nach sich ziehen müsste. Umweltanalyse im betriebswirtschaftlichen Sinne bedeutet, dass sich die Organisation mit den wesentlichen Einflüssen der Umwelt beschäftigt, sie identifiziert und insofern nutzt, als man auf Umweltchancen durch Auf- und Ausbau von Stärken reagiert und Risiken insofern mindert, als Schwächen der Organisation bezüglich dieser Risiken eliminiert oder gemindert werden.

Um die betriebswirtschaftliche Umweltanalyse zu verstehen ist ein kurzer Exkurs in die Systemtheorie notwendig: Unternehmen oder einzelne Organisationen werden als sozio-technische Systeme verstanden, die man aus der Differenz zu ihrer Umwelt begreifen muss und die mit dieser Umwelt und den darin befindlichen anderen Systemen interagieren[1]. Modellhaft können nun Interdependenzen zwischen der Unternehmung/Organisation einerseits und ihrer Umwelt andererseits verschiedenartig dargestellt werden. Die am häufigsten verwendete Art der Strukturierung ist sicher die Unterscheidung in

– *Beziehungsumwelt*
– *Referenzumwelt*

Als Teil der *Beziehungsumwelt* werden diejenigen Subsysteme der Umwelt betrachtet, die mit unserer Organisation in einem besonders intensiven Austauschverhältnis stehen, d.h. die *Marktteilnehmer*, mit welchen unsere Organisation auf der Beschaffungsseite im Kontakt sind (Geldgeber, Arbeitnehmer und ihre Organisationen, Lieferanten, etc.), oder die Abnehmer unserer Dienstleistungen und allfällige Vermittler zwischen Leistungserbringer und Endabnehmern. Dazu kommen Organisationen, die man als *Beeinflusser* bezeichnen kann, weil sie z. B. gesetzgeberisch, kommunikativer (Medien) oder in anderer Form auf die Unternehmung und ihr Umfeld Einfluss nehmen. Diese Subsysteme der Beziehungsumwelt werden auch als Stakeholder bezeichnet (vgl. dazu Kap. 7.2).

Die Umweltanalyse begnügt sich allerdings nicht nur damit, diese Beziehungen zwischen Organisation und Beziehungsumwelt zu studieren, sondern analysiert auf einer höheren Systemebene auch Entwicklungen, die in der sog. *Referenzumwelt* zu beobachten sind. Als Referenzumwelt werden diejenigen biologischen, gesellschaftlichen und psychischen Systeme bezeichnet, die eine einzelne Unternehmung oder Organisation insofern *referentiell* beachten muss, als man sie zwar selbst als Organisation nicht grundsätzlich verändern kann, die aber durch ihre Dynamik und Komplexität tiefgreifende Einwirkungen auf unsere Beziehungsumwelt und auf unsere Organisation direkt haben können.

7.1 Analyse der Referenzumwelt

Um die Referenzumwelt zu strukturieren, haben sich in der Lehre verschiedene Modelle etabliert, um eine Analyse der möglichen Entwicklungen vorzunehmen. Im deutschen Sprachraum findet man oft das auf dem St. Galler Managementmodell basierende Modell mit vier Teilumwelten: Ökologische Umwelt, Ökonomische Umwelt, Soziale Umwelt, Technologische Umwelt. Im anglo-sächsischen Raum wird dieselbe vierteilige Gliederung als *PEST-Modell* bezeichnet oder dann als *PESTEL-Modell* ausgebaut, indem die *Legale Umwelt* und die *Politische Umwelt* zusätzlich aus der sozialen Umwelt herausgeschält werden. Noch etwas detaillierter als Merkliste für die Umweltanalyse ist das Akronym *PLANET DEFOE*: **P**ublic Policy, **L**egislation, **A**ttitudes, **N**eed, **E**xpectations, **T**echnology, **D**emography, **E**conomy, **F**unding, **O**ther Organizations, **E**nvironment[2].

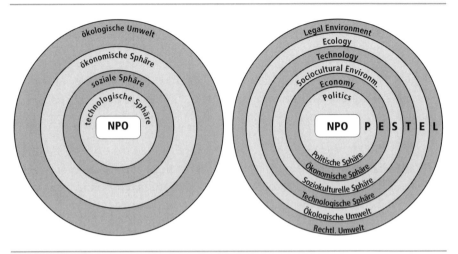

Abbildung 12: Modelle zur Strukturierung der Umwelt – PESTEL und UNISG (eigene Darstellung in Anlehnung an Rüegg-Stürm, 2003: 22 und Johnson u. a., 2005: 73 ff.)

Zu was dienen diese Modelle? Zuerst geht es darum, die Umwelt darzustellen und zu strukturieren, in der Umwelt Ordnung zu schaffen. Das geschieht durch eine einfache Struktur in *Teile* der Umwelt, obschon man sich bewusst ist, dass man eigentlich die Umwelt nicht in einfache, klar voneinander zu teilende Teilumwelten trennen kann. Zweck der Übung ist, dass man die „zukünftigen Entwicklungen einer vielschichtigen Umwelt abschätzen und in ihrer Bedeutung für das eigene Unternehmen beurteilen will"[3]. Zu diesem Zwecke werden in einer ersten Runde vorerst mögliche Umweltentwicklungen in den erwähnten Teilumwelten gesammelt, diskutiert, auf die Wahrscheinlichkeit ihres Eintreffens hin eingeschätzt, allenfalls in Szenarien dargestellt[4]. In einem zweiten Schritt geht es anschließend darum, den Bezug zwischen Referenzumwelt und meiner Organisation (bzw. auch der Stakeholder) abzuschätzen. Es versucht also herauszuarbeiten, welche Umweltentwicklungen in welcher Weise auf die Organisation Einfluss nimmt. Man beurteilt auch, wie die Umwelt indirekt über die Beziehungsumwelt auf unsere Organisation einwirkt. Die Umweltanalyse identifiziert nicht nur Umweltveränderungen, sie betrachtet insbesondere auch die Interdependenzen zwischen der Referenzumwelt und der Organisation mit ihren Stakeholdern.

Eine solche Umweltanalyse kann einerseits sehr oberflächlich und summarisch, andererseits aber auch mit großer Akribie, methodisch möglichst exakt und unter Einsatz erheblicher Mittel und empirischer Forschung vorgenommen werden.

Als Quellen dienen einerseits Sekundärdaten, andererseits aber auch Daten, die speziell für diesen Zweck erhoben und ausgewertet werden.

Für wen werden die Umweltanalysen erstellt, ist die Umweltanalyse für alle Organisationen dieselbe oder abhängig von der Organisation, für die sie gemacht wird? Grundsätzlich gibt es nur eine Umwelt! Die Art, wie sie auf uns wirkt, ist jedoch durchaus unterschiedlich. Je nachdem, welche Organisation (oder welchen Teil einer Organisation) wir im Mittelpunkt unserer Betrachtung haben, wird sich auch eine andere Umweltanalyse mit anderen Schwerpunkten, anderen Faktoren aus der Analyse herauskristallisieren. Was für die eine Organisation zu einer Chance werden kann, gefährdet die andere Organisation erheblich. Diese differenzierte Betrachtungsweise ist sogar innerhalb einer Organisation notwendig. Wie wir weiter oben bereits festgestellt haben, ist die relevante Umwelt je nach strategischem Geschäftsfeld differenziert zu verstehen. Für eine Schule, die sowohl in der Grundausbildung und in der Erwachsenenbildung tätig ist, daneben aber z. B. auch Beratung anbietet, sind unter Umständen für diese Geschäftsfelder ganz andere Umweltfaktoren *matchentscheidend*. Trotzdem gibt es für die meisten Organisationen Umweltfaktoren, die organisations- und evtl. sogar branchenübergreifend als sog. *Megatrends* identifizierbar sind. Wir haben in Kap. 3 verschiedene Gründe für strategisches Management aufgeführt, die man als solche Megatrends begreifen kann. Zusätzlich lassen sich meist für alle Organisationen *top-down* gemeinsame Umwelttrends feststellen, welche die ganze Organisation betreffen. Indem man eine Umweltanalyse zuerst auf oberster Ebene durchführt, verhindert man aufwändige Doppel- und Dreifachanalysen auf allen SGE-Stufen. Eine Analyse auf oberster Organisations- oder sogar Branchen- oder Netzwerkebene kann zudem wertvoll sein, weil aufgezeigt wird, dass je nach Optik, die eingenommen wird, ganz unterschiedliche Beurteilungen der Situation entstehen. Die Auseinandersetzung mit diesen unterschiedlichen Sichten der Wahrheit ist fruchtbar. Die Einigung auf eine gemeinsame Sicht der Dinge oder die Einigung auf verschiedene Szenarien mit evtl. unterschiedlicher Eintretenswahrscheinlichkeit entemotionalisiert die Diskussion und fördert das Verständnis für notwendige Anpassungsschritte und Maßnahmen (vgl. Kap. 11 bis 13).

Nachdem man auf Organisationsebene eine Umweltanalyse vorgenommen hat, gilt es auf Geschäftsfeldebene diese Umweltanalyse anzupassen und zu differenzieren.

Ökologie	
■ Verfügbarkeit von Energie	■ Strömungen im Umweltschutz
❏ Erdöl	❏ Umweltbewusstsein
❏ Gas	❏ Umweltbelastung
❏ Elektrizität	❏ Umweltschutzgesetzgebung
❏ Kohle	■ Recycling
❏ andere Energiequellen	❏ Verfügbarkeit von Recyclingmaterial
■ Verfügbarkeit von Rohstoffen	❏ Recyclingkosten
Technologie	
■ Produktionstechnologie	■ Produktinnovation
❏ Entwicklungstendenzen in der Verfahrenstechnologie	❏ Entwicklungstendenzen in der Produktetechnologie
❏ Innovationspotenzial	– Hardware
❏ Automation/Prozesssteuerung/ Informationstechnologie/CIM/CAD	– Software
■ Substitutionstechnologien	❏ Innovationspotential
❏ mögliche Innovationen	■ Informatik und Telekommunikation
❏ Kostenentwicklung	
Wirtschaft	
■ Entwicklungstendenzen des Volks-einkommens in den relevanten Ländern	■ Erwartete Inflation
	■ Entwicklung der Kapitalmärkte
■ Entwicklung des internationalen Handels	■ Entwicklung der Beschäftigung
❏ Güteraustausch	■ Zu erwartende Investitionsneigung
❏ Wirtschaftsintegration	■ Zu erwartende Konjunkturschwankungen
❏ Protektionismus	❏ Häufigkeit
■ Entwicklungstendenzen der Zahlungsbilanzen und Wechselkurse	❏ Ausprägung
	■ Entwicklung relevanter Wirtschaftssektoren
Demographische und sozialpsychologische Entwicklungstendenzen	
■ Bevölkerungsentwicklung in den relevanten Ländern	❏ Freizeitverhalten
❏ allgemein	❏ Einstellung gegenüber der Wirtschaft
❏ Entwicklung wichtiger Bevölkerungsgruppen	❏ Einstellung gegenüber der Automation
❏ Bevölkerungswanderungen	❏ Einstellung gegenüber relevanten Werkstoffen
■ Sozialpsychologische Strömungen	❏ Einstellung gegenüber relevanten Produkten
❏ Arbeitsmentalität	❏ Unternehmerische Grundlagen
❏ Sparneigung	
Politik und Recht	
■ Globalpolitische Entwicklungstendenzen	■ Parteipolitische Entwicklung in den relevanten Ländern
❏ Ost-West	■ Entwicklungstendenzen in der Wirtschaftspolitik
❏ Nord-Süd	■ Entwicklungstendenzen in der Sozialgesetzgebung und im Arbeitsrecht
❏ allgemeine Gefahr lokaler oder internationaler Konflikte	■ Bedeutung und Einfluss der Gewerkschaften
❏ Marktstellung der Rohstoffproduzenten	■ Handlungsfreiheit der Unternehmen

Abbildung 13: Checkliste zur Analyse des globalen Umfelds (Pümpin, in Lombriser und Abplanalp, 2004: 100)

Aufgabe: Führen Sie für eine Organisation aus Ihrem Umfeld eine Analyse der Referenzumwelt durch und diskutieren Sie mögliche Auswirkungen auf Organisation und Stakeholder im Sinne von Chancen und Gefahren.

Der Umgang mit Unsicherheit

Auch eine noch so genaue Analyse der Umwelt ergibt keine Sicherheit über die Zukunft. Umweltentwicklung ist grundsätzlich unsicher, lässt sich höchstens mit mehr oder weniger großer Wahrscheinlichkeit prognostizieren (wenn man zum Grad der Eintretenswahrscheinlichkeit überhaupt Anhaltspunkte besitzt) und könnte deshalb durchaus dazu führen, dass man fatalistisch *auf sich zukommen lässt, was nicht zu vermeiden ist*. Unternehmerisch handeln bedeutet jedoch in der Quintessenz, dass man nicht nur reagiert, sondern auch versucht zu antizipieren. Dazu gehört erstens, dass man in der Organisation die Fähigkeit erhöht, auf Umweltveränderungen sensibel zu reagieren. Dies ist einerseits eine kulturelle Aufgabe, andererseits stellt die Theorie dafür einige Instrumente zur Verfügung, die den Prozess der Früherkennung und die Prognostik möglicher Folgen für die Unternehmung unterstützen.

Weak Signal Management und Strategic Issue Management

Während man in der Frühzeit der strategischen Planung Zukunft noch v. a. glaubte erkennen zu können, indem man aus der Vergangenheitsentwicklung heraus lineare Trends extrapolierte, hat Igor Ansoff sehr früh das Konzept der *schwachen Signale* entwickelt, die Idee, dass sich Zukunft eben gerade nicht durch Trends auszeichnet, sondern durch *Diskontinuitäten*[5]. Diskontinuitäten künden sich durch *schwache Signale* an, d. h. durch Veränderungen in der Umwelt, bei denen man weder genau weiß, was sie für eine Bedeutung haben, noch, wie sie sich auswirken werden. Da sie sich aber im Verlaufe der Zeit verdichten, konkreter werden und nun auch interpretierbar werden (d. h., man weiß jetzt, ob sie eine Chance oder Gefahr sein werden und welcher Art sie als Chance oder Gefahr wirksam werden), lohnt sich eine frühzeitige Erfassung solcher Signale, auch wenn sie zum Zeitpunkt der ersten Identifikation von der Bedeutung her noch gar nicht verstanden werden können. Ansoff schlägt deshalb vor, dass Organisationen ein System der *Frühaufklärung und -erkennung* (Weak Signal Management) etablieren, die es zulassen, mittels *Scanning*-Prozesse die Umwelt systematisch auf schwache Signale abzutasten. Verdichten sich schwache Signale zu einem *Strategic Issue*, zu einem strategischen Thema, so wird es Zeit mittels *Monitoring* das Thema weiterzuverfolgen, genauer auf Wirkungen und Konsequenzen zu analysieren und allenfalls strategische Gegenmaßnahmen einzuleiten.

Wenn auch der Ansatz von Ansoff grundsätzlich interessant ist, so krankt das Konzept doch daran, dass eine Organisation, die konstant und systematisch nach Trendveränderungen Ausschau hält, unter Umständen *übersensibel* wird,

d. h., ängstlich und evtl. ständig unsicher agierend. Dieser Faktor mag ein Grund dafür sein, dass qualitativ-exploratorische Abklärungen der Autoren ergaben, dass systematische Frühaufklärung bei NPO kein Thema ist: Man beschäftigt sich z. B. mit möglichen, zukünftigen *Krisensituationen*, jedoch meist immer nur in Bereichen, wo man bereits negative Ereignisse erlebt hat, welche die Organisation in der Vergangenheit stark gefährdet und deshalb geprägt haben[6].

Wenn ein systematisches Frühaufklärungssystem nicht zur Grundausstattung des Werkzeugkastens der strategischen Praxis gehört, so lassen sich die Ideen des *Weak Signal*- und *Strategic Issue*-Managements doch in anderer Form nutzen: Es ist einerseits möglich, die Ideen Ansoffs insofern praktisch umzusetzen, als sich eine Institution organisatorisch eine Einheit, ein Gremium gibt, das sich im Rahmen seines Pflichtenhefts mehr oder weniger regelmäßig mit Zukunft beschäftigt. Ein solches Gremium oder Organ muss durchaus nicht profimäßig, als fest etablierter, vollamtlicher Stab funktionieren, sondern kann diese Aufgabe als Projektorganisation von Zeit zu Zeit leisten, wobei z. B. in standardisierter Form an die Geschäftsleitung berichtet wird, die dann entscheidet, ob gewisse Entwicklungen, von denen diese Gruppe berichten, sich zum *Strategic Issue* verdichten, der nähere Aufmerksamkeit verdient.

Expertenmethoden: Delphi und NGT

Als Methoden, um gewisse Entwicklungen näher abzuklären, hat die Lehre auch Expertenbefragungstechniken entwickelt, z. B. moderierte Zukunftsworkshops (vgl. Kap. 13) und z. B. auch die *Delphi-Befragung,* welche die kollektive Meinungsbildung durch anonyme, standardisierte Befragung per E-Mail, schriftliche Fragebogen oder andere digitale Träger in mehreren Fragerunden ermöglicht[7.] Der Konsens der Experten erfolgt dadurch, dass nach jeder Fragerunde die Meinungen und Begründungen der anderen Befragten kommuniziert werden, was zur Korrektur der eigenen Einschätzung führen kann, wobei die Befragten nicht wissen, *wer* welche Meinung hat. Das Verfahren hat viele Vorteile, u. a. ist es für beteiligte Experten zeitflexibel und interessant (was die Beteiligung fördert), allerdings wird es sinnvollerweise nur durch Moderatoren geleitet, die Erfahrung mit der Methode haben. Als Alternative zur Delphi-Methode schildern Kotler et al. die *Nominal Group Technique* (NGT), bei welcher im Unterschied zu Delphi die Experten in einer Gruppe zusammenfinden, ihre Beurteilungen und Ideen aufschreiben, dann laut vorlesen, in der Gruppe ausdiskutieren und versuchen, zu einer Beurteilung oder einer gemeinsamen Ansicht zu kommen[8.]

Szenariotechnik

Die prognostizierte Zukunft wird auch nach Einsatz aller möglichen Prognosetechniken nicht sicher sein. Umwelteinflüsse werden dafür sorgen, dass mit mehr oder weniger großer Wahrscheinlichkeit entweder die eine Prognose zutrifft oder aber auch eine ganz andere. Strategen haben es nicht mit einer Zukunft zu tun, sondern mit möglichen Zukunften. Die Szenariotechnik bildet genau diese Eigenschaft der Umweltentwicklung ab, indem sie „mögliche zukünftige Realitäten" darstellt und sich zur Wahrscheinlichkeit dieser möglichen Realitäten äußert[9].

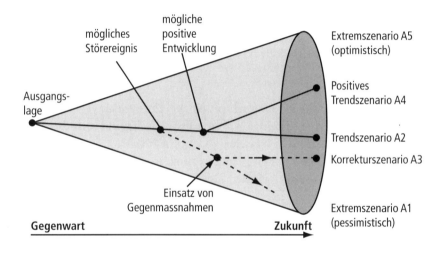

Abbildung 14: Modell der Szenariotechnik (eigene Darstellung adaptiert nach Reibnitz, 1987)

Nach einer Problem- und Umfeldanalyse (wobei man durchaus auf die vorne beschriebenen Techniken zurückgreifen kann) erfolgen Projektionen, d. h. die Ermittlung von *Entwicklungstendenzen* und *kritischen Größen* unter Annahme bestimmter, unterschiedlicher Voraussetzungen, so wird oft ein *Trendszenario* beschrieben, dazu zwei *Extremszenarien*, z. B. ein optimistisches und ein pessimistisches. Die verschiedenen Szenarien werden anschließend bezüglich ihrer Auswirkungen auf die Organisation hin interpretiert, diese Interpretation erlaubt das Ableiten von strategischen Maßnahmenplänen, die im Falle des Eintreffens des Szenarios vorzubereiten sind.

> **Praxisbeispiel: Szenarien der räumlichen/regionalen Entwicklung Österreichs im europäischen Kontext**
> Das Projekt „Szenarien der räumlichen/regionalen Entwicklung Österreichs im europäischen Kontext" ist das Schlüsselprojekt im Rahmen des „Mittelfristigen Arbeitsprogramms 2006-2008" der ÖROK, der Österreichischen Raumordnungskonferenz. Zielsetzung ist die Erarbeitung von räumlichen Entwicklungsszenarien für Österreich (und einzelne Teilräume) mit dem Horizont 2030. Abgeleitet aus den vier Szenarien „Kater-Kapitalismus", „Insel der Seligen", „High Speed Zone A", und „Creative Austria" sollen Handlungsmöglichkeiten für die öffentliche Hand aufgezeigt werden, um den Entwicklungen zu begegnen und steuernd einzugreifen. Die Entwicklungsszenarien werden ausgehend von Entwicklungshypothesen zu folgenden neun raumrelevanten Themenfeldern erarbeitet: Bevölkerung, Energie, institutionelle Rahmenbedingungen Landwirtschaft, Sozialer Wandel, Tourismus, Umwelt, Verkehr, Wirtschaft. Die Ergebnisse des Projekts sollen als Grundlage für das weitere Arbeitsprogramm der ÖROK, für ein allfälliges „Raumentwicklungskonzept Österreich (ÖREK) 2011", für einschlägige Fachbereichs- bzw. räumliche Leitbilder der Länder, Städte und Gemeinden sowie für Fachkonzepte des Bundes (z. B. Nachhaltigkeitsstrategie) dienen. Der Projektabschluss ist für Ende 2008 geplant (www.oerok.gv.at, Stand 20.07.07).

Da die Szenariotechnik – will man sie mit einer einigermaßen vertretbaren wissenschaftlichen Seriosität betreiben – sehr aufwändig ist und viele Ressourcen beansprucht, empfiehlt es sich in vielen Fällen, für NPO auf Szenarios zurückzugreifen, die im Rahmen anderer Aufgabenstellungen von öffentlichen oder privaten Institutionen erstellt wurden. Diese Szenarien, welche die Wirtschaft, Gesellschaft, Raumordnung und Technologie der Zukunft darstellen, lassen sich oft für den eigenen Bedarf uminterpretieren, ohne dass man den erheblichen Aufwand zur Beschaffung der Daten selbst betreibt. Sie sind damit bessere Instrumente der Umweltbetrachtung als irgendwelche eher dem Kaffeesatz-Lesen ähnelnde Vermutungen. Unser Kap. 13 verweist auf eine ganze Reihe von Methoden, wie in Gruppen die Zukunft und die Entwicklung der Organisation diskutiert werden kann und wie daraus neue Orientierung entsteht, die auf Konsens, Akzeptanz, aber auch Faktenwissen basiert.

Five Forces: Branchenanalyse nach Michael Porter
Michael Porter, einer der ganz Grossen des strategischen Managements, schlägt ein etwas anderes Werkzeug vor, um ein Verständnis für die Umwelt zu erhalten[10]. Wir erachten seine Methode als Alternative, oft aber auch als sehr gute Ergänzung zur klassischen Umweltanalyse, wie wir sie oben beschrieben haben. Porter geht von den Theorien der Industrial Economics und von der Prämisse aus, dass der Erfolg einer Unternehmung oft weniger von der Strategie einer einzelnen Unternehmung abhängt, sondern vielmehr davon, ob eine Unternehmung in einer attraktiven Branche agiert oder in einem sehr schwierigen Branchenumfeld.

Der strategische Prozess

Es gibt Branchen, wo die Unternehmer sehr ungeschickt agieren müssen, um in Schwierigkeiten zu gelangen, den meisten Unternehmen in dieser Branche geht es glänzend. In anderen Branchen dagegen ist auch nur ein bescheidener Erfolg bereits sehr schwirig zu erreichen. Porter geht den Faktoren nach, welche die Attraktivität einer Branche bestimmen, und er hat ein verblüffend einfaches Modell zur Analyse der Branchenattraktivität entwickelt, das insbesondere dann sehr geeignet ist, wenn sich in der Umwelt einer Branche sehr viele Faktoren verändern und deshalb eine große Dynamik entsteht.

NPO sind oft genau in dieser Situation: Aus der geschützten Nische des staatlich subventionierten Auftragnehmers werden sie in den rauen Wettbewerb entlassen, statt Marktabgrenzung und Zusammenarbeit wird Wettbewerb verlangt. Das Branchenmodell Porters kann die daraus entstehende Dynamik nachvollziehbar darstellen und fordert deshalb dazu heraus, die Regeln, die im Wettbewerb einer Branche durch die Veränderungen entstehen, zu verstehen und im Sinne sich anpassender Strategien für die Organisation zu nutzen. Wir stellen das Modell kurz vor ohne auf Details einzugehen, da es in der einschlägigen Literatur in allen Einzelheiten immer wieder dargestellt ist

Gemäß Porter gibt es fünf Wettbewerbskräfte, deren Zusammenspiel die Attraktivität einer Branche bestimmen:

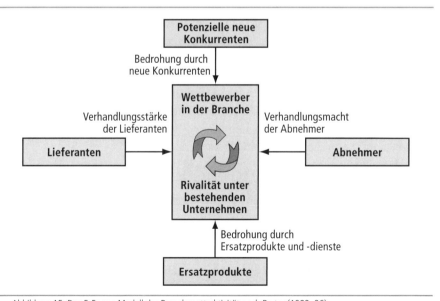

Abbildung 15: Das 5-Forces-Modell der Branchenattraktivität nach Porter (1983: 26)

Zunächst ist der Begriff einer *Branche* zu definieren. Eine Branche besteht aus einer Gruppe von Unternehmungen oder Organisationen, die Produkte herstellen oder Dienste zur Verfügung stellen, die gleichen Bedürfnisse befriedigen und die sich daher gleichzeitig ersetzen und miteinander *im Wettbewerb stehen*. Man kann die Branche deshalb als *Angebotsseite eines Marktes* bezeichnen.

Gemäß Porter bestimmt das Zusammenspiel von fünf Wettbewerbskräften die Attraktivität einer Branche:

1. Eintrittsbarrieren für neue Mitbewerber
Ist die Branche wenig oder mehr bedroht durch den Eintritt neuer Wettbewerber in die Branche? Gibt es hohe oder kaum Eintrittsbarrieren?
- In Branchen, in denen es eine gewisse *Mindestgröße* des Betriebs braucht, um überhaupt mitzuspielen, wird es weniger Wettbewerb geben als in Branchen, in denen schon Einmann- oder Einfraubüros mitmischen können.
- In Branchen mit hohem *Investitions- und Kapitaleinsatz* wird es viel weniger Neueintretende geben als in Branchen, in denen man mit etwas Intelligenz und Unternehmergeist ohne Kapital ein Geschäft eröffnen kann.
- In Branchen, in denen *Markenpolitik, Marketing, Produktdifferenzierung* eine große Rolle spielen, wird es schwieriger sein, als neueintretende Organisation mitzumachen als in Branchen, in welchen alle dasselbe anbieten und eine *Differenzierung* gar nicht möglich oder nötig ist.
- In Branchen mit größenunabhängigen *Vorteilen der bestehenden Wettbewerber* wird es weniger neue Konkurrenten geben, als wenn es solche Vorteile nicht gibt: Knowhow, Patente, beschränkter Zugang zu Ressourcen, große Standortvorteile, staatliche Subventionen etc.
- In Branchen, in denen die *Umstellungskosten der Abnehmer* von einem alten Lieferanten zu einem neuen hoch sind oder in denen die Umstellung fast unüberwindliche Schwierigkeiten bringt, wird es weniger Neueintretende geben, als wenn dies nicht der Fall ist.
- In Branchen, in denen der Staat (oder die Branchenverbände) den Wettbewerb durch *Gesetze, Reglemente, Vorschriften, Kontrollen, Lizenzen* komplizieren, wird es weniger Neueintretende geben als in Branchen, in denen dies nicht der Fall ist.
- In Branchen, wo *Vergeltungsmassnahmen* auf Neueintritte zu erwarten sind, wird es weniger Neueintritte geben, als wenn solche Maßnahmen nicht zu erwarten sind. In gewissen Branchen sind große Mittel für Vergeltung vorhanden, ein Neueintritt kann dramatische Auswirkungen auf die Branchenmitglieder haben und wird deshalb falls immer möglich bekämpft. Die Bran-

chenmitglieder haben z. B. große Aktiven, die wertlos werden, falls man sie nicht mehr verwendet und wehren sich deshalb gegen jeden Neueintritt, den sie als Bedrohung empfinden.
- Die Branche hat sich in der *Vergangenheit* schon gegen Neueintritte gewehrt und es sind deshalb auch in der Zukunft Abwehrmaßnahmen zu erwarten.

Praxisbeispiele
Die psychologische Beratungsbranche hat (zumindest in der Schweiz) relativ tiefe Eintrittsbarrieren, weil weder vom Know-how oder Kapitalbedarf her noch von staatlicher Regulierung oder von der notwendigen Differenzierung her gesehen sehr hohe Anforderungen an Neueintretende gestellt werden. Jede Person, die sich Fähigkeiten in diesem Gebiet anmaßt, kann mit rel. wenig Kapital und etwas Enthusiasmus gegen die bisherigen Branchenmitglieder antreten. Das wirkt sich logischerweise auf die Branche rel. negativ aus: Es kommen ständig neue Anbieter dazu. Im Gegensatz dazu wird es in der Spitalbranche genügend hohe Eintrittsbarrieren geben, allein schon die Investitionen sind beträchtlich, und auch die staatliche Regulierungsdichte ist sehr hoch. Es wird wenig Neueintretende geben bzw. rel. wenige haben, die erfolgreich den Eintritt bewerkstelligen. Dies ist für die bestehenden Anbieter in der Branche ein Vorteil.

---

2. Gefährdung durch Substitutionskonkurrenz
Ist die Branche wenig oder mehr bedroht durch Ersatz- oder Substitutionsprodukte?
- In Branchen, in denen eine Dienstleistung leicht durch eine andere ersetzt werden kann, entsteht ein höherer Wettbewerbsdruck.
- Wenn *neue Technologien* oder ein *neues Geschäftsmodell* die bisherige Dienstleistung ersetzen kann, entsteht durch diese Substitution erhöhter Druck auf die bisherigen Anbieter.
- Wenn die Nutzer der Dienstleistung ohne größere Hemmungen auf neue Angebote *umsteigen* oder wenn es geradezu modisch ist, immer den neuesten Trends zu folgen, ist Substitutionsdruck eher zu erwarten.
- Je kleiner die *Umstellungskosten* von einem Angebot auf ein anderes für die Nutzer sind, umso höher ist der Substitutionsdruck.
- Je größer die *Rentabilitätserwartungen* bei Entwicklung von Ersatzprodukten sind, umso eher werden Anbieter versuchen, solche Ersatzprodukte und Dienstleistungen zu entwickeln und auf den Markt zu bringen.

Praxisbeispiele
Wenn für die Altenpflege ständig neue Angebotsformen angeboten werden, so entsteht für diese Dienstleistung ein rel. hoher Substitutionsdruck. Wenn Bildungsanbieter plötzlich mit

Online-Angeboten prominenter amerikanischer Universitäten im Wettbewerb stehen, ist dies ebenfalls als Substitutionskonkurrenz zu verstehen. Wenn Pflegeangebote von einem Tag zum anderen durch ein neues medizinisches Verfahren obsolet werden, so ist auch dies als Substitutionsdruck auf die Branche zu interpretieren. Der Freizeitmarkt ist ein typischer Markt, in dem die Menschen ohne große Schwierigkeiten von einem Angebot auf das andere umsteigen können und wo deshalb ein rel. großer Substitutionsdruck existiert.

3. Verhandlungsmacht der Abnehmer und der Leistungsermöglicher
Können die *Abnehmer* der Dienstleistung oder alternativ dazu diejenigen, die uns die Klienten *zuweisen (Leistungsermöglicher)*, viel Druck auf die Mitglieder der Branche ausüben oder müssen sie Angebote und Abnahmekonditionen machtlos akzeptieren?
– Wenn die Abnehmer unter sich *organisiert* sind oder wenn es *sehr wenige Abnehmer* gibt, von denen die Branchenteilnehmer abhängig sind, so haben die Abnehmer (Kunden) Marktmacht. Dies ist auch der Fall, wenn die *Zwischenhandelsstufe* sehr stark konzentriert ist und wenn sie Marktmacht auf die Branche ausüben kann. Es schwächt die Position der Branche ebenfalls, wenn man von sehr wenigen mächtigen *Ermöglichern* abhängig ist (staatliche Stellen, Versicherungen etc.).
– Wenn die Produkte oder Dienstleistungen aus irgend welchen *Gründen wenig differenziert* sind, wenn z. B. Qualität eine kleine Rolle spielt oder festgelegt ist und es für die Abnehmer deshalb kaum eine Rolle spielt, welchen Anbieter sie auswählen, so sind die Abnehmer (oder ihre Finanzierer) nicht an Anbieter gebunden und haben deshalb rel. viel Marktmacht.
– Wenn die *Umstellungskosten* von einem Anbieter zum anderen unbedeutend sind, ist es einfach von einem Branchenmitglied zum anderen zu wechseln, was wiederum die Abnehmermacht stärkt.
– Wenn die Produkte und Dienstleistungen der Branchenanbieter einen sehr hohen Anteil im Gesamtbudget der Nutzer ausmachen, so werden die Nutzer viel *preissensitiver* und damit empfindlicher reagieren, als wenn das Angebot wenig Auswirkungen auf das Gesamtbudget der Nutzer hat.
– Wenn die Abnehmer statt auf Mitglieder der Branche auch direkt auf deren *Lieferanten zurückgreifen* können, haben sie mehr Marktmacht, als wenn sie auf die Branchenmitglieder angewiesen sind.
– Wenn die Abnehmer sich sehr *gut über die Angebote informieren* können, so ist ihre Marktmacht viel größer, als wenn ihr Informationsgrad schlecht ist (hohe *Markttransparenz*).

Praxisbeispiele
Viele NPO sind vollständig abhängig von einem öffentlich-rechtlichen Auftraggeber oder von wenigen solchen Auftraggebern, die im Rahmen ihrer öffentlichen Aufgaben diese an ausgewählte NPO oder Unternehmen vergeben.
In vielen Fällen haben die erwähnten Auftraggeber, z. B. Schulen, eine sehr beschränkte Möglichkeit, sich selbstständig z. B. über die Qualität zu differenzieren, da diese im Rahmen genauer Kriterienkataloge vom Auftraggeber vorgeschrieben wird und deshalb Differenzierung wenig gefragt ist. Das einzige Differenzierungskriterium sind deshalb oft die verrechneten Kosten an den Auftraggeber.
Mit der Abgabe von Gutscheinen, sog. *Vouchers* an Stelle einer direkten Finanzierung der Anbieter, können öffentliche Finanzierer die Marktmacht der Klienten und Kunden stärken und diejenige der Branche eher schmälern. Dieselbe Möglichkeit besteht auch für Kassen und Versicherungen

4. Verhandlungsmacht der Lieferanten
Eine Einschränkung der Branchenattraktivität kann auch dadurch entstehen, dass nicht die Kunden oder Klienten eine sehr starke Stellung gegenüber der Branche haben, sondern die *Anbieterseite*, d. h. diejenigen Stakeholder, die der Branche ihre Ressourcen vermitteln. Die Regeln sind ähnlich wie auf der Gegenseite: Falls wenige Lieferanten einen Markt unter sich aufteilen und/oder die Branche auf diese Lieferanten angewiesen ist und nicht auf Ersatzprodukte oder Dienstleistungen ausweichen kann, besitzen die Lieferanten viel Verhandlungsmacht.

– Falls ein Produkt für die Branchenteilnehmer besonders wichtig ist, können Lieferanten dieses Produkts diese Bedeutung im Sinne ihrer Verhandlungsmacht nutzen. Eine solche Ressource muss nicht eine physisch verfügbare Ressource sein, sondern kann auch eine *intangible* Ressource sein. Für NPO ist die Ressource *Legitimität* sehr oft eine besonders kostbare Ressource. Die Kontrolle über Legitimität (z. B. durch Verleihen eines Labels, einer Lieferberechtigung oder auch nur durch Aufführen der Lieferanten als *Hoflieferanten*) verleiht den Institutionen, die diese Legitimität vermitteln, sehr große Macht.
– Die Human Resources sind in den dienstleistenden NPO sehr oft eine sehr rare Ressource und diese Knappheit verschafft Arbeitnehmern eine rel. hohe Marktmacht, welche sie gegen die Branche ausspielen können.
– Falls eine Branche für Lieferanten rel. unwichtig ist, da diese v. a. von anderen Abnehmern abhängig sind, werden sich die Lieferanten nicht um gute Konditionen für ihre Abnehmer bemühen.
– Falls die Umstellung von einem Lieferanten auf den anderen sehr große Umstellungskosten produziert, besitzen die Lieferanten große Verhandlungsmacht.

Praxisbeispiele
Beratungsunternehmen im Softwarebereich erzeugen oft eine faktisch totale Abhängigkeit ihrer Kunden vom Berater, da die Umstellungskosten auf andere Berater kaum absehbar sind und die vom Berater abhängigen Betriebe kaum noch funktionsfähig sind ohne diese Beratungsleistung.
Fachkräfte in bestimmten Fachgebieten sind oft der *knappste aller Rohstoffe,* und Branchen, die solche Fachkräfte benötigen, sind sehr abhängig von diesen Fachleuten. Falls diese Fachkräfte noch gut organisiert sind, z. B. über ihre Gewerkschaft oder ihren Fachpersonalverband, so ist ihre Verhandlungsstärke entsprechend hoch, und die Branche steht unter hohem Druck. Spezialisierte Ärzte oder bestimmte Lehrpersonen z. B. im Bereiche Finance und Banking können rel. hohen Druck auf die Branche ausüben.

5. Rivalität innerhalb der Branche (unter den bestehenden Mitbewerbern)
Je stärker die äußeren Wettbewerbskräfte im Vergleich zur Macht der Branche sind, umso dynamischer entwickelt sich im Allgemeinen die Rivalität innerhalb der Branche. Starke äußere Kräfte bewirken starke Branchenrivalität, sind die äußeren Kräfte nicht sehr stark, so herrscht oft auch (noch) Ruhe innerhalb der Branche, nach dem Prinzip *Leben und leben lassen.*
Die Branchenrivalität hängt jedoch nicht nur von den beschriebenen Kräften außerhalb der Branche ab, sondern auch von *internen Faktoren,* z. B.:
– *Aufteilung des Wettbewerbs:* Sind es viele, rel. schwache Mitbewerber (atomistische Konkurrenz) oder wenige, starke Oligopolisten?
– Lässt das *Branchenwachstum* vermuten, dass es allen in der Zukunft gut geht, oder wird man sich angesichts der Stagnation der Branche eher auf starke Rivalität einstellen müssen?
– Muss der Wettbewerb faktisch über den Preis geführt werden, weil die Dienstleistungen und Produkte sich qualitativ gar nicht unterscheiden (können) oder kann man den Wettbewerb vorzugsweise über *Qualitätsdifferenzierungen* gewinnen?
– Führen hohe *Fix- und Lagerkosten* bzw. *Kapazitätserweiterungen* innerhalb der Branche dazu, dass Überkapazitäten unbedingt vermieden werden müssen und deshalb versucht wird, Kunden über attraktive Preisangebote zu sich zu locken?
– Werden *strategische Spiele* mit hohem Einsatz gespielt, z. B. Kämpfe um die *Marktstellung* mit hohem Einsatz, z. B. ohne Betrachtung der Rentabilität?
– Sind die *Ausstiegsbarrieren* so hoch, dass sich ein Ausstieg kaum lohnt und man deshalb möglichst lange, unter Einsatz aller Kräfte versucht, im Geschäft zu bleiben?

Praxisbeispiele
Die Liquidationswerte bestimmter Dienstleistungsinfrastrukturen sind so tief, dass man kaum daran denkt, solche Investitionen in anderweitiger Form zu verwenden, wenn ein Betrieb einmal geschlossen wird. So lassen sich Spitäler nur beschränkt oder unter Einsatz großer Neuinvestitionen in andere Betriebe umrüsten, und ein auf einer Kundendatenbank aufbauendes Dienstleistungsunternehmen hat all sein Kapital in diese Kundendatenbank investiert, die allerdings für andere Organisationen kaum verwertbar und deshalb vom Liquidationswert her gesehen fast wertlos ist. Man wird deshalb so lange versuchen, im Geschäft zu bleiben, wie nur möglich, da ein Ausstieg Totalverlust bedeutet.
Transportunternehmen haben v. a. Fixkosten. Man wird versucht sein, den *letzten Platz* zum Nulltarif abzugeben, da dies immer noch einen besseren Ertrag pro Platz ergibt, als wenn der Platz frei bleibt.
In gewissen Branchen wird ein Kampf um jeden Preis geführt, um Leader der Branche zu werden oder zu bleiben. Solche Machtspiele schwächen die Branchenattraktivität.

6. Die Rolle des Staates
Als *sechste Kraft* in Porters Modell wird der Einfluss des Staates genannt. Der Staat kann als Abnehmer (siehe oben) bzw. als Regulierer des Wettbewerbs, mit Qualitätsvorschriften, Förderung von Substitutionsprodukten, Reglementierungen des Arbeitsmarktes, Steueranreizen und Subventionen Einfluss auf die Branche nehmen und deren Attraktivität erhöhen bzw. mindern. Da in Europa ca. die Hälfte der im NPO-Bereich verwendeten Mittel direkt oder indirekt über die öffentliche Hand in die Branche gelangt, ist die Rolle des Staates bei der Branchenanalyse besonders sorgfältig zu prüfen.
– Die öffentliche Hand kann als *Regulierer* des Wettbewerbs auftreten und mit Qualitätsvorschriften, Subventionierung, Reglementierung, Zulassungsbeschränkungen etc. den Wettbewerb mehr oder weniger stark beeinflussen.
– Der Staat kann bestimmte Angebote *steuerlich* begünstigen (und andere verteuern).
– Der Staat kann selbst als *Kunde* oder als *Finanzierer* auftreten.
– Der Staat kann aus *politischen Gründen* Substitutionsprodukte zu den bisherigen Angeboten fördern oder die bisherigen Regeln von einem Tag zum anderen verändern.
– Der Staat kann durch *neue Regeln,* (z. B. durch Finanzierung über ein Gutscheinsystem (Vouchers, s. oben) eine neue Wettbewerbssituation schaffen.

Praxisbeispiele
Der Staat fördert im Energiemarkt alternative Energien durch Unterstützung von Projekten, Forschungsmaßnahmen etc. oder er fördert die Substitution von Profiarbeit durch Freiwilligenarbeit und greift damit in den Wettbewerb ein.

Der Staat reguliert in der Bildung den Markt durch Anerkennung und Subventionierung von Schulen.
Der Staat unterstützt die gemeinnützige Tätigkeit vieler Wohlfahrtorganisationen durch namhafte Mitfinanzierungen.
Der Staat gibt für gewisse soziale Wohlfahrtsaufgaben Aufträge an private Dritte, erbringt aber gleichzeitig und parallel dieselbe Aufgabe mit eigenen Dienstabteilungen, so dass er seine Auftragnehmer gleichzeitig konkurrenziert.
Der Staat kann durch politisch motivierte Maßnahmen die Regeln in einer Branche völlig verändern. So hat z. B. die Abschaffung oder Reduktion der Wehrpflicht und der damit verbundenen Ersatzdienste nicht nur militärpolitische Auswirkungen, sondern einschneidende Konsequenzen auch für die Arbeit im Gesundheits- und Sozialwesen.

Die Branchenattraktivität in der Synthese

Die Branchenattraktivität kann synthetisch im Branchen-Hexagon dargestellt werden. Gibt man für jedes der sechs oben erwähnten Kriterien eine Bewertung von 1 bis 10, so lässt sich die Attraktivität einer Branche graphisch darstellen[11]:

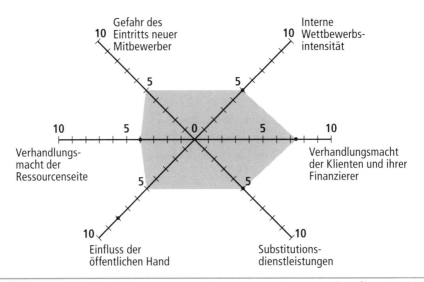

Abbildung 16: Branchenattraktivitäts-Hexagon in der Pflegeheimbranche (eigene Darstellung, fiktives Beispiel, nach Johnson u. a., 2005: 108)

Die Branchenattraktivität ist nicht als statische Größe, sondern eher als dynamischer, zyklischer Prozess zu verstehen: Sehr attraktive Branchen ziehen Newcomer an, welche die Attraktivität durch ihren Wettbewerb für die bisherigen einschränken. Dadurch kann die interne Branchenrivalität in Gang gesetzt werden, die einerseits die Wettbewerbsfähigkeit der Branchenmitglieder verbessert, andererseits aber die Branchenattraktivität bis zur *Hyperkompetition* verringert, so dass zunehmend nicht mehr wettbewerbsfähige Branchenmitglieder die Branche verlassen. Der Zyklus beginnt nun von neuem[12].

In der Nonprofit-Branche spielt der Staat sehr oft die herausragende Rolle beim Einläuten eines solchen Zyklus: Ist die Branchenattraktivität vorerst durch staatliche Regulierung sehr hoch, so wird durch Deregulierung ein Zyklus in Bewegung gesetzt, bei welchem die Branchenteilnehmer sich vorerst vorsichtig oder mehr oder weniger unbeholfen *im Wettbewerb üben*. Sehr oft werden im Verlaufe dieses Prozesses zusätzlich For-Profit-Unternehmen angezogen, die diese bisher geschützte Branche interessiert und die hier ein neues lukratives Betätigungsfeld vermuten. Diese Unternehmen konkurrieren mit den bisherigen öffentlichrechtlichen und privaten NPO, was meist zum Marktaustritt bisheriger Branchenmitglieder führt, die nicht mehr konkurrenzfähig sind.

Branche, Cluster oder organisatorische Felder?
Für M. Porter ist der Wettbewerb die entscheidende Kraft, welche die Wirtschaft und auch andere Formen menschlichen Handelns bestimmt. Sein programmatisches Buch, mit dem er die Strategielehre entscheidend beeinflusst hat, heißt denn auch *On Competition*. Die Betrachtung der Anbieter, die gemeinsam im Wettbewerb stehen, hat sich in der Analytik seit langem bewährt und durchgesetzt. Porter hat dieses Modell jedoch ergänzt durch ein zweites Modell, seinen *Diamanten:* Ihn interessiert nämlich die Frage, inwiefern neben der Branchenattraktivität eine zweite Bedingung erheblichen Einfluss auf die Konkurrenzfähigkeit von Organisationen hat, nämlich die *Attraktivität des wirtschaftlichen Umfelds*, in dem eine Unternehmung operiert. Ein *günstiges* wirtschaftliches Umfeld bezeichnet man als Cluster.

Cluster sind geographisch konzentrierte Ansammlungen von Organisationen mit ähnlichem Aktivitätsfeld, mit ihren Strategien, mit den Strukturen und dem Wettbewerbsformen, die sich gebildet haben, die sich gegenseitig *anregen* und positiv beeinflussen. Zu einem Cluster gehört ein Absatzmarkt, der die Produkte abnimmt, Zulieferanten, welche attraktiven und günstigen Zugriff auf Ressourcen bieten, unterstützende Industrien und Dienstleistungen, die eng mit unseren Firmen zusammenarbeiten. Als Rahmen für einen Cluster spielen die Aktivität des Staates und der Zufall eine Rolle, der bei der Bildung von Clustern entscheidend mitspielen kann[13].

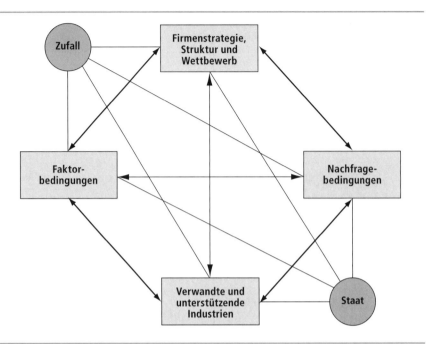

Abbildung 17: Das Diamant-Modell Porters (1996)

Als Beispiele für Cluster könnte man in der Wirtschaft die typischen Clusterbildungen in der Werbeindustrie in London, des Designs in Oberitalien, der Chemie- und *Life Sciences*-Industrie im Raum Basel, der Automobilindustrie in Süddeutschland und im NPO-Bereich, z. B. den INPO-Cluster (Internationale NPO) im Raum des Genfersees nennen. Überall hat es in diesen Clustern *Ressourcenmärkte* mit genügend ausgebildetem Personal, es hat *Zulieferanten* (z. B. Softwarefirmen) und *unterstützende Dienstleistungen* (z. B. Hochschulinstitute und Ausbildungszentren), die den Cluster verstärken. Ein starker Cluster setzt jedoch auch eine erhebliche *Binnennachfrage* voraus. Wie Cluster entstanden sind, lässt sich meist historisch erklären, sehr oft sind *Faktorbedingungen* ein wichtiger Grund, z. B. genügend Energie oder ein Rohstoffvorkommen in der Nähe, zum Teil war der *Zufall* Pate des Clusters, z. T. auch der *Staat* (wenn z. B. dank der toleranten Flüchtlingspolitik Know-how-Träger aus ganz Europa Zuflucht in der Schweiz fanden und hier ganze Branchen wie die Uhrenindustrie begründeten). Im Unterschied zum 5-Forces-Modell, wo *zu viel* Konkurrenz eher als negativer Faktor für eine Branche gewertet wird, bewertet das Diamant-Modell eine Konkurrenzsituation mit vielen Anbietern, die sich gegenseitig anregen, mit Zulieferbetrieben, die nahe sind, mit einem Arbeitsmarkt, auf dem man ohne weiteres

Fachkräfte findet, gesamtwirtschaftlich und für die einzelnen Organisationen als positiv. Zwischen dem 5-Forces-Modell und dem Cluster-Modell besteht deshalb ein gewisser (gewollter) Gegensatz. Im dritten Teil unseres Buchs nehmen wir diesen Gegensatz auf, indem wir dort *organisatorische Felder* als eine Art Cluster betrachten und statt aus einer Konkurrenzperspektive aus einer Kooperationsperspektive heraus beurteilen und zu nutzen versuchen. Man lasse sich durch den Gegensatz nicht verwirren: Unterschiedliche Perspektiven einzunehmen ist sinnvoll. Die Realität besteht nicht aus konfliktfreien Situationen, sondern aus Gegensatzpaaren von Wettbewerb und Kooperation, wie sie in Branchen, Clustern und organisatorischen Feldern vorkommen.

Aufgabe: Branchenanalyse nach Porter

Gemäß GfK spenden die Deutschen ca. 2,6 Mia. Euro für wohltätige und gemeinnützige Zwecke. In diesen Zahlen sind die Kirchensteuern, Mitgliederbeiträge, Schenkungen und Erbschaften noch nicht einmal eingerechnet. Tns-Infratest schätzt das Volumen noch höher: Mehr als 32 Mio. Menschen spendeten gemäß ihren Schätzungen 2004/2005 rund 3,5 Mia. Euro. Die Fundraisingbranche ist also ein nicht zu vernachlässigender Faktor im gesellschaftlichen und wirtschaftlichen Gefüge der Bundesrepublik. Doch wie beurteilt man die Branchensituation der deutschen Fundraiser? Eine Möglichkeit der Analyse ist die Branchenanalyse nach Porter. Nehmen Sie eine solche Analyse der deutschen Fundraisingbranche auf der Grundlage eigener Recherchen und eigenen Wissens vor[14].

Gehen Sie dabei in drei Schritten vor:
1. Umschreiben Sie zuerst die Branche: Wie kann man sie definieren? Wer gehört dazu; wer nicht?
2. Erstellen Sie ein Analyse der 5 + 1 Kräfte, die die Branche beeinflussen
3. Geben Sie eine zusammenfassende Gesamtbeurteilung der Branchensituation ab: Wie geht es der Branche und wie sehen Sie die Branchenzukunft?
4. (Zusatzaufgabe): Erstellen Sie eine Umweltanalyse auf Grundlage des PESTEL-Modells (oder eines anderen Modells, um die Referenzumwelt zu analysieren). Vergleichen Sie die Resultate der Umweltanalyse mit der Branchenanalyse: Inwiefern sind die Resultate ähnlich, inwiefern differieren sie?

Als Alternative zur deutschen Fundraisingbranche lässt sich jede andere Branche als Übung in derselben Art und Weise analysieren.

7.2 Analyse der Beziehungsumwelt – Die Stakeholder-Analyse

Wir haben im Vorkapitel die Außenwelt der Unternehmung oder Organisation mit dem Begriff Umwelt umschrieben und diese Umwelt in zwei Sphären aufgeteilt, die Referenzumwelt und die Beziehungsumwelt. Nachdem wir einige Instrumente kennen gelernt haben, mit denen man die Referenzumwelt analysieren kann, wenden wir uns nun der Beziehungsumwelt und ihrer Bedeutung zu. Einen Ausschnitt aus dieser Beziehungsumwelt betrachten wir allerdings erst im folgenden Kapitel: Die Mitbewerber oder Konkurrenten werden wir erst unter diesem Punkt berücksichtigen, weil wir sie in Bezug zu unserer eigenen Organisation näher analysieren. Betrachten wir also zunächst die Beziehungsumwelt als Ganzes, danach werden wir darstellen, wie diese Beziehungsgruppen in ihrem Verhältnis zur eigenen Organisation betrachtet werden können.

Beziehungsgruppen oder *Anspruchsgruppen*, wie sie in der deutschsprachigen Literatur auch genannt werden, sind Aktoren, die in irgendeiner relevanten Beziehung zu unserer Organisation stehen und deshalb als etwas anderes als unsere Organisation, als Teil der *Außenwelt*, betrachtet werden können[15]. Dies auch, wenn sie eigentlich auch Teil der Organisation, z. B. als Mitglieder einer NPO oder als freiwillige oder angestellte Mitarbeitende, tätig sind. Im Unterschied zur mehr oder weniger entpersonifizierten Referenzumwelt handelt es sich bei den Anspruchsgruppen um *Personen* oder andere *Organisationen*. Diese Anspruchsgruppen – Englisch *Stakeholder* genannt – haben *Erwartungen, Interessen, Ansprüche* gegenüber unserer Unternehmung und beeinflussen mit diesen Interessen unsere Organisation. Im Unterschied zur Referenzumwelt, welche von der Organisation kaum beeinflusst werden kann, welche man *leidend* erlebt, üben die Stakeholder nicht nur Einfluss auf unsere Organisation aus, sondern werden ihrerseits von unserer Organisation beeinflusst, da die Organisation ja mit ihnen in Beziehung steht: Die Unternehmung oder Organisation bezieht Güter, Dienstleistungen und finanzielle Mittel von Lieferanten und macht sie (die Lieferanten) deshalb mehr oder weniger abhängig, die Organisation informiert und beeinflusst, die Organisation gibt Leistungen ab und befriedigt Bedürfnisse und stiftet Kundennutzen. *Bezugsgruppen-Management* oder *Stakeholder-Management* beschäftigt sich mit dieser Wechselbeziehung zwischen Bezugsgruppen und Organisation.

Wir fassen die Stakeholder so zusammen, dass wir Gruppen mit ähnlichen Ansprüchen oder Interessen gegenüber unserer Organisation bilden und die Beziehungen zwischen ihnen und unserer Organisation analysieren. Dabei kann unterschieden werden zwischen Beziehungen, die die Stakeholder auf unsere Organisation ausüben, und den Beziehungen, die wir als Organisation auf diese Stakeholder ausüben:

Der strategische Prozess

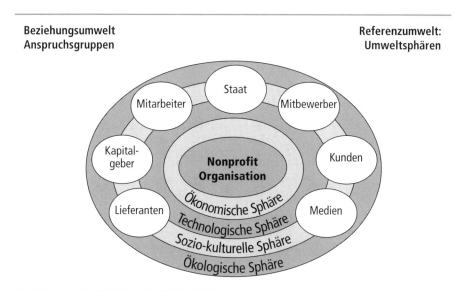

Abbildung 18: Die Anspruchsgruppen oder Stakeholder (in Anlehnung an Rüegg-Stürm, 2003: 28)

In der Betriebswirtschaftslehre der For-Profit-Unternehmungen unterscheidet man im Allgemeinen zwei Gruppen von Stakeholdern, wobei der Gruppe der Eigentümer oder Aktionäre, den *Shareholdern,* eine ganz besondere Bedeutung beigemessen wird. Zumindest gemäß der Auffassung vieler führender Autoren, die man der sog. monistischen Zielausrichtung (oder dem sog. *Shareholder Value-*Ansatz) zuordnen müsste, sind die Interessen der Eigentümer oder Aktionäre in den Mittelpunkt der Strategie einer Unternehmung zu stellen[16]. Es gibt aber auch für For-Profit-Unternehmen Autoren, die die Meinung vertreten, dass Unternehmen generell eine pluralistische, gesellschafts- und umweltgerechte Zielausrichtung verfolgen müssen und deshalb einen Kompromiss der Nutzenstiftung und die Berücksichtigung unterschiedlicher Interessen anstreben müssen.

Für NPO steht dieser Anspruch außer Frage. Es stellt sich hier ja schon die Frage, wer eigentlich Eigentümer der Firma ist und ob die Eigentümer, so sie denn existieren (z. B. die Mitglieder eines Vereins oder einer Genossenschaft), wirklich einen materiellen Anspruch an eine Organisation haben. NPO werden grundsätzlich anstreben, die Interessen der Stakeholder zu evaluieren, und versuchen, eine Strategie zu entwickeln, mit der „relevante Stakeholder-Interessen ausreichend bedient werden"[17]. Strategie kann in diesem Sinne als Stakeholder-Management verstanden werden, bei dem der Nutzen verschiedener Bezugsgruppen optimiert und versucht wird, die Erwartungen verschiedener

Stakeholder langfristig so zu befriedigen, dass sich keine entscheidenden Bezugsgruppen von der Organisation abwenden.

Wenden wir uns nun vorerst den Interessen verschiedener Stakeholdergruppen in NPO zu:

Die Interessen der *Mitglieder* einer Organisation sind äußerst vielfältig und lassen sich nur in der Ausnahme auf wirtschaftliche Interessen wie den *Shareholder Value* reduzieren. Sicher können wirtschaftliche Interessen eine Rolle spielen, z. B. insbesondere bei Mitgliedern von Selbsthilfeorganisationen, z. B. von Genossenschaften oder bei Vereinen mit dem Motiv der Risikoabsicherung, bei der die Vereinsmitglieder in einen Fonds einzahlen, der dann im Risikofall solidarisch an Geschädigte auszahlt. Meist spielen für die Mitgliedschaft in einer NPO andere Motive als nur wirtschaftliche eine Hauptrolle, z. B. soziale, ökologische, kulturelle Motive oder das Interesse an der Entwicklung einer bestimmten Aktivität, z. B. im Sport. Diese *Motive und Interessen* sind meistens verbunden mit einer mehr oder minder starken *Identifikation*, die das Mitglied mit der Organisation verbindet, d. h., man verbindet Motiv/Interesse mit der Organisation und geht davon aus, dass gerade *die* Organisation, der man angehört, die Motive und Interessen in besonderer Weise zu befolgen bezweckt oder doch bezwecken müsste. Die Identifikation wird dabei oft verbunden mit einem mehr oder weniger starken Bedürfnis, sich im Rahmen der Organisation aktiv einzubringen, indem man am *Entscheid- und Handlungsgeschehen* der Organisation teilnimmt und sich, sei es im Rahmen der Vorstandsarbeit oder sei es als freiwillige Hilfskraft, mehr oder weniger aktiv mitbeteiligt (*Freiwilligkeit, Ehrenamtlichkeit*). Natürlich gibt es für diese Interessen je nach Organisation und beteiligten Mitgliedern jede mögliche Form von Intensität, in großen Mitgliederorganisationen wie dem WWF erschöpft sich die Teilnahme vieler Mitglieder in der Bezahlung der Jahresgebühr und dem mehr oder weniger interessierten Durchblättern des Jahresberichts. Einige Mitglieder, die *Aktivmitglieder*, werden aber meist sehr rege das Geschehen verfolgen und mitgestalten wollen, zum Ge- oder Missfallen der sog. Profis, der fest angestellten Mitarbeitenden in der Organisation, denen das Interesse der Mitglieder zu oft als lästig erscheint. Der Einbezug dieser Aktivmitglieder, die Formen und Inhalte ihrer Beteiligung an der Arbeit einer NPO und die daraus abzuleitenden Konflikte sind denn auch sehr oft eines der wesentlichen Probleme, aber auch eine wichtige Chance der strategischen Führung einer NPO.

Auch die *Klienten* oder *Kunden* einer NPO lassen sich von ihren Interessen her nicht so einfach charakterisieren wie in der Wirtschaft, wo man im Allgemeinen davon ausgehen kann, dass die Kunden (als *Könige* bzw. als äußerst wichtige Stakeholder) einen möglichst hohen Eigennutzen aus der Verwendung des Produkts oder durch die Benutzung der Dienstleistung erfahren wollen. NPO-Kunden sind oft Mitglieder der Organisation, und damit verbinden sie wie oben beschrieben neben dem Kundennutzen alle nicht wirtschaftlichen Motive mit ihrer Mitgliedschaft bzw. mit der Nutzung der Dienstleistung der NPO. Oft ist ihre Präferenz für das Produkt einer bestimmten Organisation mehr mit Sympathie für die Organisation verbunden als mit der Überzeugung, das optimale Angebot gefunden zu haben. Diese komplexe Motivlage gilt auch für Nichtmitglieder von NPO, die sich zwar nicht für eine Mitgliedschaft entschieden haben, jedoch die Produkte und Dienstleistungen der NPO trotzdem aus Affinitätsgründen zur Organisation bevorzugen und nicht nur Nützlichkeitserwägungen in den Vordergrund stellen. Eine kontroverse Politikänderung der NPO-Leitung oder interne politische Konflikte, die öffentlich gemacht werden, können für NPO auch wirtschaftlich bedeutende Auswirkungen haben, weil Mitglieder und Sympathisanten sehr empfindlich auf solche Themen reagieren und evtl. mit Kaufverzicht reagieren, was die Eigenfinanzierung der NPO schlagartig in Frage stellen oder doch verschlechtern kann. Klienten und Kunden der NPO reagieren jedoch aus einem anderen Grund oft anders auf Leistungsangebote der NPO als im normalen Marktgeschehen: Zwischen Leistungsanbieter und Leistungsnutzer besteht oft ein anderes Tauschverhältnis als im klassischen Marktgeschehen, die *unsichtbare Hand des Marktes* ist außer Kraft gesetzt. *Leistungsnutzer und Leistungsermöglicher* sind nicht identisch, weil der Abgabepreis der Leistung nicht kostenkonform, sondern subventioniert durch irgendwelche öffentliche oder private Spender ist. In einigen Fällen wird die Leistung völlig gratis an die Nutzer abgegeben. Die Leistungsabgabe erfolgt in diesem Falle *nicht auf Augenhöhe Leistung gegen Preis*, sondern unter Umständen ist die *Leistung eine milde Gabe*, d. h., die Beziehung zwischen Leistungsgeber und -nehmer ist durch eine mehr oder weniger manifeste *Abhängigkeit der Klienten* zur leistungsabgebenden Organisation gekennzeichnet. Dies kann sich sowohl auf die Gefühlssituation der Klienten wie der Leistungsproduzenten erheblich auswirken, die Überheblichkeit und fehlende Empathie für die Bedürfnisse von Klienten auf Leistungsgeberseite und (aus dem Abhängigkeitsverhältnis entstehender) verdeckter Groll der Klienten gegenüber den dienstleistenden Personen andererseits sind nur zwei mögliche Facetten dieser Situation.

NPO sind zudem (zusammen mit vielen Dienstleistern) sehr oft in einer Situation, bei welcher der Dienstleister zusammen mit seinen Kunden und Klienten das Produkt, die Dienstleistung gemeinsam produziert. Das Ergebnis der Produktion kann deshalb nur verstanden werden, wenn man den Leistungserstellungsprozess als *Koproduktion* zwischen Leistungserstellern und Kunden/Klienten versteht: Ohne Schüler und Studierende gibt es keinen Lernerfolg in der Schule, ohne Beratungsklienten keinen Beratungserfolg. Zwischen Leistungserbringer und Leistungsnehmern besteht also ein sehr enges Abhängigkeitsverhältnis, und der Leistungsprozess kann ohne Berücksichtigung dieser engen Abhängigkeit nicht verstanden werden (vgl. Kap. 12).

Auch die *Ermöglicher* oder *Finanzierer* der Leistungen einer NPO decken ein weites Spektrum möglicher Interessen und Beziehungen zur NPO ab. Bei den sog. *Fundraising*-Organisationen, d. h., Organisationen, die ihre Mittel zu einem erheblichen Teil aus Spendengeldern finanzieren, werden die *Spender* sehr oft implizit als Kunden und deshalb als Kern-Stakeholdergruppe betrachtet, die Fundraising-Organisationen entwickeln sich zu eigentlichen Beschaffungs-Marketing-Organisationen, deren betriebswirtschaftliches Grundproblem die Beschaffung von Finanzmitteln am Spendermarkt ist und deren Know-how sich deshalb auch auf die Kompetenz der Bearbeitung dieses Marktes konzentriert. Dieser Fokus auf den Spender als Kunde wird insofern noch akzentuiert, als z. B. viele Entwicklungshilfe-Organisationen im Leistungsabgabemarkt ihre Funktion externalisiert haben, d. h., sie arbeiten gar nicht mehr selbst aktiv im Feld, sondern suchen sich in Projektländern, in denen sie Projekte betreuen, geeignete Partner aus, denen sie Mittel zukommen lassen. Ihre Funktion auf der Leistungsabgabeseite beschränkt sich deshalb auf die Auswahl von Projekten und Projektpartnern und auf das Controlling der Resultate, die diese Partner erzielen. In solchen Fundraising-Organisationen entsteht leicht ein Effekt, in dem die Spender eine ähnliche Bedeutung im Denken der Mitarbeitenden erhalten wie die Shareholder in börsenkotierten Unternehmen.

Eine ähnlich enge Beziehung mit dem Stakeholder *Ermöglicher* entsteht meist auch bei NPO, die zu einem erheblichen Teil auf Aufträge eines oder weniger *öffentlicher Auftraggeber* angewiesen sind. Die Interessen dieser öffentlichen Partner und die Durchsetzung entsprechender strategischer Richtlinien und -standards werden in diesem Falle meist dadurch sichergestellt, dass die auftraggebenden Dienststellen in den Entscheidungsgremien der NPO Einsitz nehmen und dort primär als Vertreter dieser öffentlichen Stellen ihren Einfluss geltend machen. Dies kann dazu führen, dass solche NPO ihre (formal-juristisch durchaus vorhandene) strategische Autonomie weitgehend verlieren und faktisch zum *verlängerten Arm* einer öffentlichen Dienststelle mutieren. Strategische Grundaufgabe einer solchen Organisation wäre allenfalls, den Freiraum einer solchen Organisation wieder zu erhöhen. Auch *Kassen* und *Versicherungen* können als Ermöglicher in gewissen Branchen eine entscheidende Rolle spielen und eine parastaatliche Hoheitsfunktion ausüben, um die man kaum herumkommt, obschon es sich bei diesen Organisationen eigentlich nur um Instanzen handelt, welche eine *Refinanzierungsfunktion* ausüben, bei der private und staatliche Mittel mehr oder weniger solidarisch umverteilt werden. So anerkennen solche Institutionen z. B. im Gesundheitsmarkt bestimmte Institutionen und/ oder Dienstleistungen, bzw. *führen diese Dienstleistungen und Organisationen nicht mehr auf der Liste*, was faktisch sehr oft zum Marktausschluss führt. Es ist selbstverständlich, dass in solchen Branchen die Bedeutung dieser Institutionen und damit die Bedeutung der Maßnahmen, um zu diesen Institutionen einen positiven Zugang zu finden, gar nicht genug hoch eingeschätzt werden kann und strategisch allerhöchste Priorität genießt.

In den Blickpunkt des Interesses vieler NPO sind in jüngster Zeit auch *Mäzene* und *Sponsoren* als Finanzierer geraten. Hier sehen viele NPO noch Potential auf der Finanzbeschaffungsseite. Während man beim *Mäzenatentum* (seien es Einzelpersonen, z. B. auch sog. *Legatgeber,* oder Firmen, die als Mäzene auftreten) im Allg. davon ausgeht, dass diese sich nur auf das Vertrauensverhältnis zur NPO stützen, den guten Zweck unterstützen wollen und keine persönlichen oder organisationellen Interessen verfolgen, besteht beim *Sponsoring* durchaus ein Tauschverhältnis des Gebens und Nehmens, indem die finanzierende Firma von der gesponserten Organisation oder Person konkrete Gegenleistungen erwartet, z. B. den Auftritt bei werbenden Aktivitäten, die Benutzung des Firmennamens der gesponserten Organisation. Sie profitieren damit von Transferwirkungen des Images auf die eigene Firma und die eigenen Produkte. Die gesponserte Organisation muss dabei ihrerseits in Rechnung stellen, dass solche Imagewirkungen auch *rückwärts* funktionieren, von der geldgebenden Firma auf die eigene Organisation[18].

Nicht zu unterschätzen ist die Wirkung der sog. Beeinflusser. *Beeinflusser* sind Personen und Organisationen, die in bestimmten Branchenumfeldern zwar nicht selbst am Dienstleistungsprozess als Produzenten, Distributoren oder Konsumenten teilnehmen, die das Geschehen jedoch durch Empfehlungen und andere Maßnahmen empfindlich beeinflussen. Zu den Beeinflussern gehören regelmäßig die *Medien,* durch kritische oder positive Berichte und Reportagen können sie die Präferenz der Kunden und Finanzierer verändern, aus einer das Wohlwollen des Publikums genießenden Organisation können sie mit einer kurzen Pressekampagne ein Markenimage kreieren, dem man mit größtem Misstrauen begegnet. Als Beeinflusster können auch *regulierende und kontrollie-*

rende öffentliche und private *Organisationen* verstanden werden, zum Beispiel Amtsstellen und Verbände, die ihren Branchenmitgliedern Vorschriften machen, Qualitätszertifizierungs- und Konsumentinnen-Organisationen und ähnliche Institutionen. Als Beeinflusser kann man in allen Märkten Personen und Organisationen identifizieren, die aus irgend welchem Grund von der Öffentlichkeit und den Aktoren im Markt als *Referenz* wahrgenommen werden, Trendsetter, auf die man achtet, Experten, denen viel Kompetenz zugesprochen wird und die durch ihre Empfehlungen und Meinungen das Urteil der Finanzierer und Kunden/Klienten beeinflussen können. Verwandt mit dem Konzept der Beeinflusser ist das von Nalebuff/Brandenburger eingeführte Konzept der Komplementäre. *Komplementäre* sind Stakeholder, die in einer bestimmten Branche *komplementär* auf der In- oder Outputseite mithelfen, die Beschaffung von Ressourcen oder den Absatz der Dienstleistungen für die Organisation zu erleichtern. In diesem Sinne kann man Versicherungen, welche Leistungen unterstützen, oder den Staat, welcher Gutscheine für Kindertagesstätten abgibt, also auch als Komplementäre, d. h. als *Kooperationspartner* der NPO betrachten[19]. Bei NPO spielt die *Kooperationsstrategie* eine oft entscheidende Rolle. Kooperationspartner haben Ressourcen und Kompetenzen, die viele NPO selber gar nie haben oder je aufbauen können, Kooperationspartner können die Bedeutung und Machtposition einer NPO in einer bestimmten Branche entscheidend verbessern (vgl. unser Fallbeispiel *Mobility*, Kap. 6.3). Wenn bestimmte Aufgaben und Funktionen jedoch von einer NPO nicht selber wahrgenommen werden, sondern von einem Kooperationspartner, so bedeutet dies immer auch einen Verzicht auf den Aufbau von Ressourcen und Kompetenzen in gewissen Gebieten. Es ist deshalb wichtig, die Gestaltung der Beziehungen zu Partnern im Lichte der gesamten Strategie zu analysieren.

Als weitere Stakeholder sind in jeder Branche Partner zu beachten und im strategischen Kalkül zu berücksichtigen, welche effektiv oder potentiell als *Mitbewerber* oder *Konkurrenten* auszumachen sind. Das 5-Forces-Modell von Michael Porter berücksichtigt die möglichen Konstellationen dieser Kooperation, bzw. Gegnerschaft ausdrücklich. Auf die Rolle der Mitbewerber werden wir in einem speziellen Kapitel ausführlich zu sprechen kommen, es empfiehlt sich, die Mitbewerber als Referenz und Maßstab in der Unternehmensanalyse zu analysieren (vgl. Kap. 8).

Stakeholder aufzählen und gruppieren
Als 1. Schritt einer Stakeholder-Analyse wird man sinnvollerweise eine Aufzählung der verschiedenen Stakeholder vornehmen und diese bestimmten Gruppen

zuordnen. Als Gruppierungsmerkmale kann man die oben beschriebenen Punkte verwenden. In der Literatur wird etwa auch unterschieden in[20]
- Stakeholder aus dem Bereich des Marktes (Beschaffung und Nachfrage),
- Stakeholder aus dem Bereich der sozialen und politischen Umwelt,
- Stakeholder aus der technologischen Umweltsphäre (Logistik).

Diese Unterscheidung mag helfen, aus verschiedenen Umweltsphären wichtige Stakeholder zu benennen und grob zu klassifizieren. Eine weitere Charakterisierung der Anspruchsgruppen, die hilfreich ist, damit nicht wichtige Stakeholder vergessen werden, ist die Unterteilung in
- externe Anspruchsgruppen,
- interne Anspruchsgruppen (Mitglieder, Freiwillige, Mitarbeitende, Management etc.)

Man kann die Stakeholder auch in einer ganz spezifischen für die eigene Situation geeigneten Weise gruppieren. Wichtig ist, dass Stakeholder je nach strategischem Geschäftsfeld und strategischer Geschäftseinheit unterschiedlich gesehen werden müssen. Es empfiehlt sich, bei der Auflistung der möglichen Stakeholder Vertreter aus allen Geschäftseinheiten in den Prozess mit einzubeziehen, da sonst wichtige Stakeholder vergessen werden. Sinnvoll ist auch, dass man die einzelnen Stakeholder ganz konkret als solche benennt (z.B. bei Aufzählung der öffentlichen Stellen die Behörden, die für unsere Organisation eine konkrete Bedeutung haben, z.B. für ein Spital die entsprechenden Gesundheitsbehörden oder für eine soziale Organisation die entsprechenden Sozialämter).

Stakeholder priorisieren
Nachdem man eine Übersicht über die möglichen Stakeholder erhalten hat, geht es darum, die Stakeholder in einer sog. Stakeholder-Map grafisch aufzuführen, um den Überblick zu illustrieren und eine grobe Strukturierung der Bezugsgruppen zu erhalten. So kann man die Stakeoholder bezüglich ihrer Einflussmacht z.B. in Gruppen mit *voting power, economic power* und *political power* einteilen[21].

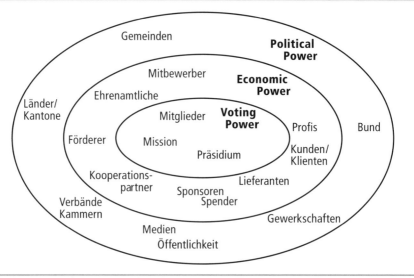

Abbildung 19: Stakeholder-Map (Quelle: Haddad u. a., 2003: 23 ff.)

In einem zweiten Schritt empfiehlt es sich, die Stakeholder von ihrer Bedeutung her zu priorisieren. Um diese Einordnung vorzunehmen, hat sich die sog. *Stakeholder-Relevanz-Matrix* bewährt. In dieser Matrix werden zwei relevante Kriterien dargestellt, die zur Beurteilung der Stakeholder bedeutend sind, wobei sich in der Literatur verschiedene Arten der Darstellung finden lassen. Die *Bedeutung des Einflusses der Stakeholder* auf Markt, Umwelt und unsere Organisation ist ein Kriterium, das man in dieser Relevanz-Matrix regelmäßig aufführt. Als zweites Kriterium wählt man z. B. die *Beeinflussbarkeit* des Stakeholders (kann ich den Stakeholder beeinflussen oder hat meine Organisation gar keine Möglichkeit, den Stakeholder im Sinne der Organisation zu beeinflussen?). Falls man die Stakeholder aufgrund dieser Kriterien priorisiert, kann man in der Matrix zusätzlich darstellen, wie der Einfluss und die Beeinflussbarkeit momentan einzuschätzen sind *(Ist)* und wie diese zwei Kriterien sein könnten, falls man adäquate Beeinflussungskriterien einsetzt *(Soll)*[22].

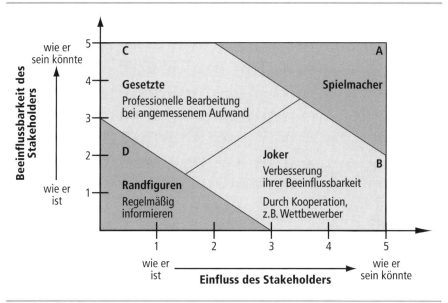

Abbildung 20: Relevanz-Matrix der Stakeholder 1 (Müller-Stevens, 2003: 179)

Eine etwas andere Aussage ergibt sich, wenn man auf der vertikalen y-Achse wie oben die *Bedeutung des Stakeholders* (oder der Stakeholdergruppe) aufführt, auf der x-Achse nun aber als Kriterium die Bedeutung, die *den Grad des Interesses* abbildet, die unsere Organisation und ihre Strategien für die aufgeführten Stakeholder besitzt.

Interesse + Einfluss			
		Interesse des Stakeholders an unserer Organisation	
		tiefes Interesse	hohes Interesse
Einfluss (Macht) des Stakeholders	grosser Einfluss	C Zufriedenheit bewahren	D Spielmacher
	kleiner Einfluss	A Minimaler Einsatz	B Informieren

Abbildung 21: Relevanz-Matrix der Stakeholder 2 (Johnson u. a., 2005: 217 ff.)

Die Stakeholder können in dieser zweiten Darstellung in vier verschiedene Gruppierungen eingeteilt werden:
1. Stakeholder mit *kleinem Einfluss* und *kleinem Interesse* an unserer Organisation können vergessen werden oder benötigen nur einen minimalen Bearbeitungsaufwand.
2. Stakeholder *mit kleinem Einfluss*, die aber ein *großes Interesse an unserer Organisation* haben, sollten zumindest gut informiert werden.
3. Stakeholder, die *großen Einfluss* haben, aber *wenig an unserer Organisation interessiert* sind, sollte man zufrieden halten.
4. Stakeholder, die *großen Einfluss* mit *großem Interesse an uns* verbinden, sind in dieser Darstellung die *Schlüsselfiguren* oder *Spielmacher*.

Diese Art der Darstellung berücksichtigt, dass man die Bedeutung von Stakeholdern nicht nur aus der Nutzenbeziehung zu unserer Organisation heraus beurteilen darf. Die Auswahl der Stakeholder sollte gerade bei NPO (aber hoffentlich nicht nur bei ihnen) auch ethisch tragfähig sein, d. h., die Bedeutung der Stakeholder ergibt sich einerseits aus dem *Nutzen* oder *Schaden,* den sie der Organisation bringen können, andererseits aber auch aus der *Betroffenheit* dieser Stakeholder durch Maßnahmen unserer Organisation[23].

Die ethische Dimension des strategischen Verhaltens
Um die ethische Dimension strategischen Verhaltens im Rahmen der Stakeholderinteressen zu diskutieren, eignet sich aus unserer Erfahrung auch die *Stereotypisierung der unternehmerischen Grundhaltungen* einer Organisation[24]. Die Stereotypen helfen, um im Team die Haltungen zu diskutieren und sich auf eine gemeinsame Grundhaltung zu einigen.

Der strategische Prozess

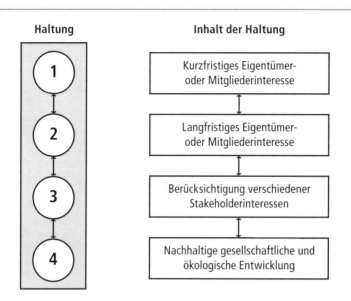

Abbildung 22: Stereotypen unternehmerischer Grundhaltungen (in Anlehnung an Johnson u.a., 2005: 228)

Das eigene unternehmerische Verhalten kann mit Hilfe dieser Stereotypen kontrovers mit allen Vor- und Nachteilen sowie Auswirkungen auf verschiedene Stakeholder aufgearbeitet werden. Die Festlegung auf eine *Grundhaltung* bzw. auf einen *Mischtyp* ist ein wichtiger Inhalt der Mission der Unternehmung, mit allen denkbaren Konsequenzen auf Durchsetzungsfähigkeit, langfristige Lebensfähigkeit, Image und andere Dimensionen des unternehmerischen Erfolgs der Organisation. Sie bestimmt langfristig auch, welche Bedeutung die NPO in und für die Gesellschaft haben wird.

Exkurs
Quellen und Indizien der Macht[25]
Für Schreyögg gibt es für die Analyse politischer Prozesse im Geflecht einer Organisation in ihrer Beziehungsumwelt drei Konzepte, die von herausragender Bedeutung sind, die *Interessen*, die *Konflikte* und den Aspekt der *Macht*. Dabei wird Macht verstanden als Fähigkeit, seine Ansprüche durchzusetzen. Um die Bedeutung von Organisationen und Personen einzuschätzen, ist es sinnvoll, sich Überlegungen zur Begründung bestehender Macht zu machen und auch Hinweise wahrzunehmen, die auf Macht deuten. Porter hat mit seinem 5-Forces-Modell exemplarisch dargestellt, wie Macht in Branchen und Märkten verstanden werden kann. Auch die *Mikroökonomie* liefert Erklärungsmodelle für wirtschaftliche Macht. Erklärungsansätze für Macht und Herrschaft finden sich in der Philosophie, Soziologie und Psychologie, so bei M. Weber, B. Russell (Die Macht, 1948, Ungleichheit der Machtverteilung, Formen der Macht),

aber auch bei N. Luhmann (Die Macht, 1988). Ohne hier auf eine detaillierte Diskussion von *Machtphänomenen* eingehen zu können, seien einige Machtquellen und Indizien aufgelistet, die auf Macht hinweisen und deshalb bei der Beurteilung der Bedeutung einer Person oder Organisation zu berücksichtigen sind. Sie fließen in die Gesamtbeurteilung mit ein, ob man gegenüber dieser Organisation oder Person(engruppe) aktiv werden will (und wie).

Quellen und Indizien der Macht	
Quelle der Macht	**Indizien der Macht (Bsp.)**
• Formale Autorität (Hirarchie)	Statussymbole, Titel
• Beeinflussungskraft	Charisma, Ausstrahlung
• Verfügungsgewalt über Ressourcen	Budgetkompetenz
• Wissen, Fähigkeiten	Zugang zu einzigartigem Wissen & Kenntnissen
• Beziehungen	Mitgliedschaften, Anzahl Kontakte
• Freiräume, Ermessensspielräume	
• Einbezug in Entscheidprozeduren	Mitgliedschaft in Entscheidungsgremien

Abbildung 23: Quellen und Indizien der Macht (in Anlehnung an Johnson u. a. 2005: 223)

Stakeholderinteressen und -erwartungen eruieren

Hat man die Stakeholder(-gruppen) priorisiert, so kann man in einem dritten Schritt versuchen, die Interessen und Erwartungen der Anspruchsgruppen, welche man in der weiteren Analyse berücksichtigt, näher zu analysieren und daraus Rückschlüsse für die eigene Strategie und das eigene Verhalten abzuleiten. Probst und Gomez schlagen vor, dass man die Stakeholder auflistet, dann ihre Haupterwartungen, die sie an die Unternehmung haben, herauskristallisiert, um daraus sog. *Schlüsselfaktoren* abzuleiten, die für die Strategie der Organisation von Bedeutung sind[26].

Der strategische Prozess

Stakeholder und ihre Interessen		
Perspektive/Standpunkt	Bergtourismus hat den Zweck/ist ein System zur...	Schlüsselfaktoren
Gewerbe	Auslastung der Kapazitäten und Sicherstellung des Unternehmenswachstums	• Anziehungskraft der Gemeinde als Wirtschaftsraum • Anzahl Touristen • Kaufkraft Touristen • Rentabilität der Betriebe
Touristen	Unterhaltung und Erholung	• Anzahl Betten • Anzahl/Qualität Bahnen und Sportanlagen • Unterhaltungsangebot • Schönheit der Landschaft
Ökologische Interessengruppen	Zerstörung der Umwelt	• Künstliche Eingriffe in die Natur • Umweltschutzbemühungen der Gemeinde • Verkehrsplanung/Attraktivität öffentlicher Verkehr

Abbildung 24: Perspektiven, Zweckbestimmungen und Schlüsselfaktoren am Beispiel Bergtourismus (Gomez und Probst, 1999: 46)

Konfliktfelder zwischen Stakeholdern sichtbar machen

Die Auflistung der Erwartungen/Zwecke der verschiedenen Interessengruppen erlaubt u. a., *Interessengegensätze* zwischen verschiedenen Stakeholdern sichtbar zu machen und das *Entscheiddilemma* zu thematisieren, das die Organisation im Widerspruch dieser Interessen hat. Als Schlüsselfaktoren identifizieren Gomez/Probst in Anlehnung an Ulrich/Probst „jene Teile, deren Interaktion die Dynamik des Systems ausmachen". Die Identifikation der Schlüsselfaktoren ist ihrerseits ein sehr komplexer Prozess, der ein sehr gutes Verständnis der Gesamtzusammenhänge voraussetzt, die für das Funktionieren einer Organisation in ihrer Umwelt gelten. Gomez/Probst schlagen vor, diese Schlüsselfaktoren durchaus auch intuitiv zu eruieren, es existieren jedoch systemtheoretische Ansätze und Kriterienlisten, auf die wir hier nicht näher eintreten wollen[27].

Die Auflistung der Erwartungen und des Nutzens und Schadens, der durch die Handlungen unserer Organisation für die einzelnen Stakeholder zu erwarten ist, erlaubt es, erste Überlegungen zu Zielen und Strategien der Organisation zu machen und Handlungsfelder des Stakeholdermanagements auszuloten:
- Welche Stakeholderinteressen sind primär Teil der eigenen strategischen Ausrichtung? Gegenüber wem positioniert man sich in welcher Art?
- Welche Möglichkeiten konkreter Handlung drängen sich auf, sind möglich, sind wünschbar?
- Welche Prioritäten sind unbedingt zu beachten?

- Welche Rahmenbedingungen sind (bei aller Priorisierung) bezüglich der Interessen anderer Stakeholder zu beachten?
- Wo ist allenfalls Schadensbegrenzung opportun?

Wichtig ist auch die Feststellung, dass Stakeholderinteressen einem zweiseitigen Beziehungsmuster folgen, d. h., es haben nicht nur die Stakeholder Interessen an der Organisation, sondern umgekehrt selbstverständlich auch die Organisation bestimmte Interessen an den Stakeholdern. Wichtig ist, auseinanderzuhalten, dass *Ziele* von *Motiven* abhängig sind: Wichtig ist also nicht unbedingt, *was* jemand will, sondern *warum* er oder sie es will[28].

Die Stakeholderanalyse ist nicht nur ein Instrument, mit welchem strategisch die Interessengruppen identifiziert und ihre Interessen systematisch aufgelistet und im Sinne alternativer (teilweise im Konflikt stehender) Interessen und strategischer Stossrichtungen erfasst werden können. Die Analyse kann *operativ* wichtige Hinweise zur Bearbeitung der Stakeholder liefern, wie Abbild 21 aufzeigt. Auf diese Bearbeitung wollen wir in diesem Lehrbuch jedoch nicht eintreten, da es nicht um eine strategische Frage geht. Wichtig erscheint uns jedoch abschließend der Hinweis, dass die Stakeholderanalyse für NPO *marketingstrategisch* von Bedeutung ist, geht es doch oft darum, nicht nur die Kunden im Fokus des Marketings zu haben, sondern eine Abwägung des Einsatzes der Marketingmittel zu machen: Setzt man die knappen Ressourcen primär zur Bearbeitung der Kunden oder Klienten ein, oder setzt man andere Prioritäten?

8. Unternehmensanalyse: Die eigene Organisation und die Mitbewerber

Um eine vernünftige Einschätzung der strategischen Möglichkeiten einer Organisation zu erhalten, sind nicht nur die Einflusskräfte der Umwelt maßgebend, sondern man muss wissen, zu welchen Handlungen eine Organisation fähig ist, welche Kompetenzen existieren und welche Ressourcen zur Verfügung stehen. Dies ist möglich durch einen Blick „nach innen", durch eine detaillierte Analyse der eigenen Fähigkeiten, Fertigkeiten, Ressourcen und Leistungen.

Eine Einschätzung dieser Elemente wird durch die *Unternehmensanalyse* möglich, wobei man die Analyse mit der *Mitbewerber-Analyse oder Konkurrentenanalyse* kombiniert, da es kaum objektive Maßstäbe gibt, die man als *Erfolgs-*

determinanten oder *-faktoren* einer Organisation identifizieren könnte, sondern sich eine Einschätzung der eigenen Fähigkeiten und Fertigkeiten sinnvollerweise am Maßstab der wichtigsten Konkurrenten und ihrer Leistungen misst. Will man die Analyse der eigenen Organisation mit derjenigen der Mitbewerber verbinden, so stellen sich deshalb vorerst zwei grundsätzliche Fragen, bevor man die Analyse im Detail vornehmen kann:

- *Welche Mitbewerber* soll man in die Analyse miteinbeziehen?
- *Welche Größen und Werte* sind zu vergleichen?

8.1 Die Auswahl der Mitbewerber

Die Frage der Auswahl der in eine Konkurrenzanalyse mit einzubeziehenden Mitbewerber ist theoretisch zunächst einfach zu beantworten: Grundsätzlich sind alle Mitbewerber relevant. In der Praxis ist es jedoch sinnvoll, die zu beobachtenden Mitbewerber zu reduzieren auf einige Gruppen oder einzelne Mitbewerber, deren Vergleich mit der eigenen Organisation sich besonders auszahlt. Das kann aus Übersichtlichkeitsgründen keine unbegrenzte Anzahl von Organisationen oder Angeboten sein, sondern eine kleine Zahl von Konkurrenten. Dazu gehören regelmäßig die Mitbewerber, die aus irgendwelchen Gründen in einem besonders starken Konkurrenzverhältnis zur eigenen Organisation stehen. Bei einem Heim, wo der Standort eine große Rolle für die Auswahl der Bewohner spielt, werden andere Heime in der *geographischen Nähe* regelmäßig eine besonders wichtige Rolle spielen und deshalb zu beobachten sein. Bei einer NPO, die sich um Spender bemüht, werden andere NPO, die sich an dasselbe Segment Spender wenden, meist ebenfalls als Mitbewerber eine sinnvolle Wahl sein. Eine besondere Rolle in der Konkurrenzbetrachtung spielt der *Hauptgegner*, der *Hauptkonkurrent:* Eine Organisation im Bereiche der Prävention, z. B. der Tabakprävention wird ihre eigenen Leistungen am besten am Hauptgegner Zigarette vergleichen: Welche Motive führen zum Tabakkonsum und wie kann man ein Gegenangebot positionieren, das den Verlockungen dieses Gegners ein besonders überzeugendes Gegenangebot gegenüberstellt? Ähnlich wird eine ökologisch orientierte NPO, die Leute davon abbringen will, für alle Gelegenheiten den PW zu benutzen, als *Konkurrenz* in ihre Analyse diese Art der persönlichen Mobilität einbeziehen müssen. Eine Organisation, die Jugendlichen oder Erwachsenen sinnvolle *Freizeitbeschäftigung* nahe legen möchte, muss diejenigen Aktivitäten in die Konkurrenzanalyse mit einbeziehen, die sie den Jugendlichen oder Erwachsenen abgewöhnen möchte, zusätzlich zu den wichtigsten Konkurrenzangeboten, die es im Freizeitmarkt gibt.

Strategische Gruppen

Michael Porter hat auf die Frage, wen man in eine Konkurrenzanalyse mit einbeziehen soll, wie gewohnt eine ganz eigene Antwort gegeben. Sein Konzept der *strategischen Gruppen* ist hilfreich, um die Qual der Wahl zu begründen. Die strategische Gruppe Porters ist das Bindeglied zwischen seiner *Branchenanalyse* und der weiter unten beschriebenen *Wertkettenanalyse*[1]:

Gemäß Porter ist es sinnvoll, eine Branche strategisch zu segmentieren, d. h. zu gruppieren in Teilbranchen, wobei die Mitglieder einer strategischen Gruppe in etwa dieselbe Strategie verfolgen. Da Branchenmitglieder aus unterschiedlichen strategischen Gruppen definitionsgemäß unterschiedliche Strategien verfolgen, sind sie gemäß Porter in unterschiedlicher Art den Umweltentwicklungen ausgesetzt und können deshalb auch mehr oder weniger gut auf diese Umweltkräfte reagieren. Porter führt folgende *Dimensionen* auf, die unterschiedliche strategische Positionen aufzeigen[2]:

- der Spezialisierungsgrad (Sortimentstiefe versus -breite)
- die Markenidentifikation
- die Werbung
- die Distribution
- die Produktqualität
- der Technologievorsprung (Technologieführer versus -nachahmer)
- die vertikale Integration (werden vorgelagerte bzw. nachgelagerte Leistungserstellungsstufen in die Organisation integriert oder ausgelagert?)
- Kostenposition (Investition in kostensenkende Anlagen)
- Neben- und Zusatzleistungen, Servicepolitik
- Preispolitik
- finanzielle und operative Machtposition
- Beziehungen zum Gesamtunternehmen (Eigenständigkeit versus Teil einer größeren Organisation)
- Beziehungen zu Regierungen

Porter sucht nun nach mehr oder weniger *homogenen strategischen Gruppen*, d. h. Organisationen, die sich dadurch auszeichnen, dass sie in etwa dieselbe strategische Positionierung verfolgen. Als typisches Beispiel aus der Wirtschaft wird dabei immer wieder die strategische Positionierung in der Automobilbranche aufgeführt. Um das Verständnis des Konzepts zu erleichtern, fügen wir das Beispiel für einmal auch in unserem den NPO gewidmeten Buch ein:

Der strategische Prozess

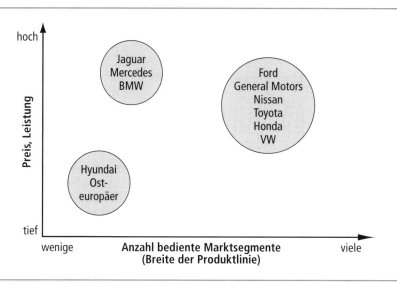

Abbildung 25: Strategische Positionierung in der Automobilbranche (Lombriser und Abplanalp, 2004: 109)

Ähnliche strategische Gruppen unter Verwendung der oben aufgeführten Dimensionskriterien lassen sich nun auch in Branchen darstellen, in denen viele NPO auftreten. So lassen sich z. B. Spitäler nach der Breite der angebotenen Medizinalleistungen und nach der Differenzierung der Pflegedienstleistungen unterscheiden, und auch die tertiären Bildungseinrichtungen eines Landes lassen sich in geeigneter Form in strategische Gruppen differenzieren, wie untenstehende Abbildung verdeutlicht.

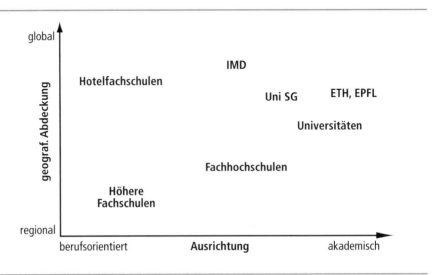

Abbildung 26: Das tertiäre Bildungssystem der Schweiz – strategische Gruppen (eigene Abbildung, adaptiert nach Johnson u. a., 2005: 113)

Die Darstellung lässt sich verwenden, um verschiedene Punkte näher zu analysieren:

1. Welche strategischen Gruppen sind welchen *Wettbewerbskräften* in welcher Art und Weise ausgesetzt? Was sind die Konsequenzen für die zu erwartende Entwicklung?
2. Welche Veränderungen innerhalb der strategischen Gruppen und zwischen den Gruppen sind zu erwarten? Hat dies Konsequenzen für den Wettbewerb innerhalb einer Gruppe?
3. Inwiefern besteht zwischen verschiedenen strategischen Gruppen keine genügende *Differenzierung*, so dass in der Zukunft mit zunehmender Rivalität zwischen Teilnehmern verschiedener Gruppen zu rechnen ist (am Beispiel der obigen Abbildung: Werden Fachhochschulen – auch in Folge von Bologna – zunehmend Rivalen der Universitäten)?
4. Ist es anzustreben, dass unsere Organisation ihre *Position* innerhalb einer strategischen Gruppe *verändert* und sich einer anderen Gruppe annähert? Sollte unsere Organisation ihr Leistungsspektrum ausweiten (z. B. durch Einsatz von webbasierten Technologien)?

Die Analyse der strategischen Gruppen hilft also direkt bei der Diskussion der eigenen Positionierung: Ist man in der richtigen Gruppe oder sollte man allenfalls Anpassungsmaßnahmen ins Auge fassen. Die Darstellung kann so adaptiert werden, dass man eine *Ist-Positionierung* möglichen *Kann-Positionierungsalternativen* gegenüberstellt und sie diskutiert.

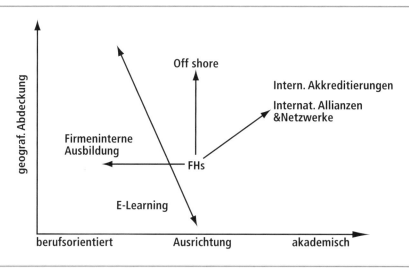

Abbildung 27: Kann-Positionierung einer Fachhochschule (eigene Darstellung, ergänzend zu Abbildung 26)

Darstellungen der strategischen Gruppen sollten nicht zu statisch analysiert werden, sondern durchaus in einer langfristigen Perspektive, in der man auch die Wahrscheinlichkeiten der Veränderungen (aufgrund von Umweltveränderungen oder strategischen Entwicklungen) berücksichtigt. Je nach Branche werden sich die Triebkräfte der Veränderung unterscheiden, im gegebenen Beispiel der tertiären Bildung sind z. B. politisch-rechtliche Veränderungen (General Agreement of Trade in Services der WTO, europäischer Hochschulraum) und technologische Veränderungen (Web) besonders zu beachten.

Die Auswahl von Mitbewerbern zur näheren Analyse ist nicht nur sinnvoll zur Beobachtung von Branchenentwicklungen, sondern es ergeben sich daraus wertvolle Hinweise dafür, wie sich unser Leistungsangebot und unsere Organisation von anderen Angeboten unterscheidet und wie diese *Positionierung* noch klarer herausgearbeitet werden soll[3]. Der Vergleich mit Mitbewerbern ist für die Organisation auch sinnvoll als *Lernprozess*: Man kann lernen, wie andere Organisationen funktionieren, ihre Prozesse gestalten, sich den Kunden und Klienten präsentieren. Der Vergleich mit anderen Angeboten ist als *Benchmarking*-Prozess zu verstehen, bei dem die Aktivitäten unserer Organisation mit denjenigen anderer

Organisationen verglichen werden, die bezüglich dieser Prozesse führend sind[4]. Man sucht nach *Best Practice*, wobei diese Best Practice nicht nur in der eigenen Branche gesucht werden, sondern ganz bewusst auch außerhalb der Branche, in anderen Zweigen der Wirtschaft oder bei anderen NPO, immer dort, wo man Anhaltspunkte dafür findet, dass eine Organisation ein bestimmtes Problem der Leistungserstellungskette besonders gut gelöst hat. Bei den für Luftfahrtgesellschaften besonders kostenträchtigen Standzeiten am Boden kann deshalb als zu beobachtender Benchmarkingpartner ein Rennstall der Formel 1 sinnvoll sein, für den Aufnahmeprozess neuer Klienten oder Patienten evtl. das Front-Office eines führenden Hotels. Benchmarking-Vergleiche sind deshalb nicht nur für die grundsätzliche Analyse der strategischen Situation sinnvoll, sondern immer auch im Rahmen laufender Qualitätsverbesserungs-Maßnahmen.

8.2 Was wird verglichen?

Welche Größen und Werte sind nun beim Vergleich der eigenen Organisation mit geeigneten Vergleichsorganisationen zu eruieren und zu evaluieren? Es geht darum, die entscheidenden Stärken und Schwächen der Organisationen und ihrer Dienstleistungen zu erkennen. Zu bewerten, was die *Fähigkeiten* der Organisationen sind und auf was diese Fähigkeiten basieren. Zur Fähigkeiten-Analyse findet man in der Literatur eine Unzahl von Checklisten. Viele dieser Checklisten sind funktional gegliedert, d. h., sie listen die Fähigkeiten entlang der funktionalen Bereiche der Organisation (wobei die funktionsübergreifenden Fähigkeiten dann zu Unrecht oft vernachlässigt werden). Als Vergleichsmaßstab zieht man die Fähigkeiten von Mitbewerbern oder Benchmarkingpartnern heran, als *Maßstab* eignet sich eine Skala, aus der sichtbar werden sollte, ob man schlechter oder besser als die Mitbewerber und Benchmarkingpartner abschneidet, bzw. ob der Vorsprung einen *nachhaltigen Wettbewerbsvorsprung* sichert.

Konkurrenzvergleich

NPO-Eigenschaften	Kriterien	Schwächen/Stärken (--), (–), (0), (+), (++)
Marktleistung	• Dienstleistungssortiment • Dienstleistungsqualität • Service (Beratung, Servicetelefon etc.)	
Preis	• Höhe des Mitgliedsbeitrages • Sonderkosten für bestimmte Leistungen • Preis-Leistungs-Verhältnis	
Distributionskanäle	• Zugang zu Informationen • Verteilungsdichte der Dienstleistungen/ Absatzorganisation • Aktualität/Schnelligkeit der Lobbyarbeit	
Kommunikation	• Argumentationskraft der Lobbyarbeit • Qualität der Repräsentanten • Verbandsimage • PR-Arbeit • Verbandszeitung • Pressekontakte	
Kosten	• Höhe der Personalkosten an den Gesamtkosten • Höhe der Sachkosten pro Mitarbeiter	
Personal	• Produktivität • Kompetenz • Loyalität • Beurteilung der Führungskräfte • Innovationsklima	
Finanzen	• Größe des Etats • Eigenkapitalausstattung • Drittmittelfinanzierung (%) • Spendenhöhe • Höhe der Sponsorengelder	

Abbildung 28: Beispiel eines Konkurrenzvergleichs (adaptiert nach Göbel und Günther)

Eine ähnliche Methode wird in der Literatur als *Skill-Mapping* bezeichnet. Als Skills, Fähigkeiten oder Kompetenzen wird das „Wissen, wie" einer Firma verstanden, wobei einzelne *Skills* als Teilfähigkeiten definiert werden, die aggregiert in sinnvollen Kombinationen die Fähigkeit oder eben Kompetenz ergeben, eine bestimmte Aktivität erfolgreich auszuführen[5]: Im *Skill-Mapping* wird in einem dreistufigen Prozess vorerst eine Bestandesaufnahme aller einzelner Skills vorgenommen (wobei man dies am besten anhand der bestehenden Organisation innerhalb aller Organisationseinheiten tut, wie bereits oben beschrieben), im zweiten Schritt erfolgt ein Vergleich der einzelnen Skills mit denjenigen der Mitbewerber oder Benchmarkingpartner, und im abschließenden Schritt werden dann diejenigen Skills definiert, die als Schlüsselgrößen für den Erfolg der Organisation besonders zu achten und zu pflegen sind (wobei es darum gehen kann, die Fähigkeiten besonders zu beachten, wo man besondere Stärken hat, oder auch diejenigen Skills, wo die eigene schwache Stellung einer dringenden Korrektur bedarf).

Checkliste zur Fähigkeiten-Analyse

Marketing
- Marktleistung
  - Sortiment
    - Breite des Sortiments
    - Tiefe des Sortiments
    - Bedürfniskonformität des Sortiments
  - Qualität
    - Qualität der Hardware-Leistungen (Dauerhaftigkeit, Konstanz der Leistung, Fehlerraten, Zuverlässigkeit, Individualität usw.)
    - Qualität der Software-Leistungen (Nebenleistungen, Anwendungsberatung, Garantieleistungen, Lieferservice, individuelle Betreuung der Kunden usw.)
  - Qualitätsimage
- Preis
  - Allgemeine Preislage
  - Rabatte, Angebote usw.
  - Zahlungskonditionen
- Marktbearbeitung
  - Verkauf
  - Verkaufsförderung
  - Werbung
  - Öffentlichkeitsarbeit
  - Markenpolitik
  - Image (eventuell differenziert nach Produktgruppen)
- Distribution
  - Inländische Absatzorganisation
  - Exportorganisation
  - Lagerbewirtschaftung und Lagerwesen
  - Lieferbereitschaft
  - Transportwesen

Personal
- Qualitative Leistungsfähigkeit der Mitarbeiter
- Arbeitseinsatz
- Salärpolitik/Sozialleistungen
- Betriebsklima
- Teamgeist/Unité de doctrine
- Unternehmenskultur

Innovationsfähigkeit
- Einführung neuer Marktleistungen
- Erschliessung neuer Märkte
- Erschliessung neuer Absatzkanäle

Synergiepotentiale
- Marketing, Produktion, Technologie usw.

Produktion
- Produktionsprogramm
- Vertikale Integration
- Produktionstechnologie
  - Zweckmässigkeit der Anlagen
  - Modernität der Anlagen
  - Automationsgrad
- Produktionskapazitäten
- Produktivität
- Produktionskosten
- Einkauf und Versorgungssicherheit

Forschung und Entwicklung
- Forschungsaktivitäten und -investitionen
- Entwicklungsaktivitäten und -investitionen
- Leistungsfähigkeit der Forschung
  - Verfahrenentwicklung
  - Produktentwicklung
  - Softwareentwicklung
- Forschungs- und Entwicklungs-Know-how
- Patente und Lizenzen

Finanzen
- Kapitalvolumen und Kapitalstruktur
- Stille Reserven
- Finanzierungspotential
- Working Capital
- Liquidität
- Kapitalumschlag
  - Gesamtkapitalumschlag
  - Lagerumschlag
  - Debitorenumschlag
- Investitionsintensität

Führung und Organisation
- Stand der Planung
- Geschwindigkeit der Entscheide
- Kontrolle
- Qualität und Leistungsfähigkeit der Führungskräfte
- Zweckmässigkeit der Organisationsstruktur/ organisatorische Friktionen
- Innerbetriebliche Kommunikation
- Innerbetriebliche Information
  - Rechnungswesen
  - Marktinformation

Know-how in Bezug auf
- Kooperation
- Beteiligungen
- Akquisitionen
- Restrukturierungen

Weitere Faktoren
- Standort
- Realisierung ökologischer Anliegen
- Beziehungen zu öffentlichen Stellen (Lobbying)

Abbildung 29: Checkliste zur Fähigkeiten-Analyse (Quelle: Lombriser und Abplanalp, 2004: 148)

Als wertvolle alternative Ansätze zum Verstehen von Fähigkeiten haben sich Modelle erwiesen, die die Fähigkeiten der Organisation entlang der Prozesse darstellen, welche die Organisation (allenfalls in Kooperation mit Partnern) zur Leistungserstellung durchführt. Das bekannteste Instrument aus der Werkzeugkiste Michael Porters ist die Wertkettenanalyse[6].

8.3 Die Wertkettenanalyse

Mit dem Konzept der Wertkette erfasst Porter die strategisch relevanten Tätigkeiten der Organisation und unterscheidet dabei sog. *primäre Aktivitäten*, die aus Kundensicht zum Wert der Leistung der Organisation beitragen, von unterstützenden Aktivitäten, die zwar aus Kundensicht nicht als wertschöpfend wahrgenommen werden, die jedoch notwendig sind, damit die wertschöpfenden Prozesse in der vorgesehenen Qualität ausgeführt werden können.

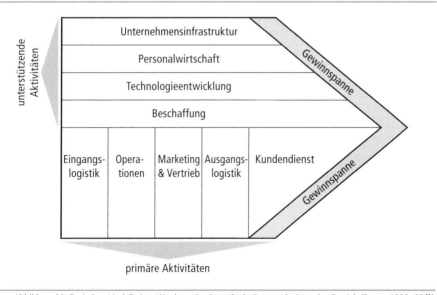

Abbildung 30: Typisches Modell einer Wertkette in einem Sachgüter produzierenden Betrieb (Porter, 1989: 66 ff.)

Die klassische *Wertschöpfungskette*, wie sie in den meisten Lehrbüchern vorgestellt wird, folgt dem zeitlich geordneten Produktionsprozess, wonach vorerst der Beschaffungsprozess dargestellt wird, gefolgt von der Produktion, dem Marketing und Vertrieb, sowie von Ausgangslogistik und Kundendienst (After-Sales-Service). Als unterstützende Aktivitäten werden meist Prozesse wie die

Bereitstellung der Infrastruktur (inkl. Informatik), das Personalwesen und die Organisation sowie die Entwicklung ausgeschieden.

Für *dienstleistende* Organisationen, insbesondere für *wissensorientierte* oder *infrastrukturorientierte* Dienstleitungen, muss die klassische Darstellung adaptiert werden, da sich die Prozesse im Dienstleistungsbereich vom Produktionsprozess von Sachgütern unterscheiden. NPO sind meist in dienstleistenden Branchen tätig, weshalb der Wertkettenprozess entlang der Dienstleistungswertkette gedacht werden muss:

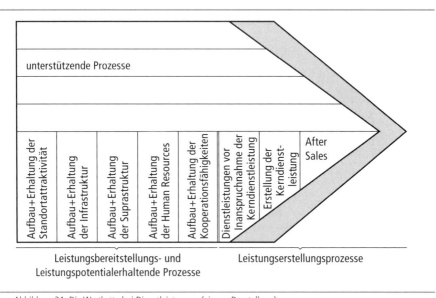

Abbildung 31: Die Wertkette bei Dienstleistungen (eigene Darstellung)

Die Wertkette von dienstleistenden Organisationen umfasst auf der Seite der *primären Prozesse* zwei grundsätzlich unterschiedliche Arten, welche jedoch beide vom Kunden als Qualität wahrgenommen werden und deshalb im Porter'schen Sinne als wertstiftend bezeichnet werden können[7]:

- *Leistungsbereitstellungsprozesse* (Endergebnis: Dienstleistungspotential)
- *Leistungserstellungsprozesse* (Endergebnis: erbrachte Dienstleistung)

Neben den primären Prozessen mag es auch bei Dienstleistungen eine Reihe von Prozessen geben, welche man *nicht als direkt wertschöpfend* einstufen könnte. Im neuen St.-Galler-Management-Modell werden sie als *Management-Prozesse*

(Gestaltung, Lenkung und Entwicklung der Organisation: Leitbildentwicklung, Strategieentwicklung, Führung der einzelnen Geschäfts- und Unterstützungsprozesse, Mitarbeiterführung, finanzielle Führung und Qualitätsmanagement) und als *Unterstützungsprozesse* bezeichnet (Schaffen der notwendigen Bedingungen, damit die primären oder Geschäftsprozesse effizient und effektiv abgewickelt werden können: Personaladministration, Personalentwicklung, Infrastrukturentwicklung, Rechnungswesen, Informatik, Kommunikation). Wir haben unsere Zweifel, ob alle diese Prozesse bei Dienstleistungsorganisationen nicht als primäre Prozesse, d. h. nicht als wertschöpfend verstanden werden können, sondern gehen davon aus, dass viele dieser Teilprozesse als *Leistungsbereitstellungsprozesse* zu betrachten sind. Diese Einschätzung wirkt sich entscheidend darauf aus, was nach erfolgter Analyse der Wertschöpfungskette als *Treiber* definiert wird. Auf diese Frage gehen wir etwas später in diesem Abschnitt noch ein.

Mit *Leistungsbereitstellungsprozessen* sorgt die Organisation (oder ihre Partner) dafür, dass die Organisation fähig ist, im Falle der Nachfrage einer Leistung eine Leistung produzieren zu können. Es wird ein *Leistungspotential* bereitgestellt. In einem Spital gehören dazu z. B. alle Prozesse, die im Falle des Eintritts eines Patienten es erst ermöglichen, dass dieser oder diese ihr Bett beziehen kann und anschließend medizinische und pflegerische Hilfeleistungen erreichen kann. Diese Prozesse sind auch zu erbringen, wenn später gar keine Klienten oder Kunden die Leistung in Anspruch nehmen: Ohne sie ist die spätere Dienstleistung gar nicht zu produzieren. Falls zu einem bestimmten Termin die Leistung nicht beansprucht wird, verfällt das Potential: Das Bett bleibt leer, der Termin im Terminkalender bleibt frei und wird nicht benutzt. In einer *touristischen Destination* gehören zu den Leistungsbereitstellungsprozessen die Bereitstellung der Infra- und Suprastrukturen, aber z. B. auch *erhaltende Maßnahmen*, die verhindern, dass das Landschaftsbild durch hässliche Infra- und Suprastruktur verschandelt wird: Niemand wird behaupten, dass die optische Wahrnehmung eines Orts- und Landschaftsbilds durch die Besucher nicht als Teil der Qualität wahrgenommen wird!

Viele Prozesse der Leistungsbereitstellung bei Dienstleistungsorganisationen sind den primären Aktivitäten zuzuordnen und wirken sich entscheidend auf die wahrgenommene Qualität aus Kundensicht aus. Von strategisch ausschlaggebender Bedeutung ist z. B. oft die *Standortwahl*, da der Kunde zum Produktionsstandort gehen muss, um die Leistung in Anspruch zu nehmen. Einmal am Ort der Leistungserstellung, nimmt die Kundschaft die Atmosphäre des Produktionslokals als Qualität wahr: Ob eine Schule eine angenehme Lernumgebung bietet, kann entscheidend sein, ob eine Fensterfabrik staubig und dreckig ist, kann dem Kunden egal sein, solange die Fenster von guter Qualität sind. Wie benutzerfreundlich ein elektronisches Reservationssystem ist, wird direkt als Qualität wahrgenommen, bei Sachgüterproduzenten wirkt sich die EDV-Lösung höchstens indirekt auf die Qualität des verkauften Produkts (oder auf die Kundendienstleistungen) aus.

Die *Leistungserstellungsprozesse* bei Dienstleistungen erfolgen meist unter Einbezug des Kunden oder eines von ihm abgegebenen Objekts, z. B. einem Kleid, das abgeändert werden muss. Leistungserstellungsprozesse lassen sich z. B. sinnvoll in Prozesse aufteilen, die *vor* der eigentlichen Leistungserbringung stattfinden, in den eigentlichen Leistungserstellungsprozess (Kernprozess) und letztlich in Prozesse, die *nach* der Inanspruchnahme der Leistung zur Gesamtqualität der Dienstleistung beitragen (*After-Sales-Services*). Gewisse Teilprozesse können von den Leistungsnehmern allerdings nur dann auf ihre Qualität überprüft werden, wenn eine ganz bestimmte Situation, z. B. ein Schadenfall, eintrifft, die *Kulanz* einer Versicherung kann erst im Schadenfalle wirklich überprüft werden, und die *Berufs- und Karrierechancen einer Ausbildung* lassen sich insgesamt erst nach Ablauf einer ganzen Berufslaufbahn wirklich ermessen. Diese Beispiele zeigen sehr deutlich auf, dass Vertrauen in die Institution (*Reputation*) bei Dienstleistungserbringern ein Kernelement der wahrgenommenen Qualität sein muss.

Zu welchem analytischen Zweck dient nun die Darstellung der Porter'schen Wertkette: Porter möchte anhand der Wertkette analysieren, welche *Werttreiber* für eine Organisation eine entscheidende Rolle spielen, d. h., welche *Teilprozesse in welcher Art zur einzigartigen Positionierung der Organisation beitragen*. Ausgehend von der grundlegenden Hypothese, dass es (nur) zwei grundsätzlich unterschiedliche strategische Alternativen, sog. *generische Strategien,* gibt (vgl. Kap. 10), nämlich die Strategie, grundsätzlich besser zu sein, d. h., qualitativ aus Kundensicht Vorteile gegenüber Mitbewerberangeboten aufzuweisen oder alternativ dazu die Kosten über alle Prozesse hinweg besser im Griff zu haben als die Mitbewerber. Diese sog. generischen Positionierungen als

- *Qualitätsführer (Differenzierer)*
- *Kostenführer*

sind strategische Optionen, die sich in der Art und Weise, wie die Wertkette eines Angebots gestaltet ist, widerspiegeln: Ein Anbieter, der *Kostenführerschaft* anstrebt, wird überprüfen, ob alle unterstützenden Prozesse wirklich notwendig sind oder ob Teile eines Prozesses oder ganze Prozesse gestrichen werden können.

Er wird ferner überprüfen, ob primäre Prozesse auf einem Qualitätsniveau, das von den Kunden noch als gut taxiert wird, nicht kostengünstiger erbracht werden können. Alle Einzelmaßnahmen in den einzelnen Prozessen, die dazu beitragen, die Kosten zu reduzieren, tragen zum strategischen Ziel der Kostenführerschaft bei. Die Wertkettenanalyse hilft somit bei der operativen Umsetzung des strategischen Ziels Kostenführerschaft. Parallel dazu wird eine Organisation, welche sich grundsätzlich eher in die Richtung *Qualitätsführerschaft* positionieren möchte, Überlegungen dazu anstellen, in welchen Teilprozessen der primären Aktivitäten sich Qualitätsunterschiede gegenüber den Mitbewerbern besonders positiv auswirken werden und wie diese Qualitätsunterschiede durch entsprechende Maßnahmen gesichert und möglichst nachhaltig gestaltet werden können. Sowohl für Qualitätsführerschaft wie für Kostenführerschaft lässt sich anhand der Wertkette überprüfen, ob das Kunden- oder Klientenbedürfnis evtl. durch *grundsätzliche Umgestaltung der Wertkette* – im Sinne eines neuen *Business-Modells*[8] – ganz neu gestaltet und deshalb wesentlich kostengünstiger oder qualitativ besser gestaltet werden kann.

Die Wertschöpfungstreiber
Die Einteilung der primären Prozesse in *leistungsbereitstellende* und *leistungserstellende*, führt jedoch zu einer zweiten wichtigen Schlussfolgerung: D. Dreyer und A. Oehler weisen zu Recht darauf hin, dass die grundsätzliche Kompetenz zur Dienstleistung wahrscheinlich von anderen Treibern generiert wird, als man dies in der von Sachgüterproduktionsbetrieben geprägten Betriebswirtschaftslehre zu glauben meint[9]. Wir wagen zu behaupten: Exzellente Unternehmen in Dienstleistungsorganisationen unterscheiden sich von anderen dadurch, dass sie nicht nur die Leistungserstellungsprozesse *im Griff* haben (und sich dort entsprechend positionieren), sondern auch die Leistungsbereitstellungsprozesse: Dreyer und Oehler diskutieren die Wertschöpfung im Zusammenhang mit der Ermittlung des Werts einer Firma und kommen zum Schluss, dass gerade bei Dienstleistungsunternehmen nicht nur das Finanzkapital eine Rolle spielt, sondern auch das *intellektuelle Kapital.* Dieses Kapital setzt sich seinerseits aus dem *Humankapital* und dem *Strukturkapital* zusammen, das Strukturkapital z.B. aus dem *Organisationskapital* und dem *Beziehungskapital.* Werttreiber sind im Dienstleistungsprozess im Bereiche dieses intellektuellen Kapitals zu suchen, die Kunden nehmen *investierende Maßnahmen* in dieses intellektuelle Kapital bewusst wahr im Sinne von *Vertrauen*, im Sinne von *Reputation*, durch bewusste *Wahrnehmung einer Kultur* im Betrieb und eines *Klimas*, das sich auf die Gesamtbeurteilung der wahrgenommenen Leistung positiv auswirkt.

Ein Aspekt der Wertkettendiskussion, der besonders wichtig ist, wurde bislang noch nicht erwähnt: Selten ist der Fall, in welchem eine Organisation völlig autonom alle wertschöpfenden Prozesse einer Wertkette allein produziert. Normal ist sowohl in der Wirtschaft als insbesondere auch in NPO, dass *Wertketten als Kooperationsprojekte* verschiedener Partner zu verstehen sind. Viele Dienstleistungen sind aus Kundensicht als *Leistungspakete* zu verstehen und die Einschätzung der Kunden bezieht sich auf das ganze Paket und nicht auf einzelne Prozesse eines einzelnen Anbieters: Der Urlaub wird als Gesamterlebnis empfunden und auch entsprechend bewertet, kombinierte Mobilität wie sie im Beispiel von Mobility angeboten wird (vgl. Kap. 6.3) macht nur Sinn aus der Kombination der beiden Dienstleistungen öffentlicher Verkehr und Zusatzmobilität mit einem Fahrzeug dieser Firma. In diesem Sinne wird die Wertkettenanalyse gerade auch im Kontext des sog. *Make or Buy-Prinzips* verwendbar, d. h. man fragt sich anhand der Wertkette nicht nur wie eine Wertkette sinnvollerweise zu gestalten ist, sondern auch WER (intern oder extern) die notwendige Kompetenz hat, innerhalb eines Leistungserstellungsprozesses bestimmte Teilprozesse der gesamten Wertkette im Rahmen einer Kooperation zu erbringen und wie dieses Miteinander sinnvoll zu organisieren ist.

Strategische Analyse und die daraus resultierenden Lösungsvorschläge für strategisches Verhalten müssen deshalb berücksichtigen, dass die Wertkette einer einzelnen Organisation oft im Kontext der ganzen Leistungspakets zu verstehen ist und die Wertkettenanalyse nur so zum Verständnis des Gesamtprozesses beitragen kann[10].

Der strategische Prozess

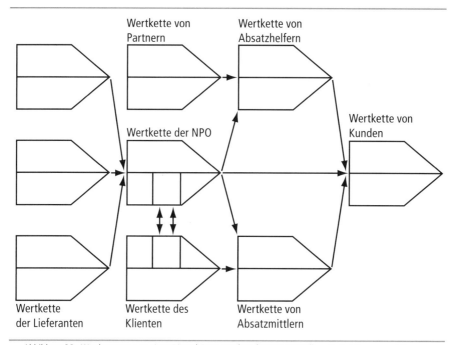

Abbildung 32: Wertkettensystem eines Dienstleistungspakets (eigene Darstellung in Anlehnung an Johnson u. a., 2005: 167)

Es sei abschließend darauf hingewiesen, dass die Wertkettenanalyse und ähnliche Prozessanalysen weder eine detaillierte Kostenrechnung, Kennzahlenvergleiche oder detaillierte Marketingplanung erübrigen. Als grundsätzliches Instrument der strategischen Positionierung hat sich das Instrument aber in der Praxis bewährt.

Aufgabe: Analysieren Sie primäre und unterstützende Prozesse in einer NPO Ihrer Wahl. Teilen Sie dazu wo nötig die Aktivitäten in unterschiedliche SGF und beschreiben Sie die Wertkette für zumindest ein SGF. Diskutieren Sie Möglichkeiten, den Wertschöpfungsprozess nach einem anderen *Businessmodell* vorzunehmen.

8.4 Die Ressourcen – Arten von Ressourcen

Eine Möglichkeit, die eigene Organisation und ihre Fähigkeiten zu analysieren und so besser zu verstehen, ist, sich ihrer *Ressourcenausstattung* zuzuwenden. Jede Fähigkeit einer Organisation basiert auf Ressourcen. Die Theorie unterscheidet *tangible* oder *materielle Ressourcen* von den sog. *intangiblen* oder *imma-*

teriellen Ressourcen wie dem vorhandenen *Wissen* und der *Information* sowie der *Reputation*. Diese intangiblen Ressourcen basieren auf dem tangiblen Produktionsfaktor Mensch, weshalb die Mitarbeitenden oft (wohl zu Recht) auch als wichtigste Ressource einer Organisation bezeichnet werden. Doch auch die Ausstattung mit anderen tangiblen Ressourcen ist oft entscheidend, so kann an die Realisierung vieler neuer Projekte ohne die notwendigen *finanziellen Ressourcen* gar nicht gedacht werden und auch die Ressource *Raum* (z. B. Büroräume und Lagerräume) oder *Informatik*-Ressourcen (z. B. eine geeignete Datenbank) oder moderne *Produktionsanlagen* können knapp sein. Eine Auflistung der bestehenden Ressourcen und ein Vergleich dieser Ressourcen mit denjenigen anderer Organisationen liefern wichtige Hinweise auf die strategische Position der Organisation und ihre Möglichkeiten sowie auf ihr *Potential*. Das Fehlen bestimmter Ressourcen kann bei NPO oft durch geeignete Kooperationen mit Partnern wettgemacht werden, die Ressource *Partnerschaft-Kooperation* ist deshalb in ein geeignetes Evaluationsschema mit einzubeziehen. Bei Müller-Stewens und Lechner findet sich eine sinnvolle Auflistung der Ressourcen, welche eine Analyse der Situation auch in NPO ohne weiteres zulässt[11]:

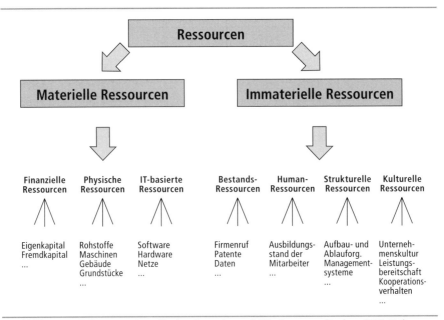

Abbildung 33: Die Ressourcen-Pyramide eines Unternehmens (Müller-Stewens und Lechner, 2003: 214)

Handelbare und nicht handelbare Ressourcen

Hall hat zusätzlich darauf hingewiesen, dass gewisse Ressourcen von anderen Organisationen erworben werden können, *handelbar* sind und deshalb rel. leicht von einer Organisation zur anderen gelangen können[12]. So sind immaterielle Ressourcen in Form von Lizenzen handelbar und auch das Wissen eines einzelnen Experten kann abgeworben werden. Eine selbst erstellte Anlage oder spezifisch für eine Firma entwickelte Informatiklösung kann jedoch meist nicht auf eine andere Organisation übertragen werden (und ist deshalb eine materielle-nicht handelbare Ressource) und die *Kultur* einer Firma ist genau so einzigartig wie *das implizite Verfahrens-Wissen*, das die wichtigste Ressource einer Firma sein kann (zwei Beispiele für immterielle-nicht handelbare Ressourcen).

8.5 Fähigkeiten, Kompetenzen und Kernkompetenzen

Die Analyse der Ressourcen und Fähigkeiten führt zu einem Konstrukt, das unter Umständen ebenfalls geeignet ist, um zu verstehen, wie eine Firma funktioniert: dem Begriff der *Kernkompetenz*.

Als Skills, Fähigkeiten oder Kompetenzen wird das *Wissen, wie* einer Firma verstanden, wobei einzelne *Skills* als Teilfähigkeiten definiert wurden, die gebündelt in sinnvollen Kombinationen die Fähigkeit oder eben Kompetenz ergeben, eine bestimmte Aktivität erfolgreich auszuführen. Als *Kernkompetenz* werden Bündel von Fähigkeiten verstanden, die es einer Organisation erlauben, dank dieser Fähigkeiten einen langfristigen, nachhaltigen Erfolg zu erzielen und sich als einzigartige Firma zu positionieren. Der Begriff der Kernkompetenz wird heute in der Praxis oft missbraucht. Jede Fähigkeit einer Firma wird sofort als Kernkompetenz bezeichnet, dabei sind Kernkompetenzen im betrieblichen Alltag wohl eher rar, wenn man alle Kriterien überprüft, die Kompetenzen erfüllen müssen, um im Sinne des Ansatzes der Harvard-Autoren Hamel und Prahalad wirklich Kernkompetenzen *(core competences)* zu sein[13]. Gemäß diesen Autoren führte nämlich die Aufteilung der großen Unternehmen in sog. Strategische Geschäftseinheiten (SGE, vgl. Kap. 6.3) dazu, dass niemand mehr weiß und sich darum kümmert, was man in der Firma wirklich gut kann und tut. Sie fordern deshalb dazu auf, statt der in den 80er Jahren immer mehr um sich greifenden Aufsplitterung der Kräfte und Diversifizierung sich wieder zu konzentrieren auf Aktivitäten, in denen man wirklich stark ist. Eine Organisation besitzt im besten Falle vielleicht eine, oder zumindest ganz wenige Kernkompetenzen.

Kriterien zur Eruierung von Kernkompetenzen

Gemäß Müller-Stevens und Lechner müssen solche Aktivitäten vier Kriterien genügen[14]:

1. Die Fähigkeiten müssen *wertvoll* sein, d. h., von den Kunden/Klienten/Leistungsermöglichern geschätzt werden und die Effizienz und Leistungsfähigkeit des Unternehmens erhöhen.
2. Die Fähigkeiten müssen *selten*, rar sein, denn was alle können, unterscheidet die Organisation nicht von den Mitbewerbern.
3. Die Fähigkeiten müssen *schwer imitierbar* sein, was bei Dienstleistungen z. B. nicht mit einem Patentschutz abgesichert werden kann, weshalb man im Dienstleistungsbereich immer wieder feststellt, dass gute Geschäftsideen sofort nachgeahmt werden.
4. Die Fähigkeiten sollten *nicht substituierbar* sein. Kann man eine Fähigkeit oder einen bestimmten Prozess in der Wertkette einfach durch einen anderen, ebenso wertvollen ersetzen, so verliert die Fähigkeit ihre Wirkung als echter Wettbewerbsvorteil.

Gerade das *Nicht-Imitierbarkeitkriterium* und die Tatsache, dass Dienstleistungen, insbesondere diejenigen von öffentlichen Anbietern und NPO kaum rechtlich vor Nachahmung zu schützen sind, erhöht die Bedeutung der Tatsache, dass *nachhaltige Wettbewerbsfähigkeit* meist nur aus der Kombination vieler unterschiedlicher Teilfähigkeiten erwächst, die in einer Organisation mit einer ganz einzigartigen Kultur mehr oder weniger implizit, d. h. unbewusst dazu führt, dass man eine bestimmte Dienstleistung auf nicht vergleichbare Weise ausführt und so für die Klienten und Auftraggeber zum echten Marktführer wird. In der neueren Literatur hat deshalb das *Wissens-Management* eine erhöhte Bedeutung gewonnen.

Die Suche nach Kernkompetenzen und die Fragestellung, wie es zu solchen Kernkompetenzen kommt und wie man sie in einer Firma aufbauen und weiterentwickeln kann, ist die Kernfrage des sog. *Ressource based View*, eines theoretischen Ansatzes in der Strategielehre, die den Unternehmenserfolg eher von den Ressourcen her sucht als durch das Ausloten von Marktchancen und Entwicklungstrends in der Umwelt. Nach Boos und Jarmai gibt es einige praktische Wege, um in der eigenen Organisation oder Mitbewerberunternehmen auf Kernkompetenzen zu stoßen[15]:
- Man versucht zu ermitteln, wer *Schlüsselpersonen* der Firma sind und was deren einzigartige Fähigkeiten sind;

- man kann *besonders erfolgreiche Dienstleistungen*, Projekte und Produkte gezielt auf solche Schlüsselfähigkeiten hin analysieren;
- man kann die *Auftraggeber, Kunden, Klienten, Finanzierer* daraufhin *befragen*, was sie am meisten an den Leistungen einer Organisation schätzen und welche Fähigkeiten immer wieder auffallen;
- man kann *Benchmarking* betreiben.

In vielen Organisationen ist man sich der eigenen *Kernfähigkeiten* kaum bewusst oder man geht oberflächlich mit dem Begriff um und bezeichnet jede Kompetenz als Kernkompetenz. Die Außensicht wird wohl auch mehr zur Kompetenzdiskussion beitragen als eine nur auf interner Betrachtungsweise aufgebaute Kompetenzanalyse, da eigene Schwächen meist geschönt werden und eigene Stärken oft aufgebauscht werden. Was bedeutet z. B. der Satz, den man in vielen kleinen Organisationen immer wieder hört: „Unsere besondere Stärke ist die Dienstleistung und der Dienst am Kunden."? Welche konkrete Dienstleistung(en) und warum besonders? Eine genauere Analyse der Prozesse wird oft erweisen, dass dieser Dienst am Kunden recht gewöhnlich ist, und dass noch viel gearbeitet werden muss, um dieser Dienstleistung das Einzigartige, Ungewöhnliche zu verleihen!

Es fragt sich allerdings, ob der Kompetenz-Ansatz in der Praxis überhaupt bewusst verwendet werden kann, um neue Kompetenzen aufzubauen. Können wirkliche Kernkompetenzen nicht nur *ex post* definiert werden, sondern aus bestehenden Fähigkeiten in der Firma auch *ex ante* herauszukristallisiert und bewusst gefördert, gemanagt werden? Kann das *ganz Spezielle* einer Firma und ihrer Dienstleistung im Voraus geplant werden oder eher nur im Nachhinein verstanden werden, weil es aus einer Kombination vieler *zusammengewürfelter* Fähigkeiten entstanden ist, einer ganz speziellen Art, die Dinge zu planen und durchzuführen, aus einer ganz einzigartigen Kultur heraus, die der Analyse nur bruchstückhaft zugänglich ist?

Diese Eigenschaft von Kernkompetenzen, schwer planbar zu sein, erst *ex post* verständlich zu sein, beschränkt auf der einen Seite die Machbarkeit dessen, was man als Kernkompetenz bezeichnet, hilft jedoch den Besitzern dieser Kompetenzen, falls man zur Kernkompetenz *Sorge trägt*, sie nicht einfach bei der erstbesten Reengineering-Übung wegwirft, sich nachhaltig vor der Nachahmung durch Mitbewerber zu schützen.

Der *ressourcen-* und *kompetenzorientierte Ansatz* lässt sich rel. elegant mit einer mehr marktorientierten Sicht kombinieren, indem man die Zusammenhänge zwischen Erfolg am Markt und Ressourcen und Kompetenzen darstellt:

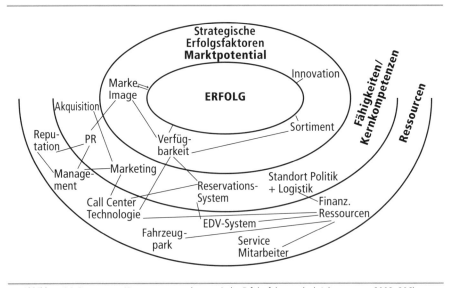

Abbildung 34: Ressourcen, Kompetenzen und strategische Erfolgsfaktoren (vgl. Johnson u. a., 2002: 206)

Eine marktorientierte Sicht der Organisation führt zum Begriff der Strategischen Erfolgsfaktoren: *Strategische Erfolgsfaktoren* sind Positionierungen einer Organisation, die ihr in einer Branche oder in einem Markt einen *nachhaltigen Wettbewerbsvorteil* erlauben. Solche Positionierungen sind abhängig von Bedingungen in einem strategischen Geschäftsfeld, die erfüllt sein müssen, falls man in der Branche, die man dort bearbeitet, Erfolg haben will. Als *typische Erfolgsfaktoren* (franz. „facteurs clé de succès") werden in der Literatur z. B. die F & E, die Beherrschung des Produktionsprozesses oder der Distribution und des Marketings, die Innovationsfähigkeit oder die Logistik genannt. Lombriser und Abplanalp sprechen von max. drei bis vier zentralen Erfolgsbedingungen, die in einer ganz bestimmten Branche für Erfolg oder Misserfolg ausschlaggebend sind, und sie warnen ausdrücklich davor, alle Stärken und Schwächen als gleichbedeutend einzuschätzen[16]. Eindeutig ist, dass man davon ausgeht, dass die Erfolgsfaktoren von Umwelt und Markt bestimmt sind und durch entsprechende Analysen herausgefiltert werden müssen. Eindeutig ist jedoch ebenfalls, dass Erfolgsfaktoren auf Stärken und Fähigkeiten basieren.

Die Ressourcen und Kompetenzen (Fähigkeiten) der eigenen Organisation können im Vergleich zu den Mitbewerbern schließlich in einer Beurteilungsmatrix dargestellt werden, welche die wichtigsten Differenzen visualisiert:

Der strategische Prozess

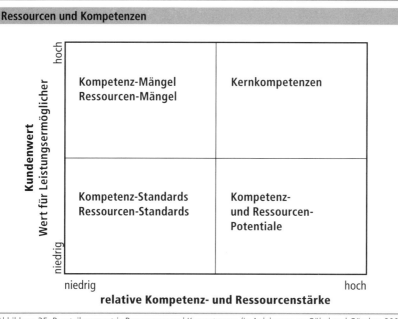

Abbildung 35: Beurteilungsmatrix Ressourcen und Kompetenzen (in Anlehnung an Göbel und Günther, 2007)

Falls die Organisation in einem Bereich Mängel hat, der von den Kunden oder Finanzierern einen hohen Wert besitzt, muss man von echten *Kompetenz-Mängeln* oder *Ressourcen-Mängeln* sprechen, die es zu beheben gilt (Feld 2). Falls die Organisation einen hohen Standard von Ressourcen oder Kompetenzen aufweist, der allerdings in einem Feld angesiedelt ist, das von Kunden oder Leistungsermöglichern eher nicht mit hohem Wert taxiert wird (Feld 3), so ist höchstens ein *Kompetenz- oder Ressourcenpotential* vorhanden, das man evtl. später nutzen kann oder das Wert gewinnt, wenn sich die Präferenzen der Kunden oder Leistungsermöglicher verändern. Kernkompetenzen und einzigartige Ressourcen besitzt die Organisation nur im Feld (Feld 4), in dem ein hoher Ressourcen- und Kompetenzstandard auch auf hohen Wert für den Kunden oder die Leistungsermöglicher trifft[17].

8.6 Die Kultur der Organisation

Nach Jahrzehnten der eher *kulturlosen Managementtheorie* wurde man Mitte des letzten Jahrhunderts langsam auf die *Organisationskultur* aufmerksam[18]. Man versuchte die Entwicklung von Organisationskulturen zu verstehen, Ideen und Konzepte zu entwickeln, um diese Kultur zu erfassen und zu messen und letztendlich Ansätze zur Veränderung und Entwicklung der Kultur zu erarbeiten[19]. Wichtig war auch die Beantwortung der Frage nach der Bedeutung von Kultur im gesamten Managementkontext. Früh wurde auch die Frage diskutiert, was Kultur und Strategie verbindet, eine Frage, die uns heute noch beschäftigt.

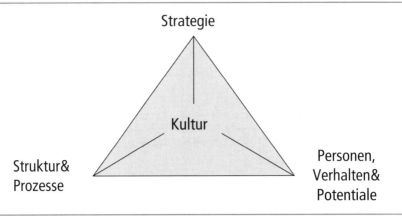

Abbildung 36: Die Kultur als zentrale Größe (Heitger und Doujak, 2002: 52)

Kultur wird oft verstanden als beeinflussende, teilweise eher einschränkende oder zumindest mitprägende Größe in der Strategiearbeit. Diese Betrachtungsweise geht von der Überlegung aus, dass Kultur kurz- und mittelfristig eher als stabile und nicht wirklich veränderbare Größe angesehen werden muss. Organisationen werden in diesem Zusammenhang verstanden „als Sinnsysteme, als Systeme mit spezifischen Überlegungen, Werten und Symbolen. Die Handlungen der Organisationsmitglieder sind zu wesentlichen Teilen bestimmt durch die Sinn- und Orientierungsmuster, die eine Organisation im Laufe der Zeit entwickelt. Handlungen werden als Ausfluss emergenter Prozesse begriffen. Demnach ist jede Organisation als ein eigenständiges kulturelles System zu betrachten, und organisatorische Handlungen sind nur aus der Kultur des Systems zu begreifen"[20]. Dieser integrative Denkansatz hat die Kulturdiskussion in den letzten Jahren und Jahrzehnten umfassend geprägt[21]. Aus ihm lassen sich in der Kulturdiskussion die folgende Elemente als wichtige Größen ableiten:
- Kulturelemente liegen als selbstverständliche *implizite* Annahmen dem täglichen Handeln zugrunde.
- Es handelt sich um ein *kollektives* Phänomen, welches das Handeln der Einzelnen prägt.
- Kulturelemente bieten Muster für die Selektion und die Interpretation von Informationen und Muster und Vorgaben für konkrete Handlungen.

- Sie wirken neben der kognitiven auch auf der emotionalen Ebene und werden verstanden als Ergebnis eines Lernprozesses.
- Kulturinhalte werden somit in der Regel über Sozialisationsprozesse vermittelt und verfestigt[22].

Um den Kulturbegriff an dieser Stelle weiter aufzuarbeiten, greifen wir den Ansatz von Edgar Schein auf. Dieser Ansatz hat die Kulturdiskussion der letzten Jahrzehnte entscheidend mitgeprägt und bietet vor allem auch die Möglichkeit, unterschiedliche Ebenen der Kultur modellhaft darzustellen[23].

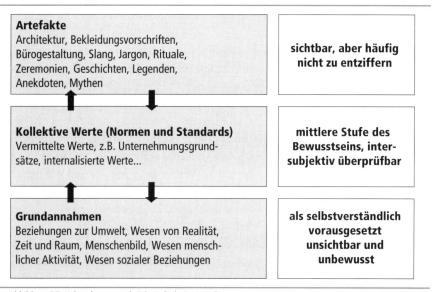

Abbildung 37: Kulturebenen nach Schein (Schein, 1985)

Die *Grundannahmen* bilden die Basis des Kulturmodells von Schein. Diese Grundannahmen sind Teil des Unterbewusstseins und Teil unserer Person und Persönlichkeit. Diese Grundannahmen sind geprägt durch unsere Erziehung, unseren Hintergrund, unsere persönlichen Erfahrungen. Sie sind die Resultate unserer Sozialisation und damit Teil unseres gesellschaftlichen Daseins und können deshalb nicht nur auf die Organisation und diesen Kontext reduziert werden. Grundannahmen prägen unser Handeln in allen Facetten unseres Lebens. Diese basale Kulturebene übt einen massiven, nachhaltigen, jedoch nicht aktiv und bewusst reflektierten Einfluss auf die Handlungen und das Verhalten von Organisationsmitgliedern aus. Als Teile dieser Grundannahmen sieht Schein das Verständnis der Umwelt, die Art und Weise, wie wir die Realität betrachten, unsere Ideen in Bezug auf Zeit und Raum, das vorherrschende Menschenbild, die Grundannahmen über das Wesen menschliche Aktivität und das Wesen sozialer Beziehungen. Die Grundwerte prägen unser tägliches Handeln als selbstverständliche und gegebene Größen, sind nur schwer erfassbar und auch nur schwer und langfristig zu modifizieren.

Die zweite Ebene des Modells bilden nach Schein die *kollektiven Werte* (Normen und Standards). Diese nehmen ebenfalls Einfluss auf die Verhaltensweise der Teilnehmenden. Beispiele sind Unternehmungsgrundsätze, internalisierte Werte, Spiel- und Verhaltensregeln, welche formell oder informell in der Organisation bedeutsam sind. Diese kollektiven Werteelemente sind besser erkennbar, werden in der Regel auch häufig angesprochen und sind wohl auch mittelfristig modifizierbar.

Die letzte Ebene des Modells von Schein wird als *Artefakte* (oder oft auch als *Symbole*) bezeichnet. Darunter fallen beispielsweise die Gestaltung von Gebäuden und Räumen, Bekleidungsvorschriften oder Bekleidungsstandards, kommunikative Elemente wie Slang, Jargon oder Handlungsroutinen wie Rituale und Zeremonien oder Geschichten, Legenden, Anekdoten, Mythen. Diese letzte Ebene ist im Unterschied zu den Grundannahmen und kollektiven Werten oft *gut erkennbar* und auch rascher veränderbar (z. B. ein neuer Auftritt im Internet, eine sog. *Corporate Identity*). Welche Beziehungen jedoch zwischen den so genannten Artefakten und den kollektiven Werten oder Grundannahmen bestehen, kann nur durch eine bewusste Analyse aufgedeckt werden (vgl. unsere Aussagen zu den qualitativen Methoden). Die Sichtbarkeit der Artefakte verleitet im Alltag oft zu einer raschen und voreiligen Interpretation der dahinterliegenden Kulturaspekte, anderseits werden Artfakte häufig auch ohne kulturelle Reflexion modifiziert und verändert.

Erfassen der Organisationskultur
Aufbauend auf der Idee, dass Kulturwerte als kurz- und mittelfristig stabile Größen verstanden werden müssen, besteht die Herausforderung im strategischen Management darin, die Kultur einer Organisation zu erfassen, zu messen und zu beurteilen. Hier besteht eine intensive Diskussion, ob und inwiefern Kultur wirklich differenziert gemessen und bewertet werden kann. Die einen gehen davon aus, dass sich mit klassischen Methoden der quantitativen Sozialforschung Kulturphänomene ausreichend erfassen und beschreiben lassen[24]. Andere widersprechen und unterstreichen, dass Kultur ein komplexes Konzept darstelle und nicht mit einfachen und standardisierten Konzepten erfasst werden könne[25]. „Das Erschliessen einer Unternehmenskultur hat zur Aufgabe, die objektive Bedeutung des Geflechtes von Handlungen und Symbolen zu entschlüsseln, und zwar in einer intersubjektiv nachvollziehbaren Art und Weise …

Der Ansatzpunkt kann also nicht bei den konkreten subjektiven Intentionen der Organisationsmitglieder genommen werden, sondern muss auf die kollektiven Deutungs- und Handlungsmuster zielen"[26].

Trotz dieser berechtigten Kritik wird im Strategieprozess – nicht zuletzt auch aufgrund von Kosten-Nutzen-Überlegungen – immer wieder auf standardisierte, vorwiegend quantitative Modelle zurückgegriffen. Der Ansatz ist nachvollziehbar, muss aber im Bewusstsein der damit verbundenen Probleme durchgeführt werden. Man muss sich bewusst sein, dass die Modelle und die daraus hervorgehenden Resultate aggregierte Individualaussagen sind. Die Frage, welche Symbole in welcher Art und Weise welche Aspekte unseres Handelns bestimmen, wird in standardisierten Ansätzen nicht gestellt. Die standardisierten Modelle gehen von einem vorbestimmten Set von Elementen aus, welche als wichtige Größen einer Kultur angesehen werden, und versuchen in einem zweiten Schritt, deren *Existenz* und deren *Ausprägung* innerhalb einer bestimmten Organisation mit Hilfe von standardisierten Befragungsinstrumenten herauszuarbeiten.

In der Folge möchten wir kurz unterschiedliche *Typen der Kulturerfassung* beschreiben. Das Ziel besteht nicht darin, diese Methoden umfassend darzustellen, sondern wichtige Unterschiede der beiden Ansätze aufzuzeigen, die in diesen Modellen vorhanden sind.

Die *quantitativen Ansätze* sind in der Regel unterlegt mit ausdifferenzierten Erfassungsinstrumenten, welche von eher unerfahrenen Personen verwendet werden können, wogegen die *qualitativen Ansätze* in der Regel umfassender Erfahrungen und differenzierter Kenntnisse bedürfen, falls man sich ihrer bedient. Ein weiterer Unterschied besteht im notwendigen *Zeitraum* und den *finanziellen Belastungen*. Die standardisierten Modelle aus der quantitativen Ecke sind hier jenen der qualitativen Art sicherlich überlegen. Bezüglich der *Resultatsqualität* scheiden sich die Geister. Die quantitativen Methoden sind eher als Annäherungen zu verstehen und können nicht für sich in Anspruch nehmen, die Kultur umfassend und differenziert zu erfassen und darzustellen. Schreyögg unterstreicht die Tatsache, dass Unternehmenskulturen als *implizite Phänomene* zu verstehen sind, d. h. sie müssen als Deutungs- und Orientierungsmuster von Organisationsmitgliedern verstanden werden und können nur auf einem interpretativen, sprich qualitativen Weg erschlossen und beschrieben werden[27].

Quantitative Methoden

Sackmann verweist darauf, dass es heute eine große Vielzahl *von quantitativen Kulturerfassungsmethoden* gibt und diese in der Praxis auch häufig angewendet werden[28]. Die verschiedenen Methoden unterscheiden sich grundsätzlich in den erfassten Dimensionen, den verwendeten Erhebungsmethoden und ob und inwiefern sie darauf abzielen, einen Zustand zu beschreiben oder in einem weiteren Schritt auch versuchen, Kultur (gezielt) zu entwickeln. Als exemplarisches Beispiel eines quantitativen Ansatzes kann das Modell von Denison angeführt werden[29]. Denison gehört zu jenen Autoren, welche die Diskussion der Kulturerfassung in der Vergangenheit markant geprägt haben. Sein Modell versucht jene Kulturwerte herauszuarbeiten, die für den Erfolg von Organisationen von Bedeutung sind. Er weicht somit bewusst von der Idee ab, Werte oder Grundannahmen zu erfassen, er will bezüglich des Erfolges von Organisationen wichtige Kulturaspekte bestimmen und erfassen. Sein Ansatz fusst auf der Erfassung der vier Kategorien *Mitwirkung*, *Kontinuität*, *Anpassungsfähigkeit* und *Mission*. Diese vier Hauptelemente untergliedert er jeweils in drei Teilsegmente und erhält somit letztendlich ein Erfassungsinstrument mit 12 Kulturerfassungskategorien[30].

Mitwirkung

In diesem Teilsegment wird die *Übertragung von Verantwortung* auf Einzelne erfasst, es wird erfragt, ob und inwiefern die Einzelnen die Möglichkeiten haben, die Arbeit selbständig zu gestalten. Mit dem Kriterium *Teamorientierung* wird die Frage aufgeworfen, ob und inwiefern Teams als wichtiger Integrationsmechanismus wirken. Im Kontext der *Kompetenzentwicklung* wird analysiert, ob und inwiefern die Organisation die notwendigen Kompetenzen bewusst und gezielt erarbeitet und/oder sicherstellt.

Kontinuität

In der Literatur wird darauf hingewiesen, dass zwischen Erfolg und Kontinuität einer Organisation ein bestimmter Zusammenhang besteht. Ein erster Teilbereich besteht darin, zu erfassen, ob und inwiefern bestimmte *Kernwerte* bestehen, die geteilt werden und somit als Orientierungsgrößen dienen können. Ein zweiter Aspekt besteht in der Frage der Übereinstimmung: Sind Mitglieder einer Organisation auch in komplexen Fragen fähig, sich zu finden und *gemeinsame Wege* zu beschreiten? Ein dritter Aspekt zielt auf die *Koordination und Interaktion*, d. h. die Fähigkeit, ob und wie Teilbereiche der Organisation über ihre Grenzen hinweg zusammenarbeiten und zusammen funktionieren können, wird evaluiert.

Anpassungsfähigkeit

In diesem Zusammenhang wird unterstrichen, dass es für den Erfolg wichtig sein kann, sich gezielt und bewusst anzupassen, beziehungsweise sich anpassen zu können. Die *Wandlungsfähigkeit* soll helfen, sich auf Veränderungen im Umfeld einzustellen und erste Hinweise früh aufzunehmen und zu diskutieren. Die *Kundenorientierung* ist speziell herausgearbeitet: Sind Organisationen fähig und willig, sich auf Wünsche der Kunden einzustellen? Dieser Teilbereich könnte im NPO-Bereich erweitert werden mit der Frage nach der Anpassungsfähigkeit gegenüber Interessengruppen ganz allgemein. Dies einerseits aufgrund der Tatsache, dass bei NPO nicht immer eine klassische Kundenorientierung gefragt ist und diese auch nicht immer als eigenständiger Aspekt angesehen werden darf. Dritter Teilaspekt bildet die Frage nach dem *organisatorischen Lernen*, d. h. inwiefern sind die Organisationen fähig, Signale aus dem Umfeld aufzunehmen und in Entwicklungs- oder Lernimpulse umzusetzen?

Mission
Der letzte Teilbereich ist jener der **Mission**. Erfolgreiche Organisationen haben ein Bewusstsein bezüglich ihres Zwecks und ihrer Aufgaben. Dieser Missionsgedanke hilft, Ideen und Vorstellungen abzuleiten, und kann somit eine wichtige Orientierungshilfe für das operative Handeln darstellen. Als konkrete Teilbereiche werden drei Teilaspekte analysiert, ob und inwiefern eine klare, bekannte und für den Einzelnen verständliche *strategische Ausrichtung und Absicht* besteht. Ob und inwiefern daraus ein klares und verständliches *Set von Zielen und Zielvorstellungen* abgeleitet worden ist, welche der Organisation, den Teilbereichen, den Teams und auch den Einzelnen hilft, sich in ihrer täglichen Arbeit daran zu orientieren. Abschließend wird auch erfasst, ob und inwiefern *Visionen* bestehen über die Zukunft, über zukünftige Standards und Ideen.

In der nächsten Abbildung ist ein Beispiel dargestellt, welches auf der Basis des von Denison erarbeiteten Konzeptes – mit wenigen Modifikationen – durchgeführt worden ist. Es zeigt die Situation einer NPO vor und nach einer Fusion. Die erste Befragung wurde vor der Fusion durchgeführt, die zweite Befragung erfolgte elf Monate nach dem Zusammenschluss.

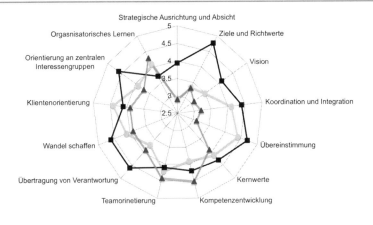

Abbild. 38: Beispiel Kulturanalyse nach Denison (2006)

Qualitative Methode

Die Ethnographie und die Ethnologie haben eine lange Erfahrung im Erfassen und Beschreiben von Kulturphänomenen[31]. Die vorhandenen Ansätze sind grundlegend mehrheitlich qualitativ ausgerichtet, sie beruhen in der Regel auf Beobachtungen und Interviews zur Ergründung und Erfassung von kulturellen Phänomenen. Der Prozess lässt sich in die Erfassung der Daten, ihre Interpretation und die sich daraus ableitbare Beschreibung untergliedern[32]. In der Analysephase werden Daten gesammelt, wobei hier nicht direkt Bezug genommen werden kann auf die Werte, Normen und Grundannahmen. Deshalb wird oft begonnen mit den *Artefakten* (Sprache, Rituale, Kleidung, Umgangsformen …) und den im Zusammenhang mit den Artefakten erkennbaren *Handlungen*. Das Ziel in diesem ersten Schritt besteht darin, möglich viele Artefakte zu erfassen und den damit verbundenen symbolischen Gebrauch zu erkennen. In einem zweiten Schritt wird versucht, mit Interviews die symbolische Bedeutung herauszuarbeiten, welche den Artefakten zugeschrieben wird. Die Datenerfassung ist in diesem Ansatz sehr umfassend. Im ersten Schritt der Datenanalyse werden die Daten organisiert und strukturiert mit dem Ziel, Werte, Normen und symbolische Themen zu erkennen und herauszuarbeiten. Es kann notwendig sein, immer wieder neue, zusätzliche, vertiefende Daten zu erheben, um sich abzeichnende Erkenntnisse kritisch zu festigen. Dieser erste Schritt wird in der Regel einfach ausfallen.

Ausgehend von den erkennbaren Werten und Normen, im nächsten Schritt aber zu den darunterliegenden Grundannahmen vorzustossen, fällt in der Regel schwieriger aus. Dies aufgrund der Tatsache, dass wir uns hierbei immer weiter weg von unserem Datenmaterial begeben und somit Interpretation immer wichtiger und bedeutsamer wird. Dies ist mit dem Risiko der Fehl- oder Überinterpretation verbunden.

Ohne an dieser Stelle weiter auf die qualitativen Methode einzugehen, wird deutlich, dass dieser Ansatz – verglichen mit der quantitativen Methode, welche oftmals auf der Basis standardisierter schriftlicher Befragungen aufbaut – in der Regel viel zeitaufwendiger ist. Er benötigt eine fundierte Erfahrung mit der Erhebungsmethode und der Interpretation der Daten. Qualitative Ansätze haben den Vorteil, dass die Analyse nicht von einem mehr oder minder klar strukturierten und ausdifferenzierten Erfassungsmuster geleitet wird, das Vorgehen ist offen und unvoreingenommen.

Organisatorische Identität als erweiterter Ansatz
Wir möchten das Kapitel mit einem Aspekt abrunden, der heute immer mehr aufgegriffen wird und der für die Strategiearbeit von besonderer Bedeutung ist: dem Aspekt der *kulturellen Identität*. Identität hat mit *Kultur* zu tun, gleichzeitig spielt aber *Image* eine Rolle. Kultur gemeinsam mit Image gibt die strategische Richtung an. Das Image repräsentiert die Erwartungshaltung, welche einer Organisation *von außen*, von den Stakeholdern, entgegenkommt. Kultur ist strategisch nicht nur relevant bezüglich der *internen Handlungsmöglichkeiten*, sondern auch bezüglich der *externen Erwartungen* an eine Organisation. Beides spiegelt sich im Image und der Reputation.

Die Identität einer Organisation entstammt dem Wechselspiel zwischen dem *Innen*, der Kultur, und dem *Außen*, dem Image. Dabei stellt sich die Frage, ob und inwiefern wir hierbei ein ausgewogenes Verhältnis erkennen oder ob die Organisation sich eher auf die eine oder andere Perspektive konzentriert. Hatch und Schultz[33] unterscheiden zwei extreme Bilder: Auf der einen Seite sehen sie eine Organisation, welche sich vollkommen von ihrer eigenen Kultur her definiert und damit das Außen als *narzisstische Organisation* kaum wahrnimmt. Auf der anderen Seite kennt man Organisationen, welche sich grundsätzlich über das Außen definieren, das Innen wird dabei fast vollkommen negiert, man bezeichnet sie als *hyperadaptive Organisation*. Beide Bilder sind für NPO möglich, die narzisitischen Beispiele sind leicht zu finden. Organisationen, welche sehr abhängig sind (z. B. aufgrund der Mittelzuflüsse), oder NPO, die sich sehr stark an Entwicklungen und Trends der Profession ausrichten, können andererseits durchaus eine Tendenz hin zu einer hyperadaptiven Identität aufweisen.

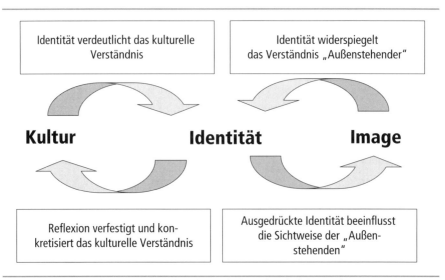

Abbildung 39: Dynamik der organisatorischen Identität (nach Hatch und Schultz, 2004)

Aufgabe: Beschreiben Sie eine Organisation Ihrer Wahl auf Grundlage der Ihnen bekannten Daten nach dem Modell von Denison.

8.7 Zusammenfassende Beurteilung

Als Gesamtbeurteilung der eigenen Organisation (im Vergleich mit den Mitbewerbern) eignet sich eine erste Zusammenfassung der verschiedenen Analyseresultate. Diese Sicht kann als Verbindung zum nächsten Schritt, der Synthese und Diagnose der strategischen Gesamtlage, verstanden werden. Um eine Gesamtbeurteilung der Organisation vorzunehmen, eignen sich Methoden besonders gut, die verschiedene Elemente zusammenfassen. Eines dieser Instrumente wird hier exemplarisch kurz vorgestellt.

Das 7-S-Schema von McKinsey
Die Organisation als Gesamtsystem kommt z. B. im *7-S-Schema* der Beratungsfirma McKinsey gut zur Geltung, obschon das Modell einer streng wissenschaftlichen Kritik vielleicht nicht in allen Elementen standhält. Der Vorteil des 7-S-Schemas ist die einprägsame Art, in welcher der Zusammenhang aller ana-

Der strategische Prozess

lysierten Teile dargestellt wird[34]: Das Modell zeigt auf, dass 7 Faktoren (alle in *englischer Sprache* mit *S* beginnend!) miteinander in Beziehung stehen und dass diese Größen die Stärken und Schwächen einer Organisation und ihre Fähigkeiten bestimmen. Zu beachten ist, dass die Veränderung eines Elements im Gesamtsystem immer auch mehr oder weniger entscheidende Auswirkungen auf andere Teile des Gesamtsystems hat.

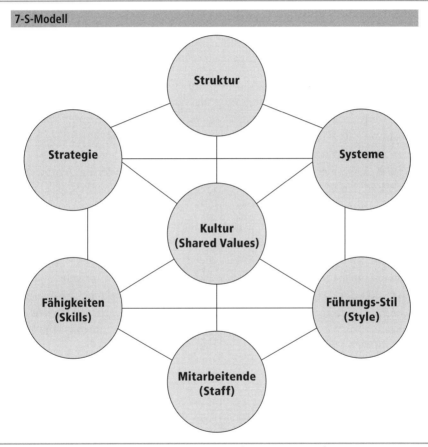

Abbildung 40: Das 7-S-Modell von McKinsey (nach Peters und Waterman, 1983: 32)

Das 7-S-Modell zeigt sowohl die relativ *harten* Elemente auf, die bezüglich der strategischen Position einer Organisation bedeutend sind (Organisationsstruktur, Systeme, Strategie), wie auch die eher *weichen* Elemente wie die Menschen im Betrieb, ihre Werthaltungen, Fähigkeiten und den praktizierten Führungsstil. Der *harte* Teil des Systems kann dabei als *Geschäftsmodell* verstanden werden, das der Organisation *Geschäftserfolg und Zielorientierung* gibt (im Sinne der Wertkette könnte man hier auch von den primären Prozessen sprechen), während die *weichen* Faktoren als eng damit verbundenes unterstützendes *Führungssystem* gesehen werden können (in der Wertkette wären die unterstützenden Prozesse dieser Gruppe zuzuordnen). Die strategische Orientierung ergibt sich aus dieser Sicht aus der konsistenten Kombination der zwei Systeme.

Abschließend ist es sinnvoll für die Unternehmensanalyse, vier Kernfragen noch einmal in das Zentrum der Diskussion zu stellen, die strategisch von Bedeutung sein können:

1. Gibt es für einzelne Ressourcen und Kompetenzen bestimmte *Schwellenwerte,* die notwendig sind, um erfolgreich als Organisation operieren zu können (z. B. eine bestimmte Mindestgrösse, eine bestimmte Anzahl Mitarbeiter, bestimmte Ressourcen, die einfach nicht fehlen dürfen, bestimmte Kompetenzen, die unverzichtbar sind, etc.)?
2. Gibt es *Ressourcen*, auf die nur unsere Organisation (oder ein Mitbewerber) zurückgreifen kann und die uns (oder den Mitbewerbern bzw. allfälligen Kooperationspartnern) einen *einmaligen Vorsprung oder Vorteil* erlauben?
3. Besitzt ein Anbieter (evtl. wir selbst) Kompetenzen, die man mit guten Argumenten als echte *Kernkompetenzen* bezeichnen kann und die dieser Organisation deshalb einzigartige Vorteile bieten? Wie lässt sich diese Kompetenz erhalten, ausbauen oder (als Mitbewerber) kopieren bzw. umgehen?
4. Lässt sich der *Leistungsbereitschafts-* bzw. *Leistungserstellungsprozess ganz neu denken,* in einer Art und Weise, die erhebliche kostensenkende Konsequenzen hat oder den Wert der Leistung für Kunden, Klienten, Leistungsermöglicher wesentlich verbessert?

Aufgabe
Wählen Sie eine Ihnen bekannte, geeignete NPO und analysieren Sie sie mit dem 7-S-Modell: Analysieren Sie vorerst die einzelnen Faktoren, um sich anschließend den Beziehungen der einzelnen Elemente zuzuwenden: Wie wirken sich z. B. Strategie- oder Organisationsveränderungen auf die Kultur aus?

9. Strategische Synthese und Diagnose

Als vierten Schritt des Prozesses zur Erarbeitung einer Strategie haben wir bereits weiter oben einen Schritt zur Synthese und Diagnose empfohlen. Nachdem man mit verschiedensten Instrumenten detaillierte Einsicht in Elemente der Gesamtsituation gewonnen hat, gilt es diese Elemente zu einem mehr oder weniger konsistenten Gesamtbild zusammenzufügen.

Erfahrene Praktiker empfehlen, zwischen den analytischen Schritten und der Synthese womöglich etwas Zeit einzuplanen, damit sich die Einzelheiten setzen, Wesentliches von Unwesentlichem unterschieden werden kann, das Gesamtbild *reifen* kann. Umgekehrt kann gerade dieses Verfahren natürlich dazu führen, das wesentliche Details wieder vergessen werden. Wie in der Medizin kann auch in der Managementlehre die Synthese und Diagnose einerseits weder objektiv den wahren *Gesundheitszustand* der Organisation darstellen, noch aufgrund verschiedener Teilerkenntnisse ein annähernd exaktes Bild vermitteln. Ziel muss sein, ein Bild mit möglichst viel Kontrast und Tiefenschärfe zu vermitteln. Dieses synthetische Bild geht von einem möglichen Idealzustand aus, in der Medizin ist dies der gesunde Mensch, im Management ist es – um mit Malik zu argumentieren, eine nachhaltig (über-)lebensfähige Organisation, welche sich in ihrer Umwelt orientieren kann und für ihre (mehr oder weniger) autonom gewählte Mission adäquate Antworten im Sinne von Dienstleistungen möglichst effektiv und effizient schaffen und abgeben kann[1]. Alle diese Anforderungen sind relativ, die Fähigkeiten sind im Vergleich zu anderen Organisationen zu messen.

Eine strenge Abgrenzung analytischer und synthetischer Instrumente zur Beurteilung der strategischen Situation einer Organisation ist nicht möglich. Auch die in früheren Kapiteln beschriebenen Werkzeuge wie die PESTEL-Analyse oder etwa die Wertkette haben sowohl analytische wie synthetische Aussagekraft. Deshalb wird in der Managementliteratur meist die Unterscheidung in Analyse und Synthes gar nicht gemacht, sondern es werden alle Instrumente und Modelle als *analytisc*h bezeichnet[2].

Wir machen die Trennung trotzdem. Einerseits weil wir im Unterricht und in der Beratung immer wieder feststellen, dass sich die Trennung methodisch lohnt: Es gibt Instrumente, die eher an den Schluss einer Beurteilung der Situation gehören und nicht gleich an den Anfang: So ist es zweckmäßig, eine Beurteilung der Stärken und Schwächen, Chancen und Gefahren erst vorzunehmen, wenn man vorher einige analytische Hausaufgaben gemacht hat, und nicht aus einem

Bauchgefühl, ohne bessere Kenntnis der Situation, diese Synthese vornimmt. Eine sinnvolle Portfolioanalyse kann u. E. auch erst nach Abschluss rel. aufwändiger Voranalysen gemacht werden, denn eine reine Beurteilung des Portfolios gemäss dem BCG-Schema auf Grundlage der relativen Marktanteile und des Marktwachstums macht bei NPO kaum je Sinn, und eine relativ objektive, differenzierte Beurteilung der Geschäftsfelder verlangt nach einer vorgängig vorgenommenen Stärken/Schwächen-Chancen/Gefahren-Beurteilung. Wenn wir deshalb im Folgenden einige der hier benannten Modelle als Synthese-Instrumente vorstellen, dann deshalb, weil sie u. E. *besonders zur Synthese*, d. h. am Schluss der Analyse, geeignet sind und weil sie zweitens einen relativ grossen Aussagewert bezüglich des einzuschlagenden Weges haben, d. h. aus den Resultaten, die sich aus ihnen ergeben, lassen sich meist relativ konkrete Hinweise ableiten, in welche Richtung sich vorzuschlagende strategische Lösungen bewegen. Sie haben also nicht nur synthetischen Wert, sondern sind meist auch *diagnostischer* Natur, d. h., sie sollten dem Management helfen, empfehlenswerte Strategien von weniger empfehlenswerten zu unterscheiden[3].

9.1 Die Produkt-Markt-Matrix von Ansoff

Ein in der Literatur (insbesondere auch in der Marketingliteratur) immer wieder beliebtes Modell des kalifornischen Nestors der Strategieplanung, Igor Ansoff, ist u. E. gut geeignet, um eine Verbindung zwischen der Beurteilung der eigenen Organisation und ihrer Produkte einerseits mit den Resultaten der Marktbeurteilung (Marktentwicklung, Marktposition) andererseits zu machen. Ansoff schlägt vor, die strategischen Handlungsalternativen nach zwei Kriterien in vier mögliche Varianten zu unterteilen[4].

Der strategische Prozess

Produkt-Marktmatrix		
	Gegenwärtige Produkte	**Neue Produkte**
Gegenwärtige Märkte	**Marktdurchdringung** Ausschöpfen des Marktes (Umsatz steigern) mit dem Ziel, bei Kunden erhöhte Kaufraten zu erreichen, Kunden der Konkurrenz abzuwerben und/oder Neukunden zu gewinnen. Ansätze: ■ Intensivierung der Marktbearbeitung ■ Relaunches ■ Imitationen («Me-too»-Produkte) ■ Kosten- und Preissenkung ■ Unbundling (Elemente separat anbieten) ■ Segmentierung	**Produktentwicklung** Verbesserung des bisherigen Leistungsangebots für gegenwärtige Märkte. Ansätze: ■ Entwicklung neuer bzw. besserer Produkteigenschaften für bestehende Produkte ■ Entwicklung von Varianten eines Produktes ■ Entwicklung von neuen Produkten ■ zusätzliche Leistungen (z. B. Beratung, Service, Systemlösungen)
Neue Märkte	**Marktentwicklung** Suche nach neuen Märkten, die man mit dem gegenwärtigen Leistungsangebot bedienen kann. Ansätze: ■ geographische Ausweitung ■ Erschliessung neuer Abnehmergruppen bzw. Käuferschichten ■ neue Vertriebskanäle ■ neue Verwendungszwecke	**Diversifikation** Bearbeitung eines neuen Marktes außerhalb des gegenwärtigen Tätigkeitsfeldes. Ansätze: ■ horizontal (Synergien mit bisherigen Tätigkeiten) ■ lateral (Aufnahme völlig neuer Geschäftstätigkeiten) ■ vertikale Integration (in vor- oder nachgelagerte Wertschöpfungsstufen)

Abbildung 41: Die Produkt-Markt-Matrix von Ansoff (Darstellung nach Ansoff, 1965)

Grundsätzlich hat eine Organisation bezüglich ihres Marktverhaltens vier mögliche Alternativen:

1. Sie kann mit ihren bewährten Leistungen in bereits erschlossenen Märkten operieren *(Marktdurchdringung)*.
2. Sie kann bereits bearbeitete Märkte mit neuen Leistungen bedienen (*Produktentwicklung*).
3. Sie kann ihre alten Dienstleistungen auf neuen, bisher nicht bearbeiteten Märkten anbieten (*Marktentwicklung*).
4. Sie kann sich schließlich mit neuen Dienstleistungen in neue Märkte wagen (*Diversifikation*).

Das Modell eignet sich gut, um auf der Grundlage bestehender Sachkenntnis Strategiealternativen zu diskutieren: So ist es logisch, dass Diversifikation grundsätzlich eine wesentlich risikoreichere Strategiealternative ist als Marktdurchdringung: Beide Kriterien sind neu für die Unternehmung: Sie hat neue Dienstleistungen anzubieten, mit allen Risiken, die mit der Entwicklung und Leistungserbringung dieser Dienstleistung verbunden sind (ist das Produkt wirklich innovativ, klappt es?), aber auch mit allen Risiken, die im Auftritt auf einem neuen Markt bestehen (gelingt es überhaupt, genügend Bekanntheit zu erlangen, wie steht es mit dem Vertrauen bei den neuen Klienten, hat man genügend Kenntnisse über Bedürfnisse, Wünsche, Gewohnheiten der neuen Kunden etc.?).

Das Modell setzt voraus, dass man seine Produkte und Organisation gut kennt und die Marktsituation einigermassen objektiv einschätzen kann: Marktdurchdringung, die Variante mit dem *tiefsten Risiko,* ist z. B. nur empfehlenswert, wenn der Markt noch nicht vollständig *gesättigt* ist und noch gewisse Entwicklungspotentiale oder allenfalls *Nischen* zulässt und wenn die eigene Marktstellung so ist, dass man nicht befürchten muss, von potenteren Mitbewerbern *aus dem Markt gedrückt* zu werden. Die Varianten Produktentwicklung und Marktentwicklung ihrerseits setzen voraus, dass man sowohl gute Kenntnisse über die eigenen Innovationspotentiale besitzt wie auch über die zu erwartenden Entwicklungen in neuen Märkten. Schließlich gilt es, in einer Kosten-Nutzen-Evaluation die vier Strategiealternativen zu vergleichen und sich für die eine oder andere Strategiealternative zu entscheiden.

Für NPO ist die Ansoff-Matrix oft etwas schwierig anzuwenden und benötigt eine gewisse Flexibilität, weil die Grenzen der vier Handlungsalternativen bei Dienstleistungen fliessend sind: Was ist z. B. eine wirklich neue Dienstleistung *(Produktentwicklung)* und was ist nur die Adaptation eines alten Produkts *(Marktdurchdringung)*? Ist eine als *Marktentwicklung* gedachte neue Strategie nicht gleichzeitig *Produktentwicklung*? Am Beispiel einer Schule: Falls eine Schule ihre bisherigen Kurse an einem neuen Standort anbietet, der Standort und damit physisch das Schulgebäude neu sind? Ist das nun Produktentwicklung oder Marktentwicklung? Wir empfehlen, auf diese Unschärfen gar nicht zu achten und darüber hinwegzugehen. Das Instrument behält seine Aussagekraft und ist brauchbar. Notwendig ist, dass man das Instrument zusätzlich auf die spezifische Situation von NPO adaptiert, d. h., bei den Märkten handelt es sich z. T. um Kunden-/Klientenmärkte, in anderen Fällen aber auch um Ressourcenmärkte, z. B. um Märkte für Mitarbeitende (Freiwillige z. B.) oder um Spender- und Gebermärkte (Fundraising).

Aufgabe:
Wählen Sie einen Ihnen bekannten Betrieb und evaluieren Sie auf der Grundlage der Ihnen bekannten Situation die Möglichkeiten, Chancen und Risiken der vier Ansoff'schen Handlungsalternativen.

9.2 Die Stärken-Schwächen/Chancen-Gefahren Beurteilung und die SWOT-Matrix

Die Stärken-Schwächen/Chancen-Gefahren Beurteilung wird oft als *das* Instrument der strategischen Analyse dargestellt und erscheint überall, wo Teilanalysen stattfinden (z. B. bei der Beurteilung funktionaler Bereiche der Organisation, z. B. im Marketing, im Human-Resources-Management oder im Finanzmanagement), als Werkzeug, um eine abschliessende Gesamtbeurteilung der Situation vorzunehmen[5]. Wir verwenden hier ganz bewusst den Ausdruck „Beurteilung", weil der meist verwendete Ausdruck „Stärken/Schwächen- und Chancen/Gefahrenanalyse" den Eindruck erweckt, es handle sich um ein rein analytisches Instrument, dabei ist u. E. gerade bei diesem Instrument der synthetische Charakter besonders ausgeprägt.

Stärken/Schwächen-Chancen/Gefahren-Beurteilungen erfolgen in verschiedener Form:
1. Die einfachste Form ist die Darstellung der Stärken und Schwächen, Chancen und Gefahren in Form einer einfachen *Stärken/Schwächen-Chancen/Gefahren-Liste*. Dabei werden die wichtigsten Schlussfolgerungen der einzelnen, im Vorfeld gemachten Analysen gezogen und in Form von Stärken und Schwächen, Chancen und Gefahren aufgelistet, wobei man z. B. eine Priorisierung vornehmen kann, indem man die wichtigsten Punkte am Anfang der Liste aufführt, die weniger wichtigen eher am Schluss. Als Alternative ist auch eine gewisse Gewichtung der jeweiligen Stärken und Schwächen sowie Chancen und Gefahren denkbar (z. B. durch Verwendung einer geeigneten Skala).
2. Als zweite Form der Darstellung von Stärken/Schwächen sowie Chancen und Gefahren findet man in der Literatur die Darstellung in Form von *Stärken/Schwächen- und Chancen/Gefahren-Profilen*. Diese Form setzt voraus, dass die einzelnen Punkte vorerst aufgelistet werden und dann auf einer Bewertungsskala möglichst objektiv bewertet werden, wobei die Skalierung einen Vergleich der verschiedenen Kriterien miteinander erlauben soll. Aus dieser Darstellung entstehen differenzierte Darstellungen des Zustands und der Bedrohungen und Chancen einer Organisation, die z. B. im Vergleich mit Mitbewerbern diskutiert werden können, deren Profil in gleicher Art erstellt wird.

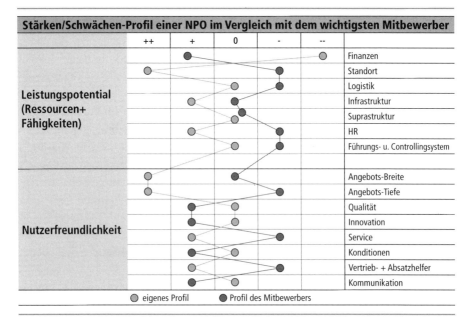

Abbildung 42: Stärken/Schwächen-Chancen/Gefahren-Profil einer NPO im Vergleich zu einem Mitbewerber (eig. Darstellung)

Der Vorteil der Darstellung in Form von *Profilen* ist die Überblickbarkeit der verschiedenen Faktoren und die Möglichkeit, Vergleiche zwischen Profilen unserer Organisation mit Mitbewerbern (z. B. Best Practice), oder auch von Ist- und Soll-Profilen herzustellen (Ist als Momentanzustand und Soll nach Umsetzung der Strategie). Ein Vorteil der Darstellungsmethodik ist sicher auch ihr optischer Showeffekt: Sie sieht gut aus und wirkt wissenschaftlich. Das Problem dieser Darstellungsmethode ist u. E., dass man in Folge der vielen Details die wirklich entscheidenden Punkte, z. B. die entscheidende Stärke oder Schwäche, unterbewertet. Die Darstellung verliert damit gerade ihren entscheidenden Charakter, die Synthesewirkung. Wir wenden deshalb die Darstellungsweise in der Praxis selten an.

3. Die dritte Darstellungsart von Stärken und Schwächen sowie Chancen und Gefahren besteht darin (wie so vieles in der Managementlehre), dass man die Stärken und Schwächen, Chancen und Gefahren in einer Matrix darstellt. Diese Matrixdarstellung, oft auch *SWOT-Matrix* oder *SWOT-Analyse* genannt, ist keine reine Darstellung der wichtigsten Stärken/Schwächen und Chancen/Gefahren, die Darstellung in der Matrix versucht eine Verbindung zwischen den Stärken/Schwächen und Chancen/Gefahren herzustellen[6]:

Umweltfaktoren	Chancen	Gefahren
	CH1 – neue Technologien verlangen Unterstützung	T1 – öffentl. Handspart
		T2 – regionale Zentren sind nahe bei Kunden
	CH2 – neue Technologien brauchen zentrales Know-how und Infrastruktur	T3 – Verlust des tradit. Geschäfts-Verlust; Beziehungen
Unternehmensfaktoren	CH3 – bisher kein Angebot	& Know-how
Stärken	**SO-Strategien**	**ST-Strategien**
S1 – hervorragende Beziehungen zu Behörden, Kunden + Lieferanten	S1–S5 x CH	S1 x T1/T3
S2 – zentrale Stellung	– Aufbau eines neuen Services	– Halten des trad. Geschäfts so lange wie möglich
S3 – hohe Bekanntheit		
S4 – Reserven in Immobilien		
S5 – Vorhandene Infrastruktur (Raum, Installationen)		
Schwächen	**WO-Strategien**	**WT-Strategien**
W1 – Image verstaubt		
W2 – ungünstige Personalstruktur (ø-Alter hoch)	W1 x CH2 – Relaunch des Images	W5 x T1 – Know How Aufbau aus eigenen Mitteln forcieren
W3 – wenig Liquidität		
W4 – wenig bekannt bei jungen Kunden	W5 x CH2 x Ch5	
W5 – noch wenig Know-how in neuen Technologien	– Anstellung neuer Mitarbeiter	

Abbildung 43: SWOT-Darstellung einer NPO (eigene Darstellung an fiktivem Beispiel)

Der Unterschied zwischen Stärken/Schwächen und Chancen/Gefahren

Bevor wir uns den Schlussfolgerungen zuwenden, die aus der Matrix ableitbar sind, ist es vorerst notwendig, den Unterschied zwischen Stärken/Schwächen und Chancen/Gefahren zu erklären:

- *Stärken* und *Schwächen* sind *Eigenschaften der Organisation,* ihrer *Prozesse und Dienstleistungen im Vergleich mit Mitbewerbern.* Stärken und Schwächen werden damit sichtbar aus der Unternehmensanalyse, im Vergleich mit ihren Konkurrenten oder Benchmarkingpartnern. Stärken oder Schwächen sind erkennbar aus Vergleichen der Resultate oder Ergebnisse, die Organisationen im Vergleich erzielen (z. B. Kosten- und Ertragsvergleiche, Produktvergleiche), Stärken oder Schwächen können aber auch durch einen Vergleich der Prozesse abgeleitet werden (z. B. an der Wertkette). Stärken und Schwächen sind letztlich auch aus dem funktionalen Vergleich der Gesamt-Organisation oder Teilen von ihr mit den Mitbewerbern ableitbar (z. B. Vergleich der Funktion Marketing, Human-Resources-Management etc.).

- *Chancen* und *Gefahren sind Entwicklungen in der Umwelt* und speziell in den *Märkten,* die aus dem Vergleich der Umwelt- und Marktanalyse mit den Fähigkeiten der Organisation, auf diese Entwicklungen zu reagieren, als Chance oder als Gefahr wahrgenommen werden. Eine Umweltentwicklung kann dann zur Gefahr werden, wenn sie insgesamt für eine *ganze Branche* eine negative Entwicklung einleiten könnte und die Branche nicht adäquat reagieren kann. So hatte die Digitalisierung der Fotografie für die gesamte Branche der Fotoentwickler dramatische Konsequenzen, da diese meist keinerlei Kompetenzen im Bereiche der digitalen Fotografie hatten, ihr Geschäft war ein *chemisches Geschäft* und allenfalls die *Logistik* (Versand). Für NPO könnten Entwicklungen im medizinischen Bereich ganze Teilbranchen der Pflege obsolet machen, weil die Pflegedienstleistungen durch medizinische Therapie ersetzt wird (was gesellschaftlich insgesamt ein Fortschritt, aber für die Branche eine Katastrophe wäre). Eine Umweltentwicklung kann jedoch insbesondere dann auch zu einer Gefahr werden, *wenn die Mitbewerber in einer Branche* (oder einzelne Mitbewerber*) auf diese Entwicklung besser vorbereitet sind als unsere Organisation*. Analog sind Chancen dann als Chancen zu notieren, wenn sie für die ganze Branche, aber insbesondere auch, wenn sie speziell für *unsere* Organisation positive Entwicklungen auslösen können. Chancen und Gefahren müssen also aus den Ergebnissen der Umwelt- und Marktanalysen und aus der Unternehmensanalyse ermittelt werden.

In der SWOT-Matrix werden in der Vertikale im Feld *Stärken* alle (oder doch zumindest die wichtigen) Stärken aufgeführt, im Feld *Schwächen* alle oder die wichtigen Schwächen der Organisation. In der Horizontale werden im Feld *Chancen* alle oder die wichtigen eruierten Chancen aufgeführt, im Feld *Gefahren* alle oder die wichtigen Gefahren. In einem zweiten Schritt werden anschließend vier mögliche Strategiealternativen diskutiert und eruiert und in die vier Felder im Innern der Matrix eingetragen:

- *Stärken-Chancen-Strategien* sind Handlungsmöglichkeiten, bei welchen ganz bewusst bestehende Stärken der Organisation auf Chancen stossen, die in der Umwelt zu erwarten sind. Man geht davon aus, dass Stärken, die auf Chancen treffen, eine besonders starke Durchsetzungskraft und Erfolgswahrscheinlichkeit haben. Stärken-Chancen-Strategien gehen von einem „optimistischen Weltbild" aus, man hofft, am besten zu reüssieren, indem man auf Stärken setzt, diese allenfalls ausbaut und davon ausgeht, dass die Chance kommen wird (was nicht immer realistisch sein muss!).
- *Schwächen-Gefahren-Strategien* sind Handlungsmöglichkeiten, die sich v. a. ergeben, weil man dort agiert, wo bestimmte Schwachstellen in der Organisation oder bei den Dienstleistungen auf Risiken in der Umwelt stossen. Man will also durch Gegenmassnahmen v. a. verhindern, dass zu erwartende negative Umweltentwicklungen unsere Organisation unvorbereitet *erwi-*

schen. Diese Strategien gehen von einem etwas pessimistischeren Weltbild aus, man erwartet, dass das Schlimme geschieht und man sich darauf vorbereiten muss.
- Es gibt auch noch zwei weitere mögliche Handlungsfelder, nämlich die Stärken-Gefahren-Strategien und die Schwächen-Chancen-Strategien: Bei *Stärken-Gefahren-Strategien* kann die Organisation davon ausgehen, dass man bestehende Stärken so nutzt, dass eine als wahrscheinlich erachtete gefährliche Umweltentwicklung nicht durch falsche Massnahmen zur echten Bedrohung wird. So wird eine NPO, die finanziell ein sehr ausgewogenes Finanzierungsprofil ausweist, nicht ihre Abhängigkeit ausgerechnet von einer Finanzquelle erhöhen (z. B. vom Staat), wenn die Finanzkraft und Spendierfreudigkeit dieser Quelle voraussichtlich abnimmt. *Schwächen-Chancen-Strategien* sind Handlungsvarianten, bei welchen z. B. versucht wird, wesentliche positive Umweltentwicklungen (z. B. neue Marktchancen oder Finanzierungsmöglichkeiten) dadurch zu nutzen, dass man eine bisherige Schwäche bewusst zur Stärke umfunktioniert oder ausbaut. Es ist dabei allerdings zu beachten, dass die Umwandlung einer Schwäche zu einer Stärke im Allgemeinen einen wesentlich höheren Aufwand verlangt als der Ausbau einer schon bestehenden Stärke.

Man erkennt unschwer, dass die *SWOT-Matrix* eine direkte diagnostische Wirkung hat: Mögliche Handlungsfelder werden sichtbar und können miteinander verglichen werden. Der grosse Vorteil der SWOT-Matrix ist, dass im Strategieteam alternative Strategien nebeneinander sichtbar gemacht werden und als alternative Strategien evaluiert werden können. Eine Organisation kann nie alles, was zu tun wäre, gleichzeitig tun, und die SWOT erlaubt deshalb, *Prioritäten* zu machen: Was tun wir gleichzeitig und was tun wir zuerst, was vielleicht erst nachher? Vertrauen wir eher auf eine günstige Umwelt und bauen die Stärken aus oder sind wir skeptisch und versuchen v. a., uns durch Abbau der wichtigsten Schwächen gegen eine raue Zukunft zu wehren? Die SWOT-Matrix führt von der Analyse relativ direkt zu den Massnahmen, was nicht nur Vorteile hat!

Eine Gefahr der SWOT-Betrachtung ist nämlich, dass man wichtigere strategische Fragen aus den Augen verliert und auf der Gundlage der SWOT falsche Prioritäten setzt. Wichtige(re) strategische Fragen sind nämlich oft: Was ist unsere Mission und Vision? Wie wollen wir uns grundsätzlich positionieren? Was sind unsere Kernkompetenzen und wie bauen wir diese aus? Welches sind strategische Treiber im System, welche wir zur Realisierung der Vision und der Positionierung benutzen können? Solche Fragen werden durch die SWOT oft nicht ausreichend beantwortet, man entwickelt wilden strategischen Aktionismus. Auf der Basis der vier inneren Felder der Matrix versucht man, möglichst viele der eruierten Strategien zu realisieren. Wir empfehlen die SWOT durchaus als begleitendes Instrument zur Strategieentwicklung, keinesfalls jedoch als Modell, mit dem man alle strategischen Fragen lösen kann.

9.3 Das Portfolio

Der Portfolioansatz ist im strategischen Management eines der bestbekannten Konzepte, mit welchem sich Variantenentscheide für unterschiedliche Strategien diskutieren und entscheiden lassen[7]. Entstanden in der Mitte des vergangenen Jahrhunderts, ist im strategischen Management v. a. der sog. *BCG-Ansatz* geradezu populär geworden, bei dem die strategischen Geschäftsfelder einer Unternehmung in vier Feldern einer Matrix dargestellt werden[8].

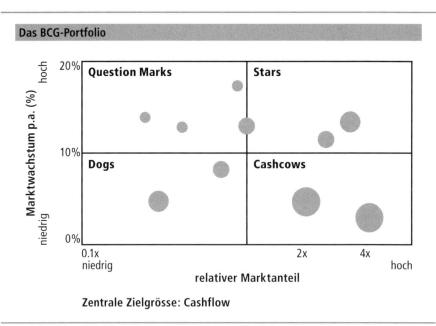

Abbildung 44: Portfolio-Matrix der Boston Consulting Group (BCG), (www.bcg.com)

Neben dieser Darstellungsart findet man in der Literatur unzählige adaptierte Verfahren. Das Grundprinzip der Portfolio-Matrix bleibt immer dasselbe: Auf der y-Achse werden in verdichteter Form Ergebnisse der Umweltanalyse dargestellt und auf der x-Achse Ergebnisse des Wettbewerbsvergleichs der eigenen

Unternehmung mit den Mitbewerbern. In der BCG-Matrix wird auf der y-Achse das Kriterium *Marktwachstum* eingetragen, ein Kriterium, das man für die Zukunftsentwicklung eines Geschäftsfeldes als besonders ausschlagkräftig erachtet. Auf der x-Achse der BCG-Matrix findet man ebenfalls nur ein Kriterium, den *relativen Marktanteil*, bei welchem man den eigenen Marktanteil in einen prozentualen Vergleich stellt zum wichtigsten Konkurrenten. Im Unterschied zu anderen Darstellungen beschränkt sich die BCG-Matrix auf je ein Kriterium pro Darstellungsachse, was eine rel. einfache Quantifizierung zulässt. Diese Darstellungsart ist für Kleinbetriebe und NPO allerdings nur in seltenen Fällen sinnvoll, weshalb wir für dieses Lehrbuch auf eine andere Darstellung zurückgreifen, die den Besonderheiten der NPO eher entgegenkommt: die Wettbewerbsposition/Marktattraktivität-Matrix.

Die Wettbewerbsposition/Marktattraktivität-Matrix
wurde von den Beratern McKinsey in Zusammenarbeit mit der Firma General Electric entwickelt und trägt deshalb etwa auch ihren Namen[9]. Auf der y-Achse, der *Umweltachse,* wird das Resultat einer Synthese von umweltanalytischen Beobachtungen dargestellt, die eine Einschätzung der Chancen/Gefahren-Beurteilung für ein bestimmtes strategisches Geschäftsfeld bedeutet. Hier werden Werte zusammengefasst wie die Marktgröße, das Marktwachstum, das Marktrisiko (Umweltevaluation), die Einstiegskosten in den Markt, die Konkurrenzsituation (starke oder eher schwache Konkurrenz). Die Bewertung kann intuitiv oder analytisch-synthetisch durch Bündelung gewichteter Bewertungen der einzelnen Chance- und Gefahren-Faktoren erfolgen.

Auf der x-Achse wird eine ebenso synthetische Darstellung von Ergebnissen der der Stärken-Schwächen-Analyse der Geschäftsfelder vorgenommen: Es werden Werte wie der relative Marktanteil (oder die Marktstellung), die Qualität der Dienstleistungen (aus Sicht der Kunden) sowie das Preis/Leistungs-Verhältnis zusammengefasst.

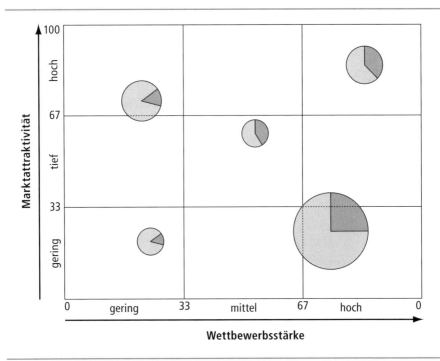

Abbildung 45: Portfolio-Matrix nach McKinsey und General Electric (vgl. Lombriser und Abplanalp, 2004: 210)

In der von McKinsey gewählten Darstellungsmethodik ist die Matrix nicht wie bei der BCG-Matrix in nur vier Felder aufgeteilt, sondern in neun Felder mit je rel. schwacher, mittlerer und starker Bewertung. Wo liegt nun der Aussagewert der Matrix? In die Matrix werden nicht nur die Resultate *eines* strategischen Geschäfts eingetragen, sondern die Bewertungen *für alle Geschäftsaktivitäten* der Organisation. Diese werden so miteinander verglichen und erlauben eine Diskussion der *strategischen Investitions-Desinvestitions-Entscheide*: In welche Geschäfte soll man investieren, in welche Geschäftsfelder eher nicht mehr oder zumindest sehr vorsichtig?

Der strategische Prozess

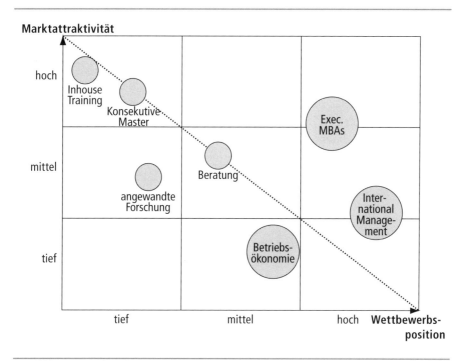

Abbildung 46: Wettbewerbsposition-Marktattraktivität-Matrix und Normstrategien (eigene Darstellung nach Müller-Stewens und Lechner, 2003: 303)

Man spricht in diesem Zusammenhang von sog. *Normstrategien*, d. h., die Normempfehlung lautet, dass man in Geschäftsbereiche rechts der diagonalen Linie (Investitionsbarriere) investieren sollte, aus Geschäftsbereichen links der Barriere sollte man sich dagegen tendenziell eher zurückziehen oder zumindest nur noch zurückhaltend Mittel investieren. Vor einer allzu strikten Befolgung der Normempfehlung ist allerdings abzuraten, da erstens die Einstufung nur so zuverlässig ist, wie die Bewertungsmethodik es zulässt, und weil zweitens auch gut abgestützte Bewertungen natürlich mit dem Risiko behaftet sind, dass man Prognosen einfliessen lässt, die durch Umweltentwicklungen im nächsten Moment ungültig gemacht werden. Eine allzu strikte Befolgung von Desinvestitionsempfehlungen zerstört oft bestehende Synergien zwischen Geschäftsfeldern, man merkt erst, nachdem man eine Geschäftsaktivität aufgegeben hat, welchen Wert diese Aktivität für andere Geschäftsaktivitäten hatte (wertvolles Know-how geht verloren, Fixkosten müssen nun plötzlich von einer reduzierten Zahl von Geschäftseinheiten getragen werden usw.). Es ist empfehlenswert, zuerst eine rel. kühle Bewertung der einzelnen Geschäftsaktivitäten vorzunehmen, dann aber in einem zweiten Schritt eine Diskussion der bestehenden Synergien anzuregen.

Die Portfolio-Matrix ist gerade für NPO u. E. ein sehr wertvolles Instrument, um eine Gesamtdiskussion der Situation der Organisation zu illustrieren. Sie regt dazu an, auf relativ sach- und erfolgsbezogener Ebene zu erwägen, ob man wirklich alle bisherigen Aktivitäten weiterführen soll, an denen man in NPO oft emotional sehr hängt (sie sind verbunden mit der Mission, mit den Werten der Organisation). NPO stehen oft unter einem rel. grossen externen (Auftraggeber) oder internen Druck (Mitarbeitende, Freiwillige, Mitglieder), alles so zu belassen, wie es schon immer gewesen ist. Die Portfolio-Bewertung kann eher dazu beitragen, die Diskussion auf Fakten abgestützt zu führen und so zu einem zweckorientierteren Entscheid zu gelangen, als wenn man solche Entscheide ohne rationale Basis diskutiert.

Es sei abschließend darauf hingewiesen, dass Portfolio-Bewertungen überall dort vorgenommen werden können, wo es darum geht, unterschiedliche Aktivitäten miteinander zu vergleichen und zu bewerten. Die Portfolio-Betrachtung hat den Vorteil, dass sie die Bewertung *objektiviert,* indem man sich im Team auf gemeinsame Kriterien einigen muss und so nicht jede Abteilung der Firma ihre ganz eigene, aus ihrer Sicht objektive (weil durch ganz bestimmte Kriterien geprägte) Bewertung vornimmt. Für eine Einprodukte-NPO mit klar definierter Geschäftsaktivität ist eine Portfolio-Bewertung also allenfalls nur dann sinnvoll, wenn man strategisch über die zukünftige Ausweitung der Aktivitäten diskutieren oder allenfalls aufzeigen will, wie risikobehaftet die Konzentration auf die bisherige Geschäftsaktivität ist. Grundsätzlich langt für solche Organisationen eine Bewertung der Stärken/Schwächen und Chancen/Gefahren. Portfolio-Betrachtungen werden immer dann besonders fruchtbar, wenn man verschiedene Aktivitätsfelder miteinander vergleicht. Die Bewertung kann sowohl Gegenwartsbewertungen berücksichtigen wie auch Zukunftseinschätzungen (Ist-Portfolio und Soll-Portfolio). So können international tätige Hilfswerke z. B. Länderbewertungs- oder Projekt-Portfolios erstellen, die dazu führen, dass man seine Einsatzstrategie grundsätzlich überdenkt (auf der Umweltachse wären dabei z. B. Kriterien wie die Hilfebedürftigkeit, die politische Opportunität und die Attraktivität bei Spendern einzutragen, auf der Unternehmensachse Kriterien wie die Erfahrung mit Ländern oder Projekten dieser Art etc.). *Gemischtwaren-NPO*, die historisch gewachsen ein Portfolio entwickelt haben, bei dem man alles tut, aber evtl. nichts mehr richtig und gut, können auf der Grundlage einer Portfolio-Bewertung eine strategische Grundsatzdiskussion über die eigene

Mission und die daraus folgenden Geschäftsaktivitäten, über die Möglichkeiten einer *Restrukturierung* einleiten. Da NPO zudem nicht nur in Leistungsabgabemärkten tätig sind, sondern auch in Ressourcenmärkten, lassen sich Portfolio-Bewertungen auch auf diese Ressourcenmärkte übertragen, indem man z. B. eine Portfolio-Bewertung der verschiedenen Fundraising-Portefeuilles vornimmt.

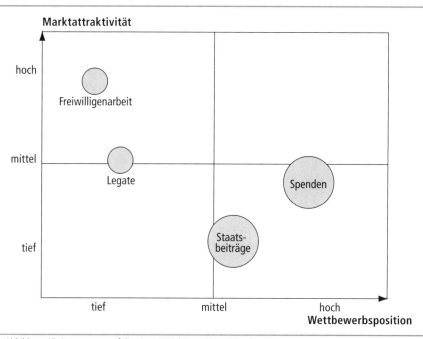

Abbildung 47: Ressourcenportfolio einer NPO (eigene Darstellung)

Das Portfoliomodell dient auch für Überlegungen, bei denen man sich über die Führungsstrukturen und die sog. Gruppenlogik Gedanken macht. Als *Portfolio-Management* wird dabei ein Führungsansatz verstanden, bei dem sich die Führungsriege der Gesamtorganisation als Investor verhält, der in Portfolios investiert und desinvestiert, aber im Übrigen die Führung der einzelnen Geschäftsfelder den Führungspersonen dieser Geschäftseinheiten überlässt. Dem stehen Führungsansätze gegenüber, die man in der Literatur als *Synergiegestaltung* bzw. als *Entwickler* bezeichnet. Dazu mehr in Kap. 10.7.

Aufgabe: Wählen Sie eine Ihnen bekannte NPO mit ganz unterschiedlichen Aktivitäten und versuchen Sie eine Bewertung des Portfolios vorzunehmen. Diskutieren Sie die Schwierigkeiten, Möglichkeiten und Grenzen der Bewertung

10. Strategische Entscheide – Die Entwicklung von Strategieinhalten

Analyse um der Analyse willen ist zwar oft spannend und lehrreich, verfolgt jedoch in der handlungsorientierten Managementlehre keinen Selbstzweck. Die Analyse und anschließende Synthese sollen dazu führen, dass die Organisation in der Lage ist, ihre Strategie so zu gestalten, dass sie den eigenen Ressourcen und Kompetenzen entsprechend und den Möglichkeiten der Umwelt angepasst erfolgreich die Zukunft meistert. Es stellt sich die Frage, wie Strategieentscheide sein müssen, welche in einer ganz bestimmten Situation zu treffen sind. Es ist eher die Ausnahme, dass in einer Organisation die Gesamtstrategie zur Disposition steht. Wie wir bereits früher festgestellt haben, werden Strategieentscheide laufend auf allen Ebenen der Organisation gefällt, oft werden Projekte gestartet, die sich im Verlaufe der Zeit als entscheidend für die strategische Ausrichtung der Organisation erweisen, ohne dass bei Projektstart jemand sich der Bedeutung dieses Schritts genau bewusst war. Immerhin kommt es vor, dass im Rahmen eines Workshops die gesamte Strategie der NPO in einer Auslegeordnung analysiert, hinterfragt und die strategische Neuausrichtung mit möglichen Varianten durchdiskutiert und neu festgelegt wird. Teilentscheide, auch wenn sie laufend fallen, lassen sich ebenfalls in den Rahmen einer Gesamtstrategie einordnen. Wir werden deshalb im Folgenden die strategischen Entscheide in ihrem Gesamten darstellen.

Welche inhaltlichen Fragen müssen aufgrund der Kenntnis der Situation und der Zukunftsaussichten gefällt werden? Die wichtigsten *Teilbereiche der Strategie* befassen sich mit:

- Der Bestimmung und allenfalls Neubestimmung von Mission und Vision der Organisation, ihrem eigentlichen Zweck, ihrer Daseinberechtigung und der strategischen Intention.
- Dem Portfolio.
- Der Wettbewerbsorientierung und Kooperationspolitik.
- Der Positionierung der Organisation in ihrem Umfeld und der weiteren Umwelt (Marktwahl und Definition des Leistungsangebots, Differenzierung im Umfeld der Mitbewerber, der Klienten/Kunden und Auftraggeber).
- Der Ressourcenpolitik und dem Auf- und Ausbau der Fähigkeiten der Organisation.
- Den Entwicklungsmodalitäten und strategischen Hebeln.
- Der Bestimmung des organisatorischen Rahmens, von Führungsstruktur und -stil.

Der strategische Prozess

- Der Etablierung eines strategischen Controllingsystems.
- Dem Krisenmanagement.

10.1 Vision, Mission und Leitbild

Während der hohen Zeit der sog. *Planungsschule des strategischen Managements* herrschte die Auffassung vor, dass strategisches Management ein sehr detaillierter, von den obersten Zielen der Organisation heruntergebrochener Plan sein muss, der bis in die feinsten Verästelungen der Organisation hineinwirkt und das ganze Unternehmensgeschehen vorbestimmt. In den 90er Jahren des vergangenen Jahrhunderts entwickelte sich in der Strategielehre im Gegensatz dazu eher die Auffassung, dass Strategie zwar durchaus ein Plan (im Sinne einer schriftlich fixierten, vorausgedachten Festlegung der zukünftigen Handlungen) sein kann, *dass weniger jedoch mehr ist*, d.h., dass eine *klare Vision und einige* allen Mitarbeitenden bekannte, wohldurchdachte, auf eine sorgfältige Analyse der Unternehmenssituation basierende *Grundsätze*, in welche Richtung sich die Organisation bewegt, wertvoller, verbindlicher und auch motivierender sind als bis ins Detail gehende, rasch durch die Realität überholte, praxisferne Richtlinien und Weisungen, die weder nachvollzogen noch durchgesetzt werden können. Im Rahmen dieser Denkschule entwickelte sich das Konzept des *Leitbilds*, eines Strategiepapiers, das in kurzen Zügen aufzeigen soll, in welche Richtung sich die Organisation zukünftig orientieren soll.

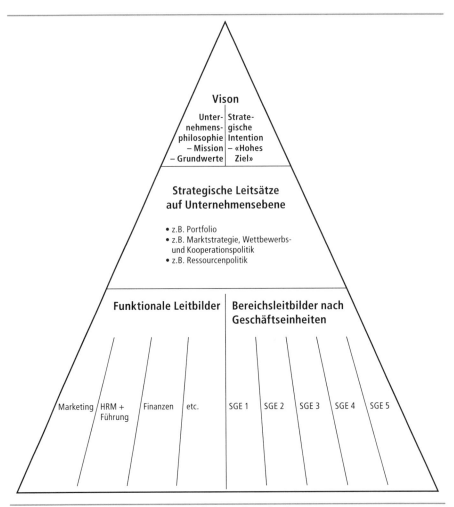

Abbildung 48: Das Leitbild und seine Bestandteile (eigene Darstellung)

Gemäß Müller/Stewens ist das Leitbild eine „schriftlich fixierte Mission" und wird dem angelsächsischen *Mission Statement* gleichgesetzt. Lombriser/Abplanalp umschreiben den Begriff dagegen mit der „schriftlichen Verankerung der Vision", und Baldegger nennt es in Anlehnung an Hinterhuber ein „realistisches Idealbild, einen Leitstern, an dem sich alle unternehmerischen Tätigkeiten orientieren"[1]. Auch wenn die Interpretation der drei Begriffe nicht deckungsgleich ist (und dieser Begriffssalat findet sich auch bei anderen Autoren), so kann man doch für diese in Theorie und Praxis weit verbreiteten Umschreibungen Folgendes festhalten:

Der strategische Prozess

Das *Leitbild* ist ein (meist kurzes) *schriftliches Dokument*, das die *Mission* und *Vision* der Organisation festhält und die grundlegenden Werthaltungen, die grundlegende Leitidee, welche die Organisation führen sollen, fixiert und gegen innen und außen dokumentiert. Neben diesem wertorientierten Teil enthält ein Leitbild wesentliche strategische Richtlinien, welche die Umsetzung der grundlegenden Anliegen und Leitideen konkretisieren.

Da sich die Literatur in der Interpretation der Begriffe nicht ganz einig ist, schließen wir uns Lombriser und Abplanalp an, die den *werthaltigen* oder *normativen* Teil des Leitbilds mit dem Begriff *Vision* verschmelzen[2]: Die Vision umfasst also
- *unternehmensphilosophische Aussagen* (Mission und Grundwerte),
- die *strategische Intention*, die in die Zukunft weist.

> **Merkpunkt**
> Eine visionäre Organisation besitzt gemäß dieser Interpretation eine konzise Idee, *woher sie kommt, für was sie geschaffen wurde und was ihr Daseinszweck, ihre Mission ist*. Sie weiß, welche *Grundwerte* ihr wichtig sind, und sie hat eine Ahnung oder eine konkrete Vorstellung davon, *wohin sie gehen will, welche Rolle sie in der Zukunft spielen möchte und kann, was sie in der Zukunft erreichen will (strategische Intention)*.

Warum wird der Vision so viel Wert beigemessen? Visionen geben der rel. kühlen, sachorientierten Welt der Unternehmen *soziale Wärme, Zusammengehörigkeitsgefühl, Emotionalität, Schwung, Orientierung*.

- Eine *gute Vision* sollte in konsistenter Weise vermitteln, wie die Organisation ihren grundsätzlichen Auftrag interpretiert und welche strategische Stossrichtung dies für die Organisation im Rahmen der zu erwartenden Umweltveränderungen bedingt. Zusätzlich muss es gelingen, diesen Auftrag konsequent mit den Interessen und Sichtweisen der wichtigsten Stakeholdergruppen (Klienten, Auftraggeber etc.) zu verbinden. Die Kommunikations- und Vermittlung des Leitbilds mit der Vision richtet sich sowohl an die- Innen- wie an die Außenwelt der Organisation, wobei die *gegen außen* gerichtete PR-Version sehr oft nicht denselben Konkretisierungsgrad und auch eine andere Funktion hat als die Version für Kader, Mitarbeitende und Mitglieder.

- Eine gute Vision soll durch die starke *strategische Intention* zukunftsweisend sein, alle Mitglieder und Mitarbeitenden auf ein *gemeinsam zu erreichendes Ziel* hin anspornen. Die Ausrichtung auf ein gemeinsames herausforderndes

Ziel ist motivierend fokussierend, zentrifugal statt zentripetal. Strategische Intention muss nicht vollkommen konkret sein: „ein konkretes Zukunftsbild, nahe genug, dass wir die Realisierbarkeit noch sehen können, aber schon fern genug, um die Begeisterung der Organisation für eine neue Wirklichkeit zu wecken" (Boston Consulting Group bei Lombriser und Abplanalp. S. 214). Am Anfang einer strategischen Intention steht vielleicht noch eine sehr allgemeine Idee, wie die Zukunft und die Rolle der Organisation in dieser Zukunft aussehen könnte, die Vision wird mit der Zeit konkretisiert und klarer. Eine strategische Intention sollte jedoch herausfordernd sein, nicht selbstverständlich und leicht zu erreichen, sondern als echte Herausforderung empfunden werden, einen hohen Anreizwert aufweisen, etwa so, wie sich auch Sportler hohe Ziele geben. So hat John F. Kennedy, um ein immer wieder genanntes Beispiel zu nennen, 1960 als Antwort auf den russischen Sputnik die Vision formuliert, dass die USA 1970 auf dem Mond sein wollen, ohne genau zu wissen, wie dies zu realisieren ist. Und Bill Gates soll in den achtziger Jahren die Vision formuliert haben, dass 2010 alle Haushalte der Welt einen PC besitzen (und wohl Microsoft dazu die Software liefert). Beide Ziele waren anspruchsvoll, genügend konkret und doch so weit entfernt, dass sie Kreativität, Motivation und auch viel Teamgeist erforderten, um realisiert zu werden.[3]

- Eine gute Vision vermittelt durch die *Unternehmensphilosophie* (Mission und Grundwerte) Bodenhaftung, Kontinuität, eine gemeinsame Kultur, in der sich die Menschen orientieren können und wohlfühlen, mit der sie sich identifizieren können, für die es sich lohnt, sich einzusetzen: „Die Unternehmensphilosophie ist das Fundament der Kontinuität und Stabilität und stellt einen festen Orientierungsrahmen bereit"[4].

Zur Unternehmensphilosophie gehören im Einzelnen

- die *Mission*, der „Daseinszweck der Organisation". Im Unterschied zur unten beschriebenen „strategischen Intention" beschreibt die Mission den eigentlichen Hauptzweck, den sich die Organisation aus ihrem Selbstverständnis heraus selbst gibt. Dieser Hauptzweck muss nicht auf die Zukunft ausgerichtet sein (dies ist Aufgabe der strategischen Intention), die Mission nimmt Stellung zu den sozialen, ökologischen und auch wirtschaftlichen Werten, welche die Organisation schaffen will. Ob diese Werte geschaffen wurden, soll später durch *strategisches Controlling* überprüft werden. Der Organisationszweck ist bei der Stiftung durch den oder die Stifter(innen) in der Stiftungsurkunde fixiert und kann nur im Rahmen des rechtlichen Freiraums

Der strategische Prozess

überhaupt verändert werden. Bei Mitgliederorganisationen wie den Vereinen und Genossenschaften haben die Mitglieder die Möglichkeit, die Mission im Rahmen von Statutenänderungen neu zu definieren und im Lichte neuer Herausforderungen der Gesellschaft und Umwelt oder (im Falle der Selbsthilfeorganisationen) im Interesse neuer Mitglieder mit neuen Bedürfnissen anzupassen oder neu zu interpretieren. Die Mission wird nicht nur durch Stifter und Mitglieder definiert, sondern sie beinhaltet auch eine Abwägung der Interessengegensätze, in der sich jede NPO zwischen verschiedenen Stakeholdergruppen befindet. Viele Dokumente, die sich zur Mission eher aus einer juristischen Optik äußern, müssen für eine betriebswirtschaftlich griffige Verwendung im Leitbild noch diskutiert, im Lichte der Unternehmenssituation neu definiert und präzisiert werden, und es erscheint sinnvoll, dass die Mission ausdrücklich zum Zielkonflikt „Ökonomie-gesellschaftlicher Zweck/ökologischer Zweck der Organisation" Aussagen macht.

- Aussagen zu den *Grundwerten*, welche in der Organisation hochgehalten werden sollen, bzw. zu Verhaltensstandards, welche man beachten will, komplettieren mit der Mission die Unternehmensphilosophie. Wieland[5] schlägt vor, dass es sinnvoll wäre, wenn die Grundwertediskussion nicht nur in einzelnen Betrieben geführt wird, sondern wenn sich ganze Branchen an solche Standards halten. Dies ist sinnvoll, weil sich ethisches Verhalten dann nicht negativ, wettbewerbsverzerrend verhält (wer sich nicht an die Standards hält, wird belohnt). Für gewisse Branchen wie die Fundraisingbranche sind solche Standards in Österreich, Deutschland und der Schweiz bereits realisiert.

NPO können aus unserer Erfahrung oft leichter als Wirtschaftsunternehmen ihre *Unternehmensphilosophie* formulieren, und das *Selbstverständnis*, was die gemeinsame Mission und die Grundwerte betrifft, ist oft in ausgeprägtem Maße vorhanden und gibt den Mitgliedern und Mitarbeitenden ein starkes Identifikations- und Zusammengehörigkeitsgefühl. In Wirtschaftsunternehmen ist genau diese Eigenschaft selten sehr ausgeprägt, das Wichtigste, was die Menschen in solchen Unternehmen verbindet, sind materielle Werte, der Thrill des erfolgreichen Konkurrenzkampfes oder die sozialen Kontakte. Die aus einer gemeinsamen Unternehmensphilosophie hervorgehende Stabilität in NPO hat Vorteile: Die Treue zur Organisation, zu ihrer Mission und ihren Werten ist oft ausgesprochen groß und in einer Zeit der Beliebigkeit nicht selbstverständlich. Genau dieses erfüllte Stabilitätsversprechen ist insofern ein Risiko, als in solchen NPO Resistenz gegen Veränderung vorhanden ist, und Veränderung wäre in einer sich mit großer Dynamik verändernden Umwelt oft lebensnotwendig. Während es für Führungspersonen in Wirtschaftsunternehmungen sehr oft darum geht, den Mitarbeitenden überhaupt so etwas wie eine gemeinsame Philosophie und Kultur zu vermitteln, ist die Führungsaufgabe in NPO wohl eher das Finden einer Balance zwischen Philosophie/Kultur und Veränderungsfähigkeit (vgl. dazu Kap. 12).

Formulierung der strategischen Intention
Während die Formulierung einer gemeinsamen Unternehmensphilosophie also in NPO meist kein allzu großes Problem bereitet, sind NPO mit einer klaren *strategischen Intention* eher selten. Wer die Homepages von nationalen und internationalen NPO durchforstet, wird keinerlei Probleme haben, überall Statements zur Mission und zu den Grundwerten zu finden. Man beschäftigt sich gerne mit sich selbst und mit dem, was den Mitgliedern und Mitarbeitenden wichtig ist und wofür sie stehen. Viel weniger beschäftigt man sich dagegen damit, was zu verändern ist und was man konkret dafür tun möchte. Dabei wären auch hier die NPO grundsätzlich gegenüber Wirtschaftsunternehmen im Vorteil. Der Daseinszweck ist ja nicht nur auf Mammon und auf Wettbewerbsfähigkeit ausgerichtet, darauf – wie es als Vision vieler Unternehmen immer wieder formuliert wird – den Branchenleader zu schlagen, heiße er nun Coca-Cola, Hertz oder Migros: NPO wollen für die Gesellschaft, für die Umwelt Gutes tun, die Formulierung einer Vision, wie die Gesellschaft und Umwelt aussehen soll, die man sich vorstellt und was man als Organisation für diese Veränderung tun kann, müsste nicht allzu schwierig sein. Die Intention wird jedoch viel zu oft vergessen, weil man sich primär auf *das* konzentriert, was aus der Vergangenheit heraus das Selbstverständnis der Organisation ausmacht (die Philosophie), und nicht darauf, was Kern der Zukunftsaufgabe wäre. In der Visionsdiskussion muss primär diese Intention diskutiert werden, hier müssen Konflikte thematisiert werden, die sich daraus ergeben, dass eine NPO im Widerstreit der Interessen und Zukunftsvorstellungen ganz unterschiedlicher Beziehungsgruppen steht. Wenn die Intention klar ist, kann die Missions- und Grundwertediskussion folgen und kann in Beziehung gesetzt werden zur Intention: Muss unser selbstgegebener Auftrag und müssen unsere Werte im Dienste der Intention geändert oder überdacht werden oder besteht zwischen Intention und Organisationsphilosophie Übereinstimmung?

Vision und Leitbild sollten *gelebt* werden. Zu viele Organisationen haben ein hübsch formuliertes Leitbild, doch eigentlich kümmern sich weder Innen- noch Außenwelt um die darin formulierten Inhalte. Die Idee der visionären Unternehmung wird verständlich, wenn man Unternehmen und NPO erlebt, in welchen eine *visionäre* Unternehmerin oder ein Unternehmer jeden Tag mit dem eigenen Vorbild zeigt, was sie oder er unter der Vision versteht und wie er oder sie die Vision umsetzt. Visionäre Unternehmen und die Kraft, welche eine solche Vision entwickelt, werden auch sichtbar in NPO, die durch eine starke Mission zusammengeschweisst und durch eine klare Vision angetrieben werden. Die formulierte Vision und das Leitbild allein können grafisch noch so aufwendig auf Glanzpapier oder auf der Homepage präsentiert werden, ohne Mitglieder der Organisation, die bereit sind, das Leitbild zu leben, bleibt der Inhalt ohne Wert.

Die Vision als Netzwerkaufgabe
Durch die Ausrichtung der Diskussion auf eine sehr langfristige Vision, auf eine Veränderung, „die einen wirklichen Unterschied macht" (P. Drucker), kann der Ausgleich der Interessen emotional akzeptabler gemacht werden und eine langfristige Vision kann deutlich machen, dass unsere Organisation bei der Realisierung der Vision sehr oft nur ein Rad in einem ganzen Räderwerk ist. Die Vision ist gerade bei NPO oft nur zu realisieren, wenn man im Rahmen eines Netzwerks zusammenarbeitet, auch wenn dieses Netzwerk grundsätzlich aus hart konkurrierenden Teilorganisationen, z. B. politischen Parteien, besteht.

Auf die Art und Weise, wie Leitbilder entstehen, gehen wir in diesem Kapitel nicht ein. Dieses Thema wird ausführlich in den Kap. 11–13 geschildert. Abschliessend erscheint es uns noch wichtig, auf zwei wichtige *Bedingungen* einzutreten, die z. B. *Drucker für gute Leitbilder* fordert[6]:

1. Die Vision und das Leitbild sollen *kurz, prägnant und verständlich* sein. Ein bekannter Gastronomie-Unternehmer aus der Schweiz pflegte zu fordern, Gäste und Mitarbeitende müssten das Leitbild auf dem Weg auf ein stilles Örtchen jederzeit lesen und aufnehmen können, was er mit seinen 10 Leitsätzen auch in die Realität umsetzte. Ein Leitbild, das so kompliziert formuliert ist, dass es vergessen wird, ist kaum ein gutes Leitbild.
2. Die Vision sollte bei aller Zukunftsorientierung eine *Verbindung zur Realität*, d. h. zu den Möglichkeiten und Fähigkeiten einer Organisation und zu ihren spezifischen Stärken haben und nicht völlig abgekoppelt sein von der betrieblichen Wirklichkeit. Wir unterstreichen diesen Punkt, weil in kreativen Strategieworkshops genau dieser Aspekt oft vergessen wird. Es werden wunderschöne Visionen entwickelt, die nichts mit den spezifischen Stärken und Kompetenzen der Organisation zu tun haben, oder es wird von einer Zukunft geträumt, die nur eine momentane Modeerscheinung ist und die in vielen anderen Organisationen zum gleichen Zeitpunkt genau gleich geträumt wird. So wollten in den 90er Jahren viele Unternehmen unbedingt

Teil der „new economy" werden, unabhängig davon, ob auch nur eine geringe Realisierungschance auf der Grundlage der eigenen Fähigkeiten vorlag. Die Konsequenzen dieser Träume sind bekannt und müssen deshalb nicht weiter diskutiert werden.

Kriterien für ein effektives Leitbild gemäß P. Drucker[7]:
- Es ist kurz und genau fokussiert
- Es ist klar und einfach zu verstehen
- Es definiert, warum wir etwas tun, was wir tun und warum es uns gibt und braucht
- Es schreibt nicht vor, wie die Dinge getan werden
- Es ist in grundsätzlicher Form abgefasst
- Es gibt die Richtung der Dinge an, die man tun soll
- Es beschreibt unsere Chancen
- Es ist in Übereinstimmung mit unseren Fähigkeiten
- Es inspiriert uns, die Arbeit anzupacken
- Es sagt aus, an was man sich erinnern soll, wenn man an uns denkt

Übung: Konsultieren Sie die Homepages von Ihnen bekannten NPO in Deutschland, Österreich und der Schweiz und suchen Sie nach Leitbildern und Aussagen zu Vision und Mission. Diskutieren Sie die Aussagen kritisch auf Grundlage der oben erwähnten Überlegungen, z. B. aufgrund der Kriterien von P. Drucker.

10.2 Aussagen zum Portfolio

Portfolio-Aussagen definieren grundsätzlich, was man tut und was man nicht tut. Somit gehören solche Aussagen an die Schnittstelle zwischen dem, was man als *normative Ebene* des Leitbilds bezeichnet, und dem, was *Sachaussagen* sind, welche die Wertebene des Leitbilds konkretisieren. Das Portfolio präzisiert vorerst, was man tun *will*. Es präzisiert damit aber auch, was man *nicht tun will*, d. h., es gibt Verzichterklärungen ab. Es verdeutlicht auf der Grundlage einer Portfolio-Analyse auch, was angesichts der Umwelt- und Marktsituation opportun ist, es macht Aussagen darüber, was man tun kann, weil die Marktsituation und die eigenen Ressourcen und Kompetenzen es als angebracht erscheinen lassen. Portfolio-Aussagen werden regelmäßig auf *Ebene der Gesamtorganisation* gemacht, das Portfolio kann auch auf der *Ebene der einzelnen Geschäftseinheiten* verfeinert werden. Portfolio-Aussagen in einem Leitbild sind äußerst wichtige Aussagen, weil hier grundlegende Weichen gestellt werden im Sinne einer Festlegung darauf, was man tun will und auf was man ausdrücklich verzichtet. Sie machen in der Praxis oft den entscheidenden Unterschied aus zwischen einer guten und einer schlechten Strategie: Ist das bisherige oder geplante Portfolio wirklich im Einklang mit dem, was man als Vision und Mission beschrieben hat, oder entwickelt man Aktivitäten, die sich einfach im Verlaufe der Zeit ergeben haben? Hat man sich mit dem gewählten Portfolio wirklich beschränkt auf das, was man wirklich gut kann oder wo man die wesentlichen Erfolgspotentiale sieht, oder werden knappe Ressourcen für Aktivitäten eingesetzt, die mit dem eigentlichen Kerngeschäft kaum etwas zu tun haben? Berücksichtigt das Portfolio, dass eine Organisation neben *Milchkühen*, deren Deckungsbeitrag mit dem Lebenszyklus abnehmen, auch Platz haben muss für *Fragezeichen*, d. h., Projekte, die in die Zukunft weisen?

Portfolio-Aussagen sind wichtig, weil die Organisation der Unternehmung meist sinnvollerweise entlang des Portfolios gestaltet wird. So werden in einer Hochschule die Institute oder Fakultäten auf der Grundlage des Portfolio-Entscheids gebildet, auch in einem Spital oder Heim bilden die Abteilungen meist das gewählte Portfolio ab. Solche Organisationseinheiten entwickeln (glücklicherweise) Eigendynamik, streben nach Autonomie und benötigen Mittel, wobei die Mittelverwendung wieder etwas mit dem zu tun haben sollte, was man ursprünglich als grundlegende Mission und als Stärken und Chancen der Organisation erkannt hat. In der Praxis ist dies oft nicht der Fall, die Budgetierung folgt den gewachsenen Bedürfnissen der Organisationseinheiten und nicht den Intentionen der Strategie. Eine grundsätzliche Überprüfung der Organisation auf die im Portfolio zum Ausdruck gebrachte grundlegende Intention – *dies wollen wir tun und dies wollen wir nicht tun* – ist deshalb eine der wichtigsten strategischen Aussagen eines guten Leitbilds.

10.3 Marktstrategie, Wettbewerbs- und Kooperationspolitik

Wir haben bereits weiter oben erwähnt, dass *Marktstrategie* und *Wettbewerbs-* sowie die *Kooperationspolitik* wichtige Inhalte sind, die man im Rahmen eines Leitbilds in kurzen Leitsätzen ansprechen sollte. Viele Lehrbücher, v. a. solche, die von einem sog. Marketingansatz geprägt sind, betrachten die Definition des Portfolios, die Wettbewerbsstrategie und die Positionierung als Kernpunkte des Inhalts einer Strategie. Dies ist für Wirtschaftsunternehmen verständlich, ist doch dort meist mit starker Konkurrenz zu rechnen. Viele Branchen befinden sich in einem regelrechten Verdrängungswettbewerb oder in einem Zustand, den man als Hyperkompetivität bezeichnet: Entwicklung ist fast nur auf Kosten und „über die Leichen" von Konkurrenten möglich. Doch auch NPO sind sehr oft in einer ähnlichen Situation, was zwar nicht heisst, dass man sich genau gleich verhalten muss wie For-Profit-Unternehmen. Vielleicht gibt es einen Branchenkodex, innerhalb dessen eine gewisse Fairness des Wettbewerbs geregelt ist. Oft wird eingewendet, dass sich NPO gar nicht in Märkten befinden und dass marktstrategische Aussagen deshalb kaum sinnvoll sind. Die Argumentation erweist sich bei der Probe aufs Exempel meist als nicht stichhaltig, auch wenn bestimmte Beziehungen der Organisation nicht durch Markt und Konkurrenz geprägt sind, ist die Organisation in Beziehung zu anderen Organisationen doch in einem Konkurrenzverhältnis.

Deshalb gehören Aussagen zur Marktwahl und zur Wettbewerbs- und Kooperationspolitik regelmäßig zu den wichtigen Aussagen eines Leitbilds, um die man nicht herumkommt, wenn man verhindern will, dass das Leitbild die wesentlichen Entscheidprobleme der Manager nicht genügend klar beantwortet und so die notwendige Orientierungshilfe anbieten soll.

Zur *Marktstrategie* gehören:
- Die Marktwahl und eine sinnvolle *Definition* des Marktes. Als Kriterium, um eine sinnvolle Marktdefinition zu erhalten, ist die Frage zu stellen: Mit wem stehen wir in Konkurrenz? Der Markt wird abgegrenzt durch Leistungsempfänger bzw. Ressourcenlieferanten, die mit uns bzw. mit unseren Mitbewerbern in Kontakt, in einer Beziehung stehen. Die Marktabgrenzung ist insofern schwierig, als ein Markt ein theoretisches Konstrukt ist, eine klare Abgrenzung z. B. von anderen Märkten ist immer mehr oder weniger willkürlich. Man tendiert oft dazu, die Marktabgrenzung zu eng zu wählen, die Gefahr besteht dann, dass wichtige Mitbewerber nicht in die Konkurrenzbetrachtung miteinbezogen werden und man wichtige Phänomene, die im Markt passieren, nicht in die Analyse mit einbezieht. Eine zu weite Marktdefinition führt andererseits zu Unübersichtlichkeit und dazu, dass man seine Strategie allenfalls verzettelt. Zumindest bei der Formulierung des Leitbilds sollte die Definition des Marktes noch einmal überdacht und entsprechend angepasst werden.

- Nachdem man den Markt definiert und umschrieben hat, ist die grundsätzliche *Wahl der Märkte und der Leistungen* vorzunehmen, die man anbietet (wer sind unsere Kunden und Klienten), was (und allenfalls wie) bieten wir ihnen an, bzw. was bieten wir nicht (selbst) an (Leistungspolitik, Sortimentspolitik). Die Marktwahl ist natürlich eng verbunden mit dem im vorherigen Abschnitt diskutierten *Portfolio-Entscheid*, d. h., sie bedeutet eine bewusste Auswahl bzw. einen Verzicht, bestimmte Aktivitäten zu entwickeln. Die

Der strategische Prozess

Marktwahl präzisiert den Portfolio-Entscheid, indem Kunden/Klienten bzw. Leistungsermöglicher konkret umschrieben werden und festgehalten wird, welche Leistungen man für diese Zielgruppen anbietet. Eine Möglichkeit, strategische Überlegungen zu Markt- und Leistungsauswahl zu machen, ergibt sich aus der Diskussion der Produkt-Markt-Matrix von I. Ansoff (1963) (vgl. Kap. 10.9). Die Marktwahl ist bei NPO methodisch vorsichtig anzugehen, weil im Unterschied zu kommerziellen Organisationen der Markt sehr oft nicht unbesehen auf der Absatzseite des Leistungserstellungsprozesses gesehen werden darf: Die *Kunden sind nicht immer die Kunden*. Marktwahlentscheide sind marketingstrategisch dort für das Leitbild entscheidend, wo das wesentliche betriebswirtschaftliche Problem zu finden ist, und dieses Problem ist nicht immer auf der Leistungsabgabeseite. Für viele NPO liegt das wesentliche Problem eher auf der Finanzierungsseite, sie müssen sich strategisch Gedanken machen über die Beschaffung von (zusätzlichen) Finanzmitteln oder z. B. über freiwillige Mitarbeitende. Marktwahlentscheide müssen sich in diesem Falle v. a. mit diesen Märkten beschaffen, in einem viel weniger ausgeprägten Maße mit Marketingentscheiden auf dem Leistungsabgabemarkt. Oft ist die Definition der Nutzer der Dienstleistungen bereits durch die Mission der NPO vorgegeben. Im Stiftungszweck ist z. B. sehr genau definiert, wer *Klient* der NPO sein soll, und die Organisation hat gar keine Wahlmöglichkeit auf der Nutzerseite. Wo man seine Finanzmittel her hat und auf welchen diversen Beschaffungsmärkten man sie beschafft, ist dagegen meist völlig offen. Um die Märkte in geeigneter Form auszuwählen, zu segmentieren und dann eine Auswahl zu treffen, bedient man sich des Instrumentariums der Marketinglehre, auf die wir hier verweisen, ohne weiter ins Detail zu gehen[8]. Zur Marktwahl gehört strategisch auch die Festlegung der eigenen *Marktstellung*. Will man im ganzen Markt oder nur in Bereichen des Marktes präsent sein und welche Stellung im Markt will man anstreben, will man quantitativ oder qualitativ führend sein oder sich mit einer „Unter ferner liefen"-Position begnügen, bzw. sucht man sich Nischen aus, die kaum von anderen bearbeitet werden?

- Neben der Marktabgrenzung und der Benennung der zu bearbeitenden Märkte gehören zur Marktstrategie auch Entscheide wie die *Art von Wettbewerb*, den man betreiben will, so man Wahlmöglichkeiten hat: Wie verhalten wir uns grundsätzlich im Markt, sind wir forsch oder sogar aggressiv? Wie gehen wir mit Mitbewerbern um, auf welche Art wird der Wettbewerb ausgetragen, was erwarten wir von den Mitbewerbern und mit welchen Mitteln beeinflussen wir diese Erwartungen? Die Entscheide werden durch genaue

Beobachtung der Märkte und des Verhaltens der Marktteilnehmer beeinflusst, aber auch durch ethisch-normative Überlegungen. Der Umgang mit Mitbewerbern wird ferner bestimmt dadurch, dass gerade in NPO-Märkten Mitbewerber oft auch Kooperationspartner sind. Es wird deshalb sinnvoll sein, die Mitbewerber in verschiedene Kategorien zu gruppieren. So hat man evtl. einen (oder mehrere) *Hauptkonkurrenten*. Hauptkonkurrenten können klar zu benennende Mitbewerber sein, Hauptkonkurrent kann aber auch eine Erscheinung sein, die eine NPO bekämpft, sei es das Rauchen oder den unnützen Verkehr, den man mit Maßnahmen eindämmen will. Es ist sinnvoll, den Hauptkonkurrenten in der Strategie klar zu benennen. Nur so kann es gelingen, sein Leistungsangebot, mit dem man z. B. gegen die zu bekämpfende Erscheinung antritt, klar gegenüber dem Hauptgegner zu differenzieren. Daneben gibt es jedoch evtl. auch Mitbewerber, die als Konkurrenten auftreten, die man jedoch eher als Partner in Leistungsnetzwerken versteht und bei denen deshalb ganz andere Verhaltensweisen angebracht sind.

Es kann sinnvoll sein, neben den oben erwähnten Leitsätzen der Marktstrategie auch Aussagen zu machen, wie man das *Marktumfeld beobachtet* und auf Veränderungen reagiert. Das 5-Forces-Modell von Porter und sein Modell der strategischen Gruppen bieten wertvolle Anhaltspunkte zum Verständnis des Wettbewerbsumfelds (vgl. Kap. 7.1). In Branchenumfeldern, wo man mit Wachstumsmärkten und genügenden finanziellen Mitteln der Klienten oder Finanzierer rechnen kann, in Branchen, wo alle Leistungsanbieter eine positive Perspektive sehen, werden sich Mitbewerber im Allgemeinen in Ruhe lassen und pfleglich miteinander umgehen. Evtl. sind staatliche oder brancheninterne Richtlinien vorhanden, die den Wettbewerb prognostizierbar machen. Innovative Branchen, wo ständige technologische Innovationen oder Produktentwicklung für eine Regelung des Wettbewerbs über Qualitätsunterschiede sorgen, lassen meist auch eine relativ klare Formulierung des Wettbewerbsverhaltens zu. Schwierig wird es in Umfeldern, wo jederzeit mit kurzfristigen, über den Preis ausgetragenen Wettbewerbsstrategien gerechnet werden muss. Dies ist z. B. insbesondere in Branchen der Fall, wo ein Auftraggeber, z. B. der Staat, die Qualität bis ins letzte Detail vorschreibt und nur der Preis über die Vergabe der Aufträge entscheidet. Schwierig ist die Definition einer Wettbewerbsstrategie auch, wenn in Folge eines (manchmal ruinösen) Verdrängungswettbewerbs jederzeit mit kurzfristigen Aktionen der Mitbewerber gerechnet werden muss. In volatilen Märkten und Branchen ist es sinnvoll, im Leitbild festzulegen, wie man Veränderungen frühzeitig erkennt und wie man auf solche Veränderungen reagiert.

10.4 Die Positionierungs- und Differenzierungsstrategie

Kern jedes Leitbilds ist neben der Marktstrategie eine klare *Positionierung* der Organisation und ihrer Leistungen. Mit der Positionierung will man die Stellung der Organisation im Markt (Sicht der Kunden/Klienten/Finanzierer) im Vergleich zu den Mitbewerbern darstellen. Hypothese ist, dass eine klare Positionierung Wettbewerbsvorteile verschafft. Man müsste diese Hypothese dadurch ergänzen, dass die Positionierung nicht nur klar sein muss, sie muss auch *gut gewählt* sein, d. h. einem Bedürfnis entsprechen, das jemand bereit ist zu bezahlen. Positionierung zeichnet sich dadurch aus:

- dass man erstens eine Position im Wettbewerbsumfeld findet, die von einer genügend großen Menge von Klienten oder Kunden oder allenfalls auch von Leistungsermöglichern als *so* gut (oder günstig) empfunden wird, dass man dieses Angebot auswählt bzw. finanziert (*Positionierung im Markt*). Mit anderen Worten: Ein Leistungsangebot kann noch so einzigartig oder originell sein, wenn es keine Verwender und Finanzier findet, wird kein Wert geschaffen.
- Dass es dem Leistungsanbieter gelingt, sein Angebot so klar von Leistungsangeboten von Mitbewerbern zu differenzieren, dass die Unterschiede von den Klienten, Kunden oder Leistungsermöglichern wahrgenommen werden *(Positionierung gegenüber der Konkurrenz)*. Oft wird diese Positionierung im NPO-Umfeld nicht gewünscht oder sehr schwer gemacht. Staatliche Auftraggeber schreiben z. B. die einzelnen Qualitätsparameter der von ihnen bezahlten Leistungen genau vor und beschränken sich dann bei der Auswahl der Leistungserbringer auf einen reinen Preiswettbewerb. Der günstigste Anbieter erhält den Zuschlag. Dies auch dann, wenn wesentliche Qualitätsparameter gar nicht im Voraus evaluiert werden können, weil Dienstleistungen nun einmal stark mit persönlicher Leistungserbringung gekoppelt sind und deshalb mit der momentanen Leistungserbringung einzelner Mitarbeiter, mit ihrer Befindlichkeit und momentanen Laune und evtl. der schwer messbaren Kultur der Organisation zusammenhängen.

Die strategische Positionierungsliteratur ist geprägt durch M. Porters generische Wettbewerbsstrategien. Porter geht davon aus, dass es grundsätzlich nur zwei „echte" strategische Positionierungs-Stoßrichtungen gibt, die zum unternehmerischen Erfolg führen können[9]:

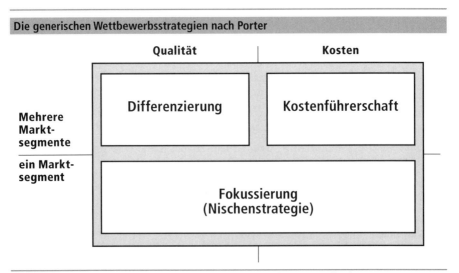

Abbildung 49: Die generischen Wettbewerbsstrategien nach Porter (eigene Darstellung)

1. Die *Kostenführerschaft* ist eine Stoßrichtung, bei welcher der Anbieter alle möglichen und notwendigen Anstrengungen der Leistungserbringung darauf fokussiert, dass die Kosten tief gehalten werden. Dies wird im Wertschöpfungssystem dadurch realisiert, dass man sich bei den *wertschöpfenden* primären Aktivitäten fragt, wie man Aktivitäten gestalten kann, so dass sie von den Abnehmern (oder Finanzierern) als gut qualifiziert werden, dabei sollten sie jedoch insbesondere günstiger sein als bei den Mitbewerbern. Bei den *unterstützenden* Aktivitäten kann die Frage lauten, wo es Aktivitäten gibt, die man eliminieren kann, ohne dass es auf die wertschöpfenden Aktivitäten wertmindernde Konsequenzen hat. Kostenführerschaft ist auch durch einen zweiten Denkprozess zu lenken: Man kann versuchen, den ganzen Wertschöpfungsprozess neu zu gestalten, so dass die Wertschöpfung in ganz anderer Art und Weise zu einer vergleichbaren oder besseren Leistung führt als bei den Mitbewerbern. Die Neugestaltung muss wesentliche Kostenreduzierungen zur Folge haben, die einen nachhaltigen Wettbewerbsvorteil erzeugen können. Man spricht in diesem Falle von einem neuen „Business-Modell" oder von „New Game Strategies", bei welchen sich die Logik des Geschäfts ganzer Branchen verändert, so wie dies z. B. Amazon mit seiner ganz neuen Art Buchhandel zu betreiben gelungen ist. Kostenführerstrategien können zwei positive Konsequenzen für diejenigen haben, denen eine solche Strategie gelingt: Sie erzielen die bessere Rendite und haben damit die Möglichkeit, über Reservebildung bessere Investitionsmöglichkeiten für die

Zukunft generieren zu können. In stark kompetitiven Märkten sind sie fähig, einen Preiswettbewerb durchhalten zu können, ohne dass dieser für sie ruinös wird. Kostenführerstrategien sind bei NPO geboten, wo die Auftraggeber primär am Preis interessiert sind. Kostenführerstrategien haben grundsätzlich überall dort Erfolgschancen, wo Preistransparenz gegeben und zumindest für eine Zielgruppe relevant ist.

2. Die zweite strategische Positionierungsstoßrichtung (oder generische Wettbewerbsstrategie) gemäß Porter geht in Richtung einer *Differenzierungsstrategie*, d. h., man will *aus Sicht gewisser Abnehmer oder Leistungsermöglicher anders, besser sein* als die Mitbewerber. *Besser sein* im Sinne einer Differenzierungsstrategie bedeutet nicht, dass man objektiv besser ist als die Mitbewerber, Differenzierung bedeutet, dass man aus Sicht bestimmter Kunden das Angebot mit dem für sie höheren Wert anbietet. Höherer Wert entsteht aus *Differenzierung dort, wo es für die Kunden oder Leistungsermöglicher subjektiv das bessere Angebot ergibt*. Ziel der Differenzierung muss deshalb sein, entweder eine für bestimmte Zielgruppen wirklich einzigartige Leistung anzubieten, die keine andere Organisation anbieten kann (*Differenzierungsfokus* oder *Nische*) oder in der eigenen Wertschöpfungskette oder im eigenen Wertschöpfungssystem Möglichkeiten und Verfahren zu finden, wie der Leistungserstellungsprozess so differenziert werden kann, dass die Kunden oder Leistungsermöglicher daraus einen höheren Wert ableiten als denjenigen der Mitbewerber. Diese Differenzierungsmöglichkeiten ergeben sich in allen Bereichen der primären Aktivitäten, man kann konsequent versuchen, in allen Teilprozessen der primären Aktivitäten Mehrwert zu schaffen, man kann sich aber auch darauf konzentrieren, in denjenigen Teilprozessen Mehrwert zu schaffen, wo es für Mitbewerber nicht in demselben Maße möglich ist.

Porter geht davon aus, dass sich Organisationen zwischen diesen zwei generischen Strategien entscheiden sollen und sich nicht strategisch zwischen die Stühle setzen sollten, d. h. eine unklare Strategie ohne klare Vorteile wählen sollten. In der neueren Literatur, so bei Johnson u. a. und bei Müller-Stewens und Lechner, wird darauf hingewiesen, dass diese zwei Grundstrategien durchaus nicht die einzigen erfolgversprechenden sein müssen, sondern dass es andere, u. a. die sogenannte hybride Strategie gibt, die unter gewissen Umständen erfolgversprechend umsetzbar sein können[10].

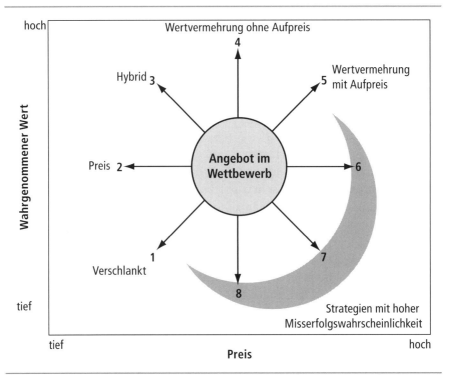

Abbildung 50: Die „strategische Uhr" der generischen Strategien (nach Johnson u. a. 2005: 292)

Wie kann man sich über die Positionierung ein Bild verschaffen und wie von einer bisherigen Positionierung zu einer neuen aufbrechen? Wir haben weiter vorne bereits das Modell der strategischen Gruppen erläutert. Dieses Modell lässt sich gut verwenden, um die eigene strategische Positionierung darzustellen und zu diskutieren. Es muss erstens darum gehen, eine Leistung zu erbringen, die von den Kunden und Klienten bzw. von den Institutionen, die eine Leistung finanzieren, als möglichst nahe an ihren Idealvorstellungen empfunden wird (Positionierung gegenüber Kunden/Klienten/Leistungsermöglicher). Es muss zweitens darum gehen, sich innerhalb der Gruppe von Mitbewerbern zu differenzieren, d. h., ein eigenes klares Profil zu entwickeln, das sich von den Konkurrenten abhebt. Man kann sich drittens differenzieren, indem man am Markt ganz anders auftritt als die Mitbewerber, d. h. z. B. mit anderen Kommunikationsträgern, über andere Absatzkanäle, mit einer völlig anderen Art der Botschaft.

Um Differenzierungsstrategien zu konzipieren, verwendet man oft Instrumente, die aus der Küche des *strategischen Marketings* stammen. Ein Beispiel sind Differenzzierungsmodelle wie die psychographischen Landkarten, die von der Marktforschung entwickelt wurden, um aufzuzeigen, wie sich die Menschen (Konsumentinnen und Konsumenten) eines Landes in unterschiedliche Zielgruppen (Marktsegmente) aufteilen und welche Produkte für diese Zielgruppen differenziert angeboten werden können. Auch wenn für viele NPO die Verwendung solcher Tools finanziell nicht in Frage kommt (die Budgets für spezifisch auf eine einzelne Unternehmung angepasste Untersuchungen liegen schnell im 6-stelligen Euro-Bereich), so lassen sich allgemeine Aussagen dieser Modelle durchaus für eine Diskussion der Positionierung der eigenen Leistungen nutzen. Die Darstellungen sind wie bei den früher diskutierten strategischen Gruppen einerseits als Ist-Vergleich verwendbar, alternativ auch für die Diskussion von Soll-Positionierungen.

In der unten stehenden „Sinus-Landkarte der Zielgruppen der Schweiz", z. B., lassen sich begründete Zuordnungen von Leistungsangeboten von NPO eintragen, falls die zwei Kriterien, der Darstellung für die Differenzierung der Dienstleistungen unserer Organisation im Vergleich zu anderen Angeboten, ebenfalls wesentlich sind. Die psychographische Forschung liefert aber je nach Marktforschungsfirma noch ganz andere Daten, die sich als Sekundärquellen ebenfalls eignen: So werden unter dem Label MarketRadar international Tausende von Marken auf der Grundlage eines psychographischen Modells beobachtet und positioniert. Das Grundmodell, die Innen- versus Außenorientiertheit und die eher progressive oder konservative Grundhaltung der Bevölkerung und andere Parameter können so mit großer Zuverlässigkeit und über große Zeiträume hinweg beobachtet werden. In der Schweiz beobachten z. B. Fundraiser wie die Rega (Schweizerische Rettungsflugwacht), die Pro Juventute und die Unicef empirisch ihre Markenpositionierung (vgl. www.demoscope.ch, Stand 19.8.2007), in Deutschland und Österreich gibt es entsprechende Möglichkeiten.

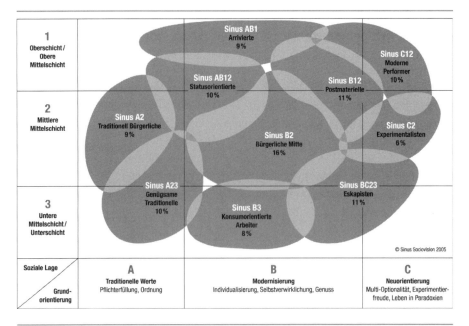

Abbildung 51: Sinus-Landkarte der Zielgruppen in der Schweiz (Quelle: ogs/KünzlerBachmann Directmarketing AG, St. Gallen)

Abschließend sei noch einmal darauf hingewiesen, dass NPO ihre Wettbewerbsstrategien im Unterschied zu Wirtschaftsunternehmen nicht immer auf den Kundenmarkt auszurichten haben, sondern oft primär auf den Ressourcenmarkt oder auf ganz bestimmte Stakeholder.

Übung: Wählen Sie eine Ihnen bekannte Fundraisingorganisation und beschreiben Sie auf der Grundlage von Ihnen zugänglichen Informationen möglichst genau die Positionierungs- und allenfalls Differenzierungsstrategie. Diskutieren Sie folgende Teilfragen:
1. Erscheint Ihnen die vorliegende Positionierung als erfolgversprechend (Begründung)?
2. Ist ersichtlich, wie man sich gegenüber Mitbewerbern bzw. im Markt positioniert?
3. Wie ließe sich die Positionierung durch geeignete Maßnahmen ausbauen und verbessern?

10.5 Die Kooperationspolitik

Kooperationen spielen bei NPO immer wieder eine herausragende Rolle. Die Formulierung der *Kooperationspolitik i*st ein wesentlicher Bestandteil eines Leitbilds. Aus der Analyse der Stakeholdersituation sollte ersichtlich sein, welche der NPO nahe stehende Organisationen eher in Konflikt mit den Zielsetzungen unserer Organisation stehen, welche Organisationen als *Hauptgegner* im Wettbewerb betrachtet werden müssen und bei welchen Organisationen eher *Zielharmonie* mit unseren Vorstellungen besteht. Neben den unterschiedlichen Interessen spielt jedoch bei der Beurteilung der Frage, ob man mit Partnern eher auf Wettbewerb setzt oder ob eher eine Art der Zusammenarbeit gesucht wird, auch eine Rolle, ob die Stakeholder eine wesentliche Teilaufgabe innerhalb der gesamten Wertkette der Leistungserstellung spielen könnten oder ob ihr Beitrag eher zu vernachlässigen ist. So wird man sich hüten, einen Mitbewerber allzu aggressiv zu attackieren, wenn dieser Mitbewerber zugleich unser wichtigster Lieferant ist. Dasselbe gilt auch, wenn der Mitbewerber zugleich unser Kunde oder Geldgeber ist. Solche Doppelfunktionen sind im NPO-Kontext oft anzutreffen und müssen sorgfältig geprüft werden. Ein drittes wesentliches Kriterium bei der Beurteilung der Kooperationssituation ist die Machtfrage: Ist ein Stakeholder so mächtig, dass eine Gegnerschaft für uns problematisch werden könnte oder sind die Machtverhältnisse von geringer Bedeutung? Eine einfache Checkliste der wichtigsten Stakeholder kann helfen, einen Überblick über diese Situation zu erhalten und die Kooperationsfrage auf der Grundlage dieser Kriterien zu beurteilen:

Stakeholder	Funktion/mögl. Zielkonflikte	Teil in der Wertkette*	Machtsituation**
A	tangiert unser Angebot kaum	M	0
B	direkter Konkurrent	M	+
C	Hauptkunde	A	++
D	Finanzierer	L	++
E	– Koproduzent – ist auch Mitbewerber	K, M	++
F			
...			

*L = Lieferant / A = Abnehmer / K = Koproduzent / B = Beeinflusser, / M = Mitbewerber
** ++ = große Bedeutung / + = Bedeutung / 0 = kaum Bedeutung

Abbildung 52: Checkliste zur Beurteilung der Kooperationssituation (eigene Darstellung)

Kooperationsgründe

Welche unterschiedlichen Kooperationspolitiken kann man sich von den Zwecken her vorstellen? Die wichtigsten Gründe (ohne Anspruch auf Vollständigkeit) seien im Folgenden aufgezählt und kurz illustriert[11]:

1. Kooperation im Sinne der *Erstellung eines gemeinsamen Leistungsbündels*: Touristische Destinationen, Kurorte oder Städte funktionieren so und arbeiten trotz bestehender Konkurrenzverhältnisse in vielen Gebieten zusammen. Die Gesamtleistung wird vom Kunden als Gesamtleistung verstanden und als ein „Produkt" eingeschätzt. Man war in Kitzbühel in den Ferien, und welche Leistungsanbieter schließlich am „Erlebnis Kitzbühel" beteiligt waren, spielt keine Rolle. Meist arbeiten Anbieter v. a. im Gebiete des Marketings, aber auch in anderen Bereichen der Wertkette (z. B. Kooperative für die Hotelwäsche) zusammen, wobei man für die Zusammenarbeit oft die Form einer NPO, z. B. einen Kurverein bildet, in dem man mehr oder weniger gut kooperiert. Auch bei Pflegedienstleistungen spielen oft ganz verschiedene Leistungsanbieter eine Rolle, ohne dass ein Gesamtauftritt als Anbieter sichtbar wird. Der Zwang zur Zusammenarbeit kommt oft von Dritten, z. B. von den finanzierenden Kassen.

2. Kooperation zum Zwecke der *Absatzsicherung*: Lieferanten von Dienstleistungen und Investitionsgütern versuchen oft, mit ihren Kunden eine sehr enge Zusammenarbeit zu etablieren, um das Absatzrisiko zu mindern. Dabei wird ein Teil der Wertkette des Kunden durch den Lieferanten übernommen, dieser hat gesicherten Absatz, der Kunde muss sich nicht um diesen Teil der Wertkette kümmern (er besitzt oft nicht die notwendigen Kompetenzen), er gerät in eine gewisse Abhängigkeit vom Lieferanten. Solche Kooperationsformen sind im Instandhaltungsgeschäft zu beobachten (Informatik, Logistik etc.), viele NPO sind faktisch in eine solche Kooperationsform mit dem bezahlenden Staat eingebunden. Die vom Lieferanten geschätzte Absatzsicherheit wird oft mit einer ebenso grossen Abhängigkeit bezahlt, wenn der Auftraggeber wegfällt, ist die vom Lieferanten mit großem Aufwand aufgebaute Leistungsbereitschaft plötzlich wertlos und man gerät in eine existentielle Krisensituation.

3. Kooperation zur Verbesserung der *Marktstellung im Beschaffungsbereich:* Je größer das Auftragsvolumen, umso besser die Verhandlungssituation und damit die Einkaufspreise und -konditionen. Diese Motivation führt Firmen, die sonst hart konkurrieren, oft dazu, an der Einkaufsfront zusammenzuarbeiten. Wo dieser Druck zum Kostensparen nicht vom Markte her diktiert wird, z. B. im Gesundheitswesen, muss der verordnende Staat oder müssen die Kassen z. T. dafür sorgen, dass die Dienstleister, die Krankenhäuser, Ärzte, Apotheker, das Potential dieser gemeinsamen Einkaufskraft wahrnehmen.

4. Kooperationen, um *Eintrittsbarrieren* in die Branche zu *erhöhen* oder *Substitution* zu *verhindern*: Viele Kooperationsformen, die auf dem Papier v. a. dazu bestimmt sind, die Qualität einer Dienstleistung für die Klienten und

Kunden zu sichern, entpuppen sich bei näherem Ansehen als Kooperationsform, mit der man v. a. lästige Neueinsteiger in die Branche abhalten will. Die Vorschriften können Hygieneregeln, Ausbildungsmaßnahmen (z. B. Verbandsschulung, wobei noch der Berufsverband mitfinanziert wird), Mindestkapitalvorschriften oder Ähnliches mehr enthalten, ob damit die Qualität für die Kunden besser ist oder die Zusammenarbeit eher den Branchenmitgliedern nützt, muss von Fall zu Fall entschieden werden.
5. Kooperationen, um *Qualitätsstandards zu setzen:* Die Situation, in der gemeinsame (Minimal-)Qualitätsstandards gefordert und sinnvoll sind, ist wohl kaum von der Hand zu weisen, ist aber wie oben erwähnt oft gemischt mit anderen Gründen zur Zusammenarbeit. Qualitätsstandards werden oft von reglementierenden Behörden vorgeschrieben, insbesondere in Branchen, in welchen die Reglementierungsdichte der öffentlichen Hand (und ihr Finanzierungsfluss) sowieso hoch ist.
6. Kooperationen, um *Eintrittsbarrieren* zu *überwinden* oder um seine *Marktstellung* zu *verbessern:* Man kann Kooperation einerseits dazu benutzen, um Barrieren aufzubauen, Kooperation lässt sich aber auch nutzen, um lästige Barrieren zu überwinden. So kann eine Organisation mit einer anderen kooperieren, weil diese eine Lizenz, Verbandsmitgliedschaft, ein Gütesiegel, staatliche Anerkennung oder andere Berechtigung hat, in einer bestimmten Branche aktiv zu sein. Natürlich wird die Inhaberin der Berechtigung dies nicht ohne Gegenwert tun, sei es, dass sie sich damit wertvolles Know-how der Newcomerin einhandelt, evtl. aber auch die Zusammenarbeit bezahlen lässt oder in anderer Weise zu profitieren versucht. In vielen Ländern wird der Zwang zur Zusammenarbeit vom Staat gefordert, er zwingt ausländische Organisationen (z. B. auch Entwicklungshilfeorganisationen) zu „joint ventures" mit inländischen Firmen und erhofft, dass wertvolles Know-how erworben werden kann.
7. Kooperation zum *Ressourcensharing* oder *Kompetenzsharing* mit Partnern oder Klienten: Kooperation wird in einem zunehmenden Ausmaß genutzt, um sich strategisch auf seine spezifischen Ressourcen und Kernkompetenzen zu konzentrieren. In vielen Organisationen hat man sich nach der Euphorie der Diversifikation wieder darauf zurückbesonnen, dass man „nicht alles hat" und „nicht alles kann". Im Zusammenhang mit einer bewusst verfolgten Politik der Konzentration auf das Kerngeschäft werden mit geeigneten Partnern langfristige Kooperationen gesucht, in denen alle Partner im Netzwerk ganz bestimmte klar definierte Aufgaben ausführen und sich darauf konzentrieren. Je nach Form der Zusammenarbeit (s. unten) und je nach Zusammenarbeitskultur, die dabei entwickelt wird, sind solche Zusammenarbeitsformen

mehr oder weniger stabil bzw. labil. Eine typische Form des Ressourcen- und Kompetenzsharings ist die Forschungszusammenarbeit. Auch *neue Technologien* können eine Organisation dazu motivieren, *neue Zusammenarbeitsformen mit Partnern oder Klienten* zu finden. So bieten z. B. in vielen Serviceorganisationen die Anbieter hoch entwickelte Diagnosetools an, mit denen die Kunden das Problem mit ihrem Apparat oder ihrer Maschine, ihrem Auto, ihrer Brille oder ihrem Lebensproblem selbst diagnostizieren können. Andere Anbieter ersparen sich kostbare Beratungszeit, indem die Kunden auf der Homepage aus einem sehr weit gefächerten Sortiment genau dieses Produkt oder diese Dienstleistung auswählen können, die ihren Bedürfnissen am besten dient. Im Nonprofit-Sektor sind u. E. diese neuen Formen der Zusammenarbeit mit Kunden noch viel zu wenig als Instrument der Kostenoptimierung und Qualitätsverbesserung genutzt.

Kooperationsformen
Wir haben kurz darauf hingewiesen, dass neben der Begründung einer Kooperation und der Einschätzung ihrer Chancen und Risiken auch die *Form der Kooperation* als Teil der Strategie wesentlich ist. Je nachdem, ob der Zweck mehr auf langfristige Ziele ausgerichtet ist oder auf die Realisierung eines kurzfristigen Projekts (oder auf Zusehen, um die Partner vorerst zu testen). Je nachdem auch, ob die Zusammenarbeit nur in Form menschlichen Engagements umgesetzt wird oder ob wesentliche gemeinsame Investitionen getätigt werden (z. B. ein gemeinsames Labor, gemeinsame Infrastrukturen) oder schließlich das Marketing und damit die Identität zugunsten einer gemeinsamen Marke aufgegeben wird. Je nachdem, wie intensiv, breit und tief die Zusammenarbeit geplant wird, sollte man auch die Form der Zusammenarbeit planen:

Schreyögg unterscheidet grundsätzlich drei Arten der Kooperation, nämlich die Kooptation, den Abschluss von Leistungsverträgen und das Joint Venture, wobei er speziell die Kooptation als Form hervorhebt, bei der die Bindung nicht zu einem allzu großen Autonomieverlust führen muss[12]:

- *Kooptation* ist gemäß Schreyögg eine Form der Kooperation durch partielle „Hereinnahme von Mitgliedern externer Organisationen in die eigene Organisation" (z. B. in den Vorstand oder Beirat). Der Autor weist allerdings darauf hin, dass der Kooperationscharakter dieser Form von gewissen Autoren bestritten wird[13].
- Eine einfache vorläufige Form der vertraglichen Kooperation kann eine *Absichtserklärung (letter of intent)* sein, in welcher man rel. unverbindlich

und auf gegenseitiges Vertrauen hin die Zusammenarbeit regelt. Der *letter of intent* kann den Willen zu einer künftigen, engeren Zusammenarbeit bis hin zur Fusion ausdrücken, ob dieser Zusammenschluss dann stattfindet, ist offen. Diese Absichtserklärung genügt aber nur für das innere Verhältnis der Partner, meist keineswegs jedoch für die Akquisition eines Auftrags durch einen Dritten.
- Eine *Arbeitsgemeinschaft* (ARGE) wird v. a. bei gemeinsamen Projekten gebildet, bei denen man nach Abschluss des Projekts wieder auseinandergeht. Je nachdem ist die Form der ARGE juristisch in Form einer Gbr, GesBR oder BGB-Gesellschaft oder einer einfachen Gesellschaft (Schweiz) zu finden. Bei langfristigen Projekten wird etwa auch eine gemeinsame Kapitalgesellschaft gegründet (je nach Landesrecht oder EU-Recht), die nach Abschluss des Projekts liquidiert wird.
- Beim *Joint Venture* wird der Verbund von zwei oder mehreren Unternehmen meist auf Dauer und unter Einsatz von Kapital der jeweiligen Partner in Form einer ausgewählten gemeinsamen Kapitalgesellschaft vollzogen.
- Bei *Fusionen und Akquisitionen* versucht eine Organisation Synergiepotentiale mit anderen Organisationen umzusetzen, indem die andere Firma mit Aktiven und Passiven übernommen wird (oder ein kontrollierender Teil des Kapitals der anderen Gesellschaft übernommen wird). Der eine Partner oder beide geben durch Akquisition oder Fusion die Selbständigkeit auf. Während die Akquisition für NPO aus juristischen Gründen oft keine Alternative darstellt, ist die Fusion juristisch gesehen ohne größere Widerstände denkbar und kommt in der Realität auch vor. In der Praxis sind Fusionen zwischen NPO allerdings viel weniger verbreitet als bei Wirtschaftsunternehmen, was sicher auch mit dem Willensbildungsprozess verbunden ist, der NPO von Wirtschaftsunternehmen unterscheidet. Am häufigsten findet man NPO-Fusionen bei Wirtschaftsverbänden und Vereinen, im öffentlichen Bereich auch bei Gemeindezusammenschlüssen, wobei der Fusionswunsch meist sehr spät (oder zu spät) aus einer existentiellen Bedrohungssituation (Mitgliederschwund) heraus entsteht, oder durch Zwang *von oben*, nach bereits erfolgtem Kollaps, verordnet wird. Die Fusion erfolgt leider meist nicht aus einer proaktiven Haltung der Beteiligten im Sinne einer strategischen Option.

10.6 Die Ressourcenpolitik und der Auf- und Ausbau von Fähigkeiten

Wir haben weiter oben dargestellt, dass Organisationen ihre Strategie inhaltlich auf den Markt ausrichten können, indem sie Aussagen über die Märkte machen, in welchen sie tätig sein wollen, welche Stellung sie in diesen Märkten auf- und ausbauen wollen und wie sie sich in diesen Märkten von ihren Leistungen her und kommunikativ positionieren. Neben diesen strategischen Aussagen empfiehlt die neuere Strategielehre zum Teil Aussagen, welche weniger vom Markt und den Wettbewerbsverhältnissen her gedacht sind, sondern eher von den *Ressourcen und Fähigkeiten* her, welche eine Positionierung wie oben erläutert erst ermöglichen.

Strategisches Handeln ergibt sich daraus, dass man analytisch die *lenkbaren Größen* im System Unternehmung identifiziert, d.h. Ansatzpunkte, wo man durch das Management etwas verändern kann[14]. Solche lenkbaren Größen befinden sich entweder auf der Marktseite (man entdeckt eine noch unerschlossene Chance in einem Markt oder eine Möglichkeit, seine Stellung dort zu verbessern) oder die Größen liegen eher in den Ressourcen und Fähigkeiten der Organisation. Strategie kann sich deshalb auch mit den Ressourcen und den daraus zu entwickelnden Fähigkeiten befassen.

Ein erster Grundsatzentscheid kann sich auf eine adaptierte Ansoff'sche Matrix stützen, indem auf ihrer Grundlage entschieden wird, ob die Entwicklung der Organisation eher in die Richtung *Entwicklung* oder eher in die Richtung *Konsolidierung* geht:

Strategie-Entwicklungsalternativen

	Produkte	
	bestehend	neu
Märkte bestehend	– Konsolidierung – Marktdurchdringung	Produktentwicklung: – aufgrund bestehender Fähigkeiten – aufgrund neuer Fähigkeiten – jenseits bisheriger Erwartungen
Märkte neu	Marktentwicklung: – neue Segmente – neue geogr. Märkte – neue Verwendung – neue Kompetenz – neue Erwartungen	Diversifikation: – aufgrund bestehender Fähigkeiten – aufgrund neuer Fähigkeiten – jenseits bisheriger Erwartungen

Abbildung 53: Strategie-Entwicklungsalternativen in der Ansoff'schen Matrix (nach Johnson u.a. 2005: 414)

Eine mögliche strategische Option ist immer die *Konsolidierung*, d. h., man bewegt sich weder in andere Märkte noch in andere Produkte, und man erschließt auch die bisherigen Märkte nicht intensiver, sondern beschränkt sich auf Halten der gewonnenen Position (bei allen Risiken, die reines Halten beinhaltet!). Alle anderen Strategievarianten *gehen von einer Entwicklung der Organisation aus und erfordern neue Ressourcen und neue Fähigkeiten*. Je nach Entwicklungsoption werden die Ressourcen und Fähigkeiten unterschiedlich sein, und es stellt sich die Frage, ob die Ressourcen und Fähigkeiten vorhanden sind oder ob sie erst noch zu akquirieren oder zu entwickeln sind.

Entwicklungsmodalitäten, strategische Hebel
Was sind die Entwicklungsmodalitäten der Organisation? Entwicklungsmodalitäten sind grundsätzlich unterschiedlich gelagerte Alternativen, um in den Besitz von neuen Ressourcen und Fähigkeiten zu gelangen:

1. eine erste Entwicklungsmodalität ist das *interne Wachstum*.
2. eine zweite Entwicklungsmodalität entsteht durch *Kooperation*.
3. eine dritte Entwicklungsmodalität entsteht durch *Fusion und Akquisition*.

Die Entwicklungsmodalität *internes Wachstum* ist sicher in vielen Firmen, speziell in NPO, jene Entwicklungsrichtung, die man als aussichtsreichste Option der Organisationsentwicklung identifiziert und die oft am ehesten den Werthaltungen der Mitglieder und Mitarbeitenden entspricht. Internes Wachstum oder interne Entwicklung entsteht auf der Grundlage der Arbeit mit bestehenden Ressourcen und Fähigkeiten. Wie man Ressourcen und Fähigkeiten entwickelt, ist aber auch eines der wichtigsten Themen des organisationellen Lernens. Wichtige Hinweise, wie andere erfolgreiche Organisationen sich intern entwickeln, liefert das Benchmarking. Meist kann man auf der Grundlage einer seriösen Analyse in der Organisation sog. *strategische Hebel* oder eben strategische Größen entdecken, einzelne Ressourcen und Fähigkeiten, deren Besitz, Management und Entwicklung besonders wichtig erscheint, um eine Organisation strategisch vorwärtszubringen:

- Die *Finanzen* und das *Finanzmanagement* sind ein wichtiger strategischer Hebel. Die Finanzierung und Investitionspolitik sowie das Kostenmanagement können hier nicht weiter beschrieben werden, wir verweisen auf die ausführlich vorhandene einschlägige Literatur.
- Die *Human Resources* und das *Human Resources Management* werden regelmäßig als entscheidende strategische Hebel des Erfolgs von NPO identifi-

ziert. Wie man diese Ressourcen akquiriert, entwickelt, motiviert und pflegt, wie sich Menschen zu einer lernenden Organisation entwickeln, kann hier ebenso wenig detailliert beschrieben werden wie die Elemente der Finanzmanagements. Wichtig scheint uns, darauf hinzuweisen, dass dies in NPO nicht nur für die angestellten Mitarbeitenden gilt, sondern auch für Freiwillige und Mitglieder. Zum Hebel Human Resources Management gehört u. E. die Gestaltung des organisatorischen Rahmens, in dem sich diese Menschen bewegen und lernen, sich gemeinsam mit der Organisation weiterzuentwickeln (vgl. Kap. 11 bis 13).

- Die *Informationstechnologien* und das *Informationsmanagement* werden zunehmend als strategischer Hebel erkannt. Der Einsatz und das erfolgreiche Management von Informationstechnologien werden gerade in NPO, die in diesem Gebiet oft Nachholbedarf haben, zu einem echten kompetitiven Vorteil gegenüber Mitbewerbern, indem man hier entscheidende Kostenvorteile erzielen kann und oft gleichzeitig die Qualität der Dienstleistung entscheidend verbessert[15].

- Der *Standort* und die *Standortpolitik* können in gewissen NPO von ausschlaggebender Bedeutung für Erfolg oder Misserfolg sein. Schon Conrad Hilton sagte bezüglich des Erfolgs seiner Hotels, dass es drei wichtige Kriterien für den Erfolg gebe: 1. den Standort, 2. den Standort und 3. den Standort! Überall, wo NPO auf Kunden angewiesen sind, die zum Ort der Leistungserstellung gelangen müssen, um Leistungen in Anspruch zu nehmen (z. B. bei Schulen, bei Heimen, bei anderen persönlichen Dienstleistungen), ist der geschickt gewählte Standort ein wesentlicher Erfolgsfaktor. Viel zu oft betrachten auch NPO ihren historisch gewählten Standort als fixe Größe und erkennen nicht, dass eine Veränderung des Standorts entscheidende Konsequenzen auf die Kosten hat, dass z. B. mit einem günstigeren Standort zwar ihre Servicequalität nicht abnimmt, aber ihr finanzieller Spielraum sich entscheidend verbessert.

- Die *Markenpolitik* und das *Management der Reputation* einer Organisation können ebenfalls als Teil der Ressourcenpolitik einer NPO betrachtet werden, obschon sie andererseits auch in das Ressort *Beziehungsmanagement* oder *Marketingmanagement* gehören. Auch dazu gibt es unterdessen einschlägige Literatur[16].

- Für gewisse NPO sind die *Logistik* und das *Logistikmanagement*, sowie die *Technologie* und das *Technologiemanagement* ganz allgemein als strategische Hebel zu identifizieren. Die Neugestaltung von Logistikwertketten hat in den Handelskanälen der Wirtschaft z. B. zu völlig neuen Unternehmensmodellen geführt, und auch NPO haben durch geschicktes Technologiemanagement ganz neue Problemlösungen für gesellschaftliche und Umweltprobleme gefunden[17].

Die Liste der strategischen Hebel kann nicht abschließend sein, es wurden hier nur einige wichtige Handlungsansätze aufgelistet, die immer wieder zu entscheidender Innovation in Organisationen beitragen. Jede Organisation muss bei der Analyse ihrer strategischen Situation Faktoren zu identifizieren wissen, die sie entscheidend vorwärtsbringt und strategischen Vorteil verspricht. Da in den meisten Organisationen die Mittel nicht unbeschränkt sind, ist es sinnvoll, den Mitteleinsatz zeitlich so zu lenken, dass man durch gezielte *Konzentration der Mittel* auf ganz bestimmte Hebel versucht, einen möglichst großen Effekt zu erzielen. So kann es sinnvoll sein, die Energien der Organisation für eine bestimmte Zeit gezielt auf die Informationstechnologien zu konzentrieren, um dort den *großen Sprung vorwärts* zu erreichen. In einer anderen Zeitperiode konzentriert man die Mittel und Energien eher auf die *Entwicklung der Human Resources* und der *Organisation*. Die Beurteilung, welche Strategie sich zu einem bestimmten Zeitpunkt besonders aufdrängt, wird abhängig sein von einer Gesamtbeurteilung der Notwendigkeiten und davon, ob man sich eher auf eine defensive Strategie der Reduktion von Schwächen/Gefahren oder auf eine nach vorwärts schauende Strategie der Entwicklung von Stärken/Chancen festlegt.

10.7 Die Gruppenlogik, Strukturen der Führungsorganisation und Führungsrichtlinien

Ein weiteres Feld strategischer Entscheide betrifft die *Gruppenlogik* und die *Strukturen der Führungsorganisation*, sowie die *Führungsrichtlinien* unserer NPO.

Viele NPO sind relativ groß, Gemischtwarengeschäfte, die eine Fülle von Aktivitäten und Geschäften entwickelt haben, wobei die Entwicklung oft mehr *organisch gewachsen* als einer konsequenten, strategischen Logik gefolgt ist. Reengineering-Übungen[18] haben vielleicht dafür gesorgt, dass nach geraumer Zeit die Aktivitäten neu geordnet wurden: Man hat eine divisionale Organisation etabliert oder eine Matrix-Struktur eingeführt. Oft wird Entwicklung und Struktur auch verordnet, so verordnen die meisten Bildungsministerien der Schweiz zur Zeit Schulfusionen, verbunden mit einem Wechsel des Führungssystems und anderen Auflagen[19]. Sind diese Anordnungen sinnvoll und falls ja, unter welchen Umständen? Auch zu dieser Frage hat die Strategielehre gewisse Vorstellungen entwickelt, die man – wenn der Freiraum gegeben ist, die Strukturen selbst zu gestalten – in den strategischen Diskurs und allfälligerweise in das Leitbild der Organisation einbringen kann.

Drei Geschäftslogiken

Als *Gruppen-* oder *Geschäftslogik* bezeichnet man die strategische Logik, mit der eine in verschiedene Geschäftsaktivitäten aufgefächerte Organisation geführt wird. Jones et al.[20] unterscheiden drei grundsätzliche Logiken:

1. *Portfolio-Management*
2. *Synergie-Management*
3. *Entwicklungs-Management*

Beim *Portfolio-Management* handelt es sich um einen Ansatz, bei der die oberste Geschäftsleitung nicht in die Aktivitäten der strategischen Geschäftseinheiten (SGE, vgl. Kap. 6.3) interveniert, sondern ihr nur strategische Ziele vorgibt. In einer Wirtschaftsunternehmung wird sich ein Konzern, der nach dieser Logik geführt wird, darauf reduzieren, ein Renditeziel für das investierte Kapital vorzugeben und das Management der SGE entsprechend zu bewerten. In einer NPO wird das Topmanagement eine Vision und Mission vorgeben sowie allfälligerweise Kriterien zur Beurteilung der Performance der SGE (vgl. dazu S.). Im Übrigen wird aber die Geschäftsleitung darauf vertrauen, dass die Leitungspersonen der einzelnen Sparten zusammen mit ihren Teams am besten in der Lage sind zu beurteilen, wie man die Ziele der Gesamtorganisation in ihren Geschäftsfeldern in die Praxis umsetzt. Indem die oberste Geschäftsleitung minimal in die Geschäftseinheiten eingreift und Kooperation und Koordination zwischen den SGE vorschreibt, produziert sie ein *Mindestmaß an Gemeinkosten,* die den direkten Kosten der einzelnen Divisionen anschließend aufgebürdet werden und so das Gesamtergebnis belasten. Sie verzichtet ganz bewusst darauf, positive Synergieeffekte durch Zusammenarbeit, Kooperation, gemeinsamen Aufbau von Kompetenzen etc. durch ihre Führung zu erzielen (diese Synergien könnten allenfalls durch freiwillige Zusammenarbeit der SGE erzielt werden).

Synergie-Management folgt im Gegensatz dazu einer Logik, bei der die oberste Geschäftsleitung ganz bewusst durch Führungsmaßnahmen erreichen will, dass zwischen den einzelnen Geschäftseinheiten positive Synergien genutzt, Ressourcen gemeinsam eingekauft und verwendet, Kompetenzen gemeinsam entwickelt werden und die Organisation gemeinsame Kernkompetenzen entwickelt, die allen Geschäftsaktivitäten zum Vorteil gereichen. Synergiemanagement kostet, denn die Zentrale führt (auch mit zentralen Stäben, d. h. zu bezahlenden Mitarbeitern), Synergiemanagement sollte aber auch etwas bringen, nämlich die Fokussierung der Organisation auf bestimmte Dinge, die man besonders gut kann und immer weiterentwickelt.

Entwicklungs-Management ist eine Geschäftslogik, die aus unserer Sicht nur bedingt in die NPO-Branche passt. Die Grundidee der Geschäftslogik *Entwicklungs-Management* ist, dass die Zentrale ganz bestimmtes Wissen und Kompetenz hat, Dinge zu tun, die man in den SGE kaum aufweist. Dieses Wissen und diese Kompetenz werden verwendet, um den Wert und die Ertragsfähigkeiten von Organisationen zu verbessern, bei denen man vordem Potential entdeckt hat und bei denen man beim Einsatz seiner erwähnten Fähigkeiten deshalb eine Wertsteigerung erwarten kann. Entwicklungs-Management wird durch Firmen betrieben, die ganz bewusst nach unterbewerteten Firmen suchen, sie reorganisieren und meist nach rel. kurzer Zeit mit erhöhtem Wert wieder abstoßen. Es ist ohne weitere Erläuterungen ersichtlich, dass diese Geschäftslogik nicht in die NPO-Branche passt.

Zentralisierung versus Dezentralisierung
Inwiefern ist nun aber eine Evaluation der verbleibenden Wahlmöglichkeit *Portfolio-Management* oder *Synergie-Management* sinnvoll? Die Theorie geht ähnlich wie bei den generischen Strategien von Porter davon aus, dass die Gruppenlogik konsistent sein sollte, d. h., man sollte sich eher für eine der beiden Logiken entscheiden, als die Mitte zu suchen:

Zuerst erscheint es uns als wichtig, dass die beiden Geschäftslogiken davon ausgehen, dass Zentralisierung sowohl Kosten wie Erträge generieren kann und dass deshalb die Frage Zentralisierung versus Dezentralisierung strategisch abgeklärt werden muss. Wie wir weiter oben bereits antönten, ist es gerade im öffentlichen Bereich, aber auch in privaten NPO endemisch geworden, dass man *Fusion und Zentralisation zum Selbstzweck* erfindet und sich *economies of scale* oder Skaleneffekte erhofft, die in der Realität kaum je eintreffen. So schwappt durch deutsche, österreichische und schweizerische Bildungs- und Gesundheitslandschaften eine Fusionswelle, deren Kosten/Nutzen wenig hinterfragt und noch weniger überprüft werden, die aber sicher als Antwort auf eine frühere Verzettelung der Kräfte und Ressourcen auf allzu viele kleine Einheiten zu verstehen ist und deshalb grundsätzlich sinnvoll sein kann. Ähnliche Entwicklungen sind im Sozialwesen an der Tagesordnung, und selbstverständlich wird auch im öffentlichen Bereich, v. a. bei den Gemeinden, zunehmend eine Restrukturierung gefordert. Grundsätzlich müsste man sowohl die Frage stellen, welchen konkreten Nutzen eine zentrale Führung bringt (und dieser Nutzen müsste irgendwie qualitativ und quantitativ messbar sein), wie auch die durch die Zentralisierung und zentrale Führung zusätzlich zu erwartenden *Koordinations- und Führungskosten* transparent gemacht werden sollten. Wir möchten damit die Vorteile von Synergie-

Management nicht in Frage stellen, natürlich ist z. B. gerade bei der politischen Struktur vieler Länder viel Veränderungsbedarf auszumachen. Der Lackmustest, welche Synergien Fusionen konkret bringen, wäre aber einzufordern.

Zweitens zeigt die Einteilung in Geschäftslogiken aber auch auf, dass das Ergebnis der Zentralisierung wohl nicht nur von der Wahl der Logik abhängt, sondern entscheidend auch von der gewählten *Form* der zentralisierten Organisation. Eine NPO oder (fusionierte) öffentliche Institution, deren Fusionsorganisation von politischen Erwägungen geprägt ist und nicht von Erwägungen der zu erwartenden Synergieerträge und -kosten, wird sehr wahrscheinlich genau die positiven Erwartungen nicht erfüllen, die man mit der Fusion verbunden hat. Die neue Struktur folgt einer politischen Logik und nicht einer ökonomischen Logik, in Synergiegewinnen und -kosten gemessen. In der Realität wird aber aus unserer Erfahrung genau dieser alte Fehler nach wie vor nicht korrigiert, man baut vorerst Strukturen und fragt erst danach, was eigentlich die Logik der Strategie für eine Organisation verlangen würde!

Eine dritte Überlegung, die mit dem Konzept der Geschäftslogik zu verbinden ist, ist die Frage nach der Kooperationsstrategie, die bereits früher erörtert wurde: Wenn Zentralisierung und Fusion auch für NPO (und für Institutionen im öffentlichen Auftrag) gefordert werden, dann müsste aufgezeigt werden, dass die Logik des Synergiemanagements eher aufgeht als ein modern verstandenes *Netzwerk-Management* auf der Basis eines *Kooperationsmodells*. Die modernen Technologien, insbesondere die Informations- und Kommunikationstechnologien, erlauben projektorientierte Kompetenznetzwerke über große geografische und organisationelle Distanzen, deren Ertrag, Effektivität und Effizienz für den Auftraggeber (und die Teilnehmer des Netzwerkes) zumindest mit demjenigen einer großen, schwerfälligen, fusionierten Organisation zu vergleichen wären.

Zusammenfassend kann gesagt werden, dass neben den eher marktorientierten und ressourcen- und kompetenzorientierten Leitbildentscheiden also abschließend grundsätzliche Erwägungen zu organisatorischen Prozessen und Strukturen in ein Leitbild gehören. Neben der Gruppenlogik wären also grundsätzliche Aussagen zur Prozessorganisation und zur Aufbauorganisation Teil dieser Leitideen, wobei wir hier inhaltlich nicht weiter auf diese Thematik eingehen, da sie u. E. in das Gebiet der Organisationstheorie und Organisationsentwicklung gehört, die an anderem Orte kompetent und detailliert dargestellt ist.

10.8 Strategisches Controlling als Teil des Leitbilds

Das *Controlling* des strategischen Prozesses wird in einem weiteren Kapitel dargestellt (vgl. Kap. 14). Hier soll der Vollständigkeit halber nur erwähnt werden, dass die Inhalte von Strategien selbstverständlich der Überprüfung standhalten müssen und dass ein *strategisches Controllingsystem* deshalb u. E. *im Leitbild* zumindest in den wichtigsten Zügen *darzustellen ist*. Dazu gehören Kriterien, denen das Leitbild genügen sollte und die man ex ante oder ex post zu messen hätte. Dazu gehört sicher auch die Benennung eines ganz bestimmten oder die Skizze eines noch zu entwickelnden *Controllingsystems* inkl. der *Meilensteine*, die für das Controlling gesetzt sind. Hier wollen wir nur auf Kriterien eingehen, die *ex ante* nach Formulierung eines Leitbilds zur Beurteilung des getanen Werks herangezogen werden können[21]:

1. *Stimmigkeit*: Ist unser Leitbild in Übereinstimmung mit den wichtigsten Ergebnissen der strategischen Analyse und in sich selbst stimmig? Auf der Grundlage eines Reviews der wichtigsten Ergebnisse, insbesondere der Stärken/Schwächen-Chancen/Gefahren-Erwägungen und allfälligerweise der Portfolio-Analyse kann die Stimmigkeit mit der Situation noch einmal kurz überprüft werden. Zusätzlich sollten die einzelnen Leitsätze auf gegenseitige Stimmigkeit überprüft werden. Oft gibt es hier Konflikte, die zumindest auszudiskutieren sind (vgl. die unten stehenden Leitbild-Dilemma).
2. *Akzeptanz*: Ist das Leitbild und sein Inhalt für interne und externe Stakeholder akzeptabel oder ist mit größeren Widerständen zu rechnen, die allfälligerweise die Realisation gefährdet? Welche Stakeholder gewinnen v. a. und welche Stakeholder sind „Verlierer"?
3. *Wertschöpfung*: Mit welcher Wertschöpfung ist zu rechnen? Ist diese Wertschöpfung im Sinne des in der Mission formulierten grundsätzlichen Auftrags unserer NPO oder hat man schließlich eine ganz andere Strategie entwickelt?
4. *Umsetzungsfähigkeit*: Ist das Leitbild in der Praxis überhaupt umsetzbar oder eine kaum realisierbare Chimäre? Neben den menschlichen Widerständen (siehe oben): Gibt es finanzielle oder andere Gründe, die eine Realisation eher als unwahrscheinlich erscheinen lassen? Existieren die notwendigen Fähigkeiten gar nicht in der Organisation, so dass wir die Strategie eher in Kooperation mit einer anderen Organisation oder gar nicht selbst zu realisieren gedenken? Gibt es andere Organisationen, die dank ihrer Macht, Beziehungen, Fähigkeiten eher geeignet sind für die Realisierung einer solchen Strategie?

5. *Risikopotential:* Ist die Strategie eine Strategie ohne Ausstiegsszenario, so dass eine Veränderung der Situation dazu führen könnte, dass man zwar erkennt, dass es gefährlich wird, aber man kann nicht mehr zurück oder umsteigen? Bestehen andere Risiken oder Vorschriften und Rahmenbedingungen der Organisation oder Auftraggeber, die eine Realisierung der Strategie in Frage stellen oder als nicht opportun erscheinen lassen?

10.9 Strategien für Spezialsituationen: Das Krisenmanagement

Wir haben in den bisherigen Kapiteln den Strategieentwicklungsprozess so beschrieben, wie er methodisch geplant von A bis Z erfolgt, wenn man von Grund auf alle Gebiete des strategischen Managements überdenken, und daraus neue strategische Leitgedanken entwickeln will. Wir haben aber auch dargelegt, dass der reale Prozess der Strategieentwicklung anders verläuft, dass empirisch Strategien ganz anders entstehen als ein von Grund auf in allen Details geplanter Prozess. Strategie und die Lehre von der Strategie werden unter anderem auch dazu verwendet, in sehr spezifischen Situationen strategisch adäquat zu handeln. So gibt es die Situation der *Gründung* einer Organisation, wo sich ganz spezifische strategische Fragen stellen, als spezielle Form der Gründung z. B. das *Spin Off,* und es gibt am „anderen Ende" die Frage, wie man sich bei der *Auflösung* einer Organisation verhalten soll. Es gibt die Situation, wo sich mehrere Organisationen für *Kooperations*modelle interessieren, sei es eine *virtuelle* Kooperation oder eine Fusion. Es gibt die Situation, wo eine *Internationalisierung* anstehen könnte, Situationen, wo kleine NPO plötzlich großes *Projekt*management zu betreiben haben, und immer wieder gibt es die Situation der *Krisen*prävention und -bewältigung.

Grundsätzlich sind die Methoden des strategischen Managements auch für solche Situationen geeignet, dazu hat sich eine Spezialliteratur entwickelt, die sich dieser spezifischen Fälle annimmt. Ohne hier abschließend alle Spezialsituationen berühren zu können[22] sei am Beispiel *Krisenmanagement* kurz aufgezeigt, dass es sich für solche Situationen lohnt, sich mit speziellen Instrumenten und Ansätzen zu beschäftigen. Wir wählen die Krise bewusst aus, weil wir davon ausgehen, dass jede NPO-Managerin und jeder -Manager im Verlauf seiner Berufskarriere mit großer Wahrscheinlichkeit in die Situation kommt, in welcher man sich mit einer Krise beschäftigen muss. Trotzdem gehört die Krise nicht zum typischen Inhalt strategischer Lehrbücher.

Laurent F. Carrel, einer der wenigen modernen deutschsprachigen Autoren, die sich über das übliche *Risk Management* hinaus mit Krisen beschäftigen, ver-

Der strategische Prozess

zichtet in seinem Lehrbuch ganz bewusst auf eine Definition der Krise, sondern betont den Facettenreichtum von Krisen[23]: Man ist von einer Vielzahl von Krisen umgeben, ist mit solchen konfrontiert und steckt evtl. persönlich in einer Krise und bedarf deshalb eines Verständnisses, dessen, was da abläuft. Auch wenn wir also ständig in gewisser Weise in einer Krisensituation sind, wollen wir hier Krisenmanagement mit dem Begriff der *Bewältigung außerordentlicher Situationen* umschreiben, Krisenmanagement als Teil eines strategischen Konzepts beschäftigt sich damit, nicht nur für die *geplante, voraussichtliche* Zukunft vorbereitet zu sein, sondern auch dafür, in außergewöhnlichen Situationen einigermaßen adäquat funktionieren und überleben zu können.

Für Roux-Dufort[24] sind Krisen „Prozesse, die unter dem Einfluss eines auslösenden Ereignisses eine ganze Serie von Disfunktionalitäten in Bewegung setzen". Im Ursprung der Krise steckt also nicht das *auslösende Ereignis* (dies ist der sprichwörtliche letzte Tropfen), sondern *eine ganze Reihe von anderen Ursachen, die zusammen erst den krisenhaften Zustand produzieren* können. Der krisenhafte Zustand seinerseits löst Bewegung im System aus, miteinander, meist überstürzt und kaum überblickbar laufen nun auf allen Ebenen Prozesse ab, die man mit normalen Managementtechniken kaum noch unter Kontrolle halten kann.

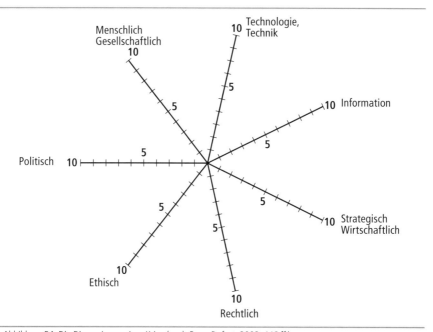

Abbildung 54: Die Dimensionen einer Krise (nach Roux-Dufort, 2003: 113 ff.)

Krisen haben ganz unterschiedliche *Dimensionen,* und entsprechend ist die Vorbereitung der meisten Organisationen (und Netzwerke) auf die Möglichkeiten einer Krise. Abbildung 54 eignet sich, um eine Evaluation bezüglich der eigenen Vorbereitung auf Krisen vorzunehmen, indem man sich fragt, ob man bezüglich der sieben aufgezeigten Dimensionen einer Krise gut oder schlecht vorbereitet ist. Je nachdem ergibt dies für die Dimensionen eine hohe Bewertung (gut vorbereitet) bzw. eine tiefe Bewertung. Empirisch zeigt sich, dass viele Firmen sehr einseitig vorbereitet sind. Es besteht noch rel. wenig Evidenz, aber unsere qualitativen Untersuchungen haben ergeben, dass KMU und NPO meist dann auf Krisensituationen vorbereitet sind, wenn sie solche Krisen bereits früher bestehen mussten und überlebt haben. Sie bereiten sich in diesem Falle meist nur auf Situationen vor, die sie in der Vergangenheit bereits mehr oder weniger gut gemeistert haben, kaum jedoch auf andere Arten von Krisen. Eine Firma, die eine technologisch bedingte Krise hinter sich hat, wird versuchen, sich für die Zukunft vor weiteren solchen technisch bedingten Krisen zu schützen, ob sie sich allerdings für die anderen Dimensionen der Krise ebenfalls vorbereitet, ist viel, viel unsicherer. Dabei sind Krisen, wie bereits beschrieben, *systemhafte Prozesse,* sie haben die Tendenz, sich von einer *monokausalen* Krise zu einer *multikausalen* zu entwickeln, gerade dies macht ihre Krisenhaftigkeit aus. So kann eine Krise, die ursprünglich auf den schlechten Abschluss in einem Geschäftsjahr zurückgeführt werden kann (bedingt durch externe, konjunkturelle Gründe), sich rel. rasch zu einer internen Motivationskrise mit Unzufriedenheit der Mitarbeitenden entwickeln, die – angeheizt durch schlechte Informationspolitik des Managements – urplötzlich in einer Kommunikationskrise (gegen außen) explodiert, weil ein Mitarbeiter als *whistleblower* gegenüber der Presse über Interna berichtet, die man bis anhin aus Solidaritäts- und Identifikationsgründen niemals gegen außen kommuniziert hätte.

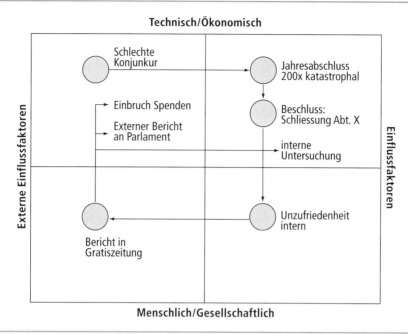

Abbildung 55: Dynamik einer Krisensituation in der Krisenmatrix (nach Roux-Dufort, 2003: 40 ff.)

Um was geht es nun also beim Management von Krisen? Man kann in Verbindung zu Kap. 9 definieren, dass Krisenmanagement anstrebt, die wichtigsten Schwächen-Gefahren-Potentiale einer Organisation zu eruieren und darauf zu reagieren bzw. proaktiv zu agieren:

1. Schritt: Evaluation möglicher Krisenszenarien

Es geht erstens darum, Fähigkeiten aufzubauen, mit welchen die Organisation in der Lage ist, mögliche *Symptome* und *Ursprünge* von Krisen rel. frühzeitig *zu eruieren, einzuschätzen* und falls notwendig *zu eliminieren.* Man könnte diese Fähigkeiten mit *Krisendiagnostik* und *Krisenprävention* umschreiben. Krisendiagnostik kann einerseits als Daueraufgabe der Organisation bezeichnet werden, d.h., man etabliert in der Organisation *Antennen*, Meldesysteme, welche in der Lage sind, frühzeitig Ursachen von Krisen zu identifizieren und einzuschätzen. Die Literatur empfiehlt, diese Aufgabe des Krisenerfassens von der Aufgabe abzutrennen, die strategische Bedeutung von Krisen zu bewerten. *Antennen* sollten empfindlich sein, d.h. relativ viele Daten registrieren. Was dann aus diesen Daten gemacht wird, ist eine Frage der Einschätzung der Symptome: Ein System, eine Organisation kann *überempfindlich* werden und dauernd auf Krisensignale reagieren, man reagiert dann evtl. nur noch auf solche Signale und ist für den Normalfall gar nicht mehr handlungsfähig[25]. Ein Teil des Krisen-Managementsystems muss also für die Eruierung von Daten ausgerüstet sein, ein anderer Teil des Systems für die Einschätzung. Diese Einschätzung ist eine typische Managementaufgabe und setzt voraus, dass man bereit ist, Risiken einzugehen. Neben der permanenten Beobachtung von krisenhaften Entwicklungen kann es aber zusätzlich darum gehen, dass man von Zeit zu Zeit ein spezielles Augenmerk auf mögliche Krisen wirft, d. h. zum Beispiel in speziellen Krisenseminaren oder Workshops *Worst-case-Szenarien* systematisch analysiert und damit die Früherkennung und Diagnostik innerhalb der Organisation oder im Netzwerk schult. Als Methoden zur Entwicklung solcher Szenarien empfiehlt Roux-Dufort vier Methoden[26]:

- Die *historische* Methode, bei welcher auf der Grundlage historischer Ereignisse evaluiert wird, ob solche Ereignisse in unserer Organisation oder der für uns vorliegenden Situation wieder passieren könnten.
- Die Einschätzung möglicher Entwicklungen in einem *Krisen-Portfolio,* bei der in einer Matrix mögliche Ereignisse in einem Polaritätsprofil dargestellt werden können.
- Die *dialektische* Methode, bei welcher man z. B. auf der Grundlage der bestehenden Ressourcen und Kompetenzen vorerst untersucht, warum das System Unternehmung funktioniert, und dann dialektisch das Umgekehrte denkt, d. h. untersucht, unter welchen Umständen das System eben nicht funktioniert. Diese Methode kann dazu führen, dass man ganz bewusst Prämissen in Frage stellt, die normalerweise als gegeben betrachtet werden und nun erstmals (und kreativ) hinterfragt werden.
- Die *metaphorische* Methode, bei welcher man unter Umständen völlig andere Ereignisse, welche *Geschichte geschrieben* haben, nutzt, um sie in metaphorischer Weise auf die eigene Situation zu übertragen: Die Frage könnte also z. B. lauten: Was wäre *unser Tschernobyl* oder … *unser 9-11*, um die Situation dann im Kontext der eigenen Situation zu analysieren und daraus Verhaltensrichtlinien abzuleiten, um die Risiken zu mindern und Eventualmaßnahmen zu planen.

Der strategische Prozess

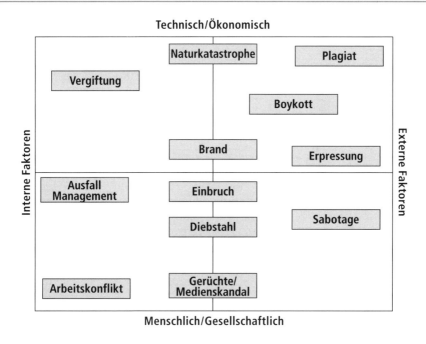

Abbildung 56: Beispiel eines Krisen-Portfolios (adaptiert nach Roux-Dufort, 2003: 127)

In Abbildung 55 ist am Beispiel des *Krisen-Portfolios* dargestellt, wie man die Wahrscheinlichkeiten und die Bedeutung der Szenarien einschätzen kann. In einer weiteren Übersicht können die (allenfalls mit allen Methoden gewonnenen) Szenarien eingetragen und bezüglich der zwei Kriterien *Eintretenswahrscheinlichkeit* und *Ausmaß der zu erwartenden negativen Folgen* beurteilt werden[27]:

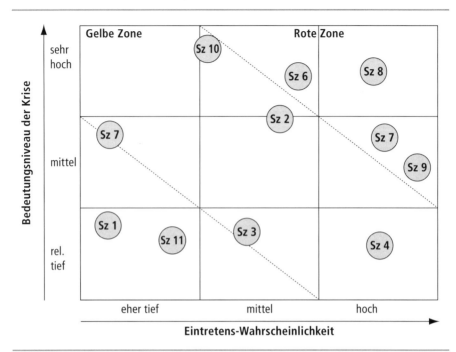

Abbildung 57: Evaluation der Szenarien in einer Probabilitäts-Bedeutungs-Matrix (adaptiert nach Roux-Dufort, 2003: 142)

Evtl. ist es sinnvoll, dass in die Evaluationsaufgabe speziell geschulte Experten oder Think-Tanks einbezogen werden und so dafür gesorgt wird, dass die Resultate zu den notwendigen Maßnahmen in der Organisation führen.[28]

2. Schritt: Präventiv-Maßnahmen einleiten

In einem zweiten Schritt wird man auf der Grundlage der identifizierten Krisenpotentiale Maßnahmen ableiten, mit denen präventiv die Krisenanfälligkeit des Systems reduziert werden kann. Diese *Präventiv*-Maßnahmen können auf allen Dimensionen angesiedelt sein, d. h. z. B.:

- strategisch-ökonomische Maßnahmen beinhalten, wie die Äufnung eines speziellen Fonds für die Absicherung der finanziellen Risiken einer Krise,
- rechtliche Schritte beinhalten, wie die Kontaktnahme zu Experten für die rechtliche Unterstützung im Vorfeld einer schwierigen Situation oder das Erlassen genauer Richtlinien, um gar nicht in juristische Probleme zu geraten,
- ein technisch basiertes Qualitätssicherungssystem beinhalten, mit dem die Risiken technisch basierter Probleme reduziert werden können,

- politisch-kommunikative Maßnahmen vorsehen, mit denen der Goodwill in der Öffentlichkeit und beim Personal gestärkt wird, so dass beim Ausbruch einer Krise die Reputation der Organisation nicht sofort in Frage gestellt wird,
- einen Ethikkodex beinhalten, mit dem die Grenzen des verantwortbaren Handelns innerhalb der Organisation exemplifiziert und damit transparenter gemacht wird.

3. Schritt: Eventualplanung für alternative Risiken

In einem dritten Schritt wird es darum gehen, dass man für das Eintreffen krisenhafter Ereignisse vorsorgt, indem man einerseits die notwendige *Krisenorganisation* (Krisenstab) bestimmt und schult, welche in einer Krisensituation neben und zum Teil an die Stelle der „normalen" Organisation tritt und indem man für ausgewählte Krisenszenarien im Sinne einer Eventualplanung detaillierte *Krisenbewältigungspläne* ausarbeitet, die man beim Eintreffen krisenhafter Ereignisse *fertig aus der Schublade* herausnehmen kann. Die Prozessabläufe sind in der Organisation zu schulen. Mit der Eventualplanung einiger wichtiger bzw. wahrscheinlicher Krisensituationen soll verhindert werden, dass in einer Situation, in welcher man keine Zeit mehr hat, um Abläufe in Ruhe zu planen, statt raschem Handeln die Erstarrung oder das ständige Hinterherlaufen hinter den Ereignissen zum typischen Verhaltensphänomen wird. Zu den typischen *Inhalten von Eventualplänen* für krisenhafte Situationen gehören etwa[29]:
– die Organisation des Krisenstabs
– eine Alarmorganisation für den Krisenstab
– Richtlinien für die Kommunikationsarbeit
– Richtlinien für die Schnelldiagnose
– Maßnahmenplan für Sofortmaßnahmen (z. B. Behandlung Geschädigter)
– Plan für Eindämmungsmaßnahmen (Eindämmen, Evakuieren, Verteilen etc.)
– Aufrechterhaltung des Routinegeschäfts
– Adjustierungsmaßnahmen nach erfolgter Diagnose
– Eindämmung sekundärer Effekte

Die *operative Bewältigung der Krise* soll hier nicht weiter thematisiert werden, wir verweisen dazu auf die (nicht allzu reichhaltige) einschlägige Fachliteratur. Abschließend sei noch darauf hingewiesen, dass Krisenmanagement u. E. zu Unrecht meist in den Lehrbüchern über strategisches Management und auch in vielen einschlägigen Ausbildungen fehlt oder dann doch sehr oft auf den Aspekt *Risk Management* bzw. *Kommunikationsmanagement in Krisensituationen* reduziert wird. Beides sind u. E. rel. gefährliche Verkürzungen.

Wir haben in diesem Abschnitt keineswegs eine umfassende Lehre des Krisenmanagements in NPO aufgezeigt, sondern nur sehr knapp Facetten des Krisenmanagements geschildert. Eine detaillierte Aufarbeitung spezieller Situationen strategischen Managements in NPO steht also noch aus. Wir wollen uns nun aber einer Grundfrage zuwenden, die notwendigerweise detaillierter behandelt werden muss, wenn Strategie erfolgreich sein will, nämlich dem Thema der Umsetzung: Wie sind Strategien zu konzipieren, damit sie die Chance haben, überhaupt umgesetzt zu werden, und welche Methoden der Veränderung von Organisationen stehen dazu zur Verfügung?

3. Teil: Die Strategien umsetzen – Changemanagement

Strategien auf Papier sind wertlos, wenn niemand sich damit befasst, wie die Visionen und Strategien umgesetzt werden. Erst im operativen Geschäft beweist sich, ob eine Strategie taugt, *richtig*, d. h. Erfolg versprechend und erfolgreich ist. Operationelle Umsetzung setzt aber voraus, dass die Organisation, ihre Mitglieder und Mitarbeitenden fähig sind, die notwendigen Veränderungsprozesse vorzunehmen, die für die Umsetzung der Strategie notwendig werden. Mit dieser Thematik befasst sich *Changemanagement*.

Strategie- und Visionsarbeit werden zusehends zu wichtigen und tragenden Themen des Changemanagements. Dazu wurde über die Jahre hinweg eine Reihe von Methoden und Herangehensweisen entwickelt, wie etwa die *Search Conference*, die *Zukunftskonferenz* und der *Real Time Strategic Change*-Ansatz[1], das *Open System Technology*[2] oder die *Integrated Strategic Change*-Ideen[3]. Die Mehrheit dieser Ansätze versteht die Strategie- und Visionsarbeit als einen partizipativen Prozess mit doppelter Zielsetzung:

– Erstens sollen Ziele und Strategien entwickelt werden. Es geht also um inhaltliche Arbeit, der *Inhalt* von Strategie ist das Thema.
– Zweitens ist die Gestaltung des Prozesses ein Thema: Mit welchen *Partizipationsprozessen* entstehen Strategien, die anschließend auch gemeinsam umgesetzt werden sollen?[4]

Wichtig erscheint hierbei die Tatsache, dass nicht nur mit *Einzelorganisationen* als ganzheitlichen Systemen gearbeitet werden kann, es können in derartige Prozesse, insbesondere bei Großgruppenansätzen, zusätzliche externe Interessengruppen aus dem Umfeld der Organisation miteinbezogen werden. Diese Ansätze eignen sich somit für die integrative und strategische Entwicklungsarbeit in NPO, Gemeinden, Städten, Vereinen und Verbänden[5].

In den folgenden Kapiteln möchten wir versuchen, die Herausforderungen der Strategiearbeit in NPO aus einer institutionellen und organisatorischen Sichtweise auszuleuchten. Im Kap. 11 wird zuerst bewusst noch einmal auf die Besonderheiten der Strategiearbeit im NPO-Bereich hingewiesen. Aufbauend auf den Begriffen der *Organisation*, der *lernenden Organisation* und dem Konzept der *organisatorischen Felder*, stellen wir hierzu den Ansatz des *Beziehungsmanagements* vor. Dieser Ansatz ist zu verstehen als Managementkonzept, welches ausgehend von der umfassenden Eingebundenheit von Nonprofit-Organisationen in ein

Beziehungsnetzwerk aufzeigt, welche konkreten Herausforderungen sich für das Management in Allgemeinen und die Strategiearbeit im Besonderen ableiten lassen.

Im anschließenden Kap. 12 werden wir uns näher mit dem Phänomen des Changemanagements auseinandersetzen. Aufbauend auf einem Vergleich der Phasenmodelle des strategischen Managements und des *Changemanagements,* werden wir einige für die Strategiearbeit wichtigen Aspekte des Changemanagements besonders berücksichtigen. Wir verstehen Changemanagement dabei als zirkuläreren Lernprozess, der verlangt, dass sowohl emotionale, kommunikative und gestalterische Herausforderungen gemeistert werden.

Im abschließenden Kap. 13 werden wir entlang des Phasenkonzeptes des strategischen Managements bestimmte Interventionsmethoden aus dem Changemanagementkontext als wertvolle Designelemente der Strategiearbeit vorstellen. Dabei wird ein starker Fokus auf Großgruppen-Methoden gelegt, dies basierend auf der Überlegung, dass NPO in einer offenen, heterogenen und differenzierten Interessenlandschaft angesiedelt sind. Großgruppenkonzepte haben sich gerade in derartigen Konstellationen als erfolgreiche Interventionskonzepte bewährt.

11. Strategisches Management und Changemanagement

Die Herausforderungen, denen sich NPO stellen müssen, wurden im Kap. 2 bereits ausführlich diskutiert. Trotzdem wiederholen wir einige der Feststellungen hier einleitend noch einmal: Der Veränderungsdruck in der Gesellschaft nimmt zu, und davon sind sowohl Institutionen aus dem Profitbereich, der Verwaltung und aus dem NPO-Bereich gleichermaßen betroffen. Doppler und Lauterburg[1] weisen in diesem Zusammenhang einerseits auf die Verknappung der Ressourcen Zeit und Geld und andererseits auf die Steigerung der Aufgabenkomplexität hin. Andere Autoren wie etwa Kotter[2] betonen die zunehmende Globalisierung, die Abnahme der Lebenszyklen von Produkten und Dienstleistungen, das rasche Anwachsen der Entwicklungskosten, die Verlagerung von Produktions- und Dienstleistungsstandorten, die Bedeutungszunahme einer Vielzahl von Schwellenländern und damit verbunden die Verschiebung ökonomischer und politischer Schwerpunkte, den steigenden Druck zur Individualisierung von Produkten und Dienstleistungen, die wachsenden ökologischen Probleme und sozialen Problemstellungen. Bryson[3] erweitert diese „wohl unendliche Liste" mit dem Hinweis auf die Veränderung der demographischen Realitäten, der erkennbaren Veränderung von Werthaltungen und nicht zuletzt auch mit der Zunahme von Aktivitäten diverser Interessengruppen. Wichtig erscheint uns in diesem Zusammenhang weniger die Vollzähligkeit der Aufzählung, sondern die Tatsache, dass die angeführten Entwicklungen nicht oder nur beschränkt als isolierte Phänomene angesehen werden dürfen: „Change anywhere typically results in change elsewhere" liest man bei Luke[4], der *Wandel in der einen Ecke der Realität initiiert einen Wandel in einer anderen Ecke.* Die sich daraus ergebende Dynamik muss innerhalb der Strategiearbeit aufgegriffen werden. Der Druck kann sich sehr unterschiedlich auf NPO, deren Strategiearbeit und deren Veränderung und Entwicklung auswirken.

In diesem Teil des Buchs wollen wir uns vor allem auf NPO konzentrieren, welche ihren Auftrag umfassend eingebunden in einem komplexen und sich ständig verändernden Umfeld leisten, NPO, welche sich aktiv und bewusst mit der Umfeldsituation auseinandersetzen und versuchen müssen, ihre Beziehungsumwelt aktiv zu gestalten und zu beeinflussen. Der organisatorische Rahmen darf immer weniger als anonymer Handlungsraum missverstanden werden, NPO werden vermehrt in einem konkreten Interaktionsverhältnis aktiv, welches sowohl die institutionelle Wettbewerbsfähigkeit als auch ihre Veränderungsfähigkeit direkt beeinflusst.

Die Erkenntnis, dass die Beziehungen zwischen Organisationen und ihrem Umfeld als wichtige Produktionsfaktoren angesehen werden müssen, ist nicht neu. DiMaggio und Powell[5] haben schon vor Jahren deutlich gemacht, dass neben dem Kapital, der Arbeit, dem Boden oder dem Wissen – um nur einige wichtige Ressourcen aufzuführen – Organisationen darauf angewiesen sind, vom gesellschaftlichen Umfeld, in dem sie arbeiten, (umfassend) akzeptiert, getragen und legitimiert zu werden.

Ebenfalls in diese Richtung zunehmender Vernetzung und Interaktion deuten die Arbeiten von Bourdieu[6], welcher mit seiner Kapitaltheorie und den speziellen Ausführungen zum *sozialen Kapital* ein weiteres wichtiges Konzept für das vertiefte Verständnis sozialer Beziehungen erarbeitet hat. Beziehungsarbeit bedeutet aus dieser Sicht Investition in soziales Kapital. Verantwortliche in NPO sind gefordert, diese Komponente des Managements mitzugestalten. Erfahrungen aus der Praxis des Nonprofit-Managements lassen jedoch erkennen, dass

- die Beziehungsarbeit von NPO noch zu häufig auf historisch gewachsenen, informell etablierten, zufällig gewachsenen Beziehungsmustern beruht,
- das Bewusstsein zu einer bewusst gestalteten Beziehungsarbeit – oder gar einem aktiven Beziehungsmanagement – fehlt,
- ein Organisationsverständnis vorherrscht, welches die konkreten Umweltbeziehungen und die damit verbundenen Abhängigkeitsmuster nicht umfassend genug aufgreift und thematisiert.

Die Bedeutung der Beziehungsarbeit und die Fähigkeit, diese Beziehungen bewusst und gezielt zu entwickeln und zu gestalten, wird zu einem existenziell wichtigen und zentralen Unterscheidungsmerkmal zwischen kooperierenden und konkurrierenden Organisationen[7]. Die Interaktion in Beziehungsnetzwerken beeinflusst Strategiearbeit umfassend und muss in den Strategiemodellen entsprechend berücksichtigt werden.

11.1 Ein erneuerter und erweiterter Begriff der Organisation

Die lange dominante Innensicht von Organisationen wird zunehmend aufgebrochen und ergänzt durch die Betonung des Zusammenspiels zwischen Innen- und Außenwelt. Organisationen werden in diesem Prozess vermehrt umschrieben als Systeme abhängiger Aktivitäten und wechselnder Koalitionen, die je nach Fragestellung ganz unterschiedliche Beteiligte verbinden. Diese Systeme sind dabei eingebunden im, abhängig und letztendlich auch mitgestaltet vom Umfeld, in dem sie arbeiten[8].

In der jüngern Vergangenheit hat sich diese Sicht der Organisation weiterentwickelt. Organisationen werden heute vermehrt als Gebilde verstanden, welche sich „mittels Kommunikation ständig selbst reproduzieren, permanent in Veränderung begriffen sind und dabei immer neue Ordnungsgefüge schaffen, in Form von erinnerter Geschichte, strukturell festgehaltenen Erfolgen und abgestimmten Wahrnehmungsmustern und Erwartungshaltungen. Dieses Selbstverständnis verdichtet sich in Sinnkonstrukten und Weltbildern, die aus der Innensicht als Leitbilder in die Umwelt projiziert werden. Interne Ordnungsstrukturen, Sinnkonstrukte und Weltbilder verleihen innerhalb der Organisation Sicherheit und Stabilität, behindern aber gleichzeitig das Reagieren auf Veränderungen einer dynamischen, sich rapide verändernden Umwelt."[9]

Diese veränderte Sichtweise der Organisation stellt für die Strategie- und Changearbeit eine Herausforderung dar. Einerseits wird ersichtlich, dass wir damit unser Grundverständnis in Bezug auf Veränderung und Entwicklung – als bewusst planbarer und gestaltbarer Prozess, welcher einen Anfang und ein Ende aufweist – aufgeben oder zumindest markant modifizieren müssen. Andererseits muss die Frage gestellt werden, ob und inwiefern es ausreicht, sich im Rahmen der Entwicklung hauptsächlich auf den Innenbereich der Organisation zu fokussieren oder ob das Umfeld nicht noch vermehrt und viel bewusster in strategische und operative Entwicklungsprozesse einbezogen werden muss, als man dies in der Vergangenheit tat.

11.2 Lernende Organisation

In der Organisationstheorie und Praxis erhielt der Begriff der *Lernenden Organisation* nicht erst seit Senge große Beachtung. Schon Argyris sowie March und Olsen haben früh auf die Bedeutung der schrittweisen und kontinuierlichen Entwicklung von Organisationen hingewiesen[10]. Argyris machte sich vor allem Gedanken über die *Bedeutung defensiver Routine* (Lernblockaden) und damit über die Möglichkeiten und Grenzen des Lernens von Organisationen. Ebenfalls bedeutsam war das *Lernschleifen-Modell* von Argyris und Schön[11]. Sie machten deutlich, dass Lernen auf qualitativ sehr unterschiedlichen Ebenen ablaufen kann, was letztendlich für den Lernerfolg und vor allem die Lernkompetenz eines Systems von großer Relevanz ist. Erwähnenswert sind hierbei die Arbeiten von Senge[12], welcher insbesondere auf die Wichtigkeit der systemischen Betrachtung hinwies, gleichzeitig jedoch auch wieder die Lernunfähigkeit betonte, welche Organisationen hindert, Entwicklungen rasch und umfassend umzusetzen. Damit wird in der *Organisationsentwicklung* (OE) deutlich unterstrichen, dass sowohl die Lernnotwendigkeit als auch die Lernfähigkeit von Systemen gleichzeitig und gemeinsam betrachtet werden müssen[13].

Lernende Organisationen sind zu verstehen als Gebilde, die sich ständig mit sich selbst und dem Umfeld auseinandersetzen, sich entwickeln oder aber zumindest eine ständige Entwicklungsbereitschaft aufweisen. Der darin beschriebene Lernprozess beruht darauf, sich den Veränderungen des Umfeldes anzupassen, aus der Veränderung erkennbare Chancen und Möglichkeiten zu nutzen, um in einem konstanten Umfeld sich besser positionieren zu können.

Senge[14] beschreibt in seinem Ansatz der lernenden Organisation die Stufen, welche wichtig und notwendig sind, damit Lernen sich auf der institutionellen Ebene manifestiert und nicht nur in Teilbereichen erkennbar ist.

1. *Individuelle Reife*: Durch die persönliche Entwicklung der Mitarbeitenden einer Organisation werden Fähigkeiten und Kompetenzen weiterentwickelt.
2. *Mentale Modelle*: Auf dieser Ebene wird an der Wahrnehmung gearbeitet, d.h. an der Art und Weise, wie wir unsere Umwelt sehen, verstehen und interpretieren.
3. *Gemeinsame Vision*: Die nächste Lernebene bezieht sich auf die gemeinsamen Visionen, welche innerhalb von Organisationen bestehen. Auf dieser Ebene wird begonnen, aus der individuellen Lernphase eine mehr kollektive Lernphase zu gestalten, gleichzeitig wird dazu eine gemeinsame Basis geschaffen.
4. *Lernen im Team*: Der kollektive Prozess erfährt auf dieser Stufe Vertiefung und/oder Konkretisierung. In dieser Ebene können nicht nur Visionen

und Verstehen weiter vorangetrieben werden, sondern auch die praktische Umsetzung.
5. *Denken in Systemen*: Abgeschlossen wird der Prozess auf der Systemebene, wobei hier nicht nut einzelne Organisationen isoliert betrachtet werden, der Prozess bezieht sich auf Netzwerke. Durch eine ganzheitliche Betrachtung des Systems werden die Wirkmechanismen und erwartbares Verhalten in einer symbolischen, formalen Sprache beschrieben. Dadurch können typische Verhaltensmuster (*Systemarchetypen*) aufgedeckt, diskutierbar und bearbeitbar gemacht werden.

11.3 Von der lernenden Einzelorganisation zu gemeinsam lernenden Organisationen

Keine Organisation kann grundsätzlich und abschließend *alleine* die Verantwortung für bestimmten Handlungen oder konkrete Handlungsfolgen übernehmen. Der Druck zu mehr Zusammenarbeit steigt und damit die Notwendigkeit gegenseitiger Vermittlung und Übersetzung. *Anschlussfähigkeit* ist vermehrt gefragt. Zentrale Frage dabei ist, ob es den beteiligten Personen, Gruppierungen und Institutionen gelingt, den Diskurs, in dem teilweise grundsätzlich unterschiedliche Ansichten miteinander konfrontiert werden, als einen konstruktiven Lern- und Entwicklungsprozess zu führen.

In diesem Zusammenhang erscheint es als notwendig, den Begriff der organisatorischen Lernfähigkeit aufzugreifen. „Organisatorisches Lernen ist [dabei zu verstehen] als der Prozess, in dem Organisationen Wissen erwerben, in ihrer Wissensbasis verankern und für zukünftige Problemlösungserfordernisse neu organisieren. So wird die Vorstellung, dass Organisationen über spezifisches Wissen verfügen, zu einem entscheidenden Fixpunkt für eine Theorie des organisatorischen Lernens und die Fähigkeit einer Organisation, dieses Wissen zu entwickeln, zur Leitidee für den Begriff der organisatorischen Lernfähigkeit"[15].

Wir möchten mit unserem *interorganisatorischen Lernkonzept* aber bewusst noch einen Schritt weiter gehen und den Fokus der organisationellen Lernfähigkeit auf die Fähigkeit übertragen, v. a. in *interorganisatorischen Netzwerken* zu lernen. In diesem interorganisatorischen Lernkontext steht dabei nicht so sehr die reine Akkumulation neuer und bislang unbekannter Wissenselemente im Vordergrund, sondern vielmehr die *Vermittlungs-* und *Übersetzungsarbeit* diverser unterschiedlicher, sich widersprechender oder ergänzender Perspektiven und Erkenntnisse. Interorganisatorische Lernprozesse werden wichtiger, sie sind eine Herausforderung für die Strategiearbeit und für die Führung von NPO, vor allem für Organisationen, welche mit ihren Dienstleistungen in ein Netzwerk von Institutionen eingebunden sind, welche mit Kunden interagieren und immer nur Teile des umfassenden Leistungspaketes erbringen.

11.4 Organisatorische Felder als Rahmen interorganisatorischer Lernprozesse

Ein Analysekonzept kann helfen, den Raum zu veranschaulichen, in dem die interorganisationellen Lernprozesse stattfinden: das Konzept der organisatorischen Felder. *Organisatorische Felder* umfassen jene Organisationen und Interessengruppen, welche das institutionelle Leben einer Organisation prägen: Dies sind unter anderem staatliche und private Regulatoren, Klienten, Berufsverbände, Konsumenten, Medien, Zulieferer, Produzenten, Freiwillige und Konkurrenten und weitere wichtige Gremien[16]. All diese Interessengruppen sollten dabei als für die Entwicklung und Ausrichtung der NPO relevante Größen betrachtet werden, indem sie Zielansprüche äußern, teilweise ein bestimmtes Risiko (mit)tragen und darüber hinaus oft über ein konkretes Machtpotential zur Durchsetzung ihrer Interessen verfügen[17]. Da NPO oft in einer solchen Beziehungsumwelt leben, ist das Konzept der organisatorischen Felder fruchtbar, um Lernprozesse in diesen Feldern zu analysieren.

Die Charakteristik, die Ausprägung organisatorischer Felder und der hierbei wichtige Interaktionsprozess innerhalb organisatorischer Felder hängen grundsätzlich von vier wichtigen Aspekten ab:
- erstens von der *Interaktionsintensität* zwischen Organisationen in einem bestimmten Feld,
- zweites von den vorhandenen *interorganisatorischen Dominanz- und Kooperationsstrukturen;*
- drittens von der *Summe von Informationen*, welche von den beteiligten Organisationen gemeinsam und übereinstimmend als relevant angesehen werden,
- viertens vom dem *bestehenden Bewusstsein in den beteiligten Organisationen*, dass sie sich in einem gemeinsamen sozialpolitischen Bereich bewegen[18].

Der Gestaltungsprozess – beziehungsweise der Lernprozess – in organisatorischen Feldern zielt nicht primär darauf ab, Wissen durch Interaktion und Kommunikation neu zu verknüpfen und somit vermehrt eine gemeinsame Basis und ein gemeinsames Verständnis innerhalb der Felder zu entwickeln oder zu vertiefen. „Dieser Lerntyp basiert auf der systemtheoretischen Grundvorstellung, dass die Systemelemente (also auch Wissenselemente) in vielfältiger Weise anschlussfähig sind und damit untereinander eine unübersehbare Fülle von Anschlussmöglichkeiten besitzen. Innovative Neuanschlüsse sind daher jederzeit möglich; es ist eine Frage der Empirie, ob diese sich dann für das System als tragfähig erweisen"[19].

Je konkreter sich ein organisatorisches Feld entwickelt, je konkreter und intensiver der Strukturierungsprozess eines Feldes ausfällt, desto mehr werden einzelne Organisationen innerhalb derartiger Felder von diesem Entwicklungsprozess konkret und nachhaltig beeinflusst: Es findet ein Lern- und Angleichungsprozess statt. Bezogen auf die Strategiearbeit wächst das Bewusstsein, dass die eigenen Handlungen zunehmend in Bezug auf die Handlungen Dritter zu verstehen, zu analysieren und letztendlich zu planen und auszugestalten sind[20].

Auf die große Bedeutung eng geknüpfter organisatorischer Felder im Nonprofit hat früh Peter Drucker hingewiesen: Er hat die Beziehungs- und Interaktionsdichte im Nonprofit-Bereich als eine *zentrale Charakteristik und konkrete Herausforderung dieser Branche* bezeichnet: Einer der zentralsten Unterschiede zwischen Profit und NPO besteht gemäß Drucker darin, dass im NPO-Kontext oftmals mehr relevante Beziehungen bestehen und berücksichtigt beziehungsweise etabliert und unterhalten werden müssen[21].

Hier unterscheiden sich NPO offenkundig vom Profitbereich, welcher sich in der Beziehungsdiskussion zu häufig – und dabei wohl auch zu vereinfachend – auf den *Prinzipal-Agency-Ansatz* beschränkt. Dessen Grundidee besteht darin, dass der *Prinzipal* (in der Regel der Eigentümer) dem *Agenten* (in der Regel das Management) klare Vorgaben gibt, wie die Interessen der Eigentümer am besten erfüllt werden. Die Aufgaben des Managements liegen darin, für eine optimale Umsetzung der Vorgaben zu sorgen. Das Ziel ist, die Interessen der Eigentümer bestmöglichst zufrieden stellen zu können. Das Grundkredo im Profitbereich besteht darin, die Interessen der Eigentümer möglichst optimal zu befriedigen.

Im Nonprofit-Bereich lässt sich die grundlegende Beziehungsfrage nicht derart einfach beantworten. Hier stehen wir in der Regel oft vor einer ungelösten Frage beziehungsweise vor der Herausforderung, diese Grundfrage differenziert und oft immer wieder neu beantworten zu müssen. Drucker hat aufgrund der komplexen Einbindung von NPO festgestellt, dass oftmals – jedoch nicht immer – so etwas wie eine einfache *bottom line* (ein einfaches Grundkredo) gar nicht existieren könne, dass die erkennbaren Ansprüche oftmals sehr vielfältig und deshalb auch nicht immer abschließend umsetzbar sind[22]. Damit sind NPO mit einem komplexen Interessengruppenumfeld gefordert, sich die Frage nach dieser *bottom line* bewusst zu stellen und nach einer sinnvollen und handhabbaren Lösung zu suchen.

Ohne eine konkrete und fundierte Antwort auf diese Grundfrage laufen wir Gefahr, dass die Strategiearbeit zufällig wird und somit als eine zentrale Orientierungsgröße für das operative Management nicht die relevanten und notwendigen Vorgaben erbringen kann.

11.5 Beziehungsmanagement – ein möglicher Ansatz, organisatorische Felder zu verstehen und zu gestalten

Es ist also notwendig, sich im NPO-Strategieprozess genau zu überlegen, in welchen organisatorischen Feldern wir uns bewegen und welche Konsequenzen sich daraus für die einzelnen Organisationen und deren Zusammenspiel ableiten. Ein Ansatz, welcher uns bei der Beantwortung dieser Fragen helfen kann, ist der sog. *Beziehungsmanagementansatz*[23]. Dieser Ansatz basiert in seinem Kernkonzept auf dem *Ressourcenabhängigkeits-Ansatz* von Pfeffer und Salancik[24]. Diese Autoren gehen von einem systemtheoretischen Input-Output-Modell aus. Dabei stellen sie nicht einseitig die Optimierung des Outputs oder des Inputs ins Zentrum der Betrachtung, sondern vielmehr die existenzsichernde Stabilisierung des Leistungsflusses zwischen dem Input- und dem Outputbereich. Der Ansatz betont die Tatsache, dass jede Organisation zur Bestandessicherung Ressourcen verschiedenster Art benötigt, über welche die NPO meist nicht selbst verfügt, sondern die sie von außen, von Lieferanten und Kooperationspartnern, beziehen muss. Damit bestehen zwischen Organisationen Abhängigkeiten. Diese haben einen direkten Einfluss auf die Entwicklung beziehungsweise auf die Entwicklungsmöglichkeiten der in einem konkreten Feld eingebundenen Organisationen (vgl. Kap. 8.3).

Der Gegensatz der Interessegruppen im Beziehungsgeflecht von NPO muss also grundsätzlich überdacht und gezielt modifiziert werden. Horak u. a. betont, dass aufgrund der unterschiedlichen Zielbilder und Wertvorstellung der beteiligen Interessengruppen dem Interessengruppenansatz (oder Stakeholder-Ansatz) in NPO im Zusammenhang mit der Strategiearbeit große Bedeutung zukommt[25]. Interessengruppen – oder, wie Horak sie bezeichnet, Stakeholder – werden als beeinflussend und dynamisch gesehen, sie können ihre Ziele rasch und grundsätzlich ändern, und man muss sie vernetzt verstehen, d. h. sie dürfen in ihrer jeweiligen Beziehung zu einer NPO nicht isoliert und statisch betrachtet werden[26].

Die Interessengruppenanalyse entstand aus der Überlegung, dass Organisationen eigentlich nie zum reinen Selbstzweck bestehen, „sondern vielmehr ausschließlich als Mittel zum Zweck der Befriedigung von Bedürfnissen diverser Anspruchsgruppen verstanden werden sollten"[27]. Diese eher radikalen Überlegungen wurden mit der Entwicklung des Stakeholderansatzes dahingehend modifiziert, dass Organisationen sich vor allem jenen Personengruppen verantwortlich fühlen sollten, welche (a) konkrete Interessen gegenüber der Organisation anmelden, (b) ein bestimmtes Einsatzrisiko tragen und (c) ihre Interessen letztendlich mit Macht durchsetzen können (vgl. Kap. 7.2)

Hierbei stellt sich die Frage, ob und inwiefern diese drei klassischen Aspekte im Nonprofit-Kontext ausreichen, um eine umfassende und differenzierte Stakeholder-Analyse durchzuführen oder ob nicht auch Interessengruppen mitberücksichtigt werden müssen, wenn sie *nicht* einem der obigen drei Teilbereiche zugeordnet werden können. Weiter müssen wir uns fragen, ob diese Gliederung ausreichend ist, um eine sinnvolle Selektion der Interessengruppen wahrzunehmen. Abschließend müssen wir fragen, ob und inwiefern die Abhängigkeiten zwischen Organisation und Stakeholdern überhaupt beschrieben werden können.

Die Strategien umsetzen – Changemanagement

Ermittlung der Stakeholder	Wer ist Stakeholder der Organisation? Dies ist ein eher analytischer und objektiver Prozess, welcher in der Regel in Form einer Auflistung erfolgen kann.
Auswahl der relevanten Stakeholder	Welche Stakeholder „müssen" wir und welche „wollen" wir in der Folge berücksichtigen. Die Frage des Wollens hat dabei bewusst einen stark normativen Charakter. Damit unterstreichen wir, dass die Kriterien des klassischen Auswahlprozesses (vgl. oben Punkte a, b und c) im Nonprofit-Bereich oft nicht ausreichend sind.
Zusammenfassung und Ordnung der Stakeholder	Erarbeitung einer bearbeitbaren Anzahl von Stakeholder-Gruppen. Basierend auf dem zweiten Schritt, handelt es sich hierbei wieder um eine eher technische und ordnende Aufgabe.
Charakterisierung der Stakeholder	Was erwarten sie von uns, was erwarten wir von ihnen? Dieser Teil sollte bewusst aus einer gegenseitigen Perspektive und unter Berücksichtigung diverser Aspekte ausgeleuchtet werden: • Erarbeitung der Ziele, der Motive, der Machtsituation und der Anhängigkeit, welche die Stakeholder gegenüber der Organisation verfügen. • Erarbeitung der Ziele, der Motive, der Machtsituation und der Anhängigkeit, welche die Organisation gegenüber dem jeweiligen Stakeholder verfügt.
Bewertung und Ermittlung der Wichtigkeit der Stakeholder nach festgelegten Kriterien	Ergebnis: die wichtigen Stakeholder, für die wir konkrete Strategien erarbeiten.
Festlegung der Normstrategie in Abhängigkeit von den gewählten Kriterien	Wie gehe ich mit einem bestimmten Typ von Stakeholder um?
Betrachtung der einzelnen Stakeholder und Festlegung spezifischer Strategien	Wie wollen wir, abgeleitet auf unserem Grundverständnis (Normstrategie), mit den einzelnen Stakeholdern umgehen?
Abstimmung, Umsetzung und Kontrolle	Festlegung eines Massnahmen- und Zeitplanes. Regelmässige Überprüfung der einzelnen Ergebnisse.

Abbildung 58: Modifizierter Stakeholder-Ansatz nach dem Grundkonzept von Horak (Horak, u. a., 2007)

Will man die Interessengruppen von NPO in ein vereinfachtes Beziehungsmodell übertragen, so stellt man sinnvollerweise drei Gruppierungen dar, die *Leistungserbringer*, die *Leistungsermöglicher* und die *Leistungsbezüger*[28].

Leistungsermöglicher sind Organisationen, Institutionen, Einzelpersonen oder Gruppen, welche einer NPO Rahmenbedingungen vorgeben, Mittel für die jeweilige Arbeit zur Verfügung stellen und letztendlich Rechenschaft über die Verwendung der Mittel einfordern. Als *Leistungserbringer* verstehen wir die NPO. Die *Leistungsbezüger* umfassen jene Personen, Personengruppen oder Organisationen, welche Leistungen nachfragen und beziehen.

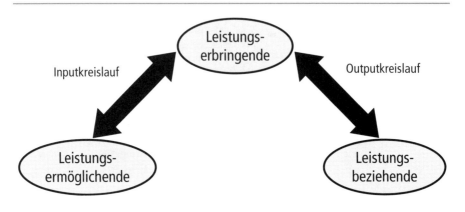

Abbildung 59: Grundmodell des Beziehungsmanagement-Ansatzes (eigene Darstellung)

Eine Vielzahl von NPO (Leistungserbringer) konzentrieren sich in ihrer täglichen Arbeit hauptsächlich auf die Interaktion zwischen sich und der Klienten- bzw. Kundengruppe (Leistungsbezüger), d.h. auf den sogenannten Outputkreislauf. Dieser Handlungsbereich wurde in den vergangenen Jahren häufig weiterentwickelt und *professionalisiert*. Dies mit der Absicht, die jeweiligen Dienstleistungen gezielter, qualitativ hochstehender, wirksamer und letztendlich auch ökonomischer anbieten zu können.

Diese eher einseitige Betonung des Outputprozesses basiert darauf, dass eine Vielzahl von Mitarbeitenden von NPO teilweise zu Recht unterstreichen, dass es sich beim Outputprozess um den eigentlichen Kernbereich einer NPO handelt. Wenn wir aus einer Beziehungsmanagementperspektive heraus argumentieren, erscheint eine einseitige Betonung der Outputperspektive jedoch als vereinfachend und verkürzend. Wir sind im Gegenteil dazu angehalten, auch die Inputperspektive umfassend zu betrachten und professionell auszugestalten. In dieser Perspektive stehen die Mitgestaltung und Sicherung der Leistungsaufträge und die Beschaffung der notwendigen Mittel im Zentrum der Betrachtung. Auftraggeber und Geldgeber – seien dies die öffentliche Hand oder private Spender – stellen ihre Mittel immer weniger ungefragt zur Verfügung. Zunehmend müssen Organisationen sich in der Mittelgewinnung anstrengen, und vermehrt geraten sie hierbei in direkten Wettbewerb mit anderen NPO. Damit werden das *Image* und die *Legitimität* von NPO vermehrt zu wichtigen Größen. Diese Größen sind mitentscheidend, ob und inwiefern es der jeweiligen NPO gelingt, die Inputprozesse und damit in der Folge auch die Outputprozesse erfolgreich auszugestalten[29].

Aus einer Perspektive des Beziehungsmanagements ist die Frage, welche der beiden Perspektiven – Input oder Output – im Zentrum der Betrachtung steht, jedoch nicht prioritär. Es stellt sich vielmehr die noch wichtigere Frage, welche Dynamik – bezogen auf Freiheiten und Abhängigkeiten – sich aus dem Zusammenspiel beider Prozesse (Input und Output) und der darin eingebundenen Gruppierungen (Leistungsermöglicher, Leistungserbringer und Leistungsbezüger) bezüglich der Strategiearbeit ableiten lässt. Organisationen, welchen es gelingt, die Inputprozesse derart auszugestalten und zu etablieren, dass sie ihre Outputprozesse in einer autonomen und professionellen Art und Weise ausgestalten können, werden einen deutlich größeren strategischen Handlungsspielraum aufweisen als Institutionen, welche ihren Outputprozess laufend den Realitäten der Inputprozesse anpassen müssen. Bezogen auf die Strategiearbeit wird es wohl das Ziel einer jeden Organisation sein, einen möglichst großen *strategischen Handlungsspielraum* zu erlangen.

Der Beziehungsansatz zielt darauf ab, die beiden Perspektiven (Output- versus Input-Perspektive) als gleichwertig anzusehen und sicherzustellen, dass die beiden Aspekte sowohl in der strategischen Arbeit als auch in der operativen Umsetzung bewusst aufgegriffen und beachtet werden. Die hier propagierte Beziehungsarbeit orientiert sich am Minimalziel, die Qualität der erbrachten Dienstleistungen zu reflektieren und diese nach Möglichkeit zu verbessern. Die Beziehungsarbeit wird getragen von einem professionellen Berufsverständnis und einem integrativen Organisationsverständnis[30].

Organisationen, welche ein strategisch verankertes Beziehungsverständnis entwickelt haben und dieses auch bewusst pflegen, sind durch folgende Fähigkeiten gekennzeichnet:

- Sie *denken und handeln in kooperativen Ansätzen*. Sie bauen Lern- und Entwicklungsprozesse über die Institution hinaus auf.
- Sie *reflektieren die Verbindung zwischen Organisation und Umfeld* aktiv, offen

und sachbezogen. Sie arbeiten falls notwendig oder sinnvoll mit organisationsübergreifenden Prozessmodellen.
- Sie *bauen Beziehungen zu wichtigen Partnern* (Individuen und Institutionen) bewusst und reflektiert auf, entwickeln und festigen die Beziehungen und lösen sie entsprechend auch wieder auf.
- Sie *lassen unterschiedliche Hierarchieformen zu* (Hierarchie und Heterarchie: Die Probleme werden auf jener Ebene gelöst, auf der sie auftreten[31]).

11.6 Interaktion unter den Leistungserbringenden als Erweiterung des Beziehungsmanagementansatzes

Das Input-Output-Modell bildet den Kern des hier dargestellten Beziehungsmanagementmodells. Damit lassen sich wichtige Aspekte der Interessengruppenarbeit im NPO-Bereich konzeptionell und handlungsorientiert analysieren, aufarbeiten und ausgestalten. Gleichzeitig wird mit der Input-Output-Perspektive jedoch auch eine Beschränkung in Kauf genommen: Die Interaktionen zwischen den Leistungserbringenden werden nicht umfassend aufgearbeitet. Es erscheint sinnvoll, die Interaktion zwischen Organisationen innerhalb des Leistungserbringungsprozesses näher anzusehen. Diese Betrachtungsweise ist im Profitbereich unter dem Begriff *Supply Chain Management* oder aber auch aus der Sicht der *interinstitutionellen Prozessperspektive* schon längere Zeit als wichtiger Ansatz etabliert[32].

Im NPO-Bereich sind die Interaktionen zwischen Organisationen noch nicht in der gleichen Intensität aufgearbeitet. Zwar hat sich das Bewusstsein entwickelt, dass bestimmte Dienstleistungen nur in der Interaktion mit einer Vielzahl von Institutionen sichergestellt werden können, doch zu häufig hat sich aus diesem Bewusstsein noch kein gemeinsames und aufeinander abgespieltes Interaktionsverhalten entwickelt[33]. Wenn jede NPO ihren Strategieprozess sehr isoliert betrachtet, so beruht dies meist auf unterschiedlichen historischen Entwicklungswegen, unterschiedlichen kulturellen Charakteristiken, den häufig unterschiedlichen Finanzierungs- und Legitimierungsquellen, dem fehlenden Bewusstsein vieler Leistungsermöglicher, die Kooperation als wichtige Entwicklungsgröße zu verstehen. Es fehlt meist auch der Wille, die vermehrte Zusammenarbeit von Seiten der Leistungsermöglicher schlichtweg einzufordern und zu verlangen.

In den drei unten eingefügten Fällen aus der Schweiz wird die Herausforderung erkennbar, bestehende institutionell bedingte Übergänge zu analysieren, zu optimieren und zu verbessern.

Die Strategien umsetzen – Changemanagement

Alle drei Beispiele lassen erkennen, dass in der Realität immer wieder Probleme oder Schnittstellen im Leistungsfluss zwischen einzelnen Institutionen auftreten. Erkennbar wird auch, dass vermehrt nach Lösungen gesucht wird. Zunehmend erkennen Institutionen, dass die Optimierung bestehender und die Schaffung neuer Angebote nicht innerhalb einer Organisation, sondern vermehrt im Zusammenspiel zwischen Organisationen möglich und notwendig ist. Die Erfahrung lehrt, dass in der Realität zwischen einzelnen Institutionen oftmals ein großes und wenig erschlossenes Optimierungs-, Verbesserungs- und Innovationspotential besteht.

Drei Fallbeispiele interinstitutioneller Zusammenarbeit

Fall 1: Der Kanton Solothurn schafft eine professionelle Case-Management-Stelle, um konkrete Lücken in der bestehenden institutionellen Zusammenarbeit zu schließen:
Menschen mit Mehrfachproblematiken stehen allzu oft zwischen einer Vielzahl von unabhängigen Institutionen (z. B. Sozialämter, Arbeitsvermittlungsstellen, Invalidenversicherung usw.). Die sich aus dieser Patchworkberatung und -betreuung ergebenden Gesamtinterventionen erweisen sich oftmals als unzureichend aufeinander abgestimmt. Das Resultat ist oft ein unkoordiniertes Set individueller Interventionen. Derartige Interventionssets dienen häufig weder den Interessen der Betroffenen (Leistungsbezüger), noch entsprechen sie dem professionellen Verständnis der beteiligten Institutionen (Leistungserbringer), und sie sind auch bezüglich der Gesamtkosten problematisch.
Der Kanton Solothurn versucht, auf einer Basis Studie basierend die Synergie zwischen diversen Sozialversicherungszweigen im Kanton zu verbessern und zu optimieren. Ziel war nicht nur eine prozessuale Verbesserung, sondern auch eine Verbesserung der institutionellen Zusammenarbeit. Nach vielen Diskussionen und langem Ringen wurde 2006 eine sogenannte Case-Management-Stelle (CM-Stelle) ins Leben gerufen. Dieses Integrationsangebot „richtet sich an arbeitslose Personen, bei denen eine Vermittlungschance besteht (d.h. an Personen, bei denen eine Wiedereingliederung in den ersten Arbeitsmarkt zu erwarten ist). Nach Auskunft des Geschäftsleiters der Invalidenversicherungsstelle (IV) Solothurn und der Interinstitutionellen Zusammenarbeitskoordination (IIZ) umfasste diese Zielgruppe 2003 ungefähr 600 Personen. Im Endausbau soll die solothurnische Case-Management-Stelle, welche im Juni 2006 mit drei bis vier Fachleuten gestartet wurde, zwölf Vollzeitstellen aufweisen. ... Nach sorgfältiger Abklärung der Vermittlungschancen entscheidet die Case-Management-Stelle, ob sie eine zugewiesene Person aufnehmen will. Als überparteiliche Instanz berät sie die betroffenen Menschen und vernetzt sie mit spezialisierten Fachstellen. Im Zentrum steht die arbeitsmarktliche Wiedereingliederung, was intensive Kontakte der CM-Stelle zu Unternehmen erfordert. Gelingt es, dreißig Personen während eines Jahres im ersten Arbeitsmarkt zu platzieren, so sind die zwölf Case-Management-Stellen bereits finanziert."[34]

Fall 2: Zürich legt mehr Gewicht auf die Prävention durch institutionelle Zusammenarbeit
„Der Kanton Zürich setzt die IIZ (Interinstitutionellen Zusammenarbeitskoordinator) durch eine virtuelle Organisation um. Es handelt sich dabei um interdisziplinäre Abklärungsteams,

welche sich aus Invalidenversicherungsstellen (IV), den Arbeitslosigkeitsversicherungsstellen (ALV), der kommunaler Sozialhilfe und der öffentlichen Berufsberatung zusammensetzen. Diese Teams richten den Fokus zum einen auf Personen ohne Arbeitsplatz; namentlich auf Jugendliche ohne Schul- oder Lehrabschluss, auf Bezügerinnen und Bezüger von Sozialhilfe, die arbeitsunfähig sind oder sich arbeitsunfähig fühlen, sowie auf Stellensuchende, die aus eigener Kraft keine Stelle mehr finden und deshalb gesundheitsgefährdet sind. Zum anderen legt der Kanton Zürich großen Wert auf Früherkennung von Arbeitnehmenden, welche deutliche Leistungseinschränkungen und/oder häufige bzw. regelmäßige Absenzen aufweisen. Der Leiter der IV-Stelle Zürich unterstreicht die Bedeutung von Kontakten zu Arbeitgebenden sowie zum Umfeld der betroffenen Menschen. «Prävention», betont von Steiger, «gibt es nicht zum Nulltarif, doch lässt sich dadurch ein Mehrfaches an Geld einsparen.» Seit kurzem läuft in Uster ein erstes Pilotprojekt mit einem interdisziplinären Abklärungsteam (Invalidenversicherungsstellen, Ämter für Arbeit, der kommunaler Sozialhilfe und der öffentlichen Berufsberatung). Begleitet durch einen externen Coach, legt dieses einen verbindlichen Integrationsplan fest und bestimmt den zuständigen Case Manager. Weitere Teams waren für 2006 in Zürich und Winterthur und später für die 19 regionalen Arbeitsvermittlungszentren vorgesehen."[35]

Fall 3: In der Stadt Bern wird durch die Schaffung des Expressdienstes der institutionelle Übergang von der Pflege im Spital zu jener zu Hause markant verbessert
Seit dem 1. November 2006 bietet die Spitex Bern (Spitex steht hierbei für die den Bereich der spitalexternen, ambulanten Pflege) einen Expressdienst an. Dadurch wird eine rasche und effiziente Übernahme von Patienten vom Spital nach Hause ermöglicht. Die neue Dienstleistung schließt eine wichtige Lücke. Oft ist es nämlich so, dass Patienten länger als nötig im Spital bleiben müssen, weil sie von regulären Spitex-Betrieben vielfach erst ein bis zwei Tage nach dem Austritt betreut werden können oder aber die Pflegeintensität für die Übernahmen in den regulären Spitex-Bereich noch hoch ist. In der Bundeshauptstadt können die Partnerspitäler der Spitex Bern ihre Patienten neu direkt und persönlich an eine kompetente Fachperson des Expressdienstes übergeben. Diese ist 48 Stunden für die zu pflegende Person zuständig und übergibt sie dann dem lokalen Spitex-Betrieb, der sich in dieser Zeit organisiert hat und die weitere Betreuung übernimmt. Die Vorteile des neuen Angebots liegen auf der Hand. Die Spitäler auf der einen Seite profitieren von Austritten der Patienten und damit einem Gewinn von Bettenkapazitäten sowie einer Optimierung des Übertrittsprozesses vom Spital nach Hause. Die Patienten auf der anderen Seite können schneller wieder in ihr gewohntes Umfeld zurückkehren, und die Spitex kann sich damit im Gesundheitswesen ihre Stellung als wichtiger Partner stärken.
Die Theorie zeigt in eine vergleichbare Richtung, es wird vermehrt auf die Bedeutung institutioneller Übergänge und auf die dabei erkennbaren Probleme einerseits und das darin bestehende Potential hingewiesen. Hierbei nimmt nicht zuletzt die Netzwerktheorie eine große Bedeutung ein. Netzwerke werden im Unterschied zu den traditionellen Organisationen nicht als „Bollwerke und Festungen verstanden, sondern als komplexes Gebilde in einem Beziehungsnetz von Abhängigkeiten und Anziehungskräften, von Informationsbeziehungen und wirtschaftlichen Austauschbeziehungen, von Materialbewegungen und sozialen Verbindungen, im Management von Schnittstellen, Wissen und Prozessen"[36].

11.7 Die Netzwerkidee als zukünftige Herausforderung im Nonprofit-Bereich

Die Netzwerkidee hat in den vergangenen Jahren an Bedeutung gewonnen, gleichzeitig wird dieser Ansatz aber auch vermehrt kritisch und differenziert betrachtet[37]. In den Anfängen der Versuche mit Netzwerkarbeit sind Beteiligte und Betroffene oft blauäugig und unvorbereitet in Netzwerkprozesse eingestiegen, es verwundert deshalb nicht, dass die anfängliche Euphorie einer gewissen Ernüchterung gewichen ist. Zu häufig wurde übersehen, dass die Konstituierung sozialer Netzwerke eine komplexe und schwierige Herausforderung darstellt. Viele Beteiligte wussten gar nicht, worauf sie sich eingelassen hatten. Sie kannten weder die komplexen Herausforderungen noch die weitreichenden Konsequenzen für sich, für das Netzwerk oder für die Netzwerkumgebung. Herausforderungen wurden spät, oft zu spät oder gar nicht erkannt[38].

Wer sich für einen Netzwerkansatz entscheidet, muss sich bewusst sein, dass es sich zwar um ein wirksames, gleichzeitig aber höchst anfälliges Organisationskonzept handelt. Netzwerke lassen sich nicht einseitig verordnen, sondern müssen partnerschaftlich geplant und entwickelt werden. Um den Entwicklungsprozess von Netzwerken erfolgversprechend zu planen und auszugestalten, bedürfen die Verantwortlichen spezifischer Kenntnisse und Erfahrungen. Derartige Netzwerkkompetenz wird in der Zukunft vermehrt über Erfolg und Misserfolg von kooperativen Projekten (mit)entscheiden[39]. Oft kann die zumindest aus Klientensicht erhoffte Zusammenarbeit zwischen Institutionen aufgrund institutioneller oder persönlicher Barrieren nicht oder nur schwer realisiert werden. Zu häufig erkennen Verantwortliche auf der Leistungsermöglicher- und auf der Leistungserbringendenseite das konkrete Potential oder aber die darin steckende Verantwortungen nicht oder wollen sie nicht wahrnehmen. Der Strategieprozess bleibt noch zu oft eingeengt auf die eigenen Organisation oder den eigenen Garten.

Wenn wir als Fallbeispiel hierzu das organisatorische Feld des schweizerischen Gesundheitsbereichs herausgreifen, können wir diese Aussage zumindest ansatzweise belegen und nachvollziehen. In diesem Feld befinden sie eine Reihe von Akteuren: Spitäler, Pflegeheime, Fachärzte, Hausärzte, Übergangsinstitutionen, Spitex-Organisationen, Notfallorganisationen, Krankenkassen, Patientenorganisationen, nationale, kantonale und kommunale politische Verantwortungsträger, Ausbildungsorganisationen, Berufsverbände. Das erkennbare Zusammenspiel innerhalb des organisatorischen Feldes besteht aus einer Mischung historisch gewachsener Erfahrungen und eingespielter Routine, punktueller Steuerungsversuche unterschiedlicher Kreise, institutioneller und individueller Eigeninteressen, einem regionalen und politischen Standortwettbewerb, bewussten etablierten Abschottungstendenzen, verschiedenartigen, nicht aufeinander abgestimmten ökonomischen Anreizstrukturen, unterschiedlichen und nicht abgestimmten politischen Steuerungsaktivitäten, situativen Interventionen und Modifikationen und vielem mehr[40]. Heute lassen sich in diesem organisatorischen Feld kein umfassender und etablierter gemeinsamer Diskurs, keine fundierte und zielorientierte Entwicklung oder schon gar nicht übergreifende und gemeinsam verankerte Strategieprozesse erkennen. Das schweizerische Gesundheitswesen kann somit – positiv formuliert – als ein Feld mit viel Optimierungs- und Verbesserungspotential verstanden werden. Damit dieses Feld optimal entwickelt werden kann, müsste die hierbei tief verwurzelte institutionelle Teilsicht ergänzt werden durch eine aus der Kunden- oder Klientenperspektive entwickelte, übergreifende und interinstitutionelle Prozesssicht. Unserem Beispiel ließen sich ähnliche Fallbeispiele im Bildungswesen oder im sozialen Bereich anfügen. Wir sind fast sicher, dass mit einem Blick über die Grenze nach Österreich oder nach Deutschland auch dort immer noch ähnliche Fälle zu finden wären. Zwar wird das Problem oft erkannt und es sind erste Schritte zu einer reflektierten, wirkungsorientierten Steuerung von institutionsübergreifenden Teilbereichen vorhanden, erste Erfolge im operativen Tagesgeschäft stellen sich ein, und das Bewusstsein der Notwendigkeit einer interinstitutionell gestützten Zusammenarbeit wächst. Konkrete Verbesserungen in der täglichen Zusammenarbeit und der gemeinsamen Abstimmung der Aktivitäten werden etabliert. Was nicht umfassend erkennbar ist, ist ein umfassender Versuch, das Problem auf der strategischen Ebene zu etablieren und zu verankern.

Prozesse institutioneller Zusammenarbeit wachsen in der Regel langsam und sind in den Anfängen meist durch informelle und persönliche Prozesse geprägt. Im Jahre 2004 hat der Autor in der Stadt Bern – im Hinblick auf ein Inputreferat im Rahmen einer Großgruppenveranstaltung – 35 qualitative ExpertInnengespräche zum Thema Zusammenarbeit im Gesundheits- und Altersbereich durchgeführt. Die Gespräche gaben einen differenzierten Einblick in eine Vielzahl von Beispielen, welche aufzeigen, wie Zusammenarbeit entstehen und sich entwickeln kann.

In einer Vielzahl der Fälle ist erkennbar, dass sich eine konkrete Zusammenarbeit oft von unten nach oben entwickelt. Sehr oft ergeben sich Anlässe zu einer vermehrten Zusammenarbeit aus der praktischen Arbeit, konkrete Probleme werden informell auf der operativen Ebene gelöst. Ermöglicht wird dieser Prozess meist durch ein vorhandenes oder sich entwickelndes gegenseitiges Verständnis zwischen den beteiligten Personen. In wenigen Fällen führte die *informelle Problemlösung* in einem weiteren Schritt zu einer *formellen Modifikation* in der Prozessbeschreibung der dabei beteiligten Organisationen. Damit wird die

Die Strategien umsetzen – Changemanagement

konkrete Interaktion etabliert, und es wird sichergestellt, dass die Interaktion nicht einzig oder vorwiegend auf dem Willen und der Einsicht der beteiligten Personen beruht.

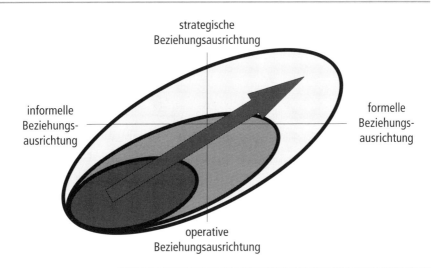

Abbildung 60: Entwicklungsrichtung und -dynamik institutioneller Zusammenarbeit (eigene Darstellung)

In wenigen Fällen – sehr wenigen Fällen – entwickelt sich daraus eine strategisch modifizierte und strategisch verankerte Verhaltensänderung. Viele, auch wichtige Entwicklungen bleiben – dies zeigte sich in den Gesprächen sehr deutlich – auf einer eher informellen und operativen Ebene „hängen" und laufen ständig Gefahr, bei jeder personellen Neubesetzung wieder von neuem aufgebaut und etabliert werden zu müssen. Will man die erkennbaren Prozesse in diesem konkreten Beispiel strukturieren, so lässt sich aufgrund der durchgeführten Befragung folgender Ablauf skizzieren:

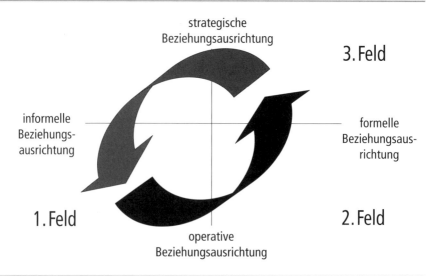

Abbildung 61: Entwicklungsansatz institutioneller Zusammenarbeit (eigene Darstellung)

- Beziehungsarbeit im 1. Feld: In diesem Feld ist die Beziehungsarbeit geprägt durch Einzelfälle und die informelle, persönliche Interaktion zwischen einzelnen Fachpersonen. Die Zusammenarbeit verfolgt grundsätzlich das Ziel, für Einzelfälle eine praktikable Lösung zu finden.
- Beziehungsarbeit im 2. Feld: Die Interaktion zwischen beteiligten Fachpersonen ist aufgrund häufiger, fallbezogener Zusammenarbeit zunehmend konkretisiert. Bestimmte Prozesse und Lösungen sind „eingespielt", möglicherweise festgehalten und somit ansatzweise formalisiert.
- Beziehungsarbeit im 3. Feld: Die Zusammenarbeit und die dabei eingespielten Lösungen finden Eingang in die strategischen Diskussionen und die daraus abgeleiteten Handlungen innerhalb und zwischen den Institutionen. Die Zusammenarbeit auf dieser Ebene ist institutionalisiert und wird auch evaluiert und reflektiert.

11.8 Fazit bezüglich der Strategiearbeit

Viele NPO stehen heute vor der Frage, ob und inwiefern sie auch in der Zukunft ihre Strategiearbeit unabhängig von Dritten durchführen können. Gleichzeitig müssen sich auch die Leistungsermöglicher (Leistungsbesteller) in der Zukunft vermehrt die Frage stellen, ob und inwiefern sie weiterhin individuelle Leistungsverträge abschließen wollen und können, oder ob der Fokus in der Zukunft nicht eher auf die verbindenden Prozesse gelegt werden soll. Dass dies bedeutet, dass man in der Zukunft auch die Strategiearbeit in einem viel komplexeren Kontext erbringen muss, ist eine Herausforderung, der sich Leistungsermöglicher und Leistungserbringer in Zukunft wohl gemeinsam stellen müssen.

Beziehungsmanagement hat zum Ziel, aus der Sicht der einzelnen NPO einen möglichst idealen Handlungsspielraum zu sichern, welcher als Basis für professionelle Arbeit auf der Outputseite dient. Organisationen, welche ein strategisch verankertes Beziehungsverständnis entwickelt haben und dieses auch bewusst pflegen, zeichnen sich bezüglich des erkennbaren Organisationsverständnisses durch folgende Qualitäten aus. Sie sind fähig und willig:

- die Verbindung zwischen Organisation und Umfeld aktiv, offen und sachbezogen zu reflektieren,
- Beziehungen zu wichtigen Partnern (Input- und Outputseite) bewusst und reflektiert aufzubauen, zu entwickeln, zu festigen und auch wieder aufzulösen,
- in kooperativen Ansätzen zu denken und zu handeln sowie Lern- bzw. Entwicklungsprozesse über die Institution hinaus aufzubauen.

Die Sicht der Leistungserbringer

Die wachsende Komplexität und die rasche Veränderung der Beziehungsrealität von NPO bilden für die Institutionen und deren Management eine zunehmende Herausforderung.

- Das Management und die Aufsichtsorgane von NPO sind gefordert, die Beziehungsarbeit bewusster und aktiver zu betreiben. Sie sind gefordert, sich bewusst zu sein in welchem institutionellen Spannungsfeld sie sich bewegen und welchen Einfluss diese Situation auf ihren Entwicklungsprozess und ihre strategische Handlungsfähigkeit ausübt.
- Sie müssen sich die Frage stellen, ob und inwiefern sie in der konkreten Situation genügend Handlungsfähigkeit besitzen oder ob sie diese Handlungsfähigkeit allein oder im Netzwerk verbessern wollen.
- Abschließend müssen sie sich auch die Frage stellen, wie sie – allenfalls in Zusammenarbeit mit Dritten – ihre Dienstleistungen optimieren können und strategisch neue Optionen und Chancen nutzen können.

Sicht Leistungsermöglicher

- Die Verantwortlichen auf der Leistungsermöglicher- (oder Leistungsbestellerseite) müssen sich die Frage stellen, wie sie ihre Leistungen bestellen und einkaufen. Lange Zeit wurde bestellt, was angeboten wurde. Damit entzogen

sich die Leistungsermöglichenden der effektiven Strategiearbeit, die Strategie wurde gleichsam mit der effektiven Leistung zusammen eingekauft. Hier ist ein Wandel feststellbar. Viele öffentliche Stellen verstehen ihre strategische Verantwortung und beginnen bewusst und geplant Leistungen einzukaufen.
- Öffentliche Auftraggeber sind auch gefordert, sich die Frage zu stellen, wie die Leistungserstellung in der Realität ablaufen muss, welche Leistungserstellung isoliert und welche in einer bewussten Interaktion angeboten werden soll. Auftraggeber müssen sich in der Zukunft nicht nur Gedanken machen über die Inhalte der bestellten Leistungen, sondern auch bezügliche der Art und Weise der Erbringung der jeweiligen Leistungen bzw. über die Zusammenarbeitsformen, in welchen die Leistung erbracht wird.

Sicht Leistungsbezüger
- Abschließend sind auch die Leistungsbezüger und ihre Vertretungen gefordert. Sie sind angehalten, sich zunehmend gegenüber den Leistungserbringenden zu positionieren.
- Leistungsbezüger können sich direkt und proaktiv in den Entscheidungsprozess einschalten und dort ihre Bedürfnisse transparent machen.
- Leistungsbezüger können auch als eigenständige Entscheidungsträger anerkannt werden und erfüllen dann eine ähnliche Funktion, wie in ganz normalen Märkten Dies insbesondere, wenn der Leistungsermöglicher die verfügbaren Mittel nicht dem Leistungserbringer zufließen lässt, sondern sie dem Leistungsbezüger (z. B. in Form eines Gutscheins) überantwortet. Derartige Mittelflüsse sind im Behindertenbereich erkennbar und werden im Bildungswesen in Zusammenhang mit der Einführung von Bildungsgutscheinen zunehmend diskutiert. Eine derartige Verschiebung der Mittelflüsse verändert die Bedeutung der Leistungsbezüger, sie greifen als Kunde mit ihrer Wahlmöglichkeit in den Strategieprozess der Leistungserbringen ein, die Art, wie öffentliche Güter produziert werden, verändert sich markant.

12. Changemanagement und die Lernende Organisation

Im 11. Kapitel wurde angedeutet, dass sich Strategiearbeit in NPO (oft auch in Zusammenspiel mit dem öffentlichen Bereich) in der Zukunft grundlegend verändern muss. Veränderungen werden nicht mehr nur modifizierte Fortschreibungen der Vergangenheit sein können, die Dynamik wird von viel fundamentalerer Art sein. Wir wollen deshalb darstellen, wie Changemanagement den Prozess der Strategiearbeit sinnvoll ergänzen und bereichern kann. Dazu werden die beiden Ansätze – strategisches Management und Changemanagement – in einem ersten

Schritt vergleichend nebeneinander betrachtet und – auf den Gemeinsamkeiten aufbauend – einige ausgewählte und wichtige Grundideen des modernen Changemanagements dargelegt. Wir sind überzeugt, dass diese Ansätze die Strategiearbeit sinnvoll ergänzen und bereichern und sicherstellen, dass gedachte und geplante Strategie in die Wirklichkeit umgesetzt werden kann.

12.1 Der Prozesscharakter des strategischen Managements und des Changemanagements

Gemeinsam ist beiden Ansätze ihre klarer Prozesscharakter, welcher sich aufgliedern lässt in einen Analyse-, einen Entwicklungs-, einen Umsetzungs- oder Implementierungsteil. Der Prozess des strategischen Managements wurde in den ersten Kapiteln detailliert geschildert und dürfte keine nähere Erläuterung mehr benötigen. In der Ausgestaltung und Begründung dieser Prozesse bestehen zwischen dem Prozess des strategischen Managements und jenem des Changemanagements deutliche Unterschiede, die wir kurz erläutern wollen.

Kapitel 5 stellt den Strategieprozess als Phasenmodell idealtypisch dar (vgl. auch Abbildung unten). Dieser Prozess umfasst die Teilschritte der Strategieanalyse und -synthese, der Strategieformulierung und schließlich der Strategieumsetzung und Etablierung. Diese idealtypischen Teilschritte lassen sich in einer Vielzahl von Strategieansätzen erkennen und haben sich in den vergangenen Jahren als Modell durchgesetzt. Bei der Betrachtung des Strategieansatzes und der dabei angeführten Teilschritte drängt sich ein Vergleich mit dem klassischen Changemanagementmodell von Kurt Lewin[1] auf. Er hat früh darauf hingewiesen, dass Veränderungsprozesse grundsätzlich durch drei unterschiedliche Phasen geprägt würden:

In der sogenannten „*Unfreezing-Phase*" geht es darum, dass System aufzuwecken und die grundlegende Motivation und Bereitschaft zur Veränderung zu schaffen. In der Regel wird hierbei ein Spannungsfeld aufgebaut, welches einerseits eher defizitorientiert auf Missstände und andererseits visionsorientiert auf gewünschte Zukunftsbilder hinweist. In der sogenannten „*Movement-Phase*" werden neue Handlungsbilder entwickelt, ausgetestet und umgesetzt. In diesem Zusammenhang sind häufig nicht nur inhaltliche Aspekte wichtig, auch emotionale Elemente (vor allem Widerstände) müssen beachtet und aktiv angegangen werden. In der dritten Phasen, dem „*Refreezing*", geht es v. a. darum, die angeschobene Veränderung im Alltag zu etablieren und sicherzustellen, dass das System nicht wieder in die alten Verhaltensmodelle zurückfällt.

Seit der Publikation des Modells von Lewin sind Jahrzehnte verstrichen. Das „Urmodell" wurde weiterentwickelt. Das Ziel der meisten Modifikationen besteht darin, die von Lewin entwickelte Grundidee zu differenzieren und zu konkretisieren und so für die Veränderungs- und Beratungspraxis besser zugänglich zu machen[2].

Strategisches Management	Changemanagement
Teilprozess – Strategieanalyse und -synthese: Ähnlich, wie Mediziner den Zustand einer Patientin oder eines Patienten analysieren und dann eine (synthetische) Diagnose wagen, erfolgt im Strategieprozess eine eingehende Analyse der Unternehmenssituation, welche synthetisch verdichtet wird.	**Teilprozess – Changeinitiierung und Analyse:** In der sogenannten „Unfreezing-Phase" geht es darum, das System zu „wecken", Motivation und Bereitschaft zur Veränderung zu schaffen. In der Regel wird ein Spannungsfeld aufgebaut, welches defizitorientiert auf Missstände und visionsorientiert auf gewünschte Zukunftsbilder aufbaut.
Teilprozess – Strategieformulierung: Auf Basis einer möglichst gut abgestützten Analyse und Synthese erfolgt die richtige „Therapie", d.h. neue Strategie. Man definiert strategische Ziele und Maßnahmen. Die klassische Strategielehre beschäftigt sich sowohl mit der Struktur und Form dieser Strategien wie insbesondere auch mit ihren Inhalten.	**Teilprozess – Changekonzeption und -gestaltung:** In der „Movement-Phase" werden neue Handlungsbilder entwickelt, ausgetestet und umgesetzt. In diesem Zusammenhang sind nicht nur inhaltliche Aspekte zu beachten, sondern auch emotionale Elemente (vor allem Widerstände) zu beachten und aktiv anzugehen.
Teilprozess: Strategieumsetzung und Etablierung: Formulierte Strategien müssen umgesetzt werden. Die Diskussion dieses Teilprozesses beschäftigt sich folglich mit den Problemen der Umsetzung und gibt Lösungsansätze zur Umsetzung.	**Teilprozess: Changeumsetzung und Etablierung:** In der dritten Phasen, dem „Refreezing", liegt das Hauptaugenmerk darauf, die angeschobene Veränderung im Alltag zu etablieren und sicherzustellen, dass das System nicht wieder in die alten Verhaltensmodelle zurückfällt.

Abbildung 62: Ein Vergleich zwischen strategischem Management und Changemanagement (eigene Darstellung basierend auf Lombriser und Abplanalp, 2005 und Lewin, 1946, 1963)

Das Nebeneinanderstellen des Strategie- und des Changeprozesses macht deutlich, dass die zwei Modelle Ähnlichkeiten, aber auch Unterschiede aufweisen. Die in beiden Prozessen erkennbare Grundlogik beinhaltet eine Analysephase, darauf aufbauend folgt eine Gestaltungsphase, und abgeschlossen werden beide Prozesse mit einer Umsetzungs- und Etablierungsphase.

Deutliche Unterschiede sind aber ebenfalls zu erkennen. Das strategische Management ist im Unterschied zum Changemanagement eher durch eine rationale Herangehensweise geprägt und verfolgt eher eine lineare und aufbauende

Die Strategien umsetzen – Changemanagement

Logik. Dem Changemanagementansatz ist dagegen ein umfassend zirkuläres Entwicklungsmodell unterlegt, in welchem neben rationalen Elementen umfassend auch emotionale Aspekte berücksichtigt werden: Der Changemanagementansatz ist geprägt durch einen individuellen und institutionellen Lernprozess.

12.2 Changemanagement als Lernprozess

Neben seinem Phasenmodell hat Kurt Lewin die Changemanagement-Literatur v. a. mit seinem sogenannten Aktionsforschungsansatz nachhaltig geprägt[3]. Er hat damit die Idee des Phasenmodells differenziert. Aktionsforschung wird verstanden als Konzept, bei welchem auf der Basis systematisch erhobener Daten eingeplante und gezielte Veränderungs- und Entwicklungsprozesse initiiert werden. Diese Herangehensweise hat zum Ziel, Wissen über soziale Systeme aufzubauen und gleichzeitig an deren Veränderung und Entwicklung zu arbeiten. Dabei hat Lewin in seinem klassischen Denkansatz die Idee des Lernens aufgegriffen und etabliert[4], auch wenn auf diese Tatsache in der Literatur nur zurückhaltend hingewiesen wird[5].

In der Aktionsforschung lässt sich bei einer differenzierten Betrachtung ein zweistufiger Lernprozess erkennen. In einem ersten Schritt werden Analysen und Diagnose durchgeführt, d. h., Informationen über Schwächen, Stärken, Anliegen, aktuelle und notwendige Veränderungsfelder gesammelt. Diese Informationen werden anschließend in der Analysephase aufgearbeitet und verdichtet. Welche Phänomene lassen sich erkennen? Welche Muster zeichnen sich ab? Welche Entwicklungsfelder lassen sich ableiten, welche Prioritäten sind erkennbar und welche Handlungsmöglichkeiten bestehen? Häufig ist in dieser ersten Lernphase nur ein kleinerer Teil der Organisation eingebunden.

Diese Einschränkung wird in der Feedbackphase umfassend aufgebrochen. In dieser Phase werden die Analyseresultate bewusst und gezielt einem weiteren Kreis der Organisation zurückgespiegelt. Das primäre Ziel ist, das jeweilige soziale System als Ganzes zu sensibilisieren und in einen Lern- und Entwicklungsprozess zu überführen. Die Feedbackprozesse laufen bewusst nicht nur entlang der alltäglichen, in der Organisation zwischen Personen und Teams regelmäßig stattfindenden Austauschbeziehungen, sondern es werden neuartige Interaktionsmöglichkeiten geschaffen, welche für die Veränderung besonders wichtig und zentral sind[6]. Die Interaktionsmöglichkeiten zielen darauf ab, neue Ideen und Bilder zu entwickelt, das System zu öffnen und „Neues" und „Andersartiges" zu ermöglichen.

Die im Feedbackprozess wichtige Ausweitung und umfassende Einbindung einer großen Anzahl von Beteiligten und Betroffenen bietet zusätzliche Vorteile:

Die Feedbackprozesse sind nicht einseitig nur als Informationsprozesse, sondern im Gegenteil als umfassend partizipativer Kommunikations- und Interaktionsprozess zu verstehen und auszugestalten[7].

Parallele Lernstrukturen, wie sie von Zand unter dem Begriff „kollaterale Organisationsstrukturen" eingeführt wurden, haben in diesem Prozess eine große Bedeutung[8]: Parallele Lernstrukturen sind in vielfacher Weise in Changesituationen zu erkennen und können auch als Normalfall angesehen werden. Gleichzeitig werden jedoch die unterschiedlichen Lernprozesse nicht auf allen Ebenen und in allen Bereichen gleich intensiv, differenziert und reflektiert ablaufen, und auch zeitlich können diese verschiedenen Lernprozesse deutlich auseinanderfallen. So unterstreichen Heitger und Doujak, dass oftmals zwischen dem Topmanagement, dem mittleren Management und den Mitarbeitenden zeitlich verzögerte Lernprozesse ablaufen[9].

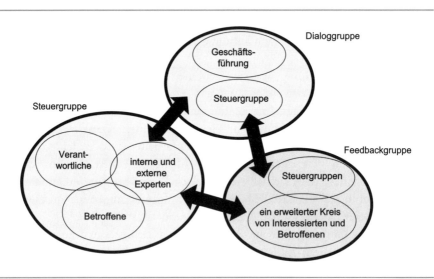

Abbildung 63: Strukturierung von Veränderungsprozessen (eigene Darstellung)

Zentral für Veränderungen ist, dass dem qualitativen, quantitativen und zeitlichen Auseinanderdriften der unterschiedlichen Lernprozesse bewusst entgegengesteuert wird. Der Begriff der Partizipation beschränkt sich also nicht nur auf das Phänomen der Mitsprache, sondern vielmehr auch auf die Aspekte der Mitveränderung und Mitentwicklung. In Veränderungsprojekten, in denen aufgrund der Größe einer Organisation nicht alle Beteiligten und Betroffenen gleichzeitig, gleich umfassend und gleich intensiv in die konkrete Veränderungsarbeit eingebunden werden können, bedarf es Strukturen, welche sicherstellen, dass parallele Lernprozesse auch außerhalb der Kerngruppen oder der direkt eingebundenen Kreise ablaufen können (vgl. Abbildung unten). Eine Steuergruppe bildet in derartigen Veränderungsstrukturen oftmals den Kern oder den Motor von Veränderungsprojekten. Hier werden Ideen zur Veränderung entwickelt und vorangetrieben. In dieser Gruppe finden in der Regel differenzierte Diskussionen und Auseinandersetzungen statt, Ideen werden entwickelt, verworfen und konkret ausgestaltet. In dieser Gruppe findet in der Regel auch der differenzierteste Lernprozess statt oder hier besteht zumindest der Raum dazu. Durch die laufenden Interaktionen mit der Leitung (im Rahmen der Dialoggruppe) und einer größeren Gruppe von Interessierten und Betroffenen (im Rahmen der Feedbackgruppe) werden einerseits der Lernprozess innerhalb der Steuergruppe beeinflusst, und andererseits durchlaufen damit auch Personen außerhalb der Steuergruppen wichtige Lernprozesse.

Der Begriff der Parallelität im Lernprozess unterstreicht die Notwendigkeit, dass Lernprozesse in allen Teilgruppen ablaufen müssen und diese Prozesse aufeinander abgestimmt werden müssen. Zwischen den Gruppierungen muss eine enge, bewusst geplante und gestaltete Zusammenarbeit und Interaktion angestrebt werden. Für eine erfolgreiche Veränderung reicht es nicht aus, wenn sich Lernprozesse nur auf eine, oft nur temporär geschaffene Kerngruppe beschränken. Die parallelen Lernprozesse müssen in allen Teilstrukturen und letztendlich auch im Gesamtsystem umfassend und bewusst aufeinander abgestimmt werden[10]. Wir unterstreichen noch einmal: Für echte Partizipation steht nicht vereinfachend Mitsprache im Zentrum der Betrachtung, Mitveränderung und Mitentwicklung müssen Teil dieses Prozesses sein[11].

Die in der Aktionsforschung erhobenen Daten und die daraus gewonnenen Analysen müssen breit diskutiert werden, und es sind daraus konkrete Handlungspläne abzuleiten. In der Handlungsphase werden die geplanten Veränderungsschritte umgesetzt, und in der abschließenden Evaluationsphase wird die Wirkung analysiert: Sind die geplanten Veränderungen eingetroffen, inwiefern sind sie eingetroffen und sind weitere Entwicklungsschritte notwendig[12]?

Hier lässt sich ein deutlicher Unterschied zwischen Changemanagement und dem Konzept des strategischen Managements erkennen. Changemanagement-Projekte legen großen Wert auf die individuellen und institutionellen Lernprozesse, sie verstehen diesen Lernprozess als zentrale und wichtige Basis einer Veränderung. Eine Vielzahl von Herangehensweisen, Instrumenten und Werkzeugen des Changemanagements zielen darauf ab, diesen umfassenden Lernprozess zu initiieren und sicherzustellen[13].

Changemanagement als zirkulärer Lernprozess

Der Changemanagement-Prozess wird durch die Idee der Zirkularität geprägt, und Zirkularität wird als ein grundlegendes Element von Veränderungsprozessen verstanden. Die Arbeit erfolgt dabei mit sog. systemischen Schleifen, wie dies etwa von Königswieser und Exner[14] und auch von Königswieser und Hillebrand beschrieben wird[15]. Das übergeordnete Ziel dieser Herangehensweise liegt darin, besser zu verstehen und schrittweise einen Lern- und Entwicklungsprozess in der Organisation (oder im Netzwerk) zu initiieren und zu durchlaufen. Dazu werden Informationen gesammelt, Hypothesen gebildet, und aufbauend auf diesen reflexiven Schritt erfolgt die Planung und Umsetzung von Interventionen[16].

Die Schleifenidee hat im Rahmen von Changemanagementprozessen verschiedene Anwendungsebenen. So ist die Aktionsforschung in mehrfacher Weise als zirkulärer Prozess zu verstehen: Es ist eine Reihenfolge von Ergebnissen und Maßnahmen innerhalb jedes Schritts (Datensammlung, Feedback, Aufarbeitung der Daten und Ableitung sich daraus ergebender Handlungen); und es ist ein Zyklus von Wiederholungen dieser Schritte, wobei manchmal dasselbe Problem in mehreren Zyklen und manchmal mehrere Probleme im selben Zyklus behandelt werden[17]. Das heißt letztendlich, dass Changevorhaben nicht als lineare, sondern bewusst und umfassend als zirkuläre Prozesse zu verstehen sind und somit auch derart ausgestaltet werden müssen. Die Idee der Zirkularität bezieht sich auch auf das Phasenmodell und trägt dazu bei, ein besseres Verständnis für Risiken und deren Management zu entwickeln.

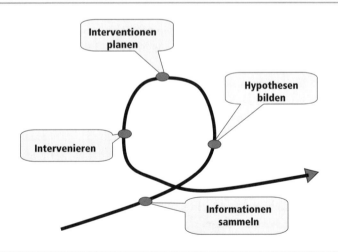

Abbildung 64: Die Systemische Schleife nach Königswieser und Hillebrand (2004: 46)

Königswieser und Hillebrand betonen[18], dass auch die einzelnen Teilaspekte ihres Schleifenmodells in sich selbst wieder als Schleifen zu verstehen sind. Die Erarbeitung von Hypothesen ist also nicht als linearer und einmaliger Schritt zu verstehen, sondern auch als Schleife und als Versuch, sich der Realität zu nähern, im Bewusstsein, diese nie endgültig und zur Gänze aufdecken zu können.

Das Arbeiten mit Hypothesen ist ein natürlicher und alltäglicher Prozess. Wenn wir beispielsweise in einem fremden Land auf eine Gruppe von Menschen treffen, welche in ein Spiel verwickelt sind welches wir nicht kennen, beginnen wir häufig, die diesem Spiel zugrunde liegenden Regeln herausfinden zu wollen. Wir versuchen zu begreifen, wie das Spiel abläuft, und in diesem Prozess leiten wir aus dem jeweils Gesehenen erste Arbeitshypothesen ab. Die nächsten Spielzüge dienen dazu, die von uns erstellten Arbeitshypothesen zu überprüfen. Stimmen diese Hypothesen, bauen wird unser Verständniskonzept darauf weiter auf. Stimmen die Annahmen nicht, verwerfen wir diese und bilden neue Hypothesen[19].

Changemanagement als persönlich und historisch geprägter Lernprozess
Dabei sind wir in unserem Analysieren und Handeln nicht unabhängig, sondern wir werden im Gegenteil stark beeinflusst von unserer Vergangenheit, unseren Erfahrungen, unseren kollektiven Mustern und von den uns eigenen mentalen Modellen. Im Beispiel der oben erwähnten Spielsituation werden wir auf uns bekannte Spiele und deren Regeln zurückgreifen. Wir werden versuchen, daraus Ideen und Arbeitshypothesen abzuleiten. Mentale Modelle sind zu verstehen als tief verwurzelte Annahmen, Generalisierungen, Bilder und Vorstellungen, welche Einfluss ausüben auf die Tatsache, wie wir die Welt um uns herum verstehen und wie wir handeln[20]. Um mit Weick von der individuellen auf die institutionelle Ebene zu wechseln, lässt sich festhalten, dass die Umwelt die Organisation durch die Art beeinflusst, wie sie von der Organisation wahrgenommen wird"[21]. Jedes Wesen, jeder Mensch und jede Organisationen hat eine eigene Wahrnehmung und sieht und versteht die Welt mit eigenen Augen. Mentale Modelle, Wahrnehmungen und Erfahrungen entscheiden mit, welche Informationen wir als relevant ansehen und aufnehmen, sie helfen uns, diese Informationen in Zusammenhänge zu stellen, zu verbinden und zu vernetzen, zu verstehen. Mentale Modelle wirken als Brücken zwischen der Vergangenheit und der uns jeweils gegenüberstehenden Realität, d. h. dem Ursprung der mentalen Modelle und der heutigen Realität, welcher wir täglich ausgesetzt sind[22].

Mentale Modelle, Erfahrungen und kollektive Muster haben also einen umfassenden Einfluss auf die jeweilige Hypothesenbildung, und dieser Tatsache müssen wir uns bewusst sein. Dies vor allem deswegen, weil mentale Modelle oft unausgesprochen und ungeprüft wirken. Wir sind in Veränderungsprozessen angehalten und gar gezwungen, uns dieser Bilder bewusster zu werden, müssen anhalten, uns teilweise zwingen, die eigenen Sichtweisen zu ändern, mit anderen Augen hinzusehen, mit anderen Herangehensweisen mitzugehen und uns auf andersartige Zugänge einzulassen[23].

Hypothesenarbeit darf somit nicht als zufälliger Prozesse ablaufen, sondern muss offen und differenziert ausgestaltet werden und das Ziel verfolgen, die jeweiligen Grundlagen der Hypothesenarbeit aufzudecken, um damit auch anderweitige Zugänge zulassen und ermöglichen zu können. Hypothesenarbeit muss als kreativer, spielerischer, intellektueller und öffnender Prozess verstanden und ausgelebt werden. Es handelt sich um einen reflexiven Prozess, und für reflexive Prozesse gilt die Aussage von Königswieser und Hillebrand: „Reflexion erfordert Distanz, Ruhe und Loslassenkönnen, nicht mit dem Kopf durch die Wand zu wollen. Aus der Distanz ist es möglich, eine Sache auch anders zu sehen, zu denken. Vor allem durch gemeinsame Reflexionen können Gedankengänge, Denkmuster und Schablonen nochmals überprüft und eventuell korrigiert bzw. modifiziert … werden"[24].

Watzlawik beschreibt in „Vom Schlechten das Gute" anhand einer Vielzahl von Beispielen, in welchen Denkkategorien und unbewussten Denkmustern wir uns bewegen und wie sehr wir uns damit einschränken und sogar herunterziehen[25]. Er unterstreicht, dass der Dualismus unseres Denkens, welcher oft zwischen Gut oder Böse, Richtig oder Falsch, Schön oder Hässlich, Schwarz oder Weiß unterscheidet, uns häufig davon abhält, die für uns beste Lösung – oder zumindest eine bessere Lösung – zu suchen und zu finden. Bei derartiger Betrachtung fehlen Zwischentöne und letztendlich die Bereitschaft, sich differenziert und vielschichtig mit unserer Umwelt auseinanderzusetzen. Bei der Strategiearbeit ist immer wieder zu fragen, ob aufgrund der beteiligten Personen und der gewählten Instrumente nicht jenes herauskommen muss, was herausgekommen ist. Haben wir mit der Zusammenstellung des Personenkreises und der gewählten Methode das Resultat mitgeprägt? Haben wir mit Methoden gearbeitet, welche uns helfen, neue und andersartige Sichtweisen zu schaffen[26]?

In diesem Zusammenhang erscheint es hilfreich, einige Ideen und Konzepte darzustellen, welche von Senge und Scharmer im Zusammenhang mit der von ihnen entwickelten „U-Theory" aufgearbeitet wurden[27]. Scharmer unterstreicht, dass wir als Gesellschaft in der Vergangenheit versagt haben, wenn es darum geht, die großen und komplexen Probleme zu lösen oder umfassend anzugehen[28]. Er ortet das Hauptproblem dieses institutionellen Versagens in der Tatsache, dass wir es in der Vergangenheit nicht geschafft haben, unsere über Jahrhunderte hinweg etablierten kollektiven Muster und mentalen Modelle des

Denkens, des Organisierens und des Institutionalisierens aufzubrechen und auf die anstehenden Probleme und Herausforderungen hin auszurichten. Er unterstreicht die Tatsache, dass der Erfolg einer Handlung nicht zuletzt von der Einstellung, der inneren Verfassung des Intervenierenden abhängt, und zielt mit der Entwicklung der Theorie-U konkret darauf ab, die soziale Grammatik aufzudecken, welche verantwortlich zeichnet für die Struktur unserer Aufmerksamkeit und unserer Wahrnehmung. Gleichzeitig wirft er die Frage auf, was notwendig wäre, um uns in diesem Zusammenhang mehr von der Vergangenheit zu lösen und uns dafür gleichzeitig mehr auf die Zukunft hin auszurichten, d. h. von der Zukunft zu lernen. Dahinter steckt die Idee, „einen zukunftsbezogenen Lernprozess" auszugestalten. Die Idee wird mit dem Begriff „the social technology of prescencing" umschrieben.

Der U-Theory-Ansatz umfasst drei Schritte, jene des *Sensing*, des *Presencing* und des *Realizing* (vgl. Abbildung 65: Senge u. a. 2004). Der Schritt des **Sensing** umfasst ein Öffnen oder, wie Senge u. a. dies umschreiben, „observe, observe observe – become one with the world; retraet and reflect – allow the inner knowing to emerge"[29]. Dabei wird die Sichtweise intensiviert, differenziert und ausgeweitet. Bekanntes wird bewusst und aktiv in Frage gestellt und gewissermaßen zur Verhandlungssache erklärt. Der Kernbegriff der U-Theory liegt jedoch in der Perspektivensetzung dieses hier angesprochenen Lern- oder Entwicklungsprozesses. Dieser Aspekte wird mit dem Begriff „*Presencing*" umschrieben. Dieser Begriff ist eine Neuschöpfung aus dem Angelsächsischen und verbindet die beiden Begriffe „Presence" (Gegenwart, Anwesenheit, Vorhandensein) und „Sensing" ((er-)fühlen, (er-)spüren). Im Unterschied zu den traditionellen, rückwärtsgewandten und sich primär auf die Vergangenheit beziehenden Entwicklungsansätzen sollen hierbei Zukunftsmöglichkeiten wahrgenommen und in einem weitern Schritt konkretisiert, umgesetzt und etabliert werden.

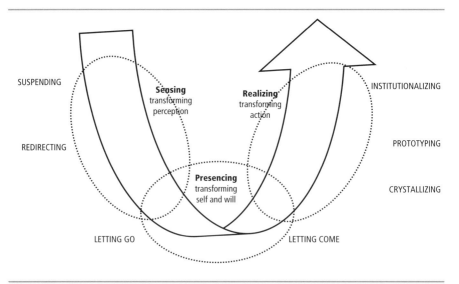

Abbildung 65: Grundmodell der U-Theory (Senge u. a., 2004)

Um den zentralen Teilschritt des Presencing näher auszuleuchten und zu verstehen, erscheint es sinnvoll, ein von Scharmer angeführtes Beispiel aufzugreifen[30]. Er stellt sich die Frage, wie wir uns der Arbeit eines Malers sinnvoll nähern können. Dazu bietet er drei unterschiedliche Perspektiven. Wir können uns für diese Annäherung erstens das Gemälde ansehen, zweitens könne wir den Prozess analysieren, und drittens besteht die Möglichkeit darin, uns zu fragen, mit welcher Grundhaltung der Maler an seine Arbeit herangeht. Beim Ansatz des „Presensing" verbindet Scharmer Gegenstand, Prozess und Haltung. In der starken Betonung der Haltung liegt für Scharmer somit der Schlüssel im Verstehen der sozialen Grammatik unserer Aufmerksamkeit. Dies wird deutlich, wenn wir die vier von ihm angeführten Aufmerksamkeitstypen näher betrachten, welche die unterschiedliche Haltung von Personen in Gesprächen beschreiben, und damit einen direkten und umfassenden Einfluss darauf ausüben, ob und inwiefern es gelingt, den Perspektivenwechsel von der Vergangenheit weg, vermehrt (auch) hin auf die Zukunft auszulösen. Diese vier unterschiedlichen Haltungen sind das „Downloading", das „gegenständlich-unterscheidende Zuhören", das „empathische Zuhören" und abschließend das „schöpferische Zuhören"[31].

Beim „Downloading" beschränken sich Teilnehmer in einer Kommunikation auf das Zuhören, auf die Aufnahmen von Bekanntem und Vorhandenem. Dieses Zuhören dient primär der Reproduktion dessen, was dem Zuhörenden bekannt ist. Daraus wird sich keine neue, differenzierte und schon gar nicht zukunftsorientierte Herangehensweise an die Situation ergeben. Dies führt in der Regel nicht zu einer Erneuerung, sondern im Gegenteil zu einer Reproduktion und Verhärtung des Bekannten und Bestehenden. Beim „gegenständlich-unterscheidenden Zuhören" beginnen wir im Gespräch darauf zu achten, was andersartig ist, was abweicht und was zusätzlich auftaucht. Gleichzeitig nehmen wird diese Andersartigkeit nicht nur wahr, sondern wir nehmen sie auch an – was im reinen Downloading-Status nicht geschehen würde. Unsere Sichtweise wird breiter, differenzierter und basiert somit nicht mehr nur auf der eigenen Geschichte und Erfahrung.

Auf der dritten Ebene beginnt sich nun nicht nur Gegenstand und Prozess zu verändern, sondern das Innere des Betrachters beginnt sich ebenfalls zu entwickeln. In dieser Stufe verlassen und überschreiten wird den eigenen Orientierungsrahmen und die uns eigenen Begrenzungen. Wir begeben uns in die Wahrnehmungswelt unseres Gegenübers, wir lassen uns ein auf die Argumentationsweise des anderen. Wir versuchen gewissermaßen zu erahnen, welches seine nächsten Argumente sind, versuche seine Ideen aufzugreifen und weiterzuspinnen. Wir tragen die Aussagen unseres Gegenübers mit und versuchen sie aus seinen Augen und seiner Perspektive weiterzudenken. Als vierte Stufe umschreibt Scharmer das schöpferische Zuhören. Auf dieser Ebene beginnen wir Energie zu entwickeln und öffnen den Willen als Wahrnehmungsorgan, sind bereit, uns auf die im Entstehen begriffenen Ideen einzulassen. Wir lassen uns vorantreiben, hineintragen, in Neues und bisher Unbekanntes. Wir beginnen gewissermaßen zu fließen, wir erreichen den von Csikszentmihalyi als benannten Flow benannten Zustand, jenes lustbetonte Gefühl des völligen Aufgehens in einer Tätigkeit, in Deutsch könnte dieser Zustand mit Schaffensrausch oder Tätigkeitsrausch bezeichnet werden[32]. Neue Ideen sind in dieser Phase der Kommunikation beredbar, werden greifbar, werden klarer und deutlicher, neue Wege beginnen sich zu öffnen und zu etablieren. Gleichzeitig entsteht in uns ein Nährboden, auf welchem diese Ideen wachsen können.

In der letzten Phase – dem *Realizing* – wird versucht, diese Energie aufzugreifen und konkret werden zu lassen. Hierbei ist der Ansatz des *Prototyping* als wichtig und zentral anzusehen. Dies wird deutlicher in einer Aussage von John Kao: „Prototyping is modeling or simulating your best current understanding precisely so you can have a shared set of understanding that enable communication, especially among people with very different discipline bases. That allows you to break that prototype and iterate cycle until you get some desired outcome, which you could not have predicted in the beginning"[33].

12.3 Changemanagement als emotionale Herausforderung

Es gibt keine Veränderung ohne Gefühle, und der Versuch der Negierung dieses Phänomens kann möglicherweise miterklären, warum in der Realität eine große Zahl von Changeprojekten scheitern, nicht die gewünschten Ziele erreichen, zu lange dauern oder aber mit zu großen Kosten verbunden sind[34]. Diese Verschiebung und Ausweitung in der Form des Zuhörens oder auch des Zulassens sind für Veränderungen wichtig, und im Changemanagement wird deshalb oftmals versucht, hierzu bewusst Plattformen zu schaffen (vgl. unten). Ob es jedoch gelingt, Personen und Systeme letztendlich auf die dritte und vierte der von Scharmer beschriebenen Stufen anzuheben, wird letztendlich auch von den Beteiligten selbst abhängig sein[35]. Vieles, was wir heute im Changemanagement kennen, einsetzen und anwenden, kann durchaus verstanden werden als Versuch, idealtypische Rahmenbedingen für individuelle und institutionelle Entwicklungsprozesse bereitzustellen. Die Bereitschaft, diesen Weg zu gehen, hängt auch von den Beteiligten und der jeweiligen Situation ab.

Emotionalität als zentrale Charakteristik von Changeprozessen
Die angesprochene Emotionalität im Zusammenhang mit Veränderungen lässt sich in vielfacher Weise darstellen und aufarbeiten. So hat beispielsweise Janssen[36] in einer in der Literatur und Interventionsarbeit[37] immer wieder aufgegriffenen Metapher „der Vierzimmerwohnung" vier emotionale Zustände dargestellt, welche in einem Veränderungsprozess auftreten. Dabei wird unterstrichen, dass Systeme aufgrund eingespielter Erfahrungen, bestehender Zufriedenheit – um nur zwei Begründungen anzuführen – dazu tendierten, im bestehenden Zustand zu verharren. Systeme tendieren oft dazu, sich von außen abzuschließen[38]. Dies zeigt sich z. B. in der Tatsache, dass auch bei zunehmendem Druck von außen innerhalb derartiger System geleugnet wird, dass Veränderungen notwendig sind und/oder aktiv angegangen werden sollten. Hier wird es somit notwendig werden, das Bewusstsein zur Veränderung aufzubauen und die natürliche Tendenz zum Verharren in Bekanntem überwinden zu können. Ist die Phase der Leugnung und Zurückhaltung überwunden, tritt in der Regel die Phase der Konfusion ein. Sie ist geprägt durch Orientierungslosigkeit, Ängste und Verunsicherung. Als letztes Zimmer durchschreiten soziale Systeme – falls die Veränderung gelingt – den Raum der Erneuerung.

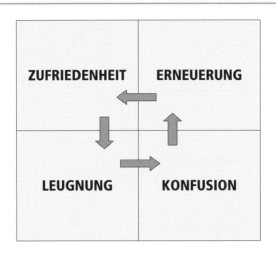

Abbildung 66: Metapher der „Vierzimmerwohnung" nach Janssen (1996)

Ein zweiter Ansatz, welcher die Emotionalität in Veränderungsprozessen unterstreicht, ist jener von Weisbord und Janoff[39]. Sie verwenden in ihrer Darstellung die Metapher eines „Roller Coasters" (Achterbahn). Zu Beginn der Veränderung steigen die Beteiligten mit ihren eigenen Erwartungen und Hoffnungen in die Bahn ein (Phase des Einstiegs). Durch die analytische Interaktion mit Dritten steigt die Komplexität in der Regel an, die „Dinge" werden mehrschichtig, oft mehrdeutig, unklar, und es entsteht ein Gefühl, dass alles außer Kontrolle gerät. In dieser Phase gibt es Verunsicherung, Ängste, Ratlosigkeit und oft auch Hoffnungslosigkeit (Phase der Verzweiflung). In erfolgreichen Prozessen beginnen Beteiligte in dieser Situation gemeinsam Orientierung und Ordnung zu suchen, zu schaffen und zu gewinnen. Es entsteht zunehmend Übersicht (Phase der Aneignung). Hier bewegen sie sich in der Regel zwischen Verzweiflung und Hoffnung, werden einerseits getrieben durch ein gewachsenes Problembewusstsein und andererseits angezogen durch langsam klarer werdende und erkennbare Visionen und Ziele. Diese wachsende Orientierung hilft den Beteiligten, sich neu auszurichten. Hoffnung und Motivation nehmen oftmals zu (Phase der Hoffnung), und getragen von dieser Energie werden Teile der Idealbilder und Visionen in reale Handlung umgesetzt und verankert. Das soziale System übernimmt in der Regel die Verantwortung der Umsetzung.

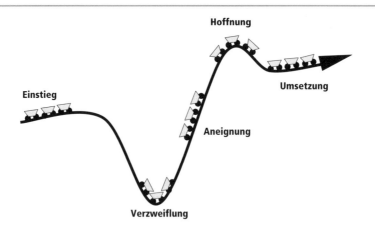

Abbildung 67: Ride the Roller Coaster, nach Weisbord und Janoff (2000)

Diese beiden Modelle – sowohl jenes von Janssen und von Weisbord und Janoff – basieren in der Grundlogik auf Arbeiten der sogenannten „Transition Psychology", welche versucht, die Reaktion von Menschen auf bestimmte Lebensumbrüche – positiver und negativer Art – zu verstehen und damit Menschen in derartigen Phasen unterstützend begleiten zu können[40]. Bridges unterstreicht, wie wichtig und notwendig es in Veränderungsprozessen ist, nicht nur technische, finanzielle, strukturelle Aspekte aufzugreifen, sondern den beteiligten Menschen in Veränderungsprozessen gleichzeitig auch eine bewusste Beachtung und Unterstützung zu geben[41].

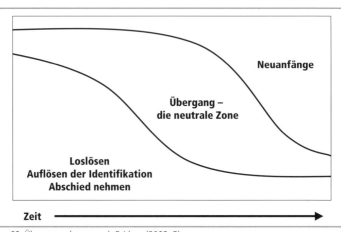

Abbildung 68: Übergangsphasen nach Bridges (2003: 5)

Diese in persönlichen Lebensumständen, vor allem in dramatischen Lebensumbrüchen, wie beispielsweise nach dem Tod eines Partners, aber auch beim Verlust der Stelle oder Neugestaltung des Arbeitsplatzes wichtige Erkenntnis lässt sich auf der Organisationsebene auch übertragen auf strategische Neuausrichtungen. Personen durchlaufen in der Regel drei unterschiedliche emotionale Phasen[42]. In der ersten Phase sind Menschen gefordert loszulassen, sich von alten Gewohnheiten und Rahmenbedingung zu lösen. Die in diesem Zusammenhang bestehende Identität ist aufzubrechen, und man muss sich von bekannten und konkreten Realitäten verabschieden. Die erste Phase ist geprägt durch das Beenden von Bestehendem und Bekanntem. Je größer hierbei die Identifikation mit dem „Aufzugebenden" bei den Betroffenen ist, desto schwieriger wird dieser Prozess der Verabschiedung ausfallen, und desto mehr Zeit und Energie muss für diese erste Teilphase aufgewendet werden.

Die zweite Phase ist geprägt vom Übergang aus dem Bekannten zum jetzt noch Unbekannten. Die alte Realität ist nicht mehr vorhanden, und gleichzeitig ist das Neue noch nicht richtig erkennbar, greifbar, geschweige denn implementiert und verankert. In dieser Phase pendeln Beteiligte oftmals zwischen Frustration und Euphorie, zwischen Gestern und Morgen. Bridges umschreibt diese Phase als neutrale Zone und fügt als Metapher das Bild eines Menschen an, der an einer belebten Strasse steht, auf welcher der Verkehr in beide Richtungen an ihm vorbeirauscht[43]. Er kann sich nicht oder nur schwer für die eine oder die andere Seite entscheiden. Die neutrale Phase mit all ihrer Offenheit und Herausforderung ist wichtig und wertvoll. In dieser Übergangssituation bestehen offene Handlungsräume, konkrete Freiheiten, es bestehen Möglichkeiten für neue Ideen, Entwürfe, Gedanken.

In der dritten Phase beginnen die Beteiligten sich mit den neuen Realitäten auseinanderzusetzen, machen wichtige Erfahrungen, beginnen sich zunehmend neu zu orientieren, beginnen Werthaltungen und Identitäten gegenüber dem Werdenden zu entwickeln, beginnen die neue Wirklichkeit zu verstehen, die Veränderungen werden Teil einer neuen Realität. In dieser Phase entsteht, falls der Prozess erfolgreich durchlaufen wurde, in der Regel eine umfassende Aufbruchenergie.

Widerstandsarbeit als wichtige Herausforderung in Changeprozessen
Im Übergang zwischen Bekanntem und Unbekanntem – in der neutralen Phase – entstehen bei Beteiligten und Betroffenen oft Widerstände. Widerstände und Veränderung sind untrennbar miteinander verbunden. „Eine Veränderung auf gesellschaftlicher, Unternehmens- oder individueller Ebene bedeutet Verwirrung und Unbehagen. Es ist zu beobachten, dass eine Gesellschaft, die Verän-

derung durchmacht, eine Periode der Desintegration erleiden muss, bevor sie sich wieder integrieren kann. Während der Zeit der Desintegration kommt es zu Widerstand; die Veränderung fordert ihren Preis. Dieser Prozess gilt für Organisationen ebenso wie für den einzelnen Menschen"[44].

Widerstände sollten als normale Erscheinungen in Veränderungsprozessen angesehen werden, und verantwortliche Personen sind gefordert, mit dieser Realität umzugehen. Bevor wir uns der Frage nach dem Umgang mit Widerständen zuwenden, stellt sich die Frage, was wir unter dem Begriff Widerstand verstehen und was als konkrete Quellen derartiger Widerstände in Changeprozessen angesehen werden kann.

Nach Doppler und Lauterburg kann „von Widerstand immer dann gesprochen werden, wenn vorgesehene Entscheidungen oder getroffene Maßnahmen, die auch bei sorgfältiger Prüfung als sinnvoll, logisch oder sogar dringend notwendig erscheinen … bei einzelnen Gruppen oder bei der ganzen Belegschaft auf diffuse Ablehnung stoßen, nicht unmittelbar nachvollziehbare Bedenken erzeugen oder durch passives Verhalten unterlaufen werden"[45].

Dabei wäre es nach Doppler und Lauterburg jedoch ein großer Trugschluss, die Hauptursache für Widerstände hauptsächlich auf der *inhaltlichen oder informativen Ebene* suchen zu wollen[46]. Zwar zeigt sich in Veränderungsprozessen sehr häufig, dass Beteiligte und Betroffene die Gründe, die Motive, die Ziele oder alle diese Aspekt zusammen nicht verstehen, nicht nachvollziehen und nicht einordnen können. Dieser Aspekt reicht aber nicht aus, die Entstehung von Widerständen umfassend zu verstehen.

Widerstand entsteht meist eher aus *emotionalen Ursachen*. Betroffene haben zwar oftmals verstanden, worum es geht, sie können die Gründe nachvollziehen, warum z. B. Veränderung notwendig ist, sie glauben aber nicht, dass sie die Wahrheit vermittelt erhalten, sie vermuten hinter den angekündigten Veränderungen anderweitige Motive und Gründe.

Eine dritte Quelle von Widerständen orten sie im Kontext der *individuellen Nutzenabwägung*. Auch wenn Betroffene verstehen, warum eine Veränderung für die Institution – als Ganzes oder bezüglich einzelner Teile – sinnvoll ist, sind sie nicht unbedingt bereit, sich auf die Veränderung einzulassen. Sie stellen sich vielmehr die Frage, ob und inwiefern diese Veränderung für sie persönlich (oder die Gruppe) einen Nutzen abwirft. Es wird erwogen, ob die Veränderung für die einzelne Person (oder eine Gruppe innerhalb der Organisation) attraktiv ist oder welche Verschlechterung sie auf der persönlichen Ebene zu erwarten haben.

Zusätzlich zu diesen Argumenten von Doppler und Lauterburg scheinen uns zwei weitere Aspekte von großer Bedeutung. *Relationale Gründe* für Widerstände sind verbunden mit dem Aufbrechen bestehender sozialer und institutionell gefestigter Strukturen. Mit dem Aufbrechen etablierter Zusammenarbeits- und Interaktionsstrukturen werden in der Regel neben formellen auch informelle Macht- und Beziehungsstrukturen aufgebrochen und modifiziert[47]. Die Machtaspekte erweisen sich häufig als wichtige Quelle von Widerstand. Abschließend erscheinen uns auch *persönliche Kompetenzen und Fähigkeiten* als wichtiger Erklärungsaspekt. Vielfach stellen Veränderungen an die Beteiligten und Betroffenen neuartige Herausforderungen, sie bedürfen neuartiger Fähigkeiten. Falls betroffene Personen erkennen oder auch nur glauben, dass sie diesen neuen Herausforderungen nicht genügen oder dass sie den notwendigen Lernprozess nicht bewältigen können, sind auch aus diesem Grunde Widerstände zu erwarten.

Grundsätzlich lässt sich festhalten, dass Widerstand
- in Veränderungsprozessen als Normalfall angesehen werden sollte,
- nicht grundsätzlich als Problem, sondern in der Regel eher als wertvolles Signal verstanden werden müsste und
- sehr häufig durch gezielte Interventionen aufgelöst oder zumindest reduziert werden kann.

Konstruktiver Umgang mit Widerständen
Widerstandsarbeit steht in enger Verbindung mit dem Thema der Veränderungsfähigkeit. Erfolgreiche Veränderungsarbeit basiert nicht zuletzt auf der Tatsache, ob Veränderungsfähigkeit besteht oder entwickelt werden kann. Wie schon Lewin[48] in seinem Modell mit einer *unfreezing Phase* beginnt, unterstreichen auch Doppler und Lauterburg[49] die Gefahr, mit der Türe ins Haus zu fallen. Es braucht Zeit, sich als Einzelperson oder als Organisation auf etwas Neues einzulassen. Arbeiten im Gebiete der „Transition Psychology" haben erkennen lassen, dass der Zeitbedarf sehr oft unterschätzt wird[50]. Viel zu oft wird in Veränderungssituationen versucht, rasch voranzuschreiten, dies mit dem Argument, dass die Zeit drängt. Damit wird oft genau das Gegenteil erreicht, man gewinnt nicht Zeit, man verliert sie. Wenn es nicht gelingt, die Mehrheit der Personen dort abzuholen, wo sie bezüglich der Veränderungsfragen stehen, produzieren oder verstärken wir vorhandene Widerstände.

Wir sollten uns weniger Fragen nach dem Wohin der Reise stellen und auch weniger nach dem Zeitpunkt, an dem man angekommen sein muss. Die zentrale Frage ist, an welchem Punkt „die Mitreisenden" heute stehen, die Personen, Gruppen und Abteilungen, die wir auf unsere Veränderungsreise mitnehmen wollen, welche diese Reise mitgestalten und mitragen sollen. Wir müssen zu Beginn eines Veränderungsprozesses die Frage nach der Veränderungsfähigkeit des Systems stellen und nicht so sehr jene bezüglich der Veränderungsnotwendigkeit.

12.4 Die Veränderungsfähigkeit des Systems ausloten und entwickeln

Die Veränderungsfähigkeit sozialer System lässt sich nicht einfach ermitteln. Veränderungsfähigkeit ist ein komplexes Phänomen, welches nur schrittweise und oft erst im Angesicht einer konkreten Veränderung aufgedeckt und erkannt werden kann. Trotzdem gibt es eine Reihe von Fragen, welche in der Anschubphase von Veränderungen sinnvollerweise gestellt werden können. Doppler und Lauterburg unterstreichen vier Themenbereiche[51].

- Sie unterstreichen, dass es notwendig ist zu erkennen, ob und inwiefern die Beteiligten und Betroffenen die Ziele und die Motive der Veränderungen verstehen und nachvollziehen können. Ob und inwiefern Personen und Gruppen erkennen, was auf sie im Prozess und in der Umsetzung zukommt.
- Was ist den Beteiligten und Betroffenen heute schon bekannt? Welches Wissen haben sie bezüglich wichtiger Themen der Veränderung? Kennen sie die Entstehung und Begründung der anstehenden Veränderung?
- Erkennen die Beteiligten und Betroffenen die heutige Situation als Problem? Sind sie davon betroffen und somit der Veränderung gegenüber positiv eingestellt? Oder sind sie kaum betroffen oder empfinden sie die momentane Situation gar als wertvoll, haben sie sich damit eventuell abgefunden?
- Glauben die Beteiligten und Betroffenen, was sie hören? Wie sehr akzeptieren sie die kommunizierten Inhalte und Themen? Inwiefern nimmt man die Ernsthaftigkeit des Projektes wahr oder glaubt man eher mit Nebensächlichkeiten konfrontiert zu werden? Gibt es Vermutungen, dass Eigeninteresse oder Machtthemen eine wichtige Rolle spielen?

Wollen wir die Veränderungsfähigkeit umfassend aufarbeiten, brauchen wir jedoch noch weitere Informationen:

- Welche Veränderungskompetenzen (Prozesskompetenz) bestehen innerhalb der Organisation? Welche Personen haben aktiv und erfolgreich Veränderungsprozesse mitgetragen und/oder verantwortet? Was für Projekte waren dies und sind diese Projekte mit den anstehenden Herausforderungen vergleichbar?
- Welche Veränderungsbiographie besitzt die Organisation beziehungsweise wichtige Personen innerhalb der Organisation? Wie sind Veränderungen innerhalb der Organisation in der Vergangenheit bewältigt worden? Wie sind sie intern wahrgenommen worden? Welche Erfahrungen bringen Mitarbeitende von außen mit? Welche Veränderungsbilder bestehen?
- Welche Fähigkeiten bezüglich der angestrebten, zukünftigen Situation sind innerhalb des sozialen Systems schon vorhanden, welche fehlen? Welche Kompetenzen können und müssen aufgearbeitet werden? Können die Betrof-

fenen diese persönliche Entwicklung leisten? In welchem Zeitraum ist dies möglich und welche Unterstützungsmassnahmen sind notwendig?
- Welche Veränderungen laufen innerhalb der Organisation sowieso bereits ab (Veränderungsrealität)? Was heißt dies für die anstehenden Veränderungen? Haben wir genügend Ressourcen (fachlich, emotional und energetisch), um zusätzliche Veränderungen erfolgreich anzuschieben und bewältigen zu können?

Die zentrale Herausforderung besteht darin, sich an der Notwendigkeit *und* an der Fähigkeit zur Veränderung der Einzelnen und des sozialen Systems als Ganzes zu orientieren. Ein einseitiger Fokus auf der einen oder anderen Perspektive könnte dazu führen, dass Veränderungen nur mit großen Problemen angeschoben und umgesetzt werden können.

Abbildung 69: Spannungsfeld zwischen Veränderungsnotwendigkeit und -fähigkeit (eigene Darstellung)

Denken in organisatorischen Feldern und in interaktiven Prozessen

In den bisherigen Ausführungen wurde mehrfach unterstrichen, dass NPO in komplexe Beziehungssysteme eingebunden sind. Diese Eingebundenheit soll auch bezüglich der Veränderungsfähigkeit etwas näher ausgeleuchtet werden. Die Tatsache, dass Veränderungen oft mit großer Wucht von außen angeschoben oder zumindest bedingt werden, ist unbestritten. Häufig ist, dass der Außendruck an der Organisation abprallt und damit gar nicht ins Innere der Systeme eindringen kann. Systeme schotten sich oftmals ab, die Systeme können die von außen kommende Energie nicht wahrnehmen[52]. Die Energie wird von den Verantwortlichen aber meist auch nicht bewusst nach innen weitergegeben. Es wird verpasst, im Inneren der Organisation den Druck konkret und individuell spürbar zu machen, es wird kein gemeinsam getragenes Bewusstsein und Verständnis entwickelt, gefordert oder ermöglicht. Betroffene kennen den Außendruck nur vom Hörensagen, empfinden ihn eher als „Worthülse" mit wenig Inhalt und können dem „Gesagten" nicht viel Praktisches abgewinnen. Die Übertragung von außen nach innen, die Übersetzung vom Institutionellen auf das Individuelle und jene von oben nach unten finden nicht oder nicht aktiv statt. Damit wird eine wichtige „Anfangsenergie" verpasst, diese bestehende Energie kann nicht genutzt werden. Ein Vergleich zum Kung-Fu macht deutlich, was hiermit gemeint ist. Im Kung-Fu – einer alten asiatischen Kampfkunst – liegt eine der großen Herausforderungen darin, die Energie des Gegners (des Aussäens) aufzunehmen und für sich selbst zu nutzen[53].

Verantwortliche sind gefordert, Kommunikations-, Reflexions- und Lernräume zu schaffen. Sie sind angehalten, Gefäße einzurichten, in denen Veränderungs-Notwendigkeit erfahrbar gemacht werden kann. Sie müssen Raum geben, wo Erfahrungen ausdiskutiert und kollektiv verankert werden können. Verantwortliche sind angehalten, die Beteiligten und Betroffenen mit wichtigen Exponenten der Umwelt in Kontakt zu bringen. Kunden- oder Klientenkonferenzen, Leistungsauftraggeber als Referenten in Veränderungsworkshops, Konkurrenzanalyse, getragen durch Gruppen von Mitarbeitenden, und anderweitige Ideen helfen, Entwicklungen im Umfeld wirklich spürbar und erfahrbar zu machen[54]. Druck von draußen nach drinnen zu tragen braucht Bewusstsein, Zeit, Energie und Wille. Oder – um nochmals den Bezug zum Kung-Fu zu bemühen – um Energie des Gegners aufzunehmen und für sich selbst zu nutzen, bedarf es Flexibilität und Nachgiebigkeit der Bewegungen, ohne dabei lasch oder kraftlos zu sein[55]. Wer nicht nur reagieren, sondern auch agieren will, muss bewusst Verbindungen zwischen dem Innen und Außen aufbauen, Möglichkeiten schaffen, die Herausforderungen zu verstehen und zu diskutieren.

Diese Herausforderung stellt sich nicht nur im Spannungsfeld zwischen dem Drinnen und Draußen, sondern auch innerhalb der Organisationen. Zu häufig wird in Organisationen mit „Teilansichten", "Teillogiken" und mit „ Gärtchendenken" gearbeitet und nicht mit der Idee, dass Organisationen ihr Hauptaugenmerk auf das Zusammenspiel der einzelnen Teilbereiche legen sollten[56]. Gleichzeitig muss aber auch das Bewusstsein entwickelt werden, dass eine Organisation nicht nur ihre Kernaufgaben erledigen muss, sondern immer auch Unterstützungsaufgaben wahrnehmen und Reflexions- und Entwicklungsprozesse sicherstellen muss. Die Prozesse der Umsetzung auf der einen Seite und jene der Reflexion und Entwicklung auf der anderen Seite müssen aufeinander abgestimmt werden. Organisationen, welche sich dieser dualen Herausforderung nicht bewusst sind und diese auch nicht bewusst angehen, laufen Gefahr, an ihrer Einseitigkeit zu scheitern[57].

12.5 Gestaltung von Veränderungsprozessen als komplexe Herausforderungen

Veränderungen sind komplexe Prozesse, die nicht einfach geschehen, jedoch auch nicht gezielt angeschoben und vorhersehbar sind. Trotzdem – oder gerade deswegen – müssen sie bewusst geplant und gestaltet werden! Zu Beginn eines jeden Entwicklungsprojektes ist zu bestimmen, was die konkreten Problemstellungen und Ziele des Entwicklungsprojektes sind. Welche Herausforderungen sind erkennbar und welche Kompetenzen sind notwendig? Wer in welcher Funktion, in welcher Rolle und zu welchem Zeitpunkt muss eingebunden werden und in welchem zeitlichem Rahmen sind welche Schritte umsetzbar[58]?

Die Changemanagement-Literatur spricht in diesem Zusammenhang oft von der Architektur und dem Design von Veränderungsprozessen. „So wie Architekten Räume entwerfen und dadurch Rahmen schaffen, in denen sich Unterschiedlichstes ereignen kann, stecken Veränderungsverantwortliche soziale, zeitliche, räumliche, inhaltliche und symbolische Gestaltungselemente und Fixpunkte ab. … Die Architektur legt somit fest, dass etwas geschieht und was stattfindet. … Mit dem Design wird entschieden, wie die inhaltliche, soziale, zeitliche, räumliche und symbolische Dimension im vorgegebenen Rahmen gestaltet wird. Das Design ist … mit der Raumgestaltung, der Innendekoration eines Gebäudes vergleichbar"[59]. Mit der Architektur und dem Design wird aufgezeigt, wie Veränderungen angedacht und in einem ersten Schritt ausgestaltet werden.

Diese transparente Beschreibung des Vorgehens macht es für Beteiligte und Betroffene möglich zu erkennen, wie die Veränderung abläuft, wer, wann und in welcher Rolle beteiligt wird. Wann und wie kommuniziert wird, wann und welche Möglichkeiten zur Intervention bestehen und in welchem Zeitraum die Einführung und Umsetzung geplant ist. Eine derart umfassende Beschreibung zielt darauf ab, Unsicherheit bezüglich des Prozesses möglichst klein zu halten, denn in der Regel sind Verunsicherungen bezüglich des Inhaltes von Veränderungen schon umfassend genug. Gleichzeitig versteht es sich, dass diese Vorgehensbeschreibungen nicht in Stein gemeißelt sind, sondern über die Zeit oftmals Anpassungen und Ergänzungen erhalten.

Kommunikation und Lernen als gestalterische Herausforderung in Veränderungsprozessen

Je intensiver und dramatischer Veränderungen ausfallen, je mehr Lernprozesse stattfinden müssen, desto mehr Raum und Zeit müssen für kommunikative Prozesse bereitgestellt werden. Kommunikation ist zu verstehen als Treib- und Schmierstoff der Veränderung und sollte deshalb bewusst und aktiv geplant und sichergestellt werden. Die bewusste Schaffung einer der Veränderung angepassten Kommunikation ist eine zentrale Herausforderung in jedem Veränderungsprojekt. Veränderungen bedürfen vielschichtiger kommunikativer Gefäße, in denen nicht nur einseitig informiert wird, sondern in denen wechselseitig und in verschiedenartiger Zusammensetzung kommuniziert, interagiert und gelernt werden kann. „Menschen lernen und verändern ihr Verhalten praktisch nur durch direkte Kommunikation. So wichtig die Gestaltung des Informationsflusses mittels Medien auch ist – die Kunst der Fuge im Management besteht darin, die menschliche Kommunikation im Hinblick auf Effizienz und Qualität hin richtig zu organisieren"[60].

Das moderne Changemanagement bietet hierzu eine Reihe von Interventionsmethoden, welche sehr häufig diesem kommunikativen Austausch eine besondere Beachtung schenken[61]. Aus Theorie und Praxis sollen die folgenden Grundelemente zur Gestaltung der kommunikativen Prozesse in Veränderungssituationen herausgestrichen werden:

- **Gefragt ist nicht Information, sondern Kommunikation!** Wer in Veränderungsprozessen auf die Karte der Information, nicht aber auf jene der Kommunikation setzt, missachtet die Tatsache, dass Veränderungen als komplexe und soziale Prozesse verstanden werden müssen. Dabei gilt es nicht nur technische Größen zu modifizieren, sondern immer auch das soziale System zu entwickeln. Hierbei nehmen die Kommunikation und kommunikative Prozesse eine zentrale Funktion ein.
- **Nicht einzig Gründe, sondern vor allem auch Wirkungen ansprechen!** Im Hinblick auf Veränderungen wird oft umfassend erklärt, warum bestimme Modifikationen angestrebt werden müssen. Diese Sichtweise ist zwar wichtig, aber nicht ausreichend. Mitarbeitende wollen nicht nur wissen, warum Veränderungen angestrebt werden und notwendig sind, sondern sind interessiert zu wissen, welche Auswirkungen sich daraus ergeben.
- **Nicht nur die institutionelle, sondern vor allem auch die individuelle Perspektive aufgreifen!** Wichtig ist, dass nicht nur die institutionelle, sondern immer auch die individuelle Perspektive und die Perspektiven der Teams aufgegriffen werden. Zwar ist es für Mitarbeitende wichtig zu hören, welche Veränderungen sich auf der Ebene der Organisation erwarten lassen. Doch

ebenso wichtig, wenn nicht wichtiger, ist die Frage nach den Wirkungen und Herausforderungen auf individueller Ebene. Was bedeutet die Veränderung für mich und mein Team?
- **Nicht der Sprecher, sondern die Zuhörer bestimmen die Komplexität und Ausgestaltung der Kommunikation!** Kommunikation muss Anschlussfähigkeit und Verständnis schaffen. Dazu müssen wir in der Sprache der Zuhörer reden und kommunizieren. Wir müssen uns bewusst sein, welche Aspekte bekannt und welche unbekannt sind. Welche Zusammenhänge verstanden und nicht verstanden werden, welche Ängste und Bedenken und welche Erwartungen und Hoffnungen bestehen.
- **Nicht nur formelle, sondern auch informelle Räume schaffen!** Kommunikation sollte nicht nur in formellen Räumen stattfinden. Informelle Kontexte sind wichtig und zwingend notwendig. Es ist notwendig, derartige Räume zu schaffen, teilweise auf Kosten von formellen Gefäßen.
- **Nicht nur das Topmanagement ist gefragt, sondern alle Ebenen der Führung sind in der Kommunikationsarbeit gefordert!** Grosse Veränderungen rufen nach dem Topmanagement. Dies ist sinnvoll, aber nicht ausreichend. Je problematischer die Ankündigungen, desto mehr sind in der Kommunikation die Führungskräfte auf allen Stufen einzubinden. Sie haben die Fähigkeit, die Beteiligten und Betroffenen dort abzuholen, wo sie stehen, in der Art und Weise anzusprechen, dass die Information verstanden wird. Sie können die notwendigen „Übersetzungen" vornehmen und den Informationsrückfluss in die Führungsebene sicherstellen. Dazu müssen sie aber wissen, worum es geht, was geplant ist, wie die Prozesse aufgebaut sind. Nur eingebundene und informierte Führungskräfte können diese Aufgabe wahrnehmen. Nicht oder schlecht informierte und nicht eingebundene Führungskräfte können eine vorhandene Verunsicherung weiter vorantreiben und die Veränderung so erschweren oder unmöglich machen.
- **Nicht nur Fakten, sondern auch Emotionen aufgreifen!** Zahlen und Fakten sprechen eine klare Sprache, vermitteln aber kein ausreichendes Bild. Veränderungen sind emotional komplexe Prozesse, deshalb muss die Ebene der Emotionalität bewusst einfließen. Neben Zahlen und Grafiken sind Visionen, Bilder, Metaphern wichtige Instrumente der Kommunikation. Sie helfen Ideen differenziert und vielschichtig darzustellen und zu verstehen.
- *Und abschließend: Veränderungen brauchen in der Regel immer mehr und nicht weniger Kommunikation!*

Changemanagement ist eine zentrale Führungsaufgabe
Changemanagement ist eine der großen Herausforderungen für die Führung einer jeden Organisation. Es braucht ein fundamentales Verständnis für die Herausforderungen in Changeprozessen, es braucht Erfahrung und Kenntnisse von Changemanagement-Methoden, und es bedarf einer emotionalen Kompetenz. Veränderungen sind nicht nur fachliche und sachliche Herausforderungen. Die Führung ist nicht primär inhaltlich gefordert. Sie ist verantwortlich für das Erkennen der Notwendigkeit zur Veränderung, für die Schaffung und das Ausweiten der Veränderungsfähigkeit in der Organisation, weiter für die Initiierung, die Gestaltung und die Leitung der Veränderungsprozesse und – vor allem in langen und fundamentalen Veränderungen – immer wieder für notwendige Energie, die Veränderungen nicht einschlafen zu lassen, sondern diese Prozesses schrittweise voranzutreiben und letztendlich die Resultate in der Praxis zu etablieren und zu evaluieren. Diese Tatsache wird von Kotter in seinem Werk „Leading Change" sehr deutlich herausgestrichen[62]. Er verweist hierbei auf acht Elemente, welche im Anschluss – auch als eine Zusammenfassung des bisher Gesagten – dargestellt werden:

1. In einem ersten Schritt unterstreicht es, dass zu Beginn eines jeden Veränderungsprozesses die Notwendigkeit besteht, mögliche Widerstände aufzugreifen und aufzuheben. Die Quellen derartiger *Widerstände* sieht er nicht zuletzt in der Selbstzufriedenheit und Selbstgefälligkeit von Mitarbeitenden und Führungskräften, und er bezeichnet diese Haltungen denn auch klar als primäre Gefahr einer jeden Veränderung. Die Dringlichkeit der Veränderung muss somit – von Anbeginn an – klar und deutlich kommuniziert werden. Die Beteiligten und Betroffen müssen erkennen und verstehen, warum Veränderungen notwendig sind und ein Verharren im Bekannten eine Gefahr darstellt.

2. Weiter ist darauf zu achten, dass eine Gruppierung gemeinschaftlich hinter dem Change-Projekt steht. Hier müssen vor allem oberste Führungskräfte eingebunden sein. In der mangelnden *Unterstützung* des Top-Managements ortet Kotter einen weitern, *den* Hauptgrund für das Scheitern von Veränderungsprozessen. Change-Leadership ist Sache der obersten Führungsebene der jeweils betroffenen organisatorischen Einheit. Die Führungsverantwortlichen von Veränderungsprojekten müssen Fachwissen, Glaubwürdigkeit, Führungskompetenz und letztendlich auch formelle Macht aufweisen.

3. Das Führen von komplexen Veränderungsprozessen basiert auf klaren *Visionen und Zielen*. Diese müssen den Beteiligten und Betroffenen bekannt sein und somit richtig kommuniziert werden. Veränderungsvisionen müssen aber nicht nur fachlich, sondern vor allem auch emotional wirken. Sie müssen

Beteiligte und Betroffene ansprechen. Hier sind vor allem nicht zuletzt die Führungskräfte gefordert, sie müssen diese emotionale Ebene in ihren Führungsaufgaben bewusst einbeziehen und betonen.
4. Die Ausarbeitung der Visionen und Ziele reicht nicht aus, diese müssen umfassend und verständlich kommuniziert werden. Die *Kommunikation* muss sich an den Zuhörenden orientieren, nicht nur Fakten, sondern auch Emotionen sind zu kommunizieren. Nicht nur abstrakte Aussagen, sondern auch praktische Übersetzungen sind notwendig. Einmalige Kommunikation ist keine Kommunikation, es müssen Wiederholungen stattfinden, verschiedene Plattformen genutzt werden, die Vision muss vorgelebt werden, es müssen Austauschmöglichkeiten geschaffen und genutzt werden.
5. *Empowerment* der Mitarbeitenden ist der nächste Schritt. Bestehende Strukturen und fehlende Kompetenzen und Fähigkeiten verhindern oftmals das Wachsen und Umsetzen von Veränderungsideen. Es müssen Hindernisse beseitigt werden, und es sind Möglichkeiten zu schaffen, wie die in die Prozesse miteinbezogen werden können.
6. Kotter unterstreicht die Notwendigkeit, nicht nur das endgültige Ziel zu betonen, sondern bewusst immer wieder konkrete *Zwischenziele* anzusprechen. Die kleinen Schritte lassen erkennen, dass sich etwas bewegt. Sie sind Beweis für Entwicklung und gleichzeitig Motivation. Zwischenziele helfen zu verstehen, ob wir uns auf dem geplanten Weg befinden, davon abkommen und Veränderungen vornehmen müssen. Sie legitimieren das Veränderungsprojekt und reduzieren die Gefahr, dass Widerstände den Prozess behindern oder zu Fall bringen können.
7. Das Erreichen der ersten Ziele birgt die Gefahr des vorzeitigen *Zurücklehnens*. Die Veränderungsdynamik muss aufrechterhalten werden. Es ist sinnvoll, Erreichtes zu etablieren und zu verankern. Interaktion zwischen Einheiten sollte möglichst ideal ausgestaltet werden. Kooperationsarbeit braucht viel Zeit und Energie und soll nicht unterschätzt werden. Gegenseitige Unterstützung und Zusammenarbeit kann ein wichtiges Momentum sein, den Prozess weiterzuführen.
8. Das Change-Projekt muss in die *Unternehmenskultur* eingebettet sein. Verhaltensnormen und gemeinsame Werte prägen die Kultur und sind dabei nicht einfach zu modifizieren. Versuche, ein Changeprojekt mit Kulturveränderung zu beginnen, sind – nach Kotter – eher zum Scheitern verurteilt. Er unterstreicht die Tatsache, dass die Kultur eher am Ende des Prozesses durch die Einbindung und Festschreibung der neu gewonnenen Verhaltensnormen nachhaltig und anhaltend modifiziert werden kann.

12.6 Fazit

Unsere Ausführungen lassen erkennen, dass sowohl strategisches Management wie Changemanagement als Prozesse zu verstehen sind. Die Eigenschaften der Prozesse sind aber doch recht unterschiedlich. Die klassische Strategieliteratur umschreibt einen eher linearen und eher rationalen Prozess. Die Changemanagementliteratur beschreibt den Changeprozess dagegen als zirkulär und als Lernprozess, in dem auf persönliche und institutionelle Abhängigkeiten zu achten ist und in dem Emotionalität ein wichtiges Thema ist. Die Kommunikation und persönliche Führung spielt in diesem Prozess eine bedeutende, vielleicht ausschlaggebende Rolle.

Für die Strategiearbeit erscheint es somit notwendig, die Erfahrungen und Erkenntnisse der Changemanagementliteratur und -praxis zu nutzen. In jedem Fall, in dem ein Strategieprozess zu grundlegenden Veränderungen führen kann, lassen sich Strategie- und Changearbeit nicht trennen. Dieser Zusammenhang ist u. E. in der Literatur, v. a. in den typischen Strategie-Lehrbüchern, noch zu wenig herausgearbeitet. Die Schnittstellen sind evident. Strategiearbeit ist ein Lernprozess, welcher nicht linear, sondern zirkulär verläuft. Neue Handlungsmodelle können in der Regel nicht einfach übernommen werden, sondern sie müssen im Spannungsfeld zwischen Altem und Neuem eingeübt und verankert werden.

Die individuelle und institutionelle Wahrnehmung, die mentalen Modelle spielen in der Strategieentwicklung eine entscheidende Rolle. Auch dieses zentrale Element wird in der Darstellung klassischer Strategieinstrumente oft ausgeblendet. Fragen, wie Vergangenheit und Zukunft zusammenhängen, ob kulturelle Phänomene nur aus Innensicht oder nicht auch aus Außensicht zu betrachten sind, werden zwar aufgegriffen, aber nicht grundlegend ausdiskutiert. Zu oft noch werden Analyseergebnisse als objektiv dargestellt und nicht als Resultat einer ganz bestimmten Perspektive. Hier setzen denn auch unsere Ausführungen in Kapitel 5 und den folgenden an, wo wir bewusst die Analyse verlassen und von Synthese sprechen. Wir zeigen damit auf, dass auch der Strategieprozess ein zirkulärer ist, der immer mit vorläufigen Ergebnissen endet und nur Konturen der Realität abzubilden vermag. Das Einbringen unterschiedlicher Perspektiven – wie sie Changemanagement beschreibt – gibt den Ergebnissen Tiefenschärfe und Konturen und fördert gleichzeitig die Identifikation der Beteiligten mit dem Prozess. Strategiearbeit ist im Kern ein sehr emotionaler Prozess, der viel mit Freude und Trauer zu tun hat: Eine Strategie zeigt nicht nur zukünftige Wege, sondern ist immer auch Verzichtserklärung, der Verzicht, andere Wege einzuschlagen, Bisheriges aufzugeben. Strategiearbeit hat somit auch mit Verlassen,

Zurücklassen, Niederreißen, Aufgeben, Trauer um das Verlorene, nicht zu Verfolgende zu tun. Wenn das Neue genügend positive Emotionalität produzieren kann, dann besteht die Chance, dass die Beteiligten bereit sind, den neuen Weg zu wagen.

13. Instrumente und Methoden des Changemanagements

In Kap. 12 wurde aufgezeigt, dass für strategische Veränderungen Räume geschaffen und gestaltet werden müssen, Räume, in denen Interaktions-, Lern- und nicht zuletzt Beteiligungsmöglichkeiten vorhanden sind. Vielfältige Kommunikation – und nicht einseitige Information – wird als zentraler Faktor erfolgreicher Veränderungsprozesse herausgestrichen. Partizipation ist nicht getragen durch ein gewerkschaftspolitisches Kredo, sondern vielmehr durch die Überzeugung, dass Veränderung und Entwicklung letztendlich auf einer umfassenden Interaktion und Partizipation beruhen muss. Veränderungen sind nicht die Aufgabe einiger weniger, sondern müssen verstanden werden als „Massen- oder Mehrheitsgeschäft". Veränderungen sind nur dann erfolgreich umzusetzen, wenn es gelingt, eine Mehrheit dafür zu gewinnen und zu befähigen.

Damit stellt sich die Frage, welche Instrumente und Werkzeuge vorhanden sind, um derartige institutionelle Veränderungs- und Entwicklungsprozesse zu initiieren und umzusetzen. Seit Jahren, wenn nicht gar Jahrzehnten, spielen in diesem Kontext sogenannte Großgruppenkonzepte eine entscheidende Rolle. Großgruppen sollten nicht fälschlicherweise missverstanden werden als Interventionen, in denen es darum geht, viele Personen teilnehmen zu lassen. Die zahlenmäßige Größe derartiger Veranstaltungen ist nicht das Ziel, sondern oft nur die Folge. Das Ziel besteht vielmehr darin, möglichst unterschiedliche Perspektiven einzubinden und diese Heterogenität und Interaktionsmöglichkeit als Nährboden gemeinsamer Lern- und Entwicklungsprozesse zu nutzen. Der Begriff „Groß" sollte nicht mit der Zahl der Beteiligten in Verbindung gebracht werden, sondern mit den eingebundenen unterschiedlichen Perspektiven und den ermöglichten Interaktions- und Lernprozessen.

Fallarbeit – Erfahrungsbericht aus einer großen Gruppe
2002 begannen Bund, Kantone und Organisationen der Arbeitswelt (OdA) mit der gemeinsamen Entwicklung und Umsetzung des neuen Berufsbildungsgesetzes (BBG). In einer Reihe von Arbeitsgruppen, Expertengremien und der Berufsbildungskommission wurden zwar Fortschritte erzielt, eine Vielzahl offener Fragen verlangten aber auch nach Abschluss dieser Phase eine umfassende Bearbeitung. Um die Inhalte der Reformen, die damit verbundenen Prozesse und die Verantwortungen zwischen den beteiligten Partnerorganisationen zu klären, wurden

Großgruppenveranstaltungen durchgeführt. Eine erste nationale Veranstaltung mit 100 bis 140 Vertretern und Vertreterinnen verschiedener Kantons- und Bundesstellen, Ausbildungsinstitutionen und Gewerkschaften fand im Januar 2006 in Murten statt. Ein Jahr später erfolgte die zweite Veranstaltung in Magglingen.

Herr Imboden, Sie haben an den beiden Großgruppenveranstaltungen des Bundesamtes für Berufsbildung und Technologie (BBT) teilgenommen. Was waren Ihre persönlichen Erfahrungen im Rahmen der beiden Veranstaltungen?
In beiden Veranstaltungen war es beeindruckend zu erfahren, wie viel Energie und Motivation bei den Teilnehmenden aufgebaut werden konnte. Es ist wichtig, dass diese Kräfte auch nach den Veranstaltungen genutzt werden. Dies gelingt, wenn die Teilnehmenden erkennen, dass sich als Folge ihrer großen Gruppe etwas bewegt. Die Arbeit ist nach einer Großgruppenveranstaltung nicht abgeschlossen, sie muss bewusst weiter vorangetrieben werden.
Hat die Verbindung zwischen Großgruppenveranstaltung und nachfolgender Arbeit funktioniert?
Ja, es ist den Verbundpartnern (Bund, Kantone und OdAs) und den Teilnehmenden gelungen, die Energie von Murten in die Arbeitsgruppen zu übertragen. Die in Murten vorgenommene Auslegeordnung, die Benennung der Probleme und die Diskussion in unterschiedlichen, ungewohnten und unbekannten Zusammensetzungen hat eine Vertrauensbasis geschaffen. Den Beteiligten wurde klar, dass sie gemeinsam am Reformprojekt arbeiten müssen. Die positive Grundstimmung aus der ersten Veranstaltung wurde in den Arbeitsgruppen weiter gefestigt und legte den Grundstein für eine offenere, differenziertere und sachlichere Diskussion in der zweiten Veranstaltung zu Beginn dieses Jahres.
Worin besteht Ihrer Meinung nach die Hauptstärke einer Großgruppenveranstaltung?
Man lernt andere Sichtweisen kennen und kann dadurch den eigenen Horizont erweitern. Dadurch werden individuelle und kollektive Lernprozesse in Gang gesetzt.
Was ist für die Sicherung des Erfolges einer Großgruppenveranstaltung wichtig?
Die Organisation und die Ausgestaltung der Veranstaltung müssen sehr genau geplant werden. In unseren beiden zweitägigen Veranstaltungen wurden eine Reihe definierter Gesprächsrunden zu konkreten Themenbereichen und Fragestellungen eingeplant. Die schriftlichen Ergebnisse der Gruppenarbeiten wurden am Abend vom Moderationsteam verdichtet und dienten am anderen Morgen als Grundlage für die gruppenorientierte Weiterarbeit. Die Qualität der Moderation in der Vorbereitung und in der Durchführung ist ein zentraler Erfolgsfaktor solcher Veranstaltungen. Bei nationalen Anlässen kommt hinzu, dass sprachliche Hürden überwunden werden müssen und der Diskurs über die Sprachgrenzen gesichert wird. Ein Vielzahl der Gespräche und Begegnungen finden neben den organisierten Gesprächsrunden statt; in Kaffeepausen, beim gemeinsamen Essen oder aber auch im Rahmen gemeinsamer Aktivitäten – wie z. B. an den abendlichen Sportveranstaltungen in Magglingen. Bei der Organisation der Veranstaltung müssen ganz bewusst solche Gefäße und Plattformen für informelle Begegnungen geschaffen werden. Ein weiterer Erfolgsfaktor liegt bei der persönlichen Haltung der Teilnehmenden. Wer die bestehenden Chancen zum Diskurs nicht wahrnimmt und sich nicht auf die Auseinandersetzungen einlässt, wird wenig Nutzen erzielen; persönlich wie auch für das Kollektiv. Wer in der Großgruppenveranstaltung nur konsumiert und keinen aktiven Beitrag leistet, wird enttäuscht nach Hause gehen und keinen Motivationsschub für die Folgearbeiten mitnehmen können.
Worin bestehen die Grenzen und Gefahren von Großgruppenveranstaltungen?
Die Großgruppe sollte nicht als Instrument für die operative Problemlösung verstanden wer-

den. Ihre Stärke zeigt sich darin, gemeinsam Probleme zu benennen und Lösungsansätze zu diskutieren und zu skizzieren. Wer jedoch erwartet, dass gewissermaßen vor Ort eine Vielzahl von Problemen abschließend gelöst wird, kann leicht enttäuscht werden. Großgruppenveranstaltungen sind „nur" eine Etappe in einem längern Entwicklungsprozesses. Eine zweite Gefahr erkenne ich im zu häufigen Einsatz von Großgruppenveranstaltungen. Es sind wertvolle und spannende Entwicklungsgefäße, die aber nicht zu häufig eingesetzt werden dürfen, da sehr schnell Abnützungserscheinungen auftreten, so dass die positiven Ergebnisse abnehmen. Der Aufwand wird nicht mehr durch den Ertrag gerechtfertigt.

Aus der obigen Fallbeschreibung wird ein wichtiger Aspekt des Großgruppenansatzes erkennbar. Die Konzepte dürfen nicht missverstanden werden als abgeschlossener Rahmen eines Veränderungsprojektes, sondern als Teilschritte, als wichtiger und tragender Interventionsschritt im Rahmen von umfassenden Veränderungsprozessen. Wir müssen Großgruppeninterventionen in einem breiteren Kontext verstehen, eingebunden in den Gesamtprozess der Veränderung, welcher von einer oder mehreren grossen Gruppen sehr umfassend vorangetrieben werden kann. Die effektive Umsetzung kann nicht im Rahmen derartiger Interventionen geschehen, sondern bedarf anderer, über die Großgruppenintervention hinausreichender zusätzlicher Prozessschritte.

Eine der größten Gefahren bei der Arbeit mit Großgruppen liegt darin, dass Großgruppen als einmalige, in sich geschlossene Veranstaltungen verstanden werden. Motivation, Energie und Erwartungen, welche mit Großgruppen aufgebaut werden, müssen aufgefangen und in nachfolgende konkrete Handlungen umgesetzt werden, sonst schlagen die positiven Effekte rasch und grundlegend in Demotivation und Frustration um. Großgruppeninterventionen lösen in der Regel Reaktionen aus, welche nicht rückgängig gemacht werden können, und eignen sich damit schlecht als einmalige und losgelöste Events, sondern sind im Gegenteil zwingend einzubauen in einen gewollten und bewusst vorangetriebenen Veränderungsprozess.

Marvin Weisbord beschreibt Großgruppen als Versuch, das ganze System in einen Raum zu vereinen, und als beste Methode, eine Organisation effektiv zu verändern und in dieser Veränderung ein hohes Kommitment zu erhalten[1]. Wenn die Changemethoden der 50er und 60er Jahre vornehmlich auf individuelle Veränderungsprozesse, für Primärgruppen, Kleingruppen oder Arbeitsteams gedacht waren, so wurde mit den ersten Großgruppenmethoden der Fokus auf ganze Organisationen und deren wichtige externe Interessengruppen ausgeweitet.

Bunker und Alban[2] und auch Holman und Dewane[3] weisen auf drei wichtige dogmengeschichtliche Quellen hin, welche die Entwicklung des Großgruppenansatzes entscheidend beeinflussten. Als erste Quelle benennen sie die sogenannte Gestaltpsychologie. Kurt Lewin hat sich im Zweiten Weltkrieg umfassend mit dem Phänomen der Gruppendynamik auseinandergesetzt. Ein in diesem Zusammenhang immer wieder zitiertes Beispiel zeigt auf, wie in dieser Zeit versucht wurde, die Essgewohnheit der Amerikaner zu ändern. Aufgrund der Fleischknappheit versuchte der Staat, die Leute zum vermehrten Verzehr von Innereien zu motivieren. Lewin veranstaltete dazu eine Reihe von Informationsveranstaltungen, die sich in einem Punkte unterschieden. In der ersten Version wurden die Teilnehmenden über die Vorteile und Zubereitungsmöglichkeiten von Innereien informiert. In der zweiten Version wurde nach dieser Vermittlung von Informationen ein Austausch unter den Teilnehmenden ermöglicht. Dabei konnten Fragen gestellt, Idee und Bedenken, Erfahrungen und Pläne ausgetauscht werden. In der zweiten Gruppe wurde ein deutlich höherer Anteil von Teilnehmenden festgestellt, welche nach den Veranstaltungen regelmäßig auf Innereien beim Kochen zurückgriffen.

Eine zweite Quelle fußt auf der allgemeinen Systemtheorie (hier eher der US-amerikanische Ansatz) und fordert auf ihrer Basis, dass in Organisationen eine umfassende Analyse nur dann möglich ist, wenn die wichtigsten Perspektiven berücksichtigt werden, insbesondere unterschiedliche interne und externe Interessengruppen und unterschiedliche zeitliche Perspektiven (Verbindung von Vergangenheit, Gegenwart und Zukunft).

Als dritte wichtige Quelle wären abschließend die Arbeiten des Tavistock Institutes im Zusammenhang mit dem sozio-technischen Systemansatz zu erwähnen. Hierbei wird vor allem auf das notwendige Zusammenspiel von harten und weichen Faktoren in Veränderungsprozessen hingewiesen und dargestellt, dass in Veränderungsprojekten beide Elemente ausreichend berücksichtigt werden müssen.

Diese Quellen prägen eine Vielzahl der heute bestehenden Großgruppenansätze. Meist wird der Interaktion zwischen den Teilnehmenden eine zentrale Rolle zugeordnet. Nicht die Vermittlung von Information, sondern die gemeinsame Erfassung, das gemeinsame Verstehen und die gemeinsame Erarbeitung liegen im Zentrum der Großgruppenmethodik. In einer Vielzahl von Großgruppen wird bewusst mit unterschiedlichen Zeitfenstern gearbeitet, die Vergangenheit, die Gegenwart und die Zukunft sind Perspektiven, die bewusst aufgegriffen und thematisiert werden (vgl. z. B. die Zukunftskonferenz).

Wir stellen in diesem Kapitel einige Beispiele von Großgruppenansätzen dar[4]. Einige sind zu verstehen als feste Rahmenkonzepte (z. B. *Future Search, Search Conference*), andere (z. B. Ansatz des *Real Time Strategic Changes*) müssen in der Praxis den jeweiligen Rahmenbedingungen weitgehend angepasst werden. Unterschiede finden sich auch in der Planbarkeit: Der *Open Space*-Ansatz ist ein sehr offenes Konzept, welches nur eine geringe inhaltliche Planbarkeit zulässt, das Ziel des Ansatzes besteht eben gerade darin, wichtige Inhalte erkennbar und in einem weiteren Schritt bearbeitbar zu machen. *Real Time Strategic Changes* kann und muss dagegen sehr bewusst geplant und strukturiert werden. Dieser Ansatz lässt auch bezüglich der thematischen Ausrichtung mehr Steuerungsmöglichkeiten zu.

Einige Ansätze arbeiten eher im Spannungsfeld zwischen Problemen und Visionen (z. B. Zukunftskonferenz, *Real Time Strategic Change*), das Konzept der *Appreciative Inquiry* (AI) konzentriert sich dagegen bewusst auf Erfolge und Stärken und leitet daraus die notwendigen Lernprozesse ab. Abschließend kann unterschieden werden zwischen Konzepten, welche eher versuchen, relevante Fragen zu *benennen* (z. B. *Open Space*-Technologie), andere versuchen, Visionen und Leitbilder zu *erarbeiten* (z. B. Zukunftskonferenzen), und wieder andere versuchen eher auf einer derartigen Basis, Mitarbeitende von diesen Konzepten zu begeistern und dazu notwendige Handlungen herauszuarbeiten (z. B. Zukunftskonferenz, *Real Time Strategic Change*). Damit besteht die Möglichkeit, zwei oder mehrere Großgruppeninterventionen im Rahmen eines Veränderungsprozesses miteinander zu verbinden und zu verknüpfen[5].

Im Folgenden werden die Ansätze *Open Spaße Technology*, Zukunftskonferenz, *Real Time Strategic Change* und abschließend *Appreciative Inquiry* dargestellt. Die Darstellung sollte erlauben zu diskutieren, inwiefern die Methoden geeignet sind, um eher analytische Prozesse oder dann konkrete Visions- oder Umsetzungsarbeit zu leisten.

13.1 *Open Space Technology*

„Die Methode beruht auf zwei Säulen: Leidenschaft und Verantwortung. Leidenschaft mobilisiert die Menschen im Raum. Verantwortung stellt sicher, dass Aufgaben auch durchgeführt werden. Ein Fokusthema oder eine Fokusfrage geben dem Event einen Rahmen"[6]. Der *Open Space Technology*-Ansatz – wie er von Owen geschaffen wurde – versucht, Bedingungen zu schaffen, damit in Organisationen fundamentale Veränderung initiiert werden kann. Dabei soll diese Entwicklung selbstorganisiert und selbstverantwortlich ablaufen. Owen verweist in der Beschreibung zum *Open Space*-Ansatz auf die Tatsache, dass ihm in seiner Arbeit immer wieder aufgefallen sei, wie in den Kaffeepausen oftmals relevante – wenn nicht gar die relevantesten – Diskussionen stattfinden und diese Sequenzen in vielen Workshops auch am beliebtesten waren[7].

Owen und Stadler unterstreichen, dass viele Systeme sich nicht bewusst steuern lassen, sondern sich eher selbstorganisierend entwickeln. Sie sprechen in diesem Zusammenhang von sogenannten dissipativen Strukturen[8]: Sie gehen nicht von Gleichgewichtstendenzen in offenen Systemen aus, sondern eher von einer Nichtgleichgewichtsstabilität offener Systeme. Die Idee wurden nicht zuletzt vom Wheatley[9] und Wheatley und Kellner-Rogers[10] in den Kontext des Managements übertragen. Wheatley[11] unterstreicht, dass Veränderung in der Regel nicht top-down initiiert werden kann: Veränderung basiert auch nicht auf einer fundierten Planung und läuft nicht schön schrittweise ab, sondern im Kleinen und in lokalen Handlungen. Solange diese „kleinen und lokalen" Handlungen unabhängig voneinander bleiben, wird sich daraus für das Gesamtsystem wenig Relevantes ableiten lassen. Sobald diese kleinen Schritte aber verbunden werden, kann sich daraus ein wirkungsvoller und mächtiger Veränderungsprozess entwickeln, welcher den lokalen Raum verlässt und auf das Gesamtsystem überspringt (d. h. eine neue Strategie etabliert).

In der Verbindung dieser kleinen und lokalen Energieherde liegt das Ziel der *Open Space*-Idee. Es sollen Räume geschaffen werden, in denen es gelingt, Verbindungen und Interaktionen zu schaffen und einen selbstorganisierenden Veränderungsprozess auszulösen. *Open Space*-Veranstaltungen werden deshalb sehr offen gestaltet und sind grundsätzlich nur durch ein einziges Oberthema thematisch ausgerichtet. Auch strukturell sind wenige Interventionen notwendig. Die Offenheit ermöglicht selbstorganisierendes Werden, verlangt aber im Gegenzug die Bereitschaft, derartige Prozesse zuzulassen. Mit *Open Space* gelingt es in der Regel, schnelle Antworten/Handlungsideen auf drängende Fragen und Probleme zu finden.

Nach der Einführung in die Methode und die Darstellung der thematischen Ausrichtung werden in einem ersten Schritt die Teilnehmenden gebeten, ein Thema zu nennen, an dem sie mit Engagement arbeiten und für welches sie auch persönlich Verantwortung übernehmen möchten (Dauer ca. 60 bis 90 Minuten). Die thematische Agenda ergibt sich somit aus den geäußerten Interessen der Teilnehmenden und ist mit dem Fokusthema nur ansatzweise festgelegt.

Aus der sich daraus ergebenden Gesamtheit von Themen werden die Teilnehmenden gebeten, ein Thema zu wählen. In der sich durch diese Wahl zufällig ergebenden Gruppengröße und -zusammensetzung werden die Themen abgearbeitet. Dies kann heißen, dass ein Thema von einer Person alleine oder von einer Gruppe von beispielsweise 40 Personen bearbeitet wird. Die Gruppenzusammensetzung kann sich in jeder Zeit ändern, Personen wechseln die Gruppe während der Arbeit oder verabschieden sich auch aus dem Prozess der Erarbeitung. Das Ziel besteht darin, jedes bearbeitete Thema schriftlich (ein bis zwei Seiten) abzuarbeiten und jeweils konkrete Handlungsempfehlungen auszuarbeiten. Die

Dauer beträgt je nach Setting 1 bis 1,5 Stunden. Die Resultate werden offen ausgehängt oder ausgehändigt, die Teilnehmenden sollten sich über die Resultate aller Gruppenarbeiten informieren können.

Abgeschlossen wird die Gruppenarbeitssequenz durch ein Zusammentragen der Resultate. Dies kann sehr unterschiedlich ausfallen. Die Arbeit der Gruppen kann zur Kenntnis genommen werden, die Ergebnisse können aber auch gewichtet oder verdichtet werden. In der Regel werden die Resultate der Gruppen allen Teilnehmenden abgegeben, und diese lesen die Resultate durch. Danach werden die Themen nach Relevanz gewichtet, die Gesamtgruppe erstellt eine thematische Prioritätenliste für die weitere Bearbeitung.

„Der eigentliche *Open Space* dauert je nach den gewünschten Resultaten zwischen einem und drei Tagen. An einem Tag werden die passenden Themen formuliert und diskutiert. In zwei Tagen können viele nützliche Tätigkeitsbereiche generiert werden, in einem weitern halben Tag können alle Themen nach Prioritäten geordnet, zusammengeführt und zu einem Aktionsschritt formuliert werden. Der *Open Space Event* kann auch in kürzerer Zeit durchgeführt werden, was aber mit einem wahren Verlust an Tiefe verbunden ist"[12].

Sehr oft wird in Zusammenhang mit diesem Verfahren unterstrichen, dass hier keine Struktur und Kontrolle vorliegt. Dies trifft u. E. in keiner Art und Weise zu. Es besteht durchaus eine Kontrolle und Struktur, diese ist von innen heraus und nicht von außen vorbestimmt. Struktur und Kontrolle werden getragen von den beteiligten Menschen, sie sind dafür verantwortlich. Wenn Menschen an Themen arbeiten können, die ihnen wichtig erscheinen, ihnen unter den Nägeln brennen, zu denen sie sich einbringen wollen und für welche sie letztendlich gar Verantwortung übernehmen, dann braucht es keine Strukturen und auch nur wenig Inputs von außen. Es braucht ein Vertrauen in die Fähigkeiten und in den Willen der Einzelnen, den Mut, als Vorgesetzte derartig Prozesse zuzulassen, es braucht Räume und Möglichkeiten für diese Art der Arbeit und letztendlich den Willen und das Engagement der Führung, konkrete Resultate in die Praxis einfließen zu lassen (vgl. dazu „Was geschieht nach der großen Gruppe?" unten).

13.2 Zukunftskonferenz oder *Future Search*

Zukunftskonferenzen haben sich in der Praxis sowohl in Forprofit-, Nonprofit- und öffentlichen Organisationen seit langem etabliert. Der Ansatz geht zurück auf Arbeiten von Ronald Lippitt und Eva Schindler-Rainman, welche in den 70er Jahren ein große Reihe von Zukunftskonferenzen in 88 Gemeinden, Countys und Staaten Nordamerikas durchgeführt haben[13]. Dabei diskutierten sie nicht die Probleme, sondern entwickelten eine gemeinsame Zukunft als zentrale Orientierungsgröße.

Aufbauend auf den Arbeiten von Emery und Trist[14] und Solomon Asch[15], gestalteten sie Moderationssituationen, in denen die Beteiligten die Möglichkeiten erhielten, sich gegenseitig über unterschiedliche Sichtweisen auszutauschen und diese somit besser zu akzeptieren.

Die Zukunftskonferenz kann verstanden werden als Instrument, welches es Menschen mit unterschiedlichen Realitäten und Erfahrungen ermöglicht, gemeinsame Ziele zu erarbeiten und dazu konkrete Handlungen anzustoßen und zu planen. Das Konzept der Zukunftskonferenz wird ausgestaltet als Dialog-, Lern-, Motivations- und Planungsinstrument. Die Umsetzung der dabei aufgearbeiteten Erkenntnisse erfolgt im Anschluss an die Konferenz. In der Regel übernehmen die an der Konferenz anwesenden Personen dabei eine aktive und zentrale Rolle. In einer Zukunftskonferenz wird versucht:

- Das System in einem Raum zu holen. Entweder sind alle Mitarbeitenden und relevanten Interessengruppen einer Organisation anwesend oder es wird eine bewusst ausgewählte, heterogene und repräsentative Auswahl von Personen zur Konferenz eingeladen.
- Aufbauend auf einer geplanten und gesteuerten Interaktion (vgl. Ablauf, weiter unten), wird die Veränderungsbereitschaft (-fähigkeit) eines Systems gefördert, eine Gemeinsamkeit und Zusammengehörigkeit über die Unterschiede hinweg geschaffen.
- Es wird aufbauend auf der gemeinsamen Arbeit an der Vergangenheit und Gegenwart an einer gemeinsam zu tragenden Zukunftsidee gearbeitet (z. B. Vision, Leitbild, Strategie).
- Die Mitverantwortung wird entwickelt, dies für den Entwicklungs- und auch für den anschließenden Umsetzungsprozess.
- Die Zukunftskonferenz eignet sich, um Ziele und Visionen zu entwickeln und notwendige Handlungsmaßnahmen zu benennen.

Der Zukunftskonferenz liegt ein konkretes Ablaufschema zugrunde, welches vor allem inhaltlich – oftmals aber zeitlich nicht sehr genau – eingehalten wird. Weisbord und Janoff schlagen folgenden idealtypischen Ablauf vor[16]. Eine Zukunftskonferenz umfasst in der Regel 30 bis 80 Personen und dauert im Idealfall zwei Tage, wobei nach Möglichkeiten diese Zeit auf drei Arbeitstage aufgeteilt wird.

Tag 1. Nachmittag
Aufgabe 1: Fokussierung auf die Vergangenheit.
Aufgabe 2: Fokussierung auf die Gegenwart und hierbei auf wichtige externe Trends und Entwicklungen.

Tag 2: Vormittag
Fortsetzung Aufgabe 2: Die Akteure reagieren auf die erwähnten externen Trends, und eine gemeinsame Sicht wird entwickelt.
Fortsetzung Aufgabe 2: Beurteilung der Gegenwart aus der eigenen Sicht. Eigentümer der eigenen Handlungen werden.
Tag 2: Nachmittag
Aufgabe 3: Erarbeiten von idealen Zukunftsszenarien.
Aufgabe 4: Erarbeiten oder Identifikation der gemeinsamen Wissensbasis – Schaffung einer gemeinsamen Basis.
Tag 3: Vormittag
Fortsetzung Aufgabe 3: Bestätigung der gemeinsamen Wissensbasis.
Aufgabe 5: Handlung und Aktionsplanung.
Diese Schritte werden in geplant zusammengesetzten Gruppen durchlaufen. „Die Aufgaben Fokussierung auf die Vergangenheit, das Erarbeiten von idealen Zukunftsszenarien und die Bestätigung der gemeinsamen Wissensbasis werden in gemischten Gruppen durchgeführt, in welchen jeweils alle Sektionen des gesamten Systems vertreten sind. Die Aufgabe Fokussierung auf die Gegenwart wird von Akteurengruppen durchgeführt, deren Mitglieder eine gemeinsame Perspektive haben. Die Aufgabe Identifikation der gemeinsamen Wissensbasis ist Angelegenheit der gesamten Konferenz"[17].

Die Gruppenzusammensetzung wird im Voraus geplant und zielt darauf ab, bestimmten Dynamiken und Lernprozesse zu entwickeln. Mit Struktur, Ablauf der Konferenz und wechselnden Gruppenzusammensetzungen wird versucht, den Beteiligten die Möglichkeit zu geben, sich als Teil eines Ganzen zu sehen und zu verstehen. Es werden zusätzlich bestimmte, oftmals nicht alltägliche und klar fokussierte Austauschmöglichkeiten geschaffen. Dieses Vorgehen ist „in vielen Kulturen und kulturell vielfältigen Gruppen wiederholt worden. … Unserer Überzeugung nach führen Konferenzen, die den von uns angenommenen Prinzipien folgen, dazu, dass (1) mehr Teilnehmende persönlich Verantwortung übernehmen, (2) Aktionspläne schneller umgesetzt werden und (3) dauerhafte Beziehungen über wichtige Grenzen hinweg entstehen. Dies ist im Moment noch eine aufreizende Hypothese – eine unbewiesene Theorie[18]." Trotz dem mangelhaften empirischen Fundament lassen die Erfahrungen in vielen Zukunftskonferenzen vermuten, dass die erhofften Wirkungen in der Realität auch mehr oder minder eintreten.

13.3 Real Time Strategic Change Conference (RTSC-Konferenz)

Die RTSC-Konferenz basiert auf der *Future Search Conference*[19], die von Robert Jacobs und Kathleen Dannemiller zu Beginn der 90er Jahre entwickelt worden ist. Die *Real Time Strategic Change*(RTSC)-Konferenz wurde von Kathy Dannemiller und Chuck Tyson, Al Davenport und anderen inzwischen zu „*Whole-Scale-Change*" weiterentwickelt[20]. Der RTSC-Ansatz hat in den letzten Jahren breite Beachtung gefunden und gilt heute als eine der klassischen Großgruppeninterventionen.

Die Zielrichtung der RTSC-Konferenz – dies im Unterschied zu Zukunftskonferenzen – besteht nicht primär darin, Ziele und Visionen zu entwickeln. Der Ansatz geht bewusst einen Schritt weiter und versucht bereits als Entwurf geplante Visionen, Werte, Ziele und/oder Programme gemeinsam zu überarbeiten, zu bearbeiten, dazu notwendige Handlungen sichtbar zu machen, abzuleiten und letztendlich die Teilnehmer für diesen Entwicklungsprozess zu begeistern und zu gewinnen[21].

Mit dieser Methode können unterschiedliche Situationen bearbeitet werden, etwa die Neuausrichtung einer Organisation oder eines Bereichs, die Zusammenarbeit zwischen Abteilungen oder die Kooperation in einem Netzwerk beteiligter Organisationen. Denkbar sind auch die Entwicklung und Bereinigung von Projektmanagementkonzepten oder die Erarbeitung von Qualitätskonzepten. Geeignet ist der Ansatz auch für die Sensibilisierung für und die Abstimmung unterschiedlicher Kulturansätze nach Fusionen und Zusammenschlüssen sowie für andere vergleichbare Problemstellungen[22].

Grundsätzlich lässt sich in einer RTSC-Konferenz ein gewisser Rahmen definieren, innerhalb dessen sich die Teilnehmenden einbringen können. Dies bietet die Möglichkeit, eine RTSC-Konferenz klar auf ein thematisches Ziel hin auszugestalten, ohne dabei jedoch die Lern- und Handlungsmöglichkeiten zu stark einengen zu müssen. Jede RTSC-Konferenz ist in gewisser Weise ein Unikat, ausgehend von einer bestimmten Grundstruktur (vgl. unten) wird der konkrete Ablauf für jede RTSC-Konferenz im Detail geplant. Es wird im Voraus bestimmt, welche Fragestellungen in welcher Reihenfolge aufgearbeitet werden, in welcher persönlichen Gruppenzusammensetzung diese Arbeiten geschehen, welche Inputs (z. B. Expertenreferate) dabei eingesetzt werden müssen usw. Zu Beginn jeder RTSC-Konferenz besteht ein detailliertes Drehbuch, welches allen Teilnehmenden abgegeben wird. Beispiele derartiger Abläufe finden sich in der Literatur[23] oder aber bei zur Bonsen[24].

Grundsätzlich unterliegt dem RTSC-Konzept ein dreistufiges Phasenmodell.

Die Strategien umsetzen – Changemanagement

1. Phase (U)	2. Phase (V)	3. Phase (S)
Aufrütteln, Sensibilisieren, Diagnostizieren und Schaffung einer gemeinsamen Informationsbasis	Identifikation gemeinsamer Ziele und Visionen resp. Identifikation mit bestehenden Vorgaben	Bearbeitung bestimmter Themen und Erarbeiten konkreter und notwendiger Handlungsfelder

Der rote Faden des Ablaufes orientiert sich an den drei Phasen:

Phase 1: In der ersten Phase besteht das Ziel, die Teilnehmenden aufzurütteln und zu sensibilisieren und damit eine zur Arbeit notwendige, gemeinsame Informationsbasis zu schaffen. Es ist wichtig, im Vorfeld der Konferenz zu verstehen und zu erkennen, was die Teilnehmenden mitbringen, was fehlt und somit im Rahmen der Konferenz erarbeitet werden muss oder als Input eingebracht werden sollte. Für den Erfolg einer RTSC-Konferenz ist es nicht notwendig, dass alle Teilnehmenden schon zu Beginn über alle notwendigen Grundinformationen verfügen. Es wird im Gegenteil davon ausgegangen, dass bestimmte Lernprozesse innerhalb der Konferenz durchlaufen werden und dass die Teilnehmenden mit einem veränderten und differenzierten Verständnis die Konferenz verlassen.

In der ersten Phase stellt sich die Herausforderung v. a. im bewussten Wechsel von homogenen und heterogenen Gruppenzusammensetzungen. Damit sollen einerseits homogene Sichtweisen beispielsweise einer Abteilung herausgearbeitet und dargestellt werden, gleichzeitig sollen in heterogenen Gruppen auch andere Realitäten zur Kenntnis genommen und verstanden werden. In RTSC-Konferenzen werden immer wieder Interaktionen initiiert, welche in der täglichen Arbeit nicht oder nicht intensiv genug ausfallen. Die Gruppenarbeit ist nicht nur als Diskussionsraum gedacht, sondern auch als Lernraum zu verstehen und zu gestalten. Der Erfolg von RTSC-Konferenzen hängt nicht zuletzt von der Fähigkeit und der Möglichkeit ab, Diskussions- und Lernprozesse sinnvoll und nachvollziehbar auszugestalten.

In dieser ersten Phase erhalten Inputsituationen eine bedeutende Funktion: Je nach konkreter Fragestellung können bestimmte Perspektiven zusätzlich eingebracht werden, welche in der Konferenz nicht persönlich vertreten sind (z. B. Kundensicht, Zuliefersicht, Konkurrentensicht …), oder es können Expertenwissen und -ideen eingebracht werden, aber auch Resultate von vorbereitenden Arbeiten (z. B. Marktstudien, Benchmarkings).

Phase 2: In der 2. Phase wird an Visionen und Strategie gearbeitet, es geht um die Identifikation gemeinsamer Ziele und Visionen bzw. um die Identifikation mit bestehenden Vorgaben. Die Teilnehmer sollen aktiviert werden, um die gemeinsamen Ziele mitzutragen. Ob und inwiefern Ziele, Visionen oder Leitbilder schon festgelegt sind oder im Rahmen der RTSC-Konferenz noch zu gestalten sind, kann von Konferenz zu Konferenz variieren. In der Regel wird an bestehenden Ideen und Skizzen gearbeitet, diese werden im Rahmen der Konferenz reflektiert, modifiziert und letztendlich verabschiedet.

Für die Visionsarbeit können im Rahmen der Konferenz verschiedene Ansätze genutzt werden. Es kann versucht werden, sich an „Dritten" zu orientieren, es kann – ausgehend von der ersten Phase – mit Befürchtungen und Problemformulierungen oder aber auch mit Idealbildern oder Wunschszenarien gearbeitet werden. Auch in dieser Phase wird in Gruppen gearbeitet, und die Resultate der Gruppen werden in einer möglichst kommunikativen Form dargestellt.

Phase 3: Auf der Basis der Resultate von Phase 2 werden bestimmte Themen aufgegriffen und weiterbearbeitet. Sehr häufig wird an dieser Stelle mit den erarbeiteten Visionen begonnen und werden diese mit der Realität konfrontiert, es wir häufig die Frage aufgeworfen, was im Alltag verändert werden muss, um die Zukunftsbilder, Visionen, Hoffnungen, Träume, Leitbilder wahr oder wahrer werden zu lassen. In vielen Fällen wird einerseits die Sicht der eigenen Abteilung ins Zentrum gestellt und andererseits die Interaktion zwischen Abteilungen für die Beantwortung der Fragen genutzt. Neben Kooperationsvorstellungen werden Verhaltensregeln, Spielregeln, Grundsätze thematisiert, es werden bestehende Ideen überarbeitet und mit neuem Leben gefüllt. Die Schritte sind notwendig, sie stellen sicher, dass die Arbeit der 2. Phase nicht als unscharfe, unfertige Vorstellungen weiter besteht, sondern dass im Gegenteil aus den noch unklaren Konturen eine neue Realität entwickelt wird.

Im Rahmen von RTSC-Konferenzen können trotzdem nicht alle notwendigen Entwicklungsschritte abschließend abgearbeitet werden. Es ist also notwendig, auch die Zeit nach der Konferenz zu planen und sicherzustellen, dass mit dem Ende der Konferenz nicht auch das Ende der Veränderung eintritt. Große Gruppen sind nicht abschließende Gefäße, sondern wichtige Events im Rahmen längerfristiger Prozesse. Damit die Entwicklungsprozesse über die Konferenzen hinausragen, ist es wichtig, die notwendigen Ressourcen schon vor der Konferenz sicherzustellen und den Willen und das Engagement der Führung für diese Phase nach der Konferenz sicherzustellen (vgl. dazu „Was geschieht nach der großen Gruppe?", weiter unten).

Der RTSC-Ansatz wird von der Idee getragen, dass Veränderungen (W) nicht einfach geschehen, dass dazu erstens ein bestimmter Grad an Unzufriedenheit

(U) vorhanden sein muss. Zweitens müssen Ideen und Visionen (V) erkennbar sein, welche erkennen lassen, in welche Richtung Veränderung sich entwickeln kann. Als dritter Aspekt wird unterstrichen, dass Veränderungen nicht in großen Sprüngen, sondern schrittweise ablaufen sollten (S). Diese drei Kräfte sollten größer sein als die inhärente Tendenz sozialer Systeme zum Bewahren (B) bestimmter Situationen.

$$W = U \times V \times S \times B$$

RTSC-Konferenzen können mit einem unterschiedlich großen Teilnehmerkreis durchgeführt werden. Es ist durchaus denkbar, aufgrund der klaren Struktur und der Vorgaben einer RTSC-Konferenz mit Gruppen zwischen 50 und 200 Personen in einem Raum gemeinsam und interaktiv in Gruppen von 8 bis 10 Personen zu arbeiten. Wenn größere Gruppen angesprochen werden sollen, können auch parallele Veranstaltungen durchgeführt werden, es braucht in diesem Fall noch konsolidierende Phasen, um die Resultate der unterschiedlichen Konferenzen miteinander zu verbinden. Im Unterschied zu anderen Großgruppen (z. B. *Open Space* oder aber Zukunftskonferenzen) wird in RTSC-Konferenzen häufig mit Inputsequenzen gearbeitet. Diese dienen je nach Konzept dazu, die Teilnehmenden zu sensibilisieren, spezifische Informationen zu vermitteln oder bestimmte Vorgaben für die Arbeiten einzuführen. Die Inputsequenzen beschränken sich auf die Phase 1 und 2. Auch RTSC-Konferenzen arbeiten nicht nur auf der rationalen Ebene, sondern es werden bewusst emotionale Elemente eingebaut. Als Beispiele können das Arbeiten mit Visualisierungselementen, mit persönlichen Erfahrungsberichten oder mit dramaturgischen Methoden, Sketches und kleinen Szenen ins Auge gefasst werden. Realitäten sollen erkennbar und erfahrbar gemacht werden, den kreativen Möglichkeiten sind keine Grenzen gesetzt, die Wahl der Methoden sollte allerdings dem Thema und der Gruppe der Beteiligten angepasst werden.

13.4 *Appreciative Inquiry* (AI)

AI kann verstanden werden als kooperativer Versuch, das Beste in den Mitarbeitenden, der Organisation und aus dem Umfeld herauszuarbeiten und festzuhalten. Es ist ein systematischer Versuch, die „lebensspendenden" Aspekte einer Organisation zu bestimmen. AI umfasst die Kunst und Praxis, jene Fragen zu stellen, welche das System stärken und das positive Potential einer Organisation weiter fördern[25]. AI ist nicht nur zu verstehen als eine weitere Interventionstechnik, die Herangehensweise ist anders als bei den anderen beschriebenen Interventionsmethoden. Im Unterschied zu den vor allem problemorientierten Ansätzen werden bei AI ganz bewusst jene Elemente einer Organisation herausgearbeitet, welche ihre Stärke und Vitalität ausmachen. Man basiert sich auf positive Erfahrungen. Die Idee der *Appreciative Inquiry* (AI) basiert auf folgenden zwei grundlegenden Annahmen:

Aus Erfolgen lernen
1. Für Veränderungen und Verbesserungen lernt das System nicht aus Fehlern, sondern aus Erfolgen und positiven Erfahrungen. Darin liegen (oftmals) die Ressourcen für eine positive Entwicklung in der Zukunft.

Kreativität entwickeln
2. Veränderungen entstehen nicht, indem Probleme benannt und gelöst werden, die lediglich einen bestimmten Zustand wiederherstellen, sondern indem kreative Zukunftsentwürfe entwickelt werden.

Der *Appreciative Inquiry*-Ansatz basiert auf der Aktionsforschung, die von Cooperrider und Srivasta kritisch analysiert und weiterentwickelt wurde. Die starke Problemorientierung des Aktionsforschungsansatzes ist u. E. ein Grund, warum der Ansatz sein Potential nicht erschließen konnte[26]. Der AI-Ansatz wie etwa auch die Idee des *Action Learning*[27] betont die umfassende und tiefgreifende Zusammenarbeit zwischen Klienten und Beratenden über den gesamten Entwicklungsprozess, während der Datenerhebung, der Datenanalyse, der Entwicklung von Handlungsalternativen, ihrer Umsetzung und Evaluation. Dabei werden vor allem die Bedeutung der Mitarbeitenden als Informationsquelle, deren Erfahrung und deren Erkenntnisse herausgestrichen. Zusammenfassend umschreiben Fitzgerald u. a. und Watkins und Mohr[28] AI als konstruktivistisch, simultan, poetisch, antizipatorisch und positiv.

Ein AI-Projekt durchläuft in der Regel fünf Phasen:

Phase 1 Fokussierung und Vorbereitung: Im Vorfeld eines AI-Workshops werden innerhalb der Organisation unter Einbezug aller relevanten Interessensgruppen jene Themen herausgearbeitet, die im AI-Workshop bearbeitet werden sollen. Auf dieser Basis werden die wichtigen und notwendigen Interviewleitfäden für die anschließende Datenerfassungsphase vorbereitet.

Phase 2 Verstehen des Erfolges: Hier werden wertschätzende Interviews durchgeführt: Es werden für die Einzelnen bedeutsame Erfahrungen und herausragende Geschichten, positive Erlebnisse und relevante Erfolge gesammelt.

Phase 3 Entwickeln von Visionen: Aufbauend auf diesen positiven Erfahrungen, werden nun gemeinsam Visionen und Zukunftsbilder entwickelt. Diese Visionsarbeit wird bewusst von den schon gemachten positiven Erfahrungen und Erfolgen geleitet.

Phase 4 Gestalten der Visionen: Aus der breiten Visionsarbeit heraus werden wichtige und für die Umsetzung relevante Größen herausgearbeitet und festgehalten. Außerdem werden Leitbilder entwickelt, welche die Basis für den anschließenden Umsetzungsprozess bilden.

Phase 5 Verwirklichen dieser Visionen: Zuletzt werden Projekte initiiert und die Umsetzung wird in Angriff genommen. Über den gesamten Prozess wird mit einer großen Vielfalt von Interessensgruppen in einer partizipativen und offenen Art und Weise gearbeitet[29].

13.5 Was geschieht nach der großen Gruppe?

Wie schon angesprochen, sind Veränderungen als umfassende Prozesse zu verstehen, und Großgruppen bilden in der Regel wichtige Teilschritte innerhalb dieses Prozesses. Nach dem Abschluss derartiger Interventionskonzepte muss deshalb regelmäßig ein Nachfolgeprozess eingeplant werden. Ein Ausstieg nach einer Großgruppenintervention kann die dabei entstehende Energie des Aufbruchs in das Gegenteil umwandeln und somit letztendlich mehr Probleme schaffen als lösen. Die Führung ist also gefordert. Sie muss zum Abschluss derartiger Interventionen unmissverständlich klarmachen, dass es der Führung ernst ist mit der Weiterführung des Prozesses, dass die begonnene Arbeit weitergeführt werden soll und dass die dazu notwendigen Vorkehrungen eingeplant sind. Falls nicht alle Beteiligten und Betroffenen in der Großgruppenveranstaltung anwesend waren, ist es sehr wichtig, dass die Abwesenden in geeigneter Form über die Resultate informiert werden. Hierbei sind zwei Vorgehen parallel denkbar: Einerseits sollten die Teilnehmenden aufgefordert werden, über die Veranstaltung zu sprechen und zu informieren, und die erarbeiteten Resultate sollten in geeigneter Form zugänglich gemacht werden.

Für die Weiterarbeit sind die notwendigen Entscheidungen zu treffen und Gefäße zu errichten. In der Regel ist nach der Großgruppenintervention projektorientiertes Arbeiten notwendig. In Folgeprojekten können Teilnehmende und auch Nichtteilnehmende eingebunden werden. Durch den Einbezug „neuer Personen" gelingt es oft, die Energie der großen Gruppe auf weitere Personenkreise auszuweiten. Wichtig ist, dass auch die in den Projektgruppen erarbeiteten Resultate immer wieder allen Beteiligten und Betroffenen unterbreitet werden. Die intensive und regelmäßige Kommunikation und Interaktion ist im Anschluss an die Großgruppenkonferenz ein wichtiges und zentrales Element.

Oft werden zum Abschluss von Großgruppenveranstaltungen Stimmen wach, welche die Energie der Veranstaltung erkennen und schätzen, jedoch Angst äußern darüber, ob es gelingen wird, diese Energie in den Alltag zu übersetzen. Die Verbindung der Resultate der Projektarbeit mit den Resultaten der Großgruppenveranstaltung schafft ein Gefühl, dass die Arbeit durchaus sinnvoll war und dass derartige Interventionsmethoden wieder eingesetzt werden können.

Abschließend ist es sinnvoll, die Frage aufzuwerfen, ob und inwiefern nach der Großgruppenveranstaltung Gefäße geschaffen werden, welche die oft neuartigen Austauschmöglichkeiten zwischen Abteilungen und über die Hierarchien hinaus auch weiter erhalten könnten.

13.6 Großgruppen – ein Fazit

Großgruppenkonzepte können oder müssen heute zum Standardrepertoire von Strategieentwicklungsprozessen gezählt werden. Sie sind nicht Ersatz, sondern Ausweitung der bestehenden Instrumentenbox. Die wenigen hier diskutierten Interventionsmethoden lassen erkennen, dass Großgruppen in ganz unterschiedlichen Situationen eingesetzt werden können. Die Herausforderung besteht darin, für das geeignete Strategieproblem den richtigen Ansatz zu wählen.

4. Teil: Auf Kurs? – Strategisches Controlling

14. Strategisches Controlling in Nonprofit-Organisationen

14.1 Was ist Controlling und was ist es nicht?

Die frühen Seeleute hatten ein ernstes Problem. Um die Position eines Schiffes auf dem Meer ohne topographische Anhaltspunkte wie Inseln oder Küstenlinien zu bestimmen, muss man die geografische Breite und Länge messen können. Die Breite zu bestimmen war relativ einfach und ziemlich genau möglich, sobald Tabellen verfügbar waren, die die maximale Höhe der Sonne oder von Referenzsternen über dem Horizont in Abhängigkeit von der Jahreszeit aufzeigten. Solche Tabellen bestanden bereits in der Antike. Durch Vergleich der gemessenen tatsächlichen Höhe konnte die geografische *Breite* einfach berechnet werden. Bis zur Erfindung von zuverlässigen Chronometern konnte die geografische *Länge* nicht zuverlässig bestimmt werden. Die Seeleute nahmen deshalb Zuflucht zur Koppelnavigation, einer notorisch unzuverlässigen, extrem fehleranfälligen Methode, bei der der Kurs und die Geschwindigkeit des Schiffs regelmäßig gemessen und anschließend der Weg auf der Karte abgesteckt wurde. Diese Methode vernachlässigt wichtige Effekte wie den Einfluss der Meeresströmungen; der Windabdrift und – schlimmer noch – Messfehler summieren sich, so dass die Ungenauigkeit der Positionsbestimmung umso größer wird, je länger sich das Schiff auf dem Meer befindet.

Haben die Seeleute deshalb auf die Koppelnavigation verzichtet? Natürlich nicht, die Alternativen wären noch schlimmer gewesen: Vertrauen auf eine Eingebung oder Unterlassen der Hochseeschifffahrt.

Wer Controlling betreibt, sieht sich in einer ähnlichen Zwickmühle. Es ist ziemlich einfach, triviale Fundamentalkritik am Controlling vorzubringen: „Die Wirklichkeit entzieht sich in ihrer Komplexität der vollständigen Erfassung durch Messungen" – wohl wahr, es ist aber, wie bei der Bestimmung der Position eines Schiffes, nie die Rede von einer vollständigen Erfassung. „Die einseitige Fokussierung auf messbare Ziele übersieht die Tatsache, dass Führung auch viel mit Emotionen zu tun hat" – selbstverständlich hat sie das, deshalb gibt es neben dem Controlling-Begriff noch den des Managements, den der strategischen Führung und weitere. Es gibt die Navigationskunst, und es gibt die Kunst, als Kapitän ein Schiff als sozio-technisches System integral zu beeinflussen – beide Künste sind kein Widerspruch, sondern bedingen sich gegenseitig.

Controlling maßt sich nicht an, das *richtige* Management zu sein. Controlling bezeichnet nur einfach Tätigkeiten des Managements, die mit der rationalen, planenden, analysierenden und messenden Seite zu tun haben. Es ist längst bekannt, dass darin eine Gefahr gesehen werden kann. Allzu schnell lassen sich Fachleute von den wirklich spannenden technischen Fragen der Modellierung und der Messung von anderen wichtigen Problemen des Managements ablenken.

Es gibt keine wirkliche Alternative. Wer ein Unternehmen führt, ohne Ziele sorgfältig zu definieren, die Zielerreichung zu überprüfen und bei Abweichungen entweder die Ziele anzupassen oder Maßnahmen zu ergreifen, ist genauso wenig ein Manager oder eine Managerin wie jemand, der sich nur auf diese Tätigkeiten konzentriert und die emotionale Seite der Führung wie die Vermittlung von Freude an der Tätigkeit, die Motivation, die Vorbildfunktion vergisst.

Da auch Nonprofit-Organisationen geführt werden, da auch bei Nonprofit-Organisationen rationales Denken und Handeln Teil des Managements ist, ist Controlling auch in Nonprofit-Organisationen zu finden. Es unterscheidet sich nur in Details vom Controlling von gewinnstrebigen Unternehmen – diese Details sind aber zugegebenermaßen in der Praxis (d. h., in der konkreten Art, wie Controlling „gemacht" wird) sehr bedeutsam.

14.2 Grundlagen des strategischen Controllings

Das Controlling beruht auf ein paar wenigen Annahmen:

1. Unternehmen sind zwar komplex, aber **grundsätzlich steuerbar** – ohne dass anzunehmen ist, sie seien hundertprozentig unter Kontrolle zu bringen.
2. Um sie zu steuern, muss man **vorausschauen** – ohne zu unterstellen, man hätte prophetische Gaben.
3. Um vorausschauen zu können, braucht man ein **Modell des Unternehmens und seiner Umwelt** – ohne zu behaupten, es gäbe ein und nur ein gültiges Modell.
4. Um Unternehmen zu steuern, muss man sie zudem **beeinflussen** können – ohne gleich in Allmachtsphantasien zu verfallen.
5. Um das Unternehmen beeinflussen zu können, muss man modellhaft **ver-**

stehen, wie es funktioniert – ohne das Modell mit dem Unternehmen selbst zu verwechseln.
6. Um es beeinflussen zu können, braucht es die Kooperation vieler Personen, was eine klare Kommunikation, **klare Begriffe** voraussetzt – ohne aus der Kommunikation eine Programmierung zu machen.

Personen, die dem Controlling als Ansatz ablehnend gegenüberstehen, haben in der Regel ein Controlling vor Augen, das auf den sechs Annahmen beruht – ohne die wichtigen Nachsätze. Ohne diese Nachsätze ist die Ablehnung verständlich, und es wäre ihr sogar beizupflichten. Die folgende Verkürzung versteht sich deshalb eingedenk der Nachsätze in der ausführlichen Darstellung oben:

a) Unternehmen und deren Umwelt lassen sich modellieren und in klaren Begriffen hinreichend genau beschreiben.
b) Unternehmen lassen sich grundsätzlich vorausschauend steuern und beeinflussen.

Und weil Steuerung und Beeinflussung möglich ist, muss man es auch tun, auch wenn es schwierig ist – der Verzicht wäre Pflichtvergessenheit.

Sobald es um die praktische Umsetzung des Controllings geht, geraten wir aber in eine begriffliche Problematik: Es gibt den Begriff des strategischen Managements, den Begriff der strategischen Planung und den Begriff des strategischen Controlling, – was ist eigentlich der Unterschied zwischen diesen Begriffen? Oder, anders gefragt, braucht es überhaupt den Begriff Controlling im strategischen Bereich?

Die letzte Frage ist insofern berechtigt, als das operative Controlling einen Bedeutungsgehalt hat, welcher der Planung und dem Management auf operativer Stufe fehlt: Zum operativen Controlling gehört auch das Rechnungswesen, das, als eher „technische" Aufgabe, nicht zum Management und – als eher vergangenheitsorientiert – nicht zur Planung zählt.

Aufgrund seiner spezifischen Aufgabe ist das Rechnungswesen aber im Kern operativ ausgerichtet und kann deshalb nicht zum strategischen Controlling gehören. Was verbleibt dann noch?

Nach Auffassung des Autors vor allem zwei Elemente:
– Controlling unterscheidet sich auch auf strategischer Stufe vom Management

dadurch, dass es sich auf das Problem der Soll-Ist-Analyse konzentriert. Controlling ist die Tätigkeit des Managements, die ständig versucht, das Unternehmen noch stärker steuerbar zu machen und dort, wo es bereits steuerbar ist, die steuernden Tätigkeiten zu koordinieren und zu bündeln. Controlling ist so gesehen zwar nur ein Teilaspekt des Managements. Aufgrund der starken formalen Ausrichtung auf Modellierungsfragen wird es aber in der Praxis durchaus als eigenständige Funktion wahrgenommen. Dagegen ist nichts einzuwenden, solange das nicht dazu führt, dass das Controlling plötzlich ein Eigenleben unabhängig vom Management entwickelt.
- Von der Planung unterscheidet sich das Controlling v. a. dadurch, dass es den Zielbildungsprozess selbst auch thematisiert. Im Rahmen dieses Buches kann deshalb die strategische Planung als Teilfunktion des Controlling angesprochen werden. Da die strategische Planung bereits oben thematisiert wurde, wird im Rahmen dieses Kapitels nur noch ganz kurz darauf eingegangen.

Das Hauptgewicht liegt auf der Formulierung „brauchbarer" Ziele, d. h. solcher Ziele, die nicht nur verständlich und motivierend sowie inhaltlich richtig, erfolgversprechend und wesentlich sind, sondern die vor allem auch aufgrund ihrer formalen Eigenschaften in einem Regelkreis eingebaut werden können. Wie solche Ziele erarbeitet werden, wird hier nicht als originäre Controlling-, sondern als ganz allgemeine Managementaufgabe angesehen. Der Umgang mit Unsicherheit und beschränkten Zeit- und Sachressourcen ist deshalb nicht Gegenstand dieses Kapitels.

14.3 Ziele

Ganz allgemein werden unter Unternehmenszielen zukünftige Zustände des Unternehmens verstanden, die angestrebt werden. Gerade bei Nonprofit-Organisationen ist aber eine genauere Betrachtung notwendig, ansonsten misslingt das Controlling bereits im ersten Schritt: der Zieldefinition.

Gleich zu Beginn sollten aber zwei Begriffe geklärt werden, damit nicht allzu große Verwirrung herrscht:

Ein gut formuliertes Ziel umfasst mindestens zwei Elemente: einen Inhalt und einen Wert. Der Inhalt beschreibt, welcher Sachverhalt im Ziel angesprochen ist, der Wert, welche Ausprägung der Sachverhalt haben muss, damit das Ziel als erreicht angesehen werden kann.

Beispiel 1
„Wir wollen eine neue Zielgruppe mit unseren Leistungen erreichen" kann ein strategisches Ziel sein. Zielinhalt sind die Zielgruppen der NPO, der Zielwert ist – etwas abstrakter formuliert – die Vergrößerung der Menge der Zielgruppen um 1 oder, einfach, die Zielgruppen sollen um eine erweitert werden.

Beispiel 2
„Wir wollen zum bevorzugten Kooperationspartner des Kantons für unsere Leistungen werden." Zielinhalt ist unser Rang als Kooperationspartner, Zielwert ist Rang 1.

In beiden Beispielen fehlt ein weiteres Element, das unten diskutiert wird: der Zeitbezug – bis wann wollen wir unser Ziel erreicht haben?

Um die Sprache nicht allzu technisch werden zu lassen, wird im Folgenden gelegentlich nicht klar zwischen Ziel und Zielinhalt unterschieden – der Zusammenhang macht meist deutlich, ob es um das Ziel insgesamt oder nur um den Inhalt geht. Falls aber der Zielwert angesprochen ist, so wird dies auch sprachlich deutlich gemacht.

Der Unterschied zwischen Zielwert und Zielinhalt ist auch auf einer anderen Ebene bedeutsam: Zielwerte werden in der Praxis häufiger angepasst als die Zielinhalte selber. Die Zielinhalte sind häufig über viele Perioden hinweg stabil, wohingegen die Zielwerte in Abhängigkeit von der aktuellen Situation gelegentlich sogar vor Ablauf einer Periode noch angepasst werden.

Wille und Erwartung
Einerseits gibt es *Erwartungen* über zukünftige Zustände des Unternehmens: Wir erwarten, dass es wachsen oder schrumpfen wird, dass die Qualität seiner Dienstleistungen und Produkte steigt oder sinkt, dass die Motivation der Mitarbeiter steigt oder sinkt etc. Andererseits gibt es Zustände, die *gewollt* sind: Wir wollen, dass das Unternehmen wirtschaftlicher mit den Ressourcen umgeht, ohne die Qualität der Dienstleistung zu schmälern, wir wollen die Fluktuation der Mitarbeiter senken etc.

Die folgende Graphik dient dazu, den Zielbegriff zu schärfen, so dass wirklich nur noch dann von Zielen gesprochen wird, wenn diese auch die ihnen vom Controlling zugedachte Funktion erfüllen können:

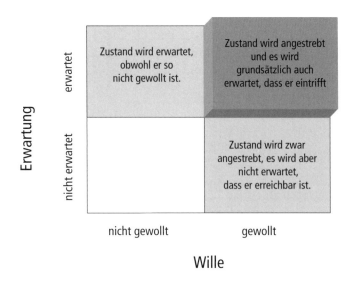

Abbildung 70: Zielbildung aus der Sicht des Controllings (eigene Darstellung)

Erwartungen ohne den entsprechenden Willen sind passiv. Solche Erwartungen werden entweder erfüllt oder enttäuscht – wir lassen uns vom Ergebnis überraschen. Ein Wille ohne die Erwartung, dass er zum Ziel führt, bleibt ein reiner Wunsch – wir wollen zwar wirklich, dass die Qualität besser wird, erwarten es aber eigentlich nicht. Beide Quadranten erlauben zwar formal die Formulierung eines Satzes, der wie ein Ziel lautet, inhaltlich aber kann es sich nicht um Ziele handeln.

Beispiele für erwartete, aber nicht gewollte Zustände können sein:

- Es wird erwartet, dass größere Sponsoren abspringen, ohne dass die NPO etwas dagegen unternehmen kann. Hier handelt es sich um einen Zustand, der eigentlich vermieden werden möchte, der aber als unvermeidlich angesehen wird.
- Es wird erwartet, dass die NPO ihr Rechnungswesen den neuen Standards anpasst. Hier wird der Fall unterstellt, dass die NPO einfach keinen Willen dazu hat: ob das Rechnungswesen bleibt, wie es ist, oder nicht, hat für die Entscheidungsträger so keine Bedeutung – sie nehmen zur Kenntnis, dass sich etwas für sie Unwesentliches ändert.

Obwohl man sagen könnte: „Die NPO hat das Ziel, dass größere Sponsoren abspringen" oder „Die NPO hat das Ziel, das Rechnungswesen anzupassen" ist sofort klar, dass es sich nicht um eigentliche Ziele handelt. Die NPO wird nämlich nicht reagieren: Im ersten Fall nicht, weil es als unvermeidlich, im zweiten Fall, weil es als unwichtig angesehen wird.

Gewollte, aber nicht erwartete Zustände können sein:
- Die NPO möchte ihren Mitgliederbestand halbieren, um die Administrationskosten zu senken, ohne dadurch weniger Mitgliederbeiträge einzunehmen. Dieser Zustand ist zwar gewollt in dem Sinn, als sich bei einer Abstimmung im Vorstand dafür eine Mehrheit ergeben würde. Der Zustand wird aber als unrealistisch angesehen.
- Die NPO möchte gerne weltweit für ihre Exzellenz bekannt werden. Dieses Ziel ist nicht von vornherein unrealistisch, solange aber nicht wenigstens ansatzweise klar ist, wie das geschehen soll, kann auch nicht erwartet werden, dass dieser Zustand jemals eintreffen wird.

Auch hier können für beide Fälle Sätze formuliert werden, die wie Ziele aussehen, ohne dass es sich aber um Ziele im Sinne des Controllings handeln würde:

„Wir wollen den Mitgliederbestand halbieren, ohne den Ertrag aus Mitgliederbeiträgen zu schmälern", „Wir wollen weltweit als das führende Institut für die Dienstleistung XY bekannt werden" – das kann zwar gesagt werden, ist aber nicht als Ziel, sondern lediglich als Wunsch zu verstehen.

„Zielen", die auf der Grundlage der beiden Quadranten „nicht erwartet, aber gewollt" bzw. „nicht gewollt, aber erwartet" formuliert werden, fehlt die Steuerungswirkung:

Im Fall der erwarteten, aber nicht gewollten deshalb, weil ein Nichteintreffen der Erwartung gar nicht als Problem gesehen wird, im zweiten Fall, weil trotz Nichterreichen des Zustands überhaupt nicht klar ist, wie reagiert werden müsste, um doch noch den eigentlich gewollten Zustand zu erreichen.

Grundlage eines Ziels, das für die Zwecke des Controllings verwendbar ist, ist ein Wille, der sich mit einer Erwartung deckt: Ein Ziel ist ein Zustand, der gewollt und aktiv angestrebt und von dem erwartet wird, dass er auch eintreten kann.

So einleuchtend das tönt, so schwierig ist es in der Praxis, solche Ziele zu formulieren. Das Problem liegt darin, eine Erwartung zu formulieren. Oder, präziser gesagt, abzuschätzen, welche Zustände des Unternehmens überhaupt realistischerweise erwartet werden können unter Berücksichtigung der möglichen Entwicklungen der Umwelt, der möglichen Entwicklung der Unternehmung. Dabei muss gleichzeitig abgeschätzt werden, inwieweit diese Entwicklungen durch Managementmaßnahmen beeinflusst werden können:

Praxisbeispiel strategische Allianz

Ein kleiner Verband überlegt, ob er nicht eine strategische Allianz mit einem anderen Verband eingehen sollte, um seine politischen Absichten besser verfolgen zu können. Die Diskussion im Vorstand bewegt sich im Rahmen von „was spricht dafür, was spricht dagegen?", bis ein Mitglied fragt: „Das Eingehen einer strategischen Allianz ist ein Mittel zum Zweck. Welches Ziel oder welche Ziele verfolgen wir eigentlich damit?"

Die erste Antwort lautet, dass mit der strategischen Allianz der politische Einfluss des Verbandes erhöht werden soll. Dies ist eine Willensäußerung: Der Vorstand will eine Veränderung, er ist mit dem heutigen Zustand des Verbands nicht zufrieden. Die nächste Frage muss dann aber lauten, ob eine solche Veränderung überhaupt realistischerweise erwartet werden darf. Ein Mitglied des Vorstandes bestreitet das rundweg: Der Verband habe bereits heute das Maximum an politischem Einfluss erreicht. Es sei keine realistische Maßnahme denkbar, die den Einfluss noch vergrößere – und wenn der Vorstand mit der heutigen Situation nicht zufrieden sei, so ändere das überhaupt nichts an der Tatsache, dass der politische Einfluss einfach nicht zu erhöhen sei. Ziel könne also höchstens sein, den heutigen Einfluss nicht zu verlieren.

Andere Mitglieder sehen das anders. Eine streng rationale Lösung des Disputes würde nun voraussetzen, dass Einigkeit über alle möglichen Zukunftsentwicklungen unter Einbezug der Auswirkungen aller möglicher Maßnahmen herbeigeführt wird. Sollte sich dann zeigen, dass in einigen Fällen der politische Einfluss (in der Erwartung) tatsächlich steigt, wäre das ein klarer Hinweis, dass die Position des ersten Vorstandsmitgliedes nicht haltbar ist.

Selbstverständlich wird die Zieldiskussion nicht so ablaufen, aber der Vorstand hat sich im Rahmen der gegebenen Zeit und mit den verfügbaren Informationen tatsächlich damit auseinanderzusetzen, was denn überhaupt erwartet werden darf, bevor ein Ziel formuliert wird, das zwar einen Willen ausdrückt, von dem aber von vornherein hätte klar sein müssen, dass es unrealistisch ist.

Die Erwartung steckt also gleichsam ab, welche Zukünfte als möglich erachtet werden und wovon es abhängt, welche dieser Möglichkeiten dann auch eintrifft, falls gewisse Bedingungen vorher erfüllt werden. Die Erwartung ist subjektiv, die Möglichkeiten aber sind objektiv:

Entweder ist es so, dass der politische Einfluss noch gesteigert werden kann, oder es ist nicht so. Allerdings ist genau diese Frage („Was ist eigentlich objektiv möglich?") bei strategischen Fragestellungen in der Regel nicht beantwortbar. An die Stelle des objektiv Möglichen tritt das subjektiv für möglich Gehaltene: die Erwartung. Dabei können typische Fehler passieren:

- Subjektiv werden die Möglichkeiten unterschätzt: Eventuell wäre es ja tatsächlich möglich, die Mitgliederzahl zu verkleinern, ohne Einbussen bei den Mitgliederbeiträgen in Kauf nehmen zu müssen.
- Subjektiv werden die Möglichkeiten überschätzt: Ein Verein setzt sich zum Ziel, den Anteil der Freiwilligenarbeit etwas zurückzufahren, kann aber – entgegen seiner Erwartung – seinen Zweck dann nicht mehr voll erfüllen.

Unterschätzte Möglichkeiten führen dazu, dass sich NPO nicht gemäß ihrem Potential entfalten können – sie entfalten nicht die volle Effektivität und/oder Effizienz.

Überschätzte Möglichkeiten führen dazu, dass Ressourcen verschwendet werden, weil Zielen nachgeeifert wird, die gar nicht erreichbar sind.

Die Aufgabe des Controllings ist es dabei weniger, diese Probleme zu lösen – dafür sind die Methoden der Entscheidungsfindung gedacht. Aufgabe des Controlling ist, ständig darauf hinzuwirken, dass Wille und Erwartung in Deckung sind, um zu verhindern, dass Nichtgewolltes oder Nichterwartetes Zielcharakter erhält.

Ist die Steuerwirkung der Ziele aber dann garantiert, wenn Wille und Erwartung sich entsprechen? Nein, Ziele müssen zusätzlich auch so formuliert werden, dass sie als Soll mit einem Ist verglichen werden können: Sie müssen operationalisiert werden.

14.4 Zielwert und Indikator

Ein Ziel soll einen gewollten und – unter bestimmten Bedingungen – erwarteten Zustand beschreiben. Beispielsweise kann sich eine national tätige NPO zum Ziel setzen, ihr Image in der Öffentlichkeit zu verbessern. Sie geht davon aus, dass sich ihr Image überhaupt verbessern lässt und dass sie – zumindest skizzenhaft – weiß, wie das gehen könnte: durch qualitativ hoch stehende Dienstleistungen und entsprechende Öffentlichkeitsarbeit.

Stürzen sich die Verantwortlichen direkt in die Arbeit, so werden sie nach einiger Zeit ein Problem erkennen: Wie sollen sie feststellen, wann es sich nicht mehr lohnt, noch mehr Ressourcen in die Qualitätsverbesserung oder in die Öffentlichkeitsarbeit zu stecken? Oder wie sollen sie erkennen, dass sie ihre Anstrengungen sogar verstärken müssen, um ihr Ziel zu erreichen?

Damit gesteuert werden kann, muss gemessen werden. „Messen" ist hier in einem umfassenden Sinn zu verstehen und von „Quantifizieren" streng zu unterscheiden: Es geht im genannten Beispiel nicht darum, so zu tun, als ob „Image" in der gleichen Art und Weise gemessen werden könne wie „Temperatur". „Messen" bedeutet vielmehr, dass ein Verfahren besteht, welches die Frage: „Liegt der angestrebte Zustand vor?" beantwortet.

Anders ausgedrückt: Das Ziel muss so formuliert werden, dass *beobachtet* werden kann, ob es erreicht wurde oder nicht. Das ist die Minimalforderung. In vielen Fällen wäre es darüber hinaus natürlich noch besser, auch zu wissen, wie weit weg vom Ziel sich der heutige Zustand der Unternehmung befindet – daraus könnte nämlich, durch wiederholte Beobachtung – abgeleitet werden, ob die getroffenen Maßnahmen greifen oder nicht. Allerdings handelt es sich hier um eine sehr weit gehende Forderung, auf die im nächsten Abschnitt näher eingegangen wird.

Typische strategische Ziele beschreiben sehr komplexe Zustände, die so nicht direkt beobachtbar sind. Gesucht werden in solchen Fällen Indikatoren, beobachtbare Eigenschaften, von denen angenommen wird, dass sie mit den eigentlich interessierenden Zuständen mindestens korrelieren, besser aber noch ursächlich verbunden sind, so dass aus der Beobachtung dieser Eigenschaften auf die Zustände zurück geschlossen werden kann.

Ein einfaches Beispiel für einen Indikator finden wir wieder in der Schifffahrt: Die Geschwindigkeit eines Schiffes wird in Knoten gemessen. Ursprünglich wurde die Geschwindigkeit so gemessen, dass ein Besatzungsmitglied eine Leine mit einem Schwimmanker auswarf. In die Leine waren in regelmäßigen Abständen Knoten geknüpft. Der Schwimmanker sorgte dafür, dass das eine Ende der Leine mehr oder weniger an der selben Stelle im Wasser verblieb. Falls sich das Schiff vom Schwimmanker entfernte, lief die Leine aus und das Besatzungsmitglied zählte die Anzahl Knoten, welche während einer bestimmten Zeit durch seine Hand gezogen wurde.

Es liegt ein typisches Messproblem vor: Interessant für die Navigation war die Geschwindigkeit des Schiffes zwischen zwei Kursänderungen – und zwar relativ zur Erdoberfläche, nicht etwa relativ zum Wasser. Mangels GPS konnte dieser Zustand nicht direkt gemessen werden. Stattdessen wurde die Länge einer Leine gemessen. Streng genommen gibt diese Messung nur Auskunft über die Durchschnittsgeschwindigkeit, mit der die Leine in der Zeit, in der gemessen wird, ausläuft. Über die Messanordnung (Schwimmanker, wenig Reibung beim Auslaufen) wird aber sichergestellt, dass die Geschwindigkeit der Leine ursächlich von der Geschwindigkeit des Schiffes relativ zur Wasseroberfläche abhängt.

Um schließlich auf die Durchschnittsgeschwindigkeit während beispielsweise dreier Stunden zu schließen, muss nur noch angenommen werden, dass allfällige Strömungen, welche zu einem Unterschied in der Geschwindigkeit relativ zum Wasser und relativ zur Erdoberfläche führen, vorliegen und dass die Messung während einer typischen Phase des entsprechenden Streckenabschnittes durchgeführt wurde.

Das Beispiel wurde bewusst ausführlich dargestellt: Betrachtet man diesen Messvorgang kritisch, so fällt es leicht, einige Schwachstellen zu identifizieren. Trotzdem war Navigation mit diesem Geschwindigkeitsindikator möglich, wenn auch mit eingeschränkter Genauigkeit. Und selbstverständlich wurde das Knotenzählen in dem Moment aufgegeben, als zuverlässigere Methoden verfügbar waren.

Im Beispiel des Zieles „Verbesserung des Images" besteht ein vergleichbares Problem:
- Das „Image" ist nicht direkt beobachtbar.
- Das „Image" verändert sich in Abhängigkeit von der Zeit.

Ein Indikator, der ursächlich mit dem Image verknüpft ist, liegt nicht von vornherein auf der Hand, und so muss der Image-Begriff geschärft werden, bevor ein entsprechendes Ziel gesetzt werden kann. Eine bekannte Falle bildet dabei das vorschnelle Entscheiden über einen Messvorgang, bevor der Zielbegriff hinreichend klar ist: „Ihr wollt das Image messen? Also gut, machen wir eine Umfrage!" Dieser Ansatz löst das Operationalisierungsproblem nicht und – schlimmer noch – wirft neue Fragen auf: Umfrage ja, aber bei wem? Wann? Mit welchen Fragen?

Eine erste grobe Analyse zeigt, dass das eigentliche Problem nicht in einer Modellierung des Images liegt: Angestrebt wird ja nicht eine Veränderung, sondern eine Verbesserung des Images. Das erleichtert die Messaufgabe deutlich, da jetzt nur die Eigenschaften relevant sind, welche überhaupt eine Konnotation „gut/ schlecht" haben.

Statt zu versuchen, das Image direkt zu beobachten, könnten Zeitungsartikel daraufhin analysiert werden, ob im Zusammenhang mit der NPO und deren Produkte positiv besetzte Eigenschaftswörter verwendet werden. Die Hypothesen dahinter:
a) Wer überhaupt ein Image von der NPO hat, äußert sich zur NPO.
b) Verbessertes Image führt zu entsprechend angepasster Kommunikation. Es werden mehr und stärkere Eigenschaftswörter eingesetzt.

Es stellt sich zusätzlich die Frage, über welchen Zeitraum entsprechende Zählungen stattfinden sollen. Wird der Zeitraum zu eng gewählt, scheint sich das Image sprunghaft zu verändern – ein Artefakt, das nur dem ungünstig gewählten Zeitraum geschuldet ist. Wird der Zeitraum zu groß angesetzt, so bleibt das Management lange im Unklaren über die Wirkung der entsprechenden Maßnahmen und kann nicht richtig steuern. Auch das wird im nächsten Abschnitt etwas genauer beleuchtet.

14.5 Qualitätsmerkmale von Indikatoren: Korrelation

Das erste und wichtigste Qualitätsmerkmal ist, dass der Indikator (genauer gesagt, der Wert des Indikators) mit dem Ziel korreliert ist. Das bedeutet, dass der Indikator sich verändert, wenn sich der Zustand der Unternehmung, der im Ziel beschrieben ist, verändert.

Dabei suchen wir nicht einfach Korrelationen, die in der Vergangenheit bestanden haben und die z. B. statistisch nachgewiesen werden. Die Korrelationen, die wir suchen, sollen über die Zeit stabil bleiben und nicht etwa plötzlich unterbrochen werden können. Grundsätzlich bedingt dies einen *ursächlichen* Zusammenhang und nicht nur einen *statistischen*:

Beispiele von rein statistischen Zusammenhängen finden wir z. B. in den Bauern- und Börsenregeln: Eine bekannte Börsenregel besagte, dass Hausse- und Baissezeiten mit den Rocklängen in der Mode korreliert haben: Wenn Miniröcke dominieren, ist mit einer langen Hausse zu rechnen, bei Maxiröcken mit einer Baisse. Erstaunlicherweise gibt es Belege für diesen Zusammenhang in der Vergangenheit – aber natürlich handelt es sich hier um eine rein zufällige Übereinstimmung. Die Rocklängen sind kein Indikator für die Börsenverfassung.

Sind aber Indikator und Ziel ursächlich miteinander verknüpft, basiert die Korrelation auf einem erklärbaren Zusammenhang, dann kann von einer Messung gesprochen werden – auch wenn weitere Faktoren im Spiel sind und der Zusammenhang von Indikatorwert und Zielwert gelegentlich gestört wird.

Oft wird der Fall vorliegen, dass sich Ziel und Indikator nicht deshalb im Gleichschritt bewegen, weil das eine die Ursache des anderen ist, sondern weil beide auf eine dritte Größe reagieren: Das Ziel und der Indikator verändern sich gleichermaßen, weil sie beide von derselben Ursache beeinflusst werden. Nun ist es aber so, dass Ursache-Wirkung-Ketten nicht einfach bestehen oder nicht bestehen. Es gibt lose, vage Zusammenhänge, die meistens bestehen, gelegentlich aber nicht, und strenge, naturgesetzliche Zusammenhänge, die eine exakte Voraussage eines künftigen Zustandes erlauben, wenn der gegenwärtige Zustand und die wirkenden Kräfte bekannt sind. Aus dem Grund ist es auch so, dass das Qualitätsmerkmal „Stabilität" nicht einfach erfüllt oder nicht erfüllt ist. Es ist besser oder schlechter erfüllt, wobei die Qualifikation dieses Merkmals als gut auch davon abhängt, wie weit entsprechende Zusammenhänge bereits erforscht und auf die vorliegende Situation übertragbar sind.

Zusammenfassend gibt es folgende Wirkungszusammenhänge, die für Indikatoren interessant sind:
a) Indikator beeinflusst Ziel.
b) Ziel beeinflusst Indikator.
c) Indikator und Ziel beeinflussen sich gegenseitig.
d) Indikator und Ziel werden von einer dritten Ursache beeinflusst.

Je direkter, unmittelbarer der Wirkungszusammenhang, desto stabiler und besser ist der Indikator.

14.6 Exklusivität des Wirkungszusammenhangs

Das zweite Qualitätsmerkmal betrifft deshalb die Anzahl weiterer Beeinflussungsfaktoren in der Wirkungskette. Solche Faktoren können als Störgrößen begriffen werden: Da sie den Wert des Ziels und/oder des Indikators ebenfalls verändern, stören sie den direkten Zusammenhang zwischen den beiden. Es ist möglich, dass sich der Indikator verändert, ohne dass die Zielgröße sich verändert hat oder umgekehrt: Der Indikator „merkt nicht", dass sich beim Ziel eine Veränderung ergeben hat, und zeigt diese nicht an.

In der Praxis ist es oft so, dass die Anzahl der Störgrößen gar nicht bekannt ist, da der Zusammenhang zwischen Ziel und Indikator nur skizzenhaft erfasst ist. Gute Indikatoren sind deshalb Größen in einem Wirkungsgeflecht, das als Ganzes gut verstanden und nicht zu komplex ist.

Praxisbeispiel Wachstumsstrategie
Eine Genossenschaft möchte ihre Effizienz steigern und strebt deshalb Wachstum an: Wachstum im Sinn von mehr Dienstleistungen, die sie anbietet, und Wachstum im Sinn von mehr Genossenschaftern, die diese Dienstleistungen auch nachfragen.

Sie setzt sich deshalb zwei strategische Ziele: Sie will
a) das vorhandene *finanzielle Wachstumspotential* nachhaltig ausbauen und
b) ihre *Attraktivität für Genossenschafter* verbessern.

Beide Ziele können nicht direkt gemessen werden, die Genossenschaft muss deshalb auf Indikatoren zurückgreifen.

Für das erste Ziel kann sie auf recht gut verstandene Hypothesen zurückgreifen: Das nachhaltiges Wachstum setzt in der Regel Investitionen voraus, die ihrerseits nur nachhaltig finanziert werden können, wenn ein entsprechender Cashflow erwirtschaftet wird. Der Cashflow ist in einem gewissem Sinn eine Ursache von Investitionen, wenn auch nicht die einzige: Unternehmen investieren nicht einzig deshalb, weil genügend Geld vorhanden ist, es braucht auch die entsprechenden Gelegenheiten. Zweitens können kurzfristig durchaus Investitionen fremdfinanziert werden, d.h., es kann investiert werden ohne ausreichenden Cashflow. Trotzdem ist und bleibt der Zusammenhang zwischen Cashflow und nachhaltigem Wachstum ein starker, stabiler, und deshalb ist der Cashflow ein guter Indikator für das Ziel a).

Beim Ziel b) zeigt sich eine andere Situation: Was generell die Attraktivität ausmacht, ist schon viel schwieriger zu erklären, als was unter finanziellem Wachstumspotential verstanden werden soll. Zudem ist unklar, was die Attraktivität ursächlich antreibt oder auf welche anderen Größen sich die Attraktivität auswirkt. Hier muss zuerst eine Begriffsklärung stattfinden. Im Zuge der Begriffsklärung lassen sich viele Wirkungsketten finden:

Die Attraktivität äußert sich z.B. in der Zufriedenheit der bestehenden Genossenschafter, im Bekanntheitsgrad der Genossenschaft, in einem Nettowachstum des Genossenschafterkreises. Die Attraktivität wird selbst durch die Qualität der Dienstleistungen, durch die Qualität der Kommunikation nach innen und außen, durch die Qualität der Beziehungen zu wichtigen Meinungsführern und weitere Faktoren beeinflusst. Welcher Indikator am Schluss auch immer gewählt wird, es wird so sein, dass er eine viel unzuverlässigere Messung der Attraktivität abgibt als der Cashflow für das finanzielle Wachstumspotential.

14.7 Zeitstruktur des Wirkungszusammenhangs

Das dritte Qualitätsmerkmal betrifft die Zeitdifferenz zwischen einer Veränderung des Zielwertes und der Veränderung des Indikators. Grundsätzlich kann zwischen gleichlaufenden, vorlaufenden und nachlaufenden Indikatoren unterschieden werden. Gleichlaufende Indikatoren zeigen eine Veränderung des Zielwertes mehr oder weniger sofort an. Vorlaufende verändern sich, bevor sich der Zielwert entsprechend verändert, nachlaufende entsprechend, nachdem sich eine Veränderung beim Zielwert ergeben hat. Da der Indikator zum Zweck der Steuerung eingesetzt werden soll, haben vorlaufende Indikatoren einen grundsätzlichen Vorteil: Sie minimieren die Reaktionszeit. Von dem Moment an, in dem sie eine unerwünschte Zielabweichung anzeigen, bis zum Moment, wo diese tatsächlich eintrifft, hat das Management Zeit, sich entsprechende Maßnahmen zu überlegen und die richtigen Anordnungen zu treffen. Je nachdem, wie die Maßnahmen wirken, kann so die eigentliche Zielabweichung vermieden werden.

Vorlaufende Indikatoren haben aber auch einen gewichtigen Nachteil: Sie geben streng genommen keine Messung ab, sondern eine Prognose. Ob sich der Zielwert dann tatsächlich so bewegt, wie der Indikator voraussagt, ist von vielen weiteren Faktoren abhängig. Der vorlaufende Indikator wird aber keine Information darüber liefern, ob das Ziel letztlich erreicht wurde oder nicht – bei der nächsten Messung liefert er einfach eine neue Prognose dafür, wo der Zielwert künftig liegen könnte.

Nachlaufende Indikatoren verhalten sich, was Vor- und Nachteile angeht, spiegelbildlich: Sie erlauben kaum vorausschauendes Handeln, geben aber – bis auf Messstörungen – ein genaues Bild des Zielwertes zu einem bestimmten Zeitpunkt. Damit wird erreicht, dass das Management tatsächlich nur dann eingreift, wenn ein Problem vorliegt – und nicht dann, wenn eines nur vermutet wird.

Die gleichlaufenden Indikatoren verhalten sich in der Praxis wie die nachlaufenden. Da jede Messung und deren Interpretation durch das Management Zeit beansprucht, ist das Resultat der Messung auch bei gleichlaufenden erst in einer nutzbaren Form vorhanden, wenn der gemessene Zielwert bereits wieder in der Vergangenheit liegt.

Das eigentliche Qualitätsmerkmal bezieht sich deshalb nicht auf die Art des Indikators (gleich-, vor- oder nachlaufend), sondern darauf, wie gut die Zeitdifferenz zwischen der Anzeige des Zielwertes zum Zeitablauf des Prozesses „Problemfeststellung", „Definition und Anordnung von Maßnahmen, „Wirkung der Maßnahmen" passt. Handelt es sich grundsätzlich um einen sehr langen Prozess, so sind vorlaufende Indikatoren mit langer Vorlaufzeit oder nachlaufende mit kurzer Nachlaufzeit besser als vorlaufende mit kurzer Vorlaufzeit.

Ist es so, dass eine Abweichung des Zielwertes genau analysiert werden muss, bevor gehandelt werden kann, so sind nachlaufende Indikatoren im Vorteil gegenüber vorlaufenden: Sie bilden einen Zustand ab, der tatsächlich bereits vorliegt und der auch mit anderen Mitteln analysiert werden kann. Die vorlaufenden bilden ja einen zukünftigen Zustand ab, der sich momentan einer unabhängigen Analyse mehr oder weniger entzieht.

14.8 Die Kosten der Messung

Das letzte Qualitätsmerkmal ist ein ökonomisches: Das Finden, Definieren und schließlich Messen von Indikatoren ist mit Kosten verbunden. Es ist zudem zu erwarten, dass die gröbsten Messprobleme relativ schnell und kostengünstig gelöst werden können. Die Finessen verschlingen erfahrungsgemäß überproportional viele Ressourcen, ohne dass das Resultat viel zur Verbesserung des Controllings beiträgt.

Ökonomisch gute Indikatoren sind deshalb solche, welche ein gutes Kosten/Nutzen-Verhältnis aufweisen – was in der Praxis nichts anderes bedeutet, als dass man viele theoretische Probleme einfach in Kauf nimmt und unter dem Stichwort „Messstörung" toleriert. Es bedeutet auch, dass in der Praxis gerne auf Indikatoren zurückgegriffen wird, für die ohnehin bereits Erhebungen durchgeführt werden. Beispiele dafür sind all die Sachverhalte, welche im Rechnungswesen dokumentiert sind. Solche Indikatoren sind ökonomisch äußerst attraktiv, da sie kaum zusätzlichen Erhebungsaufwand verursachen, da die Messmethode sowie deren Probleme und Begrenzungen gut bekannt und verstanden sind.

Für das strategische Controlling haben aber diese Indikatoren häufig den Nachteil, dass sie zu weit weg von den Zielen sind, die im strategischen Management als wichtig erachtet werden.

14.9 Periodenbezogene und ständige Ziele

Wie eingangs angemerkt, sollte ein Ziel nicht nur beschreiben, welcher Sachverhalt interessant ist (Zielinhalt) und welche Ausprägung dieses Sachverhaltes angestrebt wird (Zielwert) – es muss auch über die zeitliche Dimension eine Aussage gemacht werden. Jetzt aber einfach zu fordern, dass für jedes Ziel ein „Ablaufdatum" definiert wird, würde die Sache zu stark vereinfachen. Die Forderung, ständig die Effizienz zu verbessern, kann ein vernünftiges strategisches Ziel in einem Umfeld sein, das auf Effizienzprobleme sensitiv reagiert. Dieses

Ziel wird im eigentlichen Sinn nie erreicht werden, da kein Endzustand formuliert wurde.

Dem gegenüber stehen Ziele, die als Endzustände darstellbar sind:

„Wir wollen neu auch für Gemeinden und Zweckverbände tätig sein"
„Wir wollen unsere Führungsstruktur zentralisieren"

Solche Ziele brauchen zusätzlich die Angabe einer Periode, innerhalb der sie verwirklicht werden sollen – ansonsten wird nie ganz klar werden, ob Handlungsbedarf besteht, falls das Ziel noch nicht erreicht worden ist, oder ob man einfach zuwarten soll. Aber auch für die ständigen Ziele spielt die Zeit eine Rolle. Nur wirkt eine Periodenangabe bei diesen Zielen nicht als Ablaufdatum, nachdem das ursprüngliche Ziel so oder so durch ein neues ersetzt werden muss, sondern nur als Angabe, in welchem Rhythmus festgestellt werden soll, ob sich der Zustand der Unternehmung in die richtige Richtung bewegt.

Teilweise lässt sich der Gegensatz zwischen periodenbezogenen und ständigen Zielen auch formal sprachlich auflösen. Das Ziel, die Effizienz ständig zu verbessern, könnte auch als Reihe von Zielen formuliert werden:

„Wir wollen in den nächsten 2 Jahren unsere Effizienz spürbar verbessern"

Nach Ablauf der 2 Jahre wird einfach dasselbe Ziel wieder gesetzt:

„Wir wollen in den nächsten 2 Jahren unsere Effizienz spürbar verbessern"

Diese Lösung befriedigt formal, aus Sicht der Verständlichkeit im Unternehmen ist es aber besser, wenn die ursprüngliche Formulierung „ständig verbessern" beibehalten wird. Damit wird nämlich dem Management aller Stufen und den Mitarbeitern signalisiert, dass es nicht um einen Quantensprung, eine einmalige Sonderanstrengung oder gar nur um ein „window-dressing" für die kommende Periode, sondern um eine Aufgabe geht, die aktiv in die Arbeitsplanung einzubauen ist und an der ständig gearbeitet werden soll.

Die Präzisierung erfolgt nur im Controlling, d. h. in einem kleineren Personenkreis, dem bewusst ist, dass es zur Steuerung auch die Angabe der Rhythmik braucht, nach der ein Soll-Ist-Vergleich angestellt und allfällige Steuerungsmaßnahmen definiert werden.

Welcher Rhythmus angemessen ist, hängt von vielen Faktoren ab:

1. Wie groß ist das Risiko, dass eine Richtungskorrektur unmöglich wird, wenn zu lange gewartet wird? Je höher dieses Risiko, desto kürzer die Periode, innerhalb der ein Soll-Ist-Vergleich gemacht werden soll.
2. Wie lange dauert es, bis getroffene Maßnahmen im Schnitt wirken, und wie oft werden solche Maßnahmen überhaupt getroffen? Es macht wenig Sinn, halbjährlich die Ist-Daten zu erheben, wenn nur einmal pro Jahr eingegriffen wird und die Folgen sich ebenfalls erst ein Jahr später zeigen.
3. Wie aufwändig ist es, die Ist-Daten in der notwendigen Qualität zu erheben? Aufwändige, teure Erhebungsaktivitäten sind aus ökonomischen Gründen auf ein Minimum zu beschränken, was heißt, dass die Perioden länger werden verglichen mit dem Fall, dass die notwendigen Daten ohnehin vorliegen und nicht separat beschafft werden müssen.

14.10 Ziele bilden: Ein Fazit

Controlling geht davon aus, dass Unternehmen gesteuert werden können. Das bedeutet, dass es Soll-Vorstellungen gibt und dass diese mit Ist-Zuständen verglichen werden können. Zudem bedeutet das, dass allfällige Differenzen zwischen Soll und Ist mit geeigneten Maßnahmen verkleinert werden können.

Die Soll-Vorstellungen beziehen sich im Zeitpunkt der Formulierung auf die Zukunft. Sie gestalten demzufolge die Führungsarbeit, sie geben den Rahmen vor, indem geführt wird. Damit später tatsächlich ein Soll-Ist-Vergleich angestellt werden kann, braucht es verschiedene formale Eigenschaften, damit diese Soll-Vorstellung, die Ziele, nicht nur präzise, sondern auch brauchbar sind:

- Sie sind so zu formulieren, dass entschieden werden kann, ob sie später erreicht wurden.
- Sie sind so zu formulieren, dass auch dann eine Messung erfolgen kann, wenn der eigentliche Sachverhalt (das Ziel) selbst nicht direkt beobachtbar ist – mit anderen Worten, es sind in solchen Fällen auch die Indikatoren zu beschreiben.
- Sie sind so zu formulieren, dass eine gemeinsame zeitliche Rhythmik zwischen Zeitbezug der Ziele, Erhebung der Ist-Daten, Ergreifung und Wirkung der Maßnahmen entsteht.
- Sie sind so zu formulieren, dass der Aufwand für die Steuerung moderat bleibt und insgesamt der Nutzen dieses Ansatzes den Aufwand übertrifft.

Diese Forderungen können nur erfüllt werden, wenn ein tiefes Verständnis für das Unternehmen selbst und seine Umwelt besteht. Zielformulierung ist im Kern keine technische Angelegenheit, sondern Ausdruck einer fundierten Überzeugung der Entscheidungsträger: „Unser Unternehmen kann und wird sich so und so entwickeln, falls die richtigen Maßnahmen getroffen werden." Durch die Ziele wird der Wille der Unternehmung als Ganzes und nicht nur der Wille einzelner Akteure sichtbar. Damit die Ziele wirken, damit alle Betroffenen ihre Aktivitäten an den Zielen ausrichten, muss der Verständlichkeit und der Akzeptanz größte Beachtung geschenkt werden.

Aber: Zielformulierung hat auch technische Aspekte. Werden Ziele nicht „richtig" formuliert, dann ist später kein regelkreisartiges Steuern möglich. Das bedeutet nicht, dass die Ziele nicht erreicht werden können. Vielleicht werden sie tatsächlich erreicht. Es bedeutet nur, dass das Management die Kontrolle über den Prozess verliert.

Wie oben ausgeführt, wurde die Idee der strategischen Planung als umfassender Ansatz in der Praxis mehrheitlich aufgegeben. Das bedeutet nicht, dass es keine strategische Planung mehr gibt oder braucht. Es bedeutet nur, dass von allzu romantischen Vorstellungen über die Machbarkeit solcher Pläne Abstand genommen wird.

Moderne strategische Pläne haben mehr den Charakter von Machbarkeitsanalysen als von eigentlichen Plänen im Sinne von Vorgaben. Obwohl bei der Zielformulierung bereits auf mögliche Mittel und Maßnahmen Rücksicht genommen werden muss – sonst wären die Ziele weder vom Inhalt noch vom Zielwert her realistisch –, wird doch in dieser Phase häufig mit sehr groben Vorstellungen bezüglich der vorhandenen Mittel und der tatsächlichen Möglichkeiten operiert.

Ein strategischer Plan im Sinne des Controllings hat zwar auch die Funktion, dass notwendige Schritte zur Zielerreichung vorgedacht und systematisch zusammengestellt werden. Seine eigentliche Aufgabe ist aber die Vorbereitung der Soll-Ist-Analyse. Die Ist-Werte werden von den Zielwerten abweichen, das ist so zu erwarten. Es stellt sich dann aber die Frage nach den Ursachen:

Liegt die Abweichung darin begründet, dass sich die Umwelt anders entwickelt hat als vorgesehen? Oder liegen Managementfehler vor? Oder waren gar die Zielwerte unerreichbar, was sich aber erst im Zuge der Umsetzung gezeigt hat?

Eine solche Analyse wird sehr schwierig, wenn zum Zeitpunkt der Abweichung keine Daten über die Rahmenbedingungen der Zielformulierung mehr greifbar sind. Jedes Ziel geht von Annahmen aus: Annahmen über die Entwicklung der Umwelt, der Möglichkeiten des Unternehmens ganz allgemein sowie über Maßnahmen, die später vom Management aller Stufen getroffen werden, über die Wirksamkeit dieser Maßnahmen, über Zeitaspekte etc.

Viele dieser Annahmen sind nur implizit formuliert. Weitere Annahmen werden getroffen, wenn erste Maßnahmen diskutiert werden. Der strategische Plan soll zwar auf der Oberfläche die Auswirkungen aller Maßnahmen darstellen sowie zeigen, wie und dass die Ziele erreicht werden können. Seine Hauptaufgabe aber liegt darin, möglichst viele dieser Annahmen explizit zu machen. Dies ermöglicht es in einer späteren Phase, im Rahmen der Soll-Ist-Analyse zu untersuchen, welche Annahmen faktisch nicht erfüllt waren und wieso diese Annahmen nicht erfüllt waren. Der Analyseprozess wird damit entscheidend beschleunigt.

Der Prozess darf allerdings nicht so missverstanden werden, als dass die Planung die Analyse mehr oder weniger vorwegnimmt. Selbstverständlich wird bei der Abweichungsanalyse nochmals kreativ vorgegangen, es müssen Ursachen für die Abweichung in Betracht gezogen werden, die außerhalb der Pläne liegen. Schließlich wurden auch die Pläne nicht in Kenntnis der bei der Analyse vorliegenden tatsächlichen Umwelt- und Unternehmenssituation gemacht, es ist somit möglich, dass Abweichungen zustande kommen, die in den Plänen nicht vorhergesehen wurden.

Trotzdem erleichtert ein guter strategischer Plan die Analyse, zumal letztere häufig unter hohem Zeitdruck erstellt werden muss – unter deutlich höherem Zeitdruck als die Planung.

15. Ein Schlusswort

Controlling befasst sich primär mit der Effektivitätsfrage, d. h. damit, ob und inwiefern gesetzte und definierte Ziele erreicht werden. Neben der Effektivitätsfrage muss strategisches Management jedoch die mindestens so wichtige Frage beantworten, ob die gesetzten Ziele denn die richtigen sind, ob wir uns auf dem richtigen Weg befinden. Diese Frage wurde als Effizienzfrage bezeichnet und wird vom Controlling normalerweise nicht beantwortet. Die beiden Fragen, die Effektivitäts- und die Effizienz-Frage, lassen sich in der Realität nicht trennen,

Auf Kurs? – Strategisches Controlling

sie sind im Alltag zirkulär miteinander verflochten, wir sind gefordert, die beiden Perspektiven sinnvoll aufeinander abzustimmen (vgl. Abbildung unten).

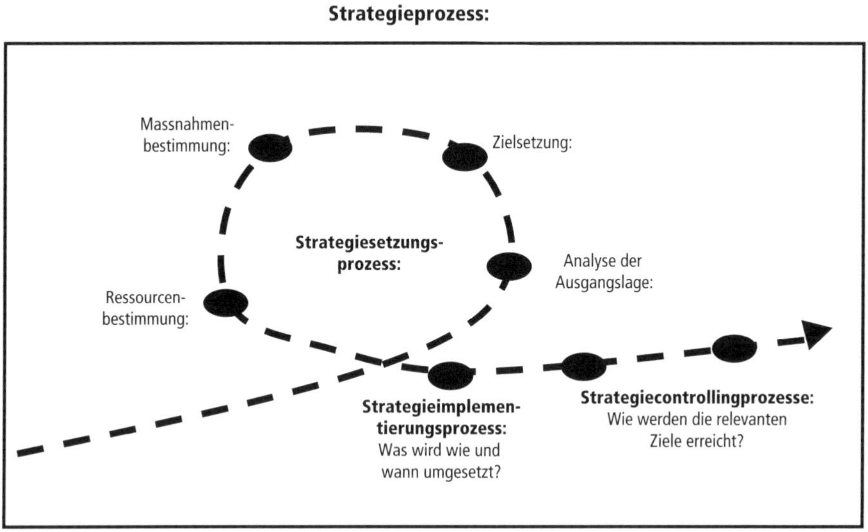

Strategieprozess:

- Massnahmenbestimmung:
- Zielsetzung:
- Strategiesetzungsprozess:
- Ressourcenbestimmung:
- Analyse der Ausgangslage:
- Strategieimplementierungsprozess: Was wird wie und wann umgesetzt?
- Strategiecontrollingprozesse: Wie werden die relevanten Ziele erreicht?

Abbildung 71: Der Strategieprozess auf der Basis des Führungsrades (eigene Darstellung nach Thommen, 2000)

Es stellt sich abschließend also die Frage, wie sich Strategiesetzung, Ableitung von Zielen, Evaluation und daraus ableitbare Reaktion sinnvoll aufeinander abstimmen lassen. Abstimmung bedeutet in der Praxis, dass man Wege finden muss, wie die in Strategie- und Controllingarbeiten involvierten Personen sinnvoll miteinander zusammenarbeiten. Hier ist v. a. die Zusammenarbeit zwischen den verschiedenen strategischen Ebenen, d. h. den Stakeholdern (Mitgliedern, Auftraggebern etc.), den Aufsichtsgremien (Vorständen, Stiftungsräten etc.) und der operativen Ebene wesentlich. Bei Tweeten[1] findet sich eine Typologie, welche für den NPO-Bereich das Zusammenspiel zwischen Aufsichtgremien und operativer Leitung anschaulich skizziert. Tweetens Modell basiert auf empirischer Beobachtung der Praxis. Die hierbei erkennbaren Formen werden in drei Modelltypen zusammengefasst, einem *strategiezentrierten*, einem *einbindungsorientierten* und einem *handlungszentrierten* Modell. Diese drei Modelle lassen sich charakterisieren durch ihre grundsätzlich andersartigen Perspektiven im Rollenverständnis und den Handlungsrealitäten der beteiligen Personen und Personengruppen.

Im *strategiezentrierten Modell* verstehen sich die Mitglieder des Aufsichtsgremiums als verantwortlich für die Strategiesetzung, nicht aber für die folgenden

Schritte, d.h. die Initiierung der Umsetzung und die nachfolgende Evaluation dieser Umsetzungsschritte. Im *handlungszentrierten Modell* tritt die Strategie fast gänzlich in den Hintergrund, und die Aufsichtsgremien greifen mehr oder minder umfassend aktiv und operativ in Umsetzungsaktivitäten, ins operative Geschäft ein. Das *einbindungsorientierte Modell* nimmt eine Zwischenstellung ein. Vorstände verstehen sich hier als verantwortlich für die Strategiesetzung, deren Initiierung und die Evaluation der wichtigen Umsetzungsschritte. Dazu ist es notwendig, dass auch die Interaktionen, die Rollen und die Verantwortungen zwischen Aufsichts- und operativer Ebene bewusst gestaltet, analysiert und falls notwendig modifiziert werden. Darüber hinaus bedarf es konkret definierter Instrumente, welche es erlauben, die Verantwortung auf den jeweiligen Ebenen bewusst, gezielt und informiert wahrnehmen zu können. Teenten hat dazu für alle Modelltypen wichtige Handlungsbeispiele aufgeführt. Wir möchten an dieser Stelle nur einen Modelltyp (das Einbindungsmodell) näher darstellen und die dabei wichtigen Rollen, Funktionen und Instrumente auflisten:

Tätigkeitsbereiche	Einbindungsorientiertes Modell
Formulierung und Überdenken der Strategie	• Die Strategieevaluation und Strategieentwicklung basieren auf einem kontinuierlichen und qualifizierten Diskurs innerhalb des Aufsichtsgremiums (AR) und zwischen dem AR und der Geschäftsleitung (GL). • Die GL und die Mitarbeitenden (MA) werden – falls notwendig – bewusst, aktiv und gezielt in den Strategieprozess einbezogen. Ihre Rollen im Prozess sind bestimmt und festgehalten.
Kontinuierliche Planung und Entwicklung	• Der AR und GL sind eingebunden in einen bewusst gesteuerten Reflexions- und Analyseprozesse. Diese Arbeit basiert auf einem konkreten Reportingsystem und einer bewussten Themensetzung. • Es werden konkrete Informations- und Entscheidungsprozesse festgelegt, und ein spezifisches Reportingkonzept für den AR ist etabliert und entwickelt. • Die Prozesse und Instrumente werden regelmäßig auf ihre Tauglichkeit hin überprüft und nach Bedarf angepasst. • Der Bezug zu Mission und Strategie ist ein wichtiges Element dieser Reflexionsarbeit.

Auf Kurs? – Strategisches Controlling

Positionierung und Beziehungsarbeit	• Das Umfeld der Organisation ist in Zusammenarbeit mit dem AR, der GL und den MA klar gegliedert und gewichtet (die Beziehungslandschaft ist erstellt und gewichtet). • Der AR ist eingebunden in die Analyse und Bearbeitung wichtiger Interessengruppen und die dabei notwendigen Entscheidungen. • Es können Peergruppen aufgebaut werden und die GL hat einen regelmäßigen und klar strukturierten Informationsauftrag.
Vorbereitung für leistungs- und entwicklungsorientiertes Arbeiten	• AR-Mitglieder beobachten laufend das Umfeld, analysieren die Dienstleistungen der Organisation, studieren aktuelle Literatur, besuchen spezifische Weiterbildungsseminare und Konferenzen, studieren zusätzliches Informationsmaterial (welches gezielt von der GL für den AR aufbereitet wird). • Diese Arbeit beruht auf der vorhandenen Mission und Strategie und einem differenzierten Reportingsystem.
Leitungsevaluation der GL und des AR	• Der AR führt regelmäßig eine Selbstevaluation durch und die AR ist verantwortlich für die Leistungsevaluation der GL. • Beide Handlungen basieren auf möglichst klaren Vorgaben und Indikatoren, und es besteht ein klar umschriebenes Evaluationsmodell.
Führungskräfte und Mitarbeitenden-Selektion, Führung und Entwicklung	• Der AR und die GL bestimmen regelmäßig die notwendigen Fähigkeiten, Kompetenzen, Erfahrungen für GL und MA. Sie definieren oder verabschieden die zentralen Instrumente und Konzepte der Mitarbeitendenführung und Entwicklung (Ebene: MA und GL). • Der AR bestimmt und überdenkt in bestimmten Abständen die eigenen Fähigkeiten, Kompetenzen, Erfahrungen, bestimmt Instrumente und Konzepte für die eigene Entwicklungsarbeit. • Der AR führt die GL.
Strukturierung des Aufsichtsgremiums und Formulierung der Zusammenarbeit mit der Geschäftsleitung	• Es besteht im AR ein Ressortsystem mit klar umschriebenen Rollen, Verantwortungen und Erwartungen. • Die Zusammenarbeit innerhalb des AR ist definiert. • Das Zusammenspiel zwischen AR und GL ist festgeschrieben • Diese Interaktion wird regelmäßig reflektiert und nach Bedarf angepasst.

Abbildung 72: Zusammenarbeit zwischen Aufsichtsgremium und Geschäftsleitung (eigene Darstellung in Anlehnung an Teenten, 2002)

Aus der Aufstellung wird ersichtlich, dass bezogen auf das Strategiecontrolling nicht nur Inhalte, sondern bewusst auch der Strategieprozess selbst, die relevanten Strukturen und involvierten Personengruppen analysiert werden müssen. Strategien entstehen nicht außerhalb sozialer Interaktionssysteme, sondern sind als Resultate sozialer Prozesse und bestehender Strukturen zu verstehen. Strategieumsetzung hängt zu einem großen Teil davon ab, ob und wie die beteiligten Personen ihre Aufgaben und Rollen kennen, wahrnehmen, zur Wahrnehmung ihrer Verantwortung befähigt sind, und die anstehenden Probleme regelmäßig reflektieren und das System nach Bedarf anpassen. Hier setzt die *Corporate Governance*-Diskussion ein, die insbesondere auch die Schnittstellenproblematik zwischen Stakeholdern und strategischer Führung sowie zwischen strategischer Führung und operativer Geschäftsleitung thematisiert. Die *Corporate Governance*-Diskussion wurde von uns an anderer Stelle ausführlich beleuchtet, wir gehen daher aus diesem Grunde hier nicht näher auf diese Problematik ein[2]. *Corporate Governance* kann genauso wie strategische Führung oder strategisches Controlling weder gleichgesetzt werden mit einem starren routineorientierten Planungssystem, mit der Kontrolle von quantitativen kurzfristigen Kennwerten oder mit bürokratischen oder PR-orientierten Qualitäts- und Legitimitätslabels. *Corporate Governance*, strategische Führung und strategisches Controlling haben – das hat unser Lehrbuch hoffentlich deutlich beschrieben – eher etwas zu tun mit einem entwicklungs- und lernorientierten Prozess, in dem externe und interne, interessierte Personen, Teams und ganze Organisationen gemeinsam, motiviert und engagiert, mit ganz unterschiedlichen Perspektiven und gerade darum kompetent, die Ausrichtung von Organisationen und Netzwerken in Richtung auf nachhaltig Sinn gebende Zwecke gemeinsam thematisieren, sich festlegen auf bestimmte Richtungen und auf die dazu effizienten Stossrichtungen. Auch so entwickelte Leitlinien erfüllen ihren Sinn – das sollte ebenfalls deutlich geworden sein – erst in der operativen Umsetzung. *Corporate Governance*, Strategie und strategisches Controlling erfüllen also erst gemeinsam mit gut gemachtem Tagesgeschäft den Anspruch, den alle erfüllen möchten: gute Führung, gut geführte NPO.

Anmerkungen

Kapitel 1
1. Vgl. z. B. Drucker (1986) und Drucker (1986, 2), Kotler und Fox, 1995

Kapitel 2
1. Salamon und Anheier, 1997: 153
2. Wolf, 1999: 19
3. Als Alternativen findet man eine ganze Reihe ähnlicher Begriffe, so im Englischen z. B. die Begriffe NGO (Nongovernmental Organization), Charity, Voluntary Organization, im Deutschen auch die Begriffe Gemeinwirtschaftliche Organisationen, Organisationen der Zivilgesellschaft etc. (vgl. dazu Badelt, 2007)
4. Zum Begriff des Dritten Sektors vgl. z. B. Anheier, 2005; Priller und Zimmer, 2001; Salamon und Anheier, 1997; Salamon, 2001. Zur Versagens-Theorie vgl. z. B. Fritsch, 2007: 33 ff.
5. Vgl. dazu Kap. 7.2
6. Vgl. dazu Kap. 14
7. Vgl. dazu Oster: 57
8. Vgl. Kap. 8.3
9. Zur Supply-Chain-Theorie vgl. z. B. Copacino (1997). Zum Destinationenmanagement vgl. z. B. Bieger: 20
10. Vgl. Kap. 11
11. Vgl. zum John Hopkins Comparative Nonprofit Sector Project: Salamon u. a. , 2003. Der 35-Länder-Vergleich schließt Deutschland und Österreich wie die meisten westeuropäischen Länder ein, es fehlen allerdings Zahlen aus der Schweiz, da man sich hier sehr spät entschloss, doch noch bei dieser großen, richtungsweisenden Studie mitzuwirken. Dank der Gebert Rüf Stiftung wird dies nun bald der Fall sein.
12. Vgl. Kap. 2.3
13. Horak, zitiert in Mayrhofer und Scheuch, 2007. S. 81–93
14. Salamon u. a., 2003
15. Schwarz u. a., 2005
16. Salamon und Anheier, 1997 (2)
17. Salamon und Anheier, 1997: 243 f.
18. Salamon und Anheier, 1997
19. Vgl. die Selbstdarstellung dieser Institutionen auf ihren Homepages: www.npo.or.at/forschung/laufende.htm; http://egora.uni-muenster.de/pol/forschen/zivil.shtml; www.uni-potsdam.de/u/ls_puma (Stand 22.08.07)

Kapitel 3
1. Siehe Deutsches Wörterbuch von Jacob und Wilhelm Grimm, Band 4, dtv München, 1984: 431–463
2. Vgl. American Heritage Dictionary, 1980: 792 und Müller-Stewens und Lechner, 2003: 8.
3. Zum Principal-Agency-Ansatz und zur Corporate Governance, speziell in NPO vgl. z. B. Voggensperger u. a., 2004; zur Problematik der negativen Wirkungen von Corporate Governance Massnahmen z. B. Osterloh und Frei (2003)

4   Vgl. z. B. Schreyögg, 1998
5   Vgl. z. B. Schreyögg
6   Vgl. z. B. Deutsches Wörterbuch von Jacob und Wilhelm Grimm, Band 19, 1984: 935.
7   Der Taktikbegriff bezieht sich im Gegensatz zum Strategiebegriff auf das *Verhalten in konkreten Situationen.*
8   Vgl. zur Entwicklung des Verständnisses des Strategischen Managements z. B. Müller-Stewens und Lechner, 2003: 8 ff., sowie Lombriser und Abplanalp, 2004: 30–34. Zur Geschichte der Harvard Business School vgl. auch http://www.hbs.edu/about/history.html (Stand 23.8.2006).
9   PIMS-Profit Impact of Market Strategies; das von General Electric und später von der Harvard Business School initiierte Projekt wollte empirisch die Erfolgsfaktoren bestimmen, die (am ROI gemessenen) zum Erfolg einer Geschäftseinheit führen. Vgl. z. B. Lombriser und Abplanalp, 2004: 182–185.
10 Zum St. Galler Management-Modell vgl. Rüegg-Stürm, 2003/05; Zum Freiburger-Modell vgl. Schwarz u. a., 2005.
11 Vgl. Lechner und Müller-Stewens, 1999
12 Vgl. z. B. Mintzberg u. a., 1999
13 Vgl. Lombriser und Abplanalp, 2004: 22 ff. Das Grundsätzliche wurde dabei durchaus als unternehmensspezifisch definiert, so erinnern wir uns an einen Leitsatz eines großen US-amerikanischen Unternehmens, das als unternehmensverfassungswürdig ansah, dass nicht zwei Topmanager in dasselbe Flugzeug steigen dürfen (aufgrund der Erfahrung einer großen Tochterfirma, die mehrere Manager auf einen Schlag verlor, was beinahe zum Kollaps geführt hätte).
14 Gälweiler, 1990
15 Mintzberg u. a., 1999: 15–35
16 Vgl. Quinn, 1995: 105–114
17 Vgl. Mintzberg u. a., 1999. Zu seiner Kritik der Managementausbildung insbesondere Mintzberg, 2005. Zum Begriff der Kompliziertheit und Komplexität vgl. Gomez und Probst, 2003; 11 ff. und Fritsch, 2007: 9 ff.

Kapitel 4

1   Lombriser und Abplanalp, 2004; Bryson, 1995: 88ff.
2   Vgl. Malik, 2006
3   Vgl. z. B. Koteen, 1997: 28 ff.

Kapitel 5

1   Vgl. Mintzberg u. a., 1999: 16 ff.
2   Vgl. Mintzberg u. a. 1999: 17
3   Vgl. Kap. 10 und vgl. bei Mintzberg u. a., 1999: 99 ff.
4   Explizit im Sinne von offen deklariert und dokumentiert
5   Watzlawick u. a., 2000
6   Vgl. Müller-Stewens und Lechner, 2003: 64 ff.
7   Vgl. unser Kap. 13
8   Vgl. Kap. 9
9   Vgl. Kap. 9

Anmerkungen

Kapitel 6

1 Vgl. H. Hinterhuber, 1982 oder Lombriser und Abplanalp, 2004: 70–91
2 Bryson, 2004: 94 ff.; R. Courtney, 2002: 150
3 Vgl. Kap. 7.2
4 Zum Begriff der Koppel- oder Verbundproduktion vgl. z. B. Brockhaus Wirtschaft, 2004
5 Drucker, 1984 und Drucker, 1973
6 Müller-Stevens und Lechner, 2003: 159
7 Lombriser und Abplanalp, 2004: 72
8 Gomez und Probst, 1999: 22 ff.
9 Probst u. a., 2005: 10 ff.

Kapitel 7

1 Vgl. zur Systemtheorie in der Betriebswirtschaftslehre z. B. Baldegger, 2007: 67 ff. Die Abgrenzung zwischen dem, was zum System gehört, und derjenigen Wirklichkeit, die als Umwelt wahrgenommen wird, ist nur auf den ersten Blick einfach und eindeutig. Das lässt sich an vielen NPO leicht veranschaulichen: Gehören die Mitglieder zur Organisation oder sind sie eher als Kunden (d. h. als „Externe") zu betrachten? Sind sie evtl. nur dann Teil der Organisation, wenn sie sich über Freiwilligenarbeit aktiv an der NPO beteiligen und interessieren oder sind sie schon Teil der Organisation, wenn sie brav ihren Mitgliederbeitrag bezahlen?
2 Courtney, 2002: 174
3 Thommen, 1999: 288
4 Vgl. Kap. 7.1
5 Vgl. Krystek und Müller-Stevens, 1993. Zur Frühaufklärung vgl. auch Lombriser und Abplanalp, 2004: 124–138
6 Stebler, 2005
7 Vgl. z. B. Häder, 2002
8 Kotler und Fox, 1995: 129 ff.
9 Vgl. Reibnitz, 1987; Wilms, 2006
10 Porter, 1983
11 Vgl. Johnson u. a., 2005: 108
12 Vgl. D'aveni, 1994
13 Porter, 1996
14 Alle Angaben zum Spendenmarkt Deutschland vgl. z. B. www.sozialmarketing.de
15 Vgl. z. B. Freeman, 1984, und Clarkson Center for Business Ethics, 1999
16 Müller-Stevens und Lechner, 2003: 244
17 Müller-Stevens und Lechner, 2003: 171
18 So ist es für eine ökologisch engagierte Organisation evtl. rel. leicht, einen Detailhändler als Sponsor zu akquirieren, der sich mit dem Sponsoring der Öko-Organisation ein „grünes Mäntelchen" geben will. Die Ökoorganisation muss sich allerdings auch überlegen, ob die Zusammenarbeit mit dem Detailhändler für ihre Reputation nicht schädlich ist, insbesondere wenn der Detailhändler in Konsumentenkreisen immer wieder mit ökologisch nicht nachhaltigen Lebensmitteln, Blumen und Möbeln in Verbindung gebracht wird, die er in Umlauf bringt.
19 Müller-Stevens, 2003: 196 ff.
20 Johnson u. a., 2005: 215
21 Haddad 2003: 23 ff.
22 Müller-Stevens und Lechner, 2003: 179 ff.
23 Müller-Stevens und Lechner, 2003: 180
24 Johnson u. a., 2005: 227

25 Vgl. Schreyögg, 1998: 426 ff.; Russell, 1948; Luhmann, 1988; Johnson u. a., 2005: 223
26 Gomez und Probst, 1999: 43 ff.
27 Gomez und Probst, 1999: 47 ff.
28 Vgl. unser Kap. 11

Kapitel 8

1 Porter, 1983; Porter, 2000
2 Lombriser und Abplanalp, 2004: 107
3 Vgl. Kap. 10.3
4 Vgl. Copacino, 1997
5 Müller-Stewens, 2003: 215 ff.
6 Porter, 2000
7 Vgl. z. B. Dreyer und Oehler, 2004
8 Als neues „Business-Modell" werden Wertschöpfungsketten oder -systeme bezeichnet, bei welchen ein Anbieter durch völlig neue Art und Weise der Organisation des Leistungserstellungsprozesses seine ganze Branche revolutioniert hat und damit meist einen nachhaltigen Wettbewerbsvorteil erzielt (und seine Branchen-Konkurrenten oft in arge Schwierigkeiten bringt). Als typisches Beispiel dieser Art wird immer wieder Amazon angeführt, die den Buch- und Medienhandel grundsätzlich neu „aufgemischt" hat, man könnte im Bereich der Alterspflege auch neue Pflegemodelle nennen, die zu grundsätzlich neuen Formen und damit zu einer Neuordnung des Marktes führten, in der Aus- und Weiterbildung sind es webbasierte Anbieter, die mit ihren Lernangeboten insbesondere den tertiären Bildungsbereich stark verändern.
9 Vgl. Dreyer und Oehler, 2007
10 Vgl. Kap. 11
11 Müller-Stevens und Lechner, 2003: 214
12 Hall, 1992
13 Hamel und Prahalad, 1990: 79–91
14 Müller-Stevens und Lechner, 2003: 223 f.
15 Boos und Jarmai,1994: 19–26
16 Lombriser und Abplanalp, 2004: 122. Man verwechsle den Begriff der *Erfolgsfaktoren* nicht mit dem ebenfalls in der Literatur vorhandenen Begriff *Strategische Erfolgspotentiale* (SEP), der von C. Pümpin / W. Amman eher mit dem Kernkompetenzbegriff synonym verwendet wurde (vgl. z. B. Baldegger, 2007: 152 f.)
17 In Anlehnung an Göbel und Günther (2007)
18 Scholz, 1997: 225 ff.
19 Schein, 1985; Deal und Kennedy, 1982
20 Schreyögg, 1996: 426 f.
21 Martin, 1992. Ihrer Meinung nach bestehen drei unterschiedliche Kulturansätze in der Literatur, nämlich die Ansätze der Integrierung, der Differenzierung und der Fragmentierung. Der Integrative Ansatz unterstreicht die Tatsache, dass organisatorische Kultur von den Mitarbeitenden gemeinsam geteilt wird, und hier setzt wohl auch oft die strategische Literatur an. Der Differenzierungsansatz unterstreicht eher den Aspekt der Subkulturen und stellt damit die Ideen einer zergliederten und nicht homogenen Kultur in das Zentrum der Betrachtung. Die Idee der Fragmentierung beachtet im Unterschied zu den anderen Ansätzen nicht primär die Stabilität einer Kultur, sondern unterstreicht ihre Inkonsistenz, die Mehrdeutigkeit, Vielfältigkeit und ständige Bewegung einer Kultur.
22 Schreyögg, 1996: 429
23 Schein, 1985
24 Hofstede u. a., 1990; Sackmann, 2006; Denison 1990. Einen guten Überblick zu verschiedenen Methoden findet man bei Sackmann, 2006.
25 Schein, 1995; Hatch, 1997; Geertz, 1973; van Maanen 1988 und Martin, 1992

Anmerkungen

26 Schreyögg, 1996: 439
27 Schreyögg, 1996
28 Sackmann, 2006
29 Denison, 2006
30 Hatch, 1997
31 Geertz, 1973; Van Maanen, 1988; Oevemann u. a., 1979
32 Dieses Vorgehen ist typisch für fast alle standardisierten Ansätze, indem sie alle auf einem mehr oder weniger festen Variablenset aufbauen und zu messen versuchen, ob und inwiefern die Größen in der jeweiligen Organisation oder in Teilen der Organisation vorhanden sind und sich allenfalls über die Jahre verändern. Davon wird dann auf die Existenz einer bestimmten Kultursituation und/oder -entwicklung geschlossen.
33 Hatch und Schultz, 2004
34 Vgl. Peters und Waterman, 1983: 32

Kapitel 9

1 Vgl. Malik, 2006
2 Lombriser und Abplanalp, 2004; Müller-Stevens und Lechner, 2003; Baldegger, 2007: 166.
3 Es muss darauf hingewiesen werden, dass vor der allzu unbedarften Anwendung sog. Normstrategien zu warnen ist, vgl. dazu 9.3
4 Ansoff, 1965
5 Es gibt kaum ein einschlägiges Buch, das die Beurteilung der Stärken und Schwächen sowie Chancen und Gefahren nicht empfiehlt. Auch in der NPO-Literatur findet man das Instrument fast überall. So bei Courtney, 2002: 153; Haddad, 2003: 28–34, bei Bätscher und Ermatinger, 2004: 179–186. SWOT steht oft abgekürzt für Strength & Weaknesses/Opportunities and Threats, WHOTS-UP (die Buchstaben werden einfach anders gereiht) verwenden z. B. Steiner, 1979 und Koteen, 1997: 117.
6 Vgl. Ansoff und Mc Donnell, 1990; Baldegger, 2007: 166–169
7 Auch die Portfolio-Methode findet sich in verschiedenen Varianten in vielen Strategiebüchern, so durchwegs in den klassischen Lehrbüchern aus der Wirtschaft, aber auch etwa in der recht spärlichen NPO-Strategieliteratur z. B. in Twaserm 2003: 39–54 sowie Bätscher und Ermatinger, 2004: 187–191
8 Vgl. zu den verschiedenen Ansätzen z. B. Müller-Stevens und Lechner, 2003: 300
9 Vgl. Lombriser und Abplanalp, 2004

Kapitel 10

1 Vgl. Müller-Stewens und Lechner, 2003: 239; Lombriser und Abplanalp, 2004; Baldegger, 2007: 182.
2 Lombriser und Abplanalp, 2004, Kap. 6
3 Vgl. z. B. dazu Lombriser und Abplanalp, 2004: 216ff. und Ostermeier, 2004
4 Lombriser und Abplanalp, 2004: 216
5 Ulrich und Wieland, 1999
6 Vgl. *http://www.leadertoleader.org/knowledgecenter/sat/mission.html*)
7 Vgl. *http://www.leadertoleader.org/knowledgecenter/sat/mission.html*)
8 Vgl. Bruhn, 2005; Purtschert, 2005
9 Porter, 1983: 62 ff.
10 Vgl. Müller-Stewens und Lechner, 2003: 266, und Johnson, 2005: 290–305.
11 In Anlehnung an Johnson u. a., 2005: 317 ff.)
12 Schreyögg, 1999: 370 f.
13 Schreyögg, 1999: 370 f.
14 Vgl. Gomez und Probst, 1999: 121

15 Vgl. zum Informationsmanagement in NPO Meier, 2006
16 Vgl. die NPO-Marketingliteratur, z. B. Bruhn, 2 und Purtschert, 2005
17 So erproben Fundraising-Organisationen mit Hilfe neuer Technologien ganz neue Arten der Spendenakquisition und auch in der Kunstbranche vermitteln die Technologien ganz neue Möglichkeiten des Schaffens, aber auch des Kontakts mit dem Publikum.
18 Vgl. z. B. Osterloh und Frost, 2000
19 Vgl. z. B. die Handreichung Geleitete Schule der Bildungsdirektion des Kt. Zürich
20 Johnson u. a. 2005, Kap. 6 und 7
21 Vgl. Lombriser und Abplanalp, 2004: 386 ff.
22 Die Autoren planen eine weitere Publikation mit speziellen Fällen des strategischen Managements
23 Carrel, 2004: 19
24 Roux-Dufort, 2003: 15–19
25 Vgl. Lombriser und Abplanalp, 2004: 127–138
26 Ch. Roux-Dufort, 2003: 135
27 Ch. Roux-Dufort, 2003: 142
28 Vgl. Carrel, 2004: 454
29 Vgl. Roux-Dufort, 2003: 178 ff. und Carrel, 2004: 431 ff.

3. Teil

1 Bunker und Alban, 1997, 2002; Holman und Devane, 2006
2 Beckhard und Harris, 1987
3 Worley u. a., 1996
4 Bunker und Alban, 1997; 2002, Holman und Devane, 2006
5 Bunker und Alban, 2002

Kapitel 11

1 Doppler und Lauterburg, 2000: 21 ff.
2 Kotter, 1996
3 Bryson, 1995
4 Luke, 1991: 27
5 DiMaggio und Powell, 1983
6 Bourdieu, 1992
7 Vgl. DiMaggio und Powell 1983; Zucker 1987; Baum und Singh 1994
8 Scott, 1992: 25 f.
9 Königswieser und Hillebrand, 2004: 35
10 Argyris, 1983; March und Ohlsen, 1976
11 Argyris und Schön, 1978
12 Senge, 1996
13 Minnig und Bühler, 2004
14 Senge, 1996
15 Schreyögg, 1996: 517
16 DiMaggio und Powell, 1983; Minnig und Bühler, 2004
17 Vgl. Scholz, 1997
18 DiMaggio und Powell, 1983
19 Schreyögg, 1996: 526
20 DiMaggio und Powell, 1983
21 Drucker, 1999: 157
22 Drucker, 1990

Anmerkungen

23 Minnig, 2006; Minnig und Bühler, 2004
24 Pfeffer und Salancik, 1978
25 Horak u. a., 2007
26 Horak, 2007
27 Scholz, 1997: 69
28 Vgl. Klingebiel, 2001
29 DiMaggio und Powell, 1983; Schlesinger, Shannon und Bradford, 2004; Abzug und Turnheim, 1998; Brinkerhoff, 2005; Selsky und Parker, 2005
30 Vgl. Minnig und Bühler-Rogger 2004
31 Der Begriff *Heterarchie* stammt aus der Diskussion der neuronalen Netze als Komplement zum Begriff *Hierarchie*. Neuerdings wird der Begriff vermehrt in der Managementtheorie verwendet, und hier insbesondere als Präzisierung des Begriffs der *Dezentralisierung* verwendet. In einer Heterarchie stehen die Organisationseinheiten nicht in einem Über- und Unterordnungsverhältnis, sondern mehr oder weniger gleichberechtigt nebeneinander. Heterarchie steht für Selbststeuerung und Selbstbestimmung und betont dezentrale und Bottom-up-Entscheidungen (vgl. Riehle in dazu Schreyögg Postmoderne ...)
32 Copacino, 1997
33 Bryson, 2003; DiMaggio und Powell, 1983, Schlesinger, Shannon und Bradford, 2004; Abzug und Turnheim, 1998; Brinkerhoff, 2005; Selsky und Parker, 2005
34 Moser, 2006: 7
35 Moser, 2006: 7
36 Weber, 2002: 9
37 Aberhold, 2005: 113
38 Aberhold, 2005: 113
39 Minnig und Bühler, 2004
40 Vgl. dazu Kocher und Oggier, 2007

Kapitel 12

1 Lewin 1946, 1963 und Graumann, 1982
2 Vgl. hierzu vor allem French und Bell 1999; Anderson und Ackerman Anderson, 2001; Waclawski und Church, 2002; Doppler und Lauterburg, 2000; Heinze 2004; Heitger und Doujak 2002
3 Lewin, 1946 und 1963
4 Lewin, 1946 und 1963
5 Vgl. French und Bell, 1999
6 Vgl. Königswieser und Hillebrand, 2005
7 Church u. a., 2002; Nadler, 1977
8 Zand, 1974
9 Heitger und Doujak, 2002: 232
10 Bushe und Shani, 1990
11 Vgl. dazu Pekruhl, 2001
12 Vgl. French und Bell 1999
13 Vgl. dazu Königswieser und Exner, 1999; Rohm, 2007; Heitger und Doujak, 2002; Königswieser und Hillebrand, 2005; Ellebracht u. a., 2003; French und Bell, 1999; Minnig, 2006; Waclawski und Church, 2002; Doppler und Lauterburg, 2000; Schmidt und Berg, 2004, Holman und Devane, 2006
14 Königswieser und Exner, 1999
15 Königswieser und Hillebrand, 2005
16 Vgl. Schein, 2003
17 Vgl. French und Bell 1999: 132 f.
18 Königswieser und Hillebrand, 2005
19 Vgl. Ellebracht u. a., 2003: 48

20 Senge, 1990: 8
21 Weick, 2001: 133
22 Vgl. Watzlawick, 2005; Watzlawick und Kreuzer, 1988, Weick, 1995, 2001
23 Soderquist, 2006; Senge, 1990, Scharmer, 2007, Senge u. a., 2005
24 Königsweiser und Hillebrand 2005: 49f.
25 Watzlawik, 1998
26 Vgl. dazu Königswieser und Exner, 1999; Heitger und Doujak, 2002; Senge u. a., 1997, Scharmer, 2007; Rohm 2007, Schmidt und Berg, 2004
27 Senge u. a., 2004, Scharmer, 2005
28 Scharmer, 2005
29 Senge u.a., 2004: 87
30 Scharmer, 2005
31 Scharmer, 2005
32 Csikszentmihalyi, 1992
33 Senge u. a., 2004: 147
34 Vgl. Doppler und Lauterburg, 2000; Heitger und Doujak, 2002
35 Scharmer, 2005
36 Janssen, 1996
37 Vgl. Tschönhens und Bissegger, 2007
38 Vgl. Simon, 2006
39 Weisbord und Janoff, 2000
40 Vgl. dazu Bridges, 2003; Schlossberg, 1995
41 Bridges, 2003
42 Bridges, 2003
43 Bridges, 2003
44 Heinze, 2004: 153
45 Doppler und Lauterburg, 2000: 293 ff.
46 Doppler und Lauterburg, 2000: 294 f.
47 Pfeffer, 1992
48 Lewin, 1946
49 Doppler und Lauterburg, 2000
50 Bridges, 2003
51 Doppler und Lauterburg, 2000
52 Simon, 2006
53 Xing-Han und Bracy, 1999
54 Anderson und Anderson, 2001; Waclawski und Church, 2002; Doppler und Lauterburg, 2000; Heinze 2004; Heitger und Doujak, 2002
55 Vgl. Xing-Han und Bracy, 1999
56 Vgl. Senge, 1996
57 Vgl. Senge u. a., 2004
58 Doppler und Lauterburg, 2000; Heigter und Doujak, 2002; Königsweiser und Hillebrand, 2005; Anderson und Ackermann Anderson 2001
59 Königsweiser und Hillebrand, 2005: 59
60 Doppler und Lauterburg, 2000: 307
61 Vgl. dazu Königswieser und Exner, 1999; Rohm, 2006; Heitger und Doujak, 2002; Königswieser und Hillebrand, 2005; Ellebracht u. a., 2003; French und Bell, 1999; Minnig, 2006; Waclawski und Church, 2002; Doppler und Lauterburg, 2000; Schmidt und Berg, 2004, Holman und Devane, 2006
62 Kotter, 1996

Anmerkungen

Kapitel 13

1. Weisbord, 1987
2. Bunker und Alban, 1997, 2002
3. Holman und Dewane, 2006
4. Wer sich einen breiteren Überblick verschaffen will, dem sind die Werke von Bunker und Alban, 1997, oder Holman und Devane, 2006, empfohlen.
5. Vgl. dazu bspw. Holman und Devane, 2006. In der Literatur finden sich zu allen Ansätzen sehr differenzierte Beschreibungen, bezüglich der Zielsetzung, der möglichen Anwendungsfelder, der notwendigen Ausgestaltung und der Rollen der Beteiligten (vgl. hierzu z. B. Weisbord und Janoff, 2000). Weiter soll in diesem Zusammenhang auch auf ein Video von Matthias zur Bonsen hingewiesen werden, welches ebenfalls einen spannenden Einblick in diese Art der Arbeit vermittelt (http://www.all-in-one-spirit.de/publikationen/videos.htm).
6. Owen und Stadler, 2006: 190
7. Owen, 2001
8. Owen, 2001
9. Wheatley, 1999
10. Wheatley und Kellner-Rogers, 1999
11. Wheatley, 1999
12. Owen und Stadler, 2001: 191
13. Schindler-Rainman und Lippitt, 1980
14. Trist u. a., 1997
15. Vgl. dazu Rock Irvin, 1990
16. Weisbord und Janoff, 2000
17. Weisbord und Janoff, 2006: 49 f.
18. Weisbord und Janoff, 2006: 56 f.
19. Weisbord, 1993
20. Dannemiller Tyson Associates, 2000
21. Zu Bonson, 1995
22. Vgl. dazu Jacobs, 1994; zur Bonsen, 1995; zur Bonsen u. a., 2003
23. Vgl. dazu Jacobs, 1994; zur Bonsen, 1995; zur Bonsen u. a., 2003
24. http://www.all-in-one-spirit.de/res/rtsc/bsp1.htm
25. Cooperrrider u. a., 2001
26. Cooperrider und Srivasta, 1987: 130 f.
27. Marsick u. a., 2002
28. Fitzgerald u. a., 2002: 206 ff.; Watkins und Mohr, 2001
29. Cooperrider, 1996

Kapitel 15

1. Tweeten, 2002
2. Voggensperger u. a., 2004

Abbildungsverzeichnis

Abbildung 1: Morphologischer Kasten der NPO   24
Abbildung 2: NPO-Gruppen in der CNP-Klassifikation (Quelle: Salomon u. a., 2003, S. 23)   26
Abbildung 3: Typologie der NPO im Freiburger-Modell   27
Abbildung 4: Test des institutionellen Modells des NPO-Sektors   27
Abbildung 5: Die 5 P der Strategie (nach Mintzberg, 1999)   38
Abbildung 6: Denkschulen der Strategiebildung nach Mintzberg   51
Abbildung 7: Das Führungsrad (Quelle: Thommen, 2000: 42 ff. und ö)   56
Abbildung 8: Der Strategieprozess (eigene Darstellung in Anlehnung an Lombriser/Abplanalp, 2004: 46 ff.)   58
Abbildung 9: Aktivitätsfelderanalyse in einem Spital (eigene Darstellung, Auszug)   65
Abbildung 10: Darstellung der SGF mit der Inside-out-Methode (eigene Darstellung in Anlehnung an Lombriser/Abplanalp, 2004: 74)   68
Abbildung 11: Darstellung der SGF mit der Outside-in-Methode (eigene Darstellung; Beispiel aus der tertiären Bildung)   70
Abbildung 12: Modelle zur Strukturierung der Umwelt – PESTEL und UNISG (eigene Darstellung in Anlehnung an Rüegg-Stürm, 2003: 22, und Johnson u. a., 2005: 73 ff.)   84
Abbildung 13: Checkliste zur Analyse des globalen Umfelds (Pümpin, in Lombriser und Abplanalp, 2004: 100)   86
Abbildung 14: Modell der Szenariotechnik (eigene Darstellung adaptiert nach Reibnitz, 1987)   89
Abbildung 15: Das 5-Forces-Modell der Branchenattraktivität nach Porter (1983: 26)   91
Abbildung 16: Branchenattraktivitäts-Hexagon in der Pflegeheimbranche   98
Abbildung 17: Das Diamant-Modell Porters (1996)   100
Abbildung 18: Die Anspruchsgruppen oder Stakeholder (in Anlehnung an Rüegg-Stürm, 2003: 28)   103
Abbildung 19: Stakeholder-Map Haddad, Haddad u. a., 2003: 23 ff.)   110
Abbildung 20: Relevanz-Matrix der Stakeholder 1 (Müller-Stevens, 2003: 179)   111
Abbildung 21: Relevanz-Matrix der Stakeholder 2 (Johnson u. a., 2005: 217 ff.)   111
Abbildung 22: Stereotypen unternehmerischer Grundhaltungen (in Anlehnung an Johnson u. a., 2005: 228)   113
Abbildung 23: Quellen und Indizien der Macht (in Anlehnung an Johnson u. a., 2005: 223)   114
Abbildung 24: Perspektiven, Zweckbestimmungen und Schlüsselfaktoren am Beispiel Bergtourismus (Gomez und Probst, 1999: 46)   115
Abbildung 25: Strategische Positionierung in der Automobilbranche (Lombriser und Abplanalp, 2004: 109)   119
Abbildung 26: Das tertiäre Bildungssystem der Schweiz – strategische Gruppen (eigene Abbildung, adaptiert nach Johnson u. a., 2005: 113)   120
Abbildung 27: Kann-Positionierung einer Fachhochschule (eigene Darstellung, ergänzend zu Abbild. 26)   121
Abbildung 28: Beispiel eines Konkurrenzvergleichs (adaptiert nach Göbel und Günther, 2007)   123
Abbildung 29: Checkliste zur Fähigkeiten-Analyse (Lombriser und Abplanalp, 2004: 148)   124
Abbildung 30: Typisches Modell einer Wertkette in einem Sachgüter produzierenden Betrieb (Porter, 1989: 66 ff.)   125
Abbildung 31: Die Wertkette bei Dienstleistungen (eigene Darstellung)   126
Abbildung 32: Wertkettensystem eines Dienstleistungspakets (eigene Darstellung in Anlehnung an Johnson u. a., 2005: 167)   131
Abbildung 33: Die Ressourcen-Pyramide eines Unternehmens (Müller-Stewens und Lechner, 2003: 214)   132
Abbildung 34: Ressourcen, Kompetenzen und strategische Erfolgsfaktoren (vgl. Johnson u. a., 2002: 206)   136

Abbildung 35: Beurteilungsmatrix Ressourcen und Kompetenzen (in Anlehnung an Göbel und Günther, 2007)   137
Abbildung 36: Die Kultur als zentrale Größe (Heitger und Doujak, 2002: 52)   138
Abbildung 37: Kulturebenen nach Schein (1985)   139
Abbildung 38: Beispiel einer Kulturanalyse nach Denison (2006)   144
Abbildung 39: Dynamik der organisatorischen Identität (Hatch und Schultz, 2004)   146
Abbildung 40: Das 7-S-Modell von McKinsey (nach Peters und Waterman, 1983: 32)   147
Abbildung 41: Die Produkt-Markt-Matrix von Ansoff (eigene Darstellung nach Ansoff, 1965)   151
Abbildung 42: Stärken/Schwächen-Chancen/Gefahren-Profil einer NPO im Vergleich zu einem Mitbewerber (eigene Darstellung)   154
Abbildung 43: SWOT-Darstellung einer NPO (eigene Darstellung an fiktivem Beispiel)   155
Abbildung 44: Portfolio-Matrix der Boston Consulting Group (BCG) (www.bcg.com)   158
Abbildung 45: Portfolio-Matrix nach McKinsey und General Electric (vgl. Lombriser und Abplanalp, 2004, S. 210)   160
Abbildung 46: Wettbewerbsposition-Marktattraktivitätsmatrix und Normstrategien (eigene Darstellung nach Müller-Stewens und Lechner, 2003: 303)   161
Abbildung 47: Ressourcenportfolio einer NPO (eigene Darstellung)   163
Abbildung 48: Das Leitbild und seine Bestandteile (eigene Darstellung)   166
Abbildung 49: Die generischen Wettbewerbsstrategien nach Porter (eigene Darstellung)   178
Abbildung 50: Die „strategische Uhr" der generischen Strategien (nach Johnson u. a., 2005: 292)   180
Abbildung 51: Sinus-Landkarte der Zielgruppen in der Schweiz (ogs/KünzlerBachmann Directmarketing AG, St. Gallen)   182
Abbildung 52: Checkliste zur Beurteilung der Kooperationssituation (eigene Darstellung)   183
Abbildung 53: Strategie-Entwicklungsalternativen in der Ansoff'schen Matrix (nach Johnson u. a., 2005: 414)   188
Abbildung 54: Die Dimensionen einer Krise (nach Roux-Dufort, 2003: 113 ff.)   197
Abbildung 55: Dynamik einer Krisensituation in der Krisenmatrix (nach Roux-Dufort, 2003: 40 ff.)   199
Abbildung 56: Beispiel eines Krisen-Portfolios (adaptiert nach Roux-Dufort, 2003: 127)   201
Abbildung 57: Evaluation der Szenarien in einer Probabilitäts-Bedeutungs-Matrix (adaptiert nach Roux-Dufort, 2003: 142)   202
Abbildung 58: Modifizierter Stakeholder-Ansatz nach dem Grundkonzept von Horak (Horak u. a., 2007)   215
Abbildung 59: Grundmodell des Beziehungsmanagement-Ansatzes (eigene Darstellung)   216
Abbildung 60: Entwicklungsrichtung und -dynamik institutioneller Zusammenarbeit (eigene Darstellung)   223
Abbildung 61: Entwicklungsansatz institutioneller Zusammenarbeit (eigene Darstellung)   224
Abbildung 62: Ein Vergleich zwischen Strategischem Management und Change Management (eigene Darstellung basierend auf Lombriser und Abplanalp, 2005 und Lewin, 1946, 1963)   228
Abbildung 63: Strukturierung von Veränderungsprozessen (eigene Darstellung)   230
Abbildung 64: Die Systemische Schleife nach Königswieser und Hillebrand (2004: 46)   232
Abbildung 65: Grundmodell der U-Theory (Senge u. a., 2004)   236
Abbildung 66: Metapher der „Vierzimmerwohnung" nach Janssen (1996)   239
Abbildung 67: Ride the Roller Coaster, nach Weisbord und Janoff (2000)   240
Abbildung 68: Übergangsphasen nach Bridges (2003: 5)   240
Abbildung 69: Spannungsfeld zwischen Veränderungsnotwendigkeit und -fähigkeit (eigene Darstellung)   245
Abbildung 70: Zielbildung aus der Sicht des Controllings (eigene Darstellung)   274
Abbildung 71: Der Strategieprozess auf der Basis des Führungsrades (eigene Darstellung nach Thommen, 2000)   289
Abbildung 72: Zusammenarbeit zwischen Aufsichtsgremium und Geschäftsleitung (eigene Darstellung in Anlehnung an Teenten, 2002)   291

Literaturverzeichnis

Abplanalp Peter und Lombriser Roman (2000), Unternehmensstrategie als kreativer Prozess, München
Abzug Rikki und Joy K. Turnheim (1998), Bandwagon or Band-Aid? A Model of Nonprofit Incorporation by State, in: Nonprofit and Voluntary Sector Quarterly, Vol. 27, Nr. 3, Seiten 300–322
Aeberhold Jens (2005), Unternehmen zwischen Netzwerk und Kooperation, in: Aeberhold Jens u. a. (Hrsg.), Modernes Netzwerkmanagement – Anforderungen – Methoden – Anwendungsfelder, Wiesbaden, Seiten 113–142
Anderson Dean und Linda Ackermann Anderson (2001), Beyond Change Management – Advanced Strategies for Today's Transformational Leaders, San Francisco
Anheier Helmut K. (2005), Nonprofit Organizations, Theory, Management, Policy, London/New York
Anheier Helmut K. und Avner Ben-Ner (Hrsg.), (2003), The Study of the Nonprofit Enterprise, New York/Boston/Dordrecht/London/Moscow
Anheier Helmut K., Proeller Eckhard, Seibel Wolfgang und Anette Zimmer (Hrsg.), (1997), Der Dritte Sektor in Deutschland, Organisationen zwischen Staat und Markt im gesellschaftlichen Wandel, Berlin
Ansoff H. Igor und Edward Mc Donnell (1990), Implanting Strategic Management, 2. Aufl. New York/London
Ansoff Igor (1965), The New Corporate Strategy, New York
Austin James E. und Frances Hesselbein (2002), Meeting the Collaboration Challenge, Developing Strategic Alliances between Nonprofit Organizations and Businesses, San Francisco
Badelt Christoph, Meyer Michael und Ruth Simsa (2007), Handbuch der Nonprofit Organisation, Strukturen und Management, 4. Aufl., Stuttgart
Baldegger Rico J. (2007), Management, Strategie-Struktur-Kultur, Bern/New York
Bätscher Rudolf und Ermatinger Johannes (2004), Strategieentwicklung in Sozialinstitutionen, Ein Leitfaden für die Praxis, Zürich
Baum, Joel A. C. und Jitendra V. Singh, (Hrsg) (1994), Evolutionary Dynamics of Organizations, Oxford
Beckhard Richard und Reuben T. Harris (1987), Organizational Transitions: Managing Complex Change, 2. Aufl., Reading (MA)
Berman Evan M. (1998), Productivity in Public and Nonprofit Organizations, Strategies and Techniques, London/New Delhi
Bertelsmann Stiftung (Hrsg.), (2006), Messen, werten, optimieren, Ein Leitfaden für die Praxis, Gütersloh.
Bieger Thomas (2004), Tourismuslehre – ein Grundriss, Bern
Boos Frank und Jarmai Heinz (1994), Kernkompetenzen – gesucht und gefunden, in: Harvard Business Manager, Nr. 4, Seiten 19–26
Bourdieu Pierre (1992), Die verborgenen Mechanismen der Macht. Schriften zu Politik & Kultur, Hamburg
Bridges William (2003), Managing Transitions: Making the Most of Change, Cambridges (MA)
Brinkerhoff Derick W. (2005). Organisational legitimacy, capacity and capacity development. (ECDPM Discussion Paper 58A). Maastricht: ECDPM
Brühlmeier Daniel, Haldemann Theo, Mastronardi Philippe und Kuno Schedler (2001), Politische Planung, Mittelfristige Steuerung in der wirkungsorientierten Verwaltungsführung, Bern/Stuttgart/Wien
Bruhn Manfred (2005), Marketing für Nonprofit-Organisationen, Grundlagen, Konzepte, Instrumente, Stuttgart
Bryson John M. (1995), Strategic Planning for Public and Nonprofit Organizations, San Francisco
Bryson John M. (2004), Strategic Planning for Public and Nonprofit Organizations, 2. Aufl., San Francisco
Bryson John M. und Farnum K. Alston (1996), Creating and Implementing your Strategic Plan, A Workbook for Public and Nonprofit Organizations, 3. Aufl., San Francisco
Buber Renate, und Michael Meyer (Hrsg.), (1997), Fallstudien zum Nonprofit Management, Praktische BWL für Vereine und Sozialeinrichtungen, Stuttgart

Bunker Benedict B. und Billie T. Alban (1997), Large group interventions: Engaging the whole system for rapid change, San Francisco

Bunker Benedict B. und Billie T. Alban (2002), Understanding and using Large System Interventions, in: Waclawski J. und A. H. Church (Hrsg.), Organization Development, San Francisco, Seiten 222–244

Bushe Gervase R. und Abraham B. Shani (1990), Parallel learning structure interventions in bureaucratic organizations, in: Woodman R. und W. Pasmore (Hrsg..), Research in Organizational Change and Development, Vol. 4. Greenwich (CT), Seiten 193–220

Carrel Laurent (2002), Leadership in Krisen, ein Handbuch für die Praxis, Zürich

Church Allan H., Walker Alan G. und Joel Brockner (2002), Multisource Feedback for Organization Development and Change, in: Waclawski J. und A. H. Church (Hrsg.), Organization Development – A Data-Driven Approach to Organizational Change, San Francisco, Seiten 27–54

Cooperrider David L., Sorensen Peter, Whitney Diana und Therese Yaeger (Hrsg.) (2001), Appreciative inquiry: Rethinking human organization toward a positive theory of change, Champaign (IL)

Cooperrider David. L. (1996), Resources for getting appreciative inquiry started: An example OD proposal, OD Practitioner, 28, Seiten 23–33

Cooperrider David. L. und Suuresh Srivastva (1987), Appreciative inquiry in organizational life, in: Pasmore W. A. und R. W. Woodman (Hrsg.), Research in organizational Change and Development Vol. 1., Greenwich (CT)

Copacino William C. (1997), Supply Chain Managment – The basic and beyond, St. Louis

Courtney Roger (2002), Strategic Management for Voluntary Nonprofit Organizations, London/New York

Csikszentmihalyi Mihaly (1992), Flow – Das Geheimnis des Glücks, Stuttgart

Dannemiller Tyson Associates (2000), Whole-Scale Change. Unleashing the magic in Organizations, San Francisco

De Wit Bob und Ron Meyer Ron (1999), Strategy Process, Content, Context, 2 Aufl., High Holborn

Deal Terrence E. und Allan A. Kennedy (1982), Corporate Cultures: The rites and rituals of corporate life. Reading

Dees Gregory, Emerson Jed und Economy Peter (2002), Strategic Tools for Social Entrepreneurs - Enhancing the Performance of your Enterprising Nonprofit, New York

Denison Daniel R. (2006), Verbindung von Organisationskultur und unternehmerischem Erfolg: Ein kurzer Überblick, in: Bertelsmann Stiftung (Hrsg.), Messen, werten, optimieren, Ein Leitfaden für die Praxis, Gütersloh, Seiten 14–19

DiMaggio, Paul. J. und Walter W. Powell (1983), The Iron Cage Revisited: Institutional Isomorphism and Collective Rationality in Organizational Fields, in: American Sociological Review, 48. Jg. 1983, Nr. 2, Seiten 147–160

Doppler Klaus und Christoph Lauterburg (2000), Change Management – Den Unternehmenswandel gestalten, Frankfurt/New York

Dreyer Dirk und Oehler Andreas (2007), Werttreiber im Dienstleistungsprozess, eine Analyse anhand der Wertkette nach Porter, als pdf zugreifbar auf: http://opus.zbw-kiel.de/volltexte/2004/1595/pdf/bafifo21.pdf (Stand 8.8.2007)

Drucker, Peter F. (1973): Management, Tasks, Responsibilities and Practises, New York

Drucker, Peter F. (1985): Innovation and Entrepreneurship: Practise and Principles, New York 1985

Drucker Peter F. (1986), Managing for Results, New York

Drucker, Peter F. (1990): Managing the Non-Profit Organization – Principles and Practices, New York

Egger Philipp, Helmig Bernd und Purtschert Rober (2006), Stiftung und Gesellschaft, eine komparative Analyse des Stiftungsstandortes Schweiz, Deutschland, Liechtenstein, Österreich, USA, Basel

EIM (2001): Accélérer le changement dans l'entreprise, Paris

Ellebracht Heiner, Lenz Gerhard, Osterhold Gisela und Helmut Schäfer (2003), Systemische Organisations- und Unternehmensberatung – Praxisbuch für Berater und Führungskräfte, 2. Aufl., Wiesbaden

Eschenbach Rolf und Christian Horak (Hrsg.), (2003), Führung der Nonprofit Organisationen, Bewährte Instrumente im praktischen Einsatz, Stuttgart

Farago Peter (Hrsg.), (2007), Freiwilliges Engagement in der Schweiz, Zürich 2007

Literaturverzeichnis

Fitzgerald Stefen P., Murrel Kenneth L. und Lynn H. Newman (2002), Appreciative Iquiry: New Frontier, in: Waclawski J. und A. H. Church (Hrsg.), Organization Development, San Francisco, Seiten 203–221
French Wendell L. und Cecil H. Bell (1999), Organization Development. Behavioral Science Interventions for Organization Improvement, Upper Sandle River (NJ)
Gmür Markus (1999), Strategisches Management für Nonprofit-Organisationen, Management Forschung und Praxis, Working Paper der Universität Konstanz, Nr. 28, 1999, als pdf zugreifbar auf: http://w3.ub.uni-konstanz.de/v13/volltexte/1999/355//pdf/355_1.pdf (Stand 19.9.2007)
Göbel Astrid und Dirk Günther (2007), Strategische Unternehmensführung in Verbänden, als pdf zugreifbar auf http://www.verbaende.com/files/fuer_verbaende/vr/phplib/F4563901C1D04AB4A400313936E45 7F4.htm?id=145, Stand, 19.8.2007
Golembiewski Robert T. und Stevenson Jerry G. (1998), Cases and Applications in Nonprofit Management, Ittaca (Ill)
Gomez Peter und Gilbert Probst (1999): Die Praxis des ganzheitlichen Problemlösens, Vernetzt denken, Unternehmerisch handeln, Persönlich überzeugen, 3. Aufl. Bern/Stuttgart/Wien
Graumann Friedrich C. (Hrsg.) (1982), Kurt-Lewin-Werksausgabe Bände 1–7. Stuttgart
Greetz Clifford (1973), Interpretation of Cultures, New York
Haddad Tarek, Horak Christian, Ebner Heinz, Prisching Erich, Tweraser Stefan, Nowak-Tran Thy: (2003), Instrumente für das strategische Management in NPOs, in: Eschenbach R. und C. Horak (Hrsg.), (2003): Führung der Nonprofit Organisationen, 2. Aufl. Stuttgart, Seiten 13–66
Hall Richard (1992), The strategic analysis of intangible resources, in Harvard Business Review, Vol. 13, Nr. 2, Seiten 135–144
Hamel Gary und Coimbatore K. Prahalad (1990), The core competence and the corporation, in: Harvard Business Review, Vol. 68, Nr. 3, Seiten 79–91
Hatch Mary Jo (1997), Organizational Theory – Modern Symbolic and Postmodern Perspectives, Oxford
Hatch Mary Jo und Majken Schultz (2004), The Dynamic of Organizational Identity, in: Hatch M. J. und M. Schultz (Hrsg.), Organizational Identity. A Reader, Oxford, Seiten 377–407
Heinze Roderich (2004), Keine Angst vor Veränderung! Change-Prozesse erfolgreich bewältigen, Heidelberg
Heitger Barbara und Alexander Doujak (2002), Harte Schnitte, neues Wachstum: Die Logik der Gefühle und Macht der Zahlen im Changemanagement, Frankfurt/Wien
Herbek Peter (2000), Strategische Unternehmensführung, Kernkompetenzen, Identität und Visionen, Umsetzung, Fallbeispiele, Wien und Frankfurt
Hitt Michael A. und R. Duane Ireland, Hoskinsson (2001), Strategic Management, Competitiveness and Globalization, Cincinnati
Hofsteed Geert (1980), Culture's consequences: International differences in work related values, 2. Aufl., Beverly Hills
Holman Peggy und Tom Devane (Hrsg.), (2006), Change Handbook – Zukunftsorientierte Grossgruppen-Methoden, 2. Aufl., Heidelberg
Honegger Jürg und Vettiger Hans (2003), Ganzheitliches Management in der Praxis, Zürich
Hopfenbeck Waldemar (2000), Allgemeine Betriebswirtschaftslehre, das Unternehmen im Spannungsfeld zwischen ökonomischen, sozialen und ökologischen Interessen, 13. Aufl., Landsberg/Lech
Horak Christian, Matul Christian und Fritz Scheuch (2002), Ziele und Strategien von NPOs, in: Badelt C. (Hrsg.), Handbuch der Nonprofit Organisation – Strukturen und Management, 3. Aufl., Stuttgart, Seiten 197–224
Jacobs Robert W. (1994), Real time strategic change: How to involve the entire organization in fast and far-reaching change. San Francisco
Janssen Claes (1996), Förännringens Fyra Rum, Stockholm
Johnson Gerry und Kevan Scholes (1999), Exploring Corporate Strategy, 5. Aufl., Hemel Hempstead
Johnson Gerry, Scholes Kevan und Fréry Fréderic (2002), Stratégique, 2ème éd., Paris
Johnson Gerry, Scholes Kevan und Fréry Fréderic (2005), Stratégique, 7ème ed., Paris
Jones Gareth R. und Jennifer M. George (2003), Contemporary management, 3. Aufl. New York
Klingebiel Norbert (2001), Marktbezogene Informationserweiterungen in Nonprofit-Organisationen, in:

Schauer R. u. a. (Hrsg.), Nonprofit Organisationen im Wandel: Herausforderungen, gesellschaftliche Verantwortung, Perspektiven, Linz, Seiten 157–176

Kocher Gerhard und Willy Oggier (2007), Gesundheitswesen Schweiz 2007–2009 – Eine aktuelle Übersicht, 3. Aufl., Bern

Königswieser Roswita und Alexander Exner (1999), Systemische Intervention – Architektur und Design für Berater und Veränderungsmanager, 3. Aufl., Stuttgart

Königswieser Roswita und Martin Hillebrand (2004), Einführung in die systemische Organisationsberatung, Heidelberg

Koteen Jack (1997): Strategic Management in Public and Nonprofit Organizations, Managing Public Concerns in a Era of Limits, Wetsport (CT)

Kotler Philip und Karen F. A. Fox (1995), Strategic Marketing for Educational Institutions, 2. Aufl., Englewood Cliffs (NJ)

Kotter John P. (1996), Leading Change, Harvard

Lesca Humbert (2003), Veille stratégique, La méthode L.E.SCAnning, Colombelles

Letts Christine W., Ryan William P. und Allan Grossman (1999), High Performance Nonprofit Organizations, Managing Upstream for greater Impact, New York/Chichester/Weinheim/Brisbane/Singapore/Toronto

Lewin Kurt (1946), Actions research and minority problems, Journal of social issues, Vol. 2, Seiten 34–46

Lewin, Kurt (1963), Verhalten und Entwicklung als eine Funktion der Gesamtsituation, in: Lewin Kurt, Feldtheorie in den Sozialwissenschaften, Bern, Seiten 271–329

Loges Klaus (1999): Kernkompetenzen von Dienstleistungsunternehmen, Analyse und Entwicklung am Beispiel einer Privatschule, Bern/Stuttgart/Wien

Löhmer Andreas (2005), Der Change in Non-Profit-Organisationen, Malik Management Zentrum, St. Gallen, OnlineBlatt 3/2005

Lombriser Roman und Peter A. Abplanalp (2004), Strategisches Management, Visionen entwickeln, Strategien umsetzen, Erfolgspotentiale aufbauen, 3. Aufl., Zürich

Lombriser Roman und Peter A. Abplanalp (2005), Strategisches Management, Visionen entwickeln, Strategien umsetzen, Erfolgspotentiale aufbauen, 4. Aufl., Zürich

Luke Jeff S. (1991), Managing interconnectedness: The challenge of shared power, in: Bryson J. M. und R. C. Einsweiler (Hrsg.), Shared power: What is it? How does it work? How can we make it work better? Lanham, Seiten 25–50

Malik Fredmund (2006), Führen, Leisten, Leben, Wirksames Management für eine neue Zeit, 13. Aufl., München

Malik Fredmund (2004), Systemisches Management, Evolution, Selbstorganisation, Bern 4. Aufl.

Mancuso Antony (1998), The California Nonprofit Corporation Kit, 2. Aufl. Berkeley (Cal.)

Marsick Victoria J., Judy O'Neil und Karen E. Watkins (2002), Action Learning, in: Waclawski J. und A. H. Church (Hrsg.), Organization Development, San Francisco, Seiten 177–203

Martin Johanne (1992), Culture in Organizations, Three Perspectives, Oxford

Mayrhofer Wolfgang und Scheuch Fritz (2007), Zwischen Nützlichkeit und Gewinn, Nonprofit Organisationen aus betriebswirtschaftlicher Sicht, in: Badelt C. u. a. (Hrsg.), Handbuch der Nonprofit Organisationen, 4. Aufl. Wien, Seiten 81–97

Meier Andreas (2006), Informationsmanagement für NPO's, NGO's et al, Strategie, Organisation und Realisierung, Heidelberg

Martin Joanne (1982), Organizational Culture – Mapping the Terrain, Thousand Oaks, London und New Dehli

Meyerson Debra und Joanne Martin (1987), Culture change: An integration of three different view, in: Journal of Management Studies, 24, Seiten 623–647

Miller Alex und G. Dess Gregory (1997), Strategic Management, International Edition, New York

Minnig Christoph (2006), Beziehungsmanagement als zunehmende Herausforderung und wichtige Kernkompetenz innerhalb des Nonprofit Bereiches, in: Zaugg R. (Hrsg.), Handbuch: Kompetenzmanagement – Durch Kompetenzen nachhaltige Werte schaffen, Bern, Seiten 381–390

Literaturverzeichnis

Minnig, Christoph und Sybille Bühler-Rogger (2004), Die Idee der lernenden Organisation als Denkansatz zur Ausgestaltung einer eigenständigen Corporate Governance-Diskussion im Nonprofit Bereich. In: Ruth C. Voggensberger u. a. (Hrsg.)., Gutes besser tun: Corporate Governance in Nonprofit-Organisationen, Bern, Seiten 237–255

Mintzberg Henry (2005), Manager statt MBA's, Frankfurt/New York

Mintzberg Henry, Ahlstrand Bruce und Josef Lampel (1999), Strategy Safari, Eine Reise durch die Wildnis des strategischen Managements, Wien

Moser, Viktor (2006), Verschiedene Weg führen zum Ziel, in: Panorama – Schweizerische Gesellschaft für angewandte Berufsbildungsforschung SGAB und Schweizerischer Verband für Berufsberatung SVB, in Zusammenarbeit mit dem seco (Staatssekretariat für Wirtschaft) 9. Jg, Nr 1, Seite 7

Müller-Stewens Günter und Christoph Lechner (2003), Strategisches Management, Wie strategische Initiativen zum Wandel führen. Stuttgart

Nadler David A. (1977), Feedback and Organization Development: Using Data-Based methods, Reading (MA)

Oster Sharon M. (1995), Strategic Management for Nonprofit Organizations, Theory and Cases, New York/Oxford

Osterloh Margit und Bruno S. Frey (2003), Corporate Governance for Crooks? The Case for Corporate Virtue, Working Paper No. 164, Institute for Empirical Research in Economics, University of Zurich, Working Paper Series ISSN 1424-0459

Owen Harrison und Anne Stadler (2006), Open Space Technology, in: Holman P. und T. Devane (Hrsg.), Change Handbook – Zukunftsorientierte Grossgruppen-Methoden, 2. Aufl., Heidelberg, Seiten 188–196.

Owen, Harrison (2001a), Die Erweiterung des Möglichen – Die Entdeckung von Open Space, Stuttgart

Owen, Harrison (2001b), Open Space Technology – Ein Leitfaden für die Praxis, Stuttgart

Panel on Accountability and Governance in the Voluntary Sector (1999), Final Report - Building on Strength: Improving Governance and Accountability in Canada's Voluntary Sector, Vancouver

Pekruhl Ulrich (2001), Partizipatives Management – Konzepte und Kulturen, München

Peppard Joe und Anna Rylander (2006), From Value Chain to Value network: Insight for Mobile Operators, European Management Journal, Vol, 24, Issue 2, Seiten 128–141

Pfeffer Jeffery (1992), Managing with Power: Politics and Influence in Organizations, Harvard

Pfeffer Jeffery und Gerald R. Salancik, (1978), The External Control of Organizations, New York

Prahalad Coimbatore, Ramaswamy V. (2004), The Future of Competition: Co-Creating Unique Value with Customers, Boston

Priller Eckhardt und Annette Zimmer (Hrsg.), (2001), Der Dritte Sektor International, mehr Markt – weniger Staat?, Berlin

Probst Gilbert, Maerz André und Christian Wiedemann (2005), Die Komplexität nicht verdrängen, in: io new management 12, 10–14

Pulitano Donatella (2000), New Public Management, Terminologie-terminologie-terminologia, Bern/Stuttgart/Wien

Purtschert Robert (2005), Marketing für Verbände und weitere Nonprofit-Organisationen, 2. Aufl. Bern/Stuttgart/Wien

Quinn James B. (1996), Strategic Change, logical Incrementalism, in: Mintzberg H. u. a. (Hrsg.), The Strategy Process - Concepts, Contexts, Cases, London (Seiten 183 ff.)

Rock Irvin (1990), Essays in Cognition and Social Psychology, Hillsdale

Rohm Armin (Hrsg) (2007), Change Tools – Erfahrene Prozessberater präsentieren wirksame Workshop-Interventionen, Bonn

Roux-Dufort Christophe (2003), Gérer et décider en situation de crise, outils de diagnostic, de prévention et de décision, 2. Aufl., Paris

Rue Leslie W. und Phyllis G. Holland (1989), Strategic Management, Concepts and Experiences, 2. Aufl., New York

Rüegg-Stürm Johannes (2002): Das neue St. Galler Management-Modell, Bern/Stuttgart/Wien, 2002

Sackmann Sonja A. (2006), Erfassung von Unternehmungskultur: Eine Auswahl geeigneter

Vorgehensweisen, in: Bertelsmann Stiftung (Hrsg.), Messen, werten, optimieren, Ein Leitfaden für die Praxis, Gütersloh, Seiten 6–8

Salamon Lester M. (2001), Der Dritte Sektor im internationalen Vergleich, in: Priller E. und A. Zimmer (Hrsg.): Der Dritte Sektor International, Mehr Markt – weniger Staat?; Berlin, Seiten 19–56

Salamon Lester M. und Anheier Helmut K. (1997): Der Dritte Sektor in internationaler Perspektive, in: Anheier H.K. u.a. (Hrsg.): Der Dritte Sektor in Deutschland, Organisationen zwischen Staat und Markt im gesellschaftlichen Wandel, Berlin, Seiten 153–174

Salamon Lester M. und Anheier Helmut K. (1997b): Der Nonprofit-Sektor: Ein theoretischer Versuch, in: Anheier H.K. u.a. (Hrsg.): Der Dritte Sektor in Deutschland, Organisationen zwischen Staat und Markt im gesellschaftlichen Wandel, Berlin, Seiten 211–246

Salamon Lester M., Wojzech S. Sokolowski und Regina List (2003), Global Civic Society, An Overview, Center for Civil Society Studies, Institute for Policy Studies, The John Hopkins University, Baltimore

Sander Gudrun und Elisabeth Bauer (2006), Strategieentwicklung kurz und klar, Das Handbuch für Non-Profit-Organisationen, Bern/Stuttgart/Wien

Scharmer Otto (2007), Theory U: Leading from the Future as it Emerges, London

Schedler Kuno (1995): Ansätze einer wirkungsorientierten Verwaltungsführung, Bern/Stuttgart/Wien

Schein Edgar (1985), Organizational Culture and leadership, A Dynamic View, San Francisco

Schein Edgar (2003), Prozessberatung für die Organisation der Zukunft – Der Aufbau einer helfenden Beziehung. 2.Aufl., Bergisch-Gladbach

Scherer Andreas Georg und Michael Jens Alt (Hrsg.), (2002): Balanced Scorecard in Verwaltung und Non-Profit-Organisationen, Stuttgart

Schindler-Rainmann Eva und Ronald Lippitt (1980), Building the Collaboration Community: Mobilizing Citizens for Action, Riverside (Ca)

Schlesinger Mark, Shannon Mitchell und Bradford H. Gray (2004), Restoring Public Legitimacy to the Nonprofit Sector: A Survey Experiment Using Descriptions of Nonprofit Ownership, in: Nonprofit and Voluntary Sector Quarterly, Vol. 33, Nr. 4, Seiten 673–710.

Schlossberg, Nancy K., Waters, Elinor. B., und Jane Goodman (1995), Counseling Adults in Transition, 2. Aufl., New York

Schmidt Eva Renate und Hans Berg (2004), Beraten mit Kontakt – Handbuch für Gemeinde- und Organisationsberatung, Frankfurt

Scholz Christian (1997), Strategische Organisation: Prinzip zur Vitalisierung und Virtualisierung, Landsberg/Lech

Schreyögg Georg (1996), Organisation, Grundlagen moderner Organisationsgestaltung, Wiesbaden

Schwarz Peter (1991), The Art of the Long View – Plannig for the Future in an Uncertain World, New York

Schwarz Peter, Purtschert Robert, Giroud Charles und Reinbert Schauer (2005), Das Freiburger Management-Modell für Nonprofit Organisationen, 5.Aufl., Bern/Stuttgart/Wien

Scott W. Richard (1992), Organizations – Rational, Natural and Open Systems, 3. Aufl., Englewood Cliffs (NJ)

Selsky John W. und Barbara Parker (2005), Cross-Sector Partnerships to Address Social Issues: Challenges to Theory and Practice, in: Journal of Management, Vol. 31, Nr. 6, Seiten 849–873

Senge Peter M. (1996), The Fifth Discipline: The Art and Practice of the Learning Organization, Harvard

Senge Peter M., Scharmer C. Otto, Jaworski Joseph und Betty Sue Flowers (2004), Presence: Exploring Profound Change in People, Organizations and Society, London

Senge Peter. M., Kleiner Art und Charlotte Roberts (1997), Fifth Discipline Fieldbook, Harvard

Simon Fritz B. (2006), Einführung in Systemtheorie und Konstruktivismus, Heidelberg

Simsa Ruth (Hrsg.) (2001), Management der Nonprofit Organisationen, Gesellschaftliche Herausforderungen und organisationale Antworten, Stuttgart

Sinclair Armanda (1992), The Tyranny of a team ideology, Organizational Studies, Vol. 13, Nr. 4., Seiten 611–626

Soderquist Chris (2006), Strategic Forum TM (SF) bzw. Strategieforum … in: Holman P. und T. Devane (Hrsg.), Change Handbook – Zukunftsorientierte Grossgruppen-Methoden, 2. Aufl., Heidelberg, Seiten 68–80

Literaturverzeichnis

Sommerfeld Peter und Dieter Haller (2003): Professionelles Handeln und Management – oder: Ist der Ritt auf dem Tiger möglich? In: neue praxis – Zeitschrift für Sozialarbeit, Sozialpädagogik und Sozialpolitik, 33. Jg. 2003, Nr. 1, Seiten 61–89

Stebler Roland (2005), Krisenmanagement in Nonprofit-Organisationen, Diplomarbeit HSW Freiburg i. Ü., 2005 (unveröffentlicht)

Stemmle Dieter (Hrsg.), (1995), Soziale Fragen an der Schwelle zur Zukunft, Neue Strategien für sozialtätige Organisationen und ihre Mitwirkenden, Lako Sozialforum Schweiz, Bern/Stuttgart/Wien

Thom Norbert, Ritz Adrian und Steiner Reto (2002): Effektive Schulführung, Chancen und Risiken des Public Managements im Bildungswesen, Bern/Stuttgart/Wien

Thommen Jean Paul (1999), Betriebswirtschaftslehre, Bd. 1–Bd. 3, Zürich

Thommen Jean Paul (2000), Managementorientierte Betriebswirtschaftslehre, 6. Aufl., Zürich

Thompson Arthur A. und III A. J. Strickland (1999): Strategtic management, Concepts and Cases, 2. Aufl. New York

Trebesch Karsten (2000), Einführung: Die Entwicklung der Organisationsentwicklung, Stuttgart

Trist Eric L., Emery Fred E. Murray Hugh und Beulah Trist (Hrsg.), (1997), The Social Engagement of Social Science: A Tavistock Anthology: The Socio-Ecological Perspective, Pennsylvania

Tschönhens Alfred und Elmar Bissegger (2007), Die vier Zimmer der Veränderung, in: Rohr Armin (Hrsg), Change Tools – Erfahrene Prozessberater präsentieren wirksame Workshop-Interventionen, Bonn, Seiten 73–81

Tweeten Byron (2002), Transformational Boards: A Practical Guide to Engaging Your Board and Embracing Change, San Francisco

Ulrich Peter und Josef Wieland (1999) Unternehmensethik in der Praxis, 2. Aufl., Bern und Stuttgart

Van Maanen John (1988), Tales of the field: On writing ethnography, Chicago

Van Middendorp Sergej (2006), From Value Chain to Value Network: Insights for Mobile Operators, European Management Journal, Vol.–24, Issue 2

Voggensperger Ruth C., Bienek Hubert J., Schneider Jürg und Gregor O. Thaler (Hrsg.), (2004): Gutes besser tun – Corporate Governance in Nonprofit Organisationen, Bern/Stuttgart

Waclawski Janine und Allan H. Church (Hrsg.) (2002), Organization Development, San Francisco

Watkins Jane M. und Berhard J. Mohr (2001), Appreciative Inquiry – Change at the Speed of Imagination, San Francisco

Watzlawick Paul (1998), Vom Schlechten das Gute oder Hekartes Lösungen, München

Watzlawick Paul (2005), Wie wirklich ist die Wirklichkeit? Wahn, Täuschung, Verstehen. München

Watzlawick Paul und Franz Kreuzer (1988), Die Unsicherheit unserer Wirklichkeit. Ein Gespräch über den Konstruktivismus. 6. Aufl., München

Watzlawick Paul, Beavin Janet H. und Don D. Jackson (2000), Menschliche Kommunikation. Formen, Störungen, Paradoxien. Bern 2000

Weber Susanne (2002), Einleitung: Netzwerk-Intervention – Vielfalt in Organisationen und Organisationsnetzwerken gestalten, in: Weber Susanne (Hrsg,) Vernetzungsprozesse gestalten – Erfahrungsberichte aus der Beratungspraxis mit Grossgruppen und Organisationen, Wiesbaden. Seiten 9–39

Weick Karl E. (1995), Der Prozess des Organisierens, Frankfurt a. Main.

Weick Karl E. (2001), Drop your tools, in: Bardmann T. M. und T. Groth (Hrsg.), Zirkuläre Position 3. Organisation, Management, Beratung, Wiesbaden, Seiten 132–138

Weisbord Marvin R. (1987), Productive Workplaces. Organizing and managing for dignity, meaning, and community, San Francisco

Weisbord Marvin R. (1993), Discovering Common Ground: How Future Search Conferences Bring People Together to Achieve Breakthrough Innovation, Empowerment, Shared Vision, and Collaborative Action, San Francisco

Weisbord Marvin R. und Sandra Janoff (2000), Future Search, San Francisco

Weisbord Marvin R. und Sandra Janoff (2006), Future Search bzw. Zukunftskonferenz: Auf einer gemeinsamen Wissensbasis, in: Organisationen und Gemeinden handeln, in Holman und Devane

(Hrsg.), Change Handbook – Zukunftsorientierte Grossgruppen-Methoden, 2. Aufl., Heidelberg. Seiten 46–57

Wheatley J. Margaret (1999), Leadership and the new Science – Discovering Order in a Chaotic World. 2. Aufl., San Francisco

Wheatley J. Margaret und Myron Kellber-Rogers (1999), A simpler Way, 2. Aufl., San Francisco

Wolf Thomas (1999): Managing a Nonprofit Organization in the Twenty-First Century, Fireside 3. überarb. Aufl., New York

Worley Christopher G., Hitchin David E. und Walter L. Ross (1996), Integrated Strategic Change, Reading (MA).

Xing-Han Liu und John Bracy (1999), Ba Gua: Hidden Knowledge in the Taoist Internal Martial Art: Advanced Hidden Knowledge in the Taoist Internal Martial Art, Berkley

Zand Dale (1974), Collateral Organizations: A new Change Strategy, Journal of Applied Behavioral Science, 10 (1974), Seiten 63–89

Zimmermann Brenda, Lindberg Curt, Plsek Paul (1998), Lessons from Complexity Science for Health Care Leaders, Dallas (TX)

Zucker Lynne G. (1987), Institutional Theories of Organization, in: Annual Review of Sociology, 13. Jg. 1987, Nr. 3, Seiten 443–464

Zur Bonsen Matthias (1995), Simultaneous Change – Schneller Wandel, in grossen Gruppen, in Organisationsentwicklung 4/1995, Seiten 30–43

Zur Bonsen Matthias, Bauer Peter, Bredemeyer Sabine und Jutta I. Herzog (2003), Real Time Strategic Change. Schneller Wandel mit grossen Gruppen, Stuttgart und Zürich

Stichwortverzeichnis

5 P nach Mintzberg 38
7-S-Schema von Mc Kinsey 146
Aktionsforschung 231
Aktivitätsfelder 64
Akzeptanz 195
Analyse der Ausgangslage 77
Analyse der strategischen Ausgangslage 61
Analyse der Umwelt 82
Anschlussfähigkeit 210
Anspruchsgruppen 102
Appreciative Inquiry 265
Artefakte 140, 144
Auf- und Ausbau von Fähigkeiten 187
Aufsichtsgremien 289
Ausgangslage bezüglich bestehender Ressourcen
 und Kompetenzen 63
Ausgangslage in den bestehenden Märkten 62
Balanced Scorecard 17
BCG 158
Bedeutung der NPO 24
Beeinflusser 107
Best Practice 122
Beziehungsgruppen 102
Beziehungskapital 129
Beziehungsmanagement 19, 205, 213
Beziehungsumwelt 82
bisherige Aktivitäts- und Geschäftsfelder 64
bisherige Strategie 63
Branchenanalyse 90
Branchenattraktivität 98
Branchenkultur 46
Business Modell 129
Businessplan 45
Business Policy 36
Category-Management 69
Change Management 205
Changemanagement als Führungsaufgabe 250
Cluster 99
Corporate Governance 34, 292
Corporate Identity 140
Deliberate strategies 52
Delphi-Befragung 88
Denkschulen der Strategiebildung 51
Destinationen Management 19
Diamant-Modell 100
Dienstleistungscharakter der Produkte 18

Differenzierer 128
Differenzierung 177
Diskontinuität 43
downloading 236
Dreieck Leistungsbezüger, Leistungserbringer und
 Leistungsermöglicher 21
Dritter Sektor 15, 16
effektiv und effizient 17
Effektivität 288
Effektivität und Effizienz 11
Effizienz 288
ehrenamtlich 20
Ehrenamtlichkeit 19
Eigenleistungs-NPO 17
einbindungsorientiertes Modell 290
Einfluss des Staates 97
Eintrittsbarrieren 92
Elemente des strategischen Planungsprozesses 55
Emergent strategies 52
emergente Strategie 40
Emotionalität in Changeprozessen 238
empathisches Zuhören 236
Empowerment 251
Entrepreneurship 34
entstehen 50
Entstehung von Strategien 50
Entwicklungs-Management 193
Entwicklungsmodalitäten 189
Ermöglicher, Leistungsermöglicher 106
Erwartungen beim Controlling 273
ethische Dimension des strategischen
 Verhaltens 112
Fähigkeiten 133
Fähigkeiten- und Wissens-orientierte Schule 36
Fähigkeiten-Analyse 124
Fallmethode 41
finanzielle Ausgangslage 61
Finanzmanagement 189
Five Forces 90
For-Profit-Organisationen 16
Freiburger-NPO-Modell 37
Freiburger-Typologie 26
Freiwilligenarbeit 19
Frühaufklärung 87
Führer, führen, Führung 34
Führung 33, 34

Führung eines Systems 35
Führungsrad 56, 289
Führungsstil 35
Führungstechniken 35
Fundraising-Organisationen 106
Fusion 187
Future Search 259
generische Position 128
generische Strategien 41
generische Wettbewerbsstrategien 178
Geplante und kommunizierte Strategie 53
Geschäftsfelderdesign 72
Geschäftslogik 66
Geschäftslogiken 192
Geschäftsmodell 53, 75
große Gruppe 253
Großgruppenintervention 255
Großgruppenveranstaltungen 254
Grundlagen des strategischen Controllings 270
Grundwerte 169
Gruppenlogik 191
Gruppenzusammensetzung 261
Handlungsfähigkeit 39
handlungszentriertes Modell 290
hohes Ziel 39
Human Resources Management 189
Humankapital 129
hybride Strategie 179
hyperadaptive Organisation 145
ICNPO-Klassifikation 26
Image 145
implizite Strategie 53
Informationstechnologien 190
Initiierung von Strategien 40, 49
Innensicht 208
Inside-Out-Methode 67
institutionelles Modell des NPO-Sektors 27
Instrumente und Methoden des Changemanagements 253
intangible oder immaterielle Ressourcen 132
Intended strategies 52
intendierte Strategie 39
Interessegruppen 213
interinstitutionelle Prozessperspektive 218
interinstitutionelle Strategien 46
Interinstitutionelle Zusammenarbeit 219
Internationalisierung 196
interorganisatorisches Lernkonzept 210
John Hopkins Comparative Nonprofit Sector Project 26
Joint Venture 187

Kapital, intellektuelles 129
Kapital, strukturelles 129
Kernkompetenzen 133
Kirche 31
Klienten 104
kollektive Bedürfnisse 45
Kompetenzen 133
Komplementäre 108
Konkurrenten 108
Konkurrenzvergleich 123
Kooperation (als Ressource) 132
Kooperationsformen 186
Kooperationsmodell 194
Kooperationspartner der NPO 108
Kooperationspolitik 173, 182
Kooptation 186
Koordinations- und Führungskosten 193
Koproduktion 106
Koproduktion mit Kunden/Klienten 22
Kostenführer 128
Krise 197
Krisen 88
Krisendimensionen 197
Krisendynamik 199
Krisenmanagement 196
Krisen-Portfolio 201
Krisenszenarien 199
Kultur 137
Kulturanalyse 144
Kulturebenen 139
Kulturerfassungsmethoden 141
Kunden 104
Langfristige Unternehmensplanung 36
Leistungsbezüger 21, 216, 226
Leistungserbringer 21, 216, 225
Leistungsermöglicher 21, 216, 225
Leistungserstellungsprozess 128
Leitbild 165
lernende Organisation 205, 209, 226
Logistik 190
Macht 113
Make-or-Buy 130
Make-or-Buy-Prinzip 130
Management 11, 33, 205
Management by Objectives 35
Mandatanalyse 63
Markenpolitik 190
market-based View 36
Marktmodell 22
Marktstrategie 173
Mäzene 107

Stichwortverzeichnis

McKinsey-Matrix 159
Menschenführung 34
Mentale Modelle 233
Messen von Indikatoren 284
Metapher der „Vierzimmerwohnung" 239
Miliz 20
Mission 17, 165, 168
Mitbewerber 108, 117
Modelle in der Betriebswirtschaftslehre 18
Morphologischer Kasten 25
Motivationsschulen 35
Movement-Phase 227
narzistische Organisation 145
Netzwerk 221
Netzwerk-Management 194
Netzwerk-Organisation 54
Netzwerkstruktur 19
NGO 16
Nominal Group Technique (NGT) 88
Nongovernmental Organisation 16
Nonprofit-Organisationen 15, 17
Normstrategien 161
NPO 15, 16
NPO und öffentliche Organisationen 24, 31
öffentlich-rechtliche Institutionen 24
öffentliche Auftraggeber 106
öffentliche Organisationen 31
Open Space 259
Open Space Technology 257
Organisationsentwicklung 209
Organisatorische Felder 99, 211
Organisatorische Identität 145
Organizational Citizenship 20
Outside-in-Methode 69
Parallelität im Lernprozess 231
Partizipation 205
PESTEL 83
PLANET DEFOE 83
Portfolio 158
Portfolioaussagen 173
Portfolio-Management 192
Portfolio-Matrix der Boston Consulting Group 158
Positionierungs- und Differenzierungsstrategie 177
Presencing 235
principal-agency-Ansatz 34
Prinzipal-Agency-Ansatz 212
Prinzipale 34
Privatisierung 44
Probleme der Strategieplanung 50
Produkt-Markt-Matrix 150
Professionalisierung 46
Prozessforschung 36, 37
Public Management 32
Qualitätsführer 128
Qualitätsmerkmale von Indikatoren 280
Real time strategic change conference 262
Realizing 237
Rechts- und Organisationsformen von NPO 23
Reengineering 53
Referenzumwelt 82, 83
Refreezing 227
Reputation 129, 145
Ressourcen 131
Ressourcen-orientierte Schule 36
ressourcen- und kompetenzorientierte Ansatz 135
Ressourcenabhängigkeits-Ansatz 213
Ressourcenpolitik 187
Ressourcenportfolio 163
Ride the Roller Coaster 240
Risikopotential 196
Risk Management 196
Rivalität innerhalb der Branche 96
RTSC-Konferenz 262
Schleife 232
schwache Signale 87
Scientific Management 35
Skills 123
soziales Kapital 207
Sponsoren 107
Stakeholder 39, 102, 213
Stakeholder-Analyse 101
Stakeholderinteressen und -erwartungen 114
Stakeholder-Konflikte 115
Stakeholder-Management 102
Stakeholder-Map 109
Stakeholder-Modell 17
Stakeholder-Relevanz-Matrix 110
Standort 127, 190
Stärken-Schwächen/Chancen-Gefahren 153
Stereotypen unternehmerischer Grundhaltungen 113
Steuerung 35
Strategic Issue Management 87
Strategie 36
Strategie als Pattern 40
Strategie als Plan 38
Strategie als Planungsprozess 49
Strategieanalyse 58
Strategieanalyse und -synthese 57
Strategiecontrolling 58
Strategieformulierung 57

Strategieinhalte 164
Strategien als Vorsteuergröße 38
Strategieprozess 58
Strategieumsetzung 57
strategiezentriertes Modell 289
strategische Allianz 276
strategische Ausgangslage 59, 61
strategische Autonomie 54
strategische Erfolgsfaktoren 136
strategische Führung 33, 35, 37
strategische Geschäftsfelder 66, 158
Strategische Gruppen 118
strategische Hebel 189
strategische Initiativen 40, 51
strategische Intention 167
Strategische Positionierung 119
strategische Synthese 58, 149
strategischer Handlungsspielraum 217
strategischer Plan 287
strategischer Prozess 49
Strategisches Controlling 195, 269
strategisches Management 35, 37
Substitutionskonkurrenz 93
Supply Chain Management 19, 218
SWOT 153
SWOT-Matrix 156
Synergie-Management 192
Synthese 60
Systemische Schleife 232
Szenario 89
Taktik 36
tatsächliche Strategie 53
Technologiewandel 44
Treiber 127
Typologien der NPO 24
Umsetzungsfähigkeit 195
Umweltanalyse 60
Unfreezing 227
Unrealized strategies 52
Unsicherheit 87
unsichtbare Hand 21
unsichtbare Hand des Marktes 105
Unternehmensanalyse 116
Unternehmenskultur 251
Unternehmensphilosophie 167
Unternehmenspolitik 36
U-Theory 234
Veränderungsfähigkeit 244
Veränderungsprozesse 230
Verbandsmanagement 11
Verbundproduktion 19

Vergleich der NPO mit Mitbewerbern 60
Verhaltenstypisierung der NPO 28
Verhandlungsmacht der Abnehmer 94
Verhandlungsmacht der Lieferanten 95
Versagens-Theorie 16
virtuelle Unternehmung 19
Vision 165
Wandel 207
Weak Signal Management 87
Wertkette bei Dienstleistungen 126
Wertkettenanalyse 125
Wertkettensystem 131
Wertorientierung 17
Wertschöpfung 195
Wertschöpfungs-Treiber 129
Wettbewerbs- und Kooperationspolitik 173
Wettbewerbskräfte 91
Wettbewerbsposition-Marktattraktivitäts-Matrix 159
Wettbewerbsstrategie 177
whistleblower 198
Widerstandsarbeit 241
Wirkungen des strategischen Managements 46
Wirkungszusammenhänge 281
Zentralisierung versus Dezentralisierung 193
Ziele bilden 286
Ziele des strategischen Managements 46
Ziele im Controlling 272
Zielkonflikte 48
Zielperioden 284
Zielwerte und Indikatoren 282
Zukunftskonferenz 259

Hauptthema: Management

Peter Schwarz / Robert Purtschert / Charles Giroud / Reinbert Schauer

Das Freiburger Management-Modell für Nonprofit-Organisationen

5., ergänzte und aktualisierte Auflage 2005. 298 Seiten,
77 Abbildungen, gebunden
CHF 52.– / EUR 34.50
ISBN 978-3-258-06914-2

Nonprofit but Management – diese Kurzformel umschreibt das Anliegen dieses Buches.
Nonprofit-Organisationen entstehen, weil Markt wie Staat versagen können, weil Bedürfnisse des Menschen nach sozialer Integration, nach politischer, kultureller, karitativer und ähnlichen Betätigungen bestehen, die nur in solchen Organisationen befriedigt werden können. Dazu zählen Wirtschafts- und Arbeitnehmer-Verbände, Kammern, Genossenschaften, Stiftungen, Vereine, Kirchen, Parteien, soziale Dienstleistungsunternehmen (Einrichtungen, Heime, Beratungsdienste) sowie philanthropische, kulturelle und Freizeit-Organisationen.
Um das Grundanliegen zu erfüllen, nämlich den Bedürfnissen der Mitglieder und Klienten optimal zu genügen, müssen Nonprofit-Organisationen ein effizientes Management betreiben oder sogar nach Management Excellence streben. Das «Freiburger Management-Modell für NPO» (Universität Freiburg, Schweiz) bietet eine systematische Einführung in dieses Thema. Es vermittelt durch seinen ganzheitlichen Ansatz die Grundlagen und einen Ordnungsraster für das Verständnis der NPO-Management-Probleme und ihrer Lösungen.
Die 5. Auflage dieser Modell-Beschreibung wurde in wesentlichen Teilen um Erkenntnisse aus Theorie und Praxis ergänzt und gibt damit den aktualisierten Stand der NPO-Management-Forschung wieder.

⋮ Haupt   **Haupt Verlag** Bern · Stuttgart · Wien
verlag@haupt.ch · www.haupt.ch

Hauptthema: Management

Michael Urselmann

Fundraising

Professionelle Mittelbeschaffung
für Nonprofit-Organisationen

4. Auflage 2007. 288 Seiten, 80 Abbildungen, 13 Tabellen,
gebunden
CHF 58.– / EUR 38.50
ISBN 978-3-258-07243-2

Dr. Michael Urselmann ist Professor für Sozialmanagement mit dem Forschungsschwerpunkt Fundraising an der Fachhochschule Köln. Er ist Mitglied im Fachbeirat des Nachdiplomkurses Fundraising-Management der Zürcher Hochschule für Angewandte Wissenschaften. Zuvor leitete Urselmann die Agentur GFS Fundraising&Marketing in Bad Honnef, Berlin und Hamburg sieben Jahre lang als Geschäftsführer. Seine Dissertation zum Thema «Erfolgsfaktoren im Fundraising von Nonprofit-Organisationen» wurde mit dem Lorenz-Werthmann- Preis des Deutschen Caritasverbandes ausgezeichnet. Näheres zu Person und Veröffentlichungen unter www.urselmann.de

Dieses Buch liefert Ihnen einen systematischen Einstieg in professionelles Fundraising.Es basiert einerseits auf den neuesten wissenschaftlichen Erkenntnissen zu Nonprofit-Management und Fundraising. Andererseits baut es auf der jahrelangen Praxiserfahrung des Autors aus über siebzig Beratungsprojekten auf. Dank seiner didaktischen Erfahrung aus langjähriger Lehr-, Seminar- und Vortragstätigkeit gelingt es dem Autor, alle wichtigen Aspekte modernen Fundraisings übersichtlich und leicht verständlich darzustellen. Die vierte Auflage ist nicht nur eine vollständige Überarbeitung und Aktualisierung der dritten Auflage. Sie umfasst vielmehr einen vollkommen neuen Teil zum Fundraising-Management einer Nonprofit-Organisation. Zahlreiche Beispiele, Abbildungen und Tabellen veranschaulichen praxisnah, wie Fundraising mit Hilfe von Planung, Controlling und Qualitätsmanagement zielorientiert gesteuert werden kann. Auch Fragen der Innovation, Führung und Organisation des Fundraisings werden anschaulich erläutert. Ein umfassender Service-Teil nennt Vertiefungsliteratur sowie Adressen von Fachverbänden und Dienstleistern in Deutschland, Österreich und der Schweiz. Auch für kleinere Organisationen werden zahlreiche Tipps und Empfehlungen gegeben.

⋮ Haupt   Haupt Verlag Bern • Stuttgart • Wien
verlag@haupt.ch • www.haupt.ch

Hauptthema: Wirtschaft

Elisa Bortoluzzi Dubach / Hansrudolf Frey
Sponsoring
Der Leitfaden für die Praxis

4., überarbeitete Auflage 2007. 304 Seiten, zahlreiche Checklisten, gebunden
CHF 48.– / EUR 29.90
ISBN 978-3-258-07117-6

Eine Einführung in alle Fragen des Sponsorings für Sponsoringnehmer und Sponsoren in den Bereichen Sport, Kultur und Umwelt. Geschrieben von zwei erfahrenen Kommunikationsberatern für Leserinnen und Leser, die sich haupt- und nebenberuflich mit Problemen der Mittelbeschaffung auseinandersetzen müssen.
Dieser eminent praktische Leitfaden ist aus dem täglichen Umgang der beiden Autoren mit aktuellen Sponsoringfragen entstanden. Ein Fachbuch für Mitarbeiterinnen und Mitarbeiter in Klein- und Mittelbetrieben, in Stiftungen, Vereinen, Verbänden, kommunalen und privaten Einrichtungen, Non-Profit-Organisationen und bei Veranstaltern.
Das bewährte Handbuch liegt damit bereits in 4., wiederum aktualisierter und erweiterter Auflage vor.

⁞ Haupt **Haupt Verlag** Bern • Stuttgart • Wien
verlag@haupt.ch • www.haupt.ch

Hauptthema: Wirtschaft

Gudrun Sander / Elisabeth Bauer

Strategieentwicklung kurz und klar

Das Handbuch für Nonprofit-Organisationen

2006. 224 Seiten, 75 Abbildungen, kartoniert
CHF 36.– / EUR 24.–
ISBN 978-3-258-07002-5

Immer mehr Non-Profit-Organisationen konkurrieren um beschränkte öffentliche Gelder und Spenden. Gleichzeitig wachsen die Bedürfnisse der Anspruchsgruppen. Um in diesem dynamischen Umfeld die Aufgaben erfolgreich zu erfüllen und den Fortbestand der Organisation zu sichern, bedarf es klarer Strategien. Die Führungskräfte von sozialen Organisationen, kulturellen Einrichtungen oder Umweltorganisationen stehen deshalb vor der Herausforderung, neue Strategien zu erarbeiten. Wie ein solcher Strategieentwicklungsprozess in Non-Profit-Organisationen gestaltet werden kann, welche Instrumente geeignet sind und wie man mit diesen Instrumenten arbeitet, zeigen Dr. Gudrun Sander und Elisabeth Bauer in diesem Handbuch. Die verständliche Erläuterung der einzelnen Phasen und Instrumente sowie die vielen Fallbeispiele ermöglichen es einer Non-Profit-Organisation, selbständig einen Strategieentwicklungsprozess zu initiieren und durchzuführen.

«Mit Strategieentwicklung die Zukunft sichern, das ist eine der zentralen Herausforderungen für alle Organisationen, auch für jene, die im Non-Profit-Bereich tätig sind. Das Handbuch von Gudrun Sander und Elisabeth Bauer ist speziell auf die Situation von Non-Profit-Organisationen ausgerichtet und unterstützt Sie als Führungskräfte sehr praxisbezogen.» (Prof. Dr. Günter Müller-Stewens, Universität St. Gallen)

⋮Haupt Haupt Verlag Bern · Stuttgart · Wien
verlag@haupt.ch · www.haupt.ch